21世纪高等继续教育精品教材·经济管理类通用系列

管理学

（第二版）

主编　张新国　程志辉

中国人民大学出版社

·北京·

21 世纪高等继续教育精品教材

编审委员会

总　序

21世纪，科学技术发展日新月异，发明创造层出不穷，知识更新日趋频繁，全民学习、终身学习已经成为适应经济与社会发展的基本途径。近年来，我国高等教育取得了跨越式的发展，毛入学率由1998年的8%迅速增长到2008年的23.3%，已经进入到大众化的发展阶段，这其中高等继续教育发挥了重要的作用。同时，高等继续教育作为“传统学校教育向终身教育发展的一种新型教育制度”，对实现“形成全民学习、终身学习的学习型社会”“构建终身教育体系”的宏伟目标，发挥着其他教育形式不可替代的作用。

目前，我国高等继续教育的发展规模已占全国高等教育的一半左右，随着我国产业结构的调整、传统产业部门的改造以及新兴产业部门的建立，各种岗位上数以千万计的劳动者，需要通过边工作边学习来调整自己的知识结构、提高自己的知识水平，以适应现代经济与社会发展的要求。可见，我国高等继续教育的发展，既肩负着重大的历史使命又面临着难得的发展机遇。

我国的高等继续教育要抓住机遇发展，完成自己的历史使命，从根本上说，就是要全面提高教育教学质量，这涉及多方面的工作，但抓好教材建设是提高教学质量的基础和中心环节。众所周知，高等继续教育的培养对象主要是已经走上各种生产或工作岗位的从业人员，这就决定了高等继续教育的目标是培养能适应新世纪社会发展要求的动手能力强、具有创新能力的应用型人才。因此，高等继续教育教材的编写“要本着学用结合的原则，重视从业人员的知识更新，提高广大从业人员的思想文化素质和职业技能”，体现出高等继续教育的针对性、实用性和职业性特色。

为适应我国高等继续教育发展的新形势、培养应用型人才、满足广大学员的学习需要，中国人民大学出版社邀请了国内知名专家学者对我国高等继续教育的教学改革与教材建设进行专题研讨，成立了教材编审委员会，联合中国人民大学、中国政法大学、东北财经大学、武汉大学、山西财经大学、东北师范大学、华中科技大学、黑龙江大学等30多所高校，共同编撰了“21世纪高等继续教育精品教材”，计划在两三年内陆续推出百种高等继续教育精品系列教材。教材编审委员会对该系列教材的作者进行了严格的遴选，编写教材的专家、教授都有着丰富的继续教育教学经验和较高的专业学术水平。教材的编写严格依据教育部颁布的“全国成人高等教育公共课和经济学、法学、工学主要课程的教学基本要求”；教材内容的选择克服了追求“大而全”的现象，做到了少而精，有针对性，突出了能力的训练和培养；教材体例的安排突出了学习使用的弹性和灵活性，体现“以学为主”的教育理念；教材充分利用现代化的教育手段，形成文字教材和多媒体教材相结合的立体化教材，加强了教师对学生学习过程的指导和帮助，形象生动、灵活方便，易于保存，可反复学习，更能适应学员在职、业余自学，或配合教师讲授时使用，会起到很好的教学效果。

这套“21世纪高等继续教育精品教材”在策划、编写和出版过程中，得到教育部高教司、中国成人教育协会、北京高校成人高教研究会的大力支持和帮助，谨表深切谢意。我们相信，随着我国高等继续教育的发展和教学改革的不断深入，特别是随着教育部“高等学校教学质量和教学改革工程”的实施，这套高等继续教育精品教材必将为促进我国高校教学质量的提高做出贡献。

杨干忠

第二版前言

本教材自2010年第一版出版发行以来，承蒙广大读者的厚爱与支持，在社会上产生了良好的影响，为国家培养合格的管理人才尽到了作为教育工作者的责任，为培养社会主义建设者贡献了自己的微薄之力。本次修订做了如下工作：

首先，对每章的引例和案例讨论做了全面更新。这次更新的案例具有以下特点：一是从案例发生的时间上看，绝大部分是近期发生的具有一定代表性和影响力的事件；二是从案例的内容上看，与教材的内容联系更加紧密；三是从案例发生的国别上看，超过一半是中国的本土企业，其比例超过了第一版。正是由于案例的上述特点，对学生理解与把握教材内容能提供更大的帮助，也更有利于提升学生运用知识去分析和解决问题的能力。

其次，对全书的内容进行了字斟句酌的推敲，对上一版中存在的错误进行了修正。通过做好以上一系列的工作，使得修订后的文字更精练，语言表达更准确、流畅，思路更清晰，逻辑更严密。

最后，为了使教材内容能反映最新的理论成果，结构更合理，更能贴近客观实际，本次修订对第四章、第五章、第六章和第十章的内容进行了更新、补充与完善。

本教材第二版由张新国、程志辉担任主编。具体编写分工如下：郑冉冉编写第一章，甘俊编写第二章，杜非非、张新国编写第三章，吕晶晶编写第四章，程志辉编写第五章，陈漫编写第六章，刘大明编写第七章，田戊戌编写第八章，吏秋平、张新国编写第九章，向绍信编写第十章。张新国负责全书的组织编写、大纲拟订、统稿、总纂与修改工作。吕晶晶、程志辉、陈漫、向绍信编写全书的案例。

在本教材的编写过程中，我们参考和引用了国内外学者的研究成果和资料，在此谨致诚挚的谢意！

因水平与能力有限，本教材难免存在缺点、错误和不足之处。我们真诚欢迎广大读者对本教材提出宝贵意见，并致以诚挚的感谢！

中南财经政法大学工商管理学院博士生导师

张新国教授

2019年9月于武汉

目　录

第一章

管理综述

【引例】

戴尔的管理转型

当整个PC市场效益下滑和公司经营策略不佳时，寻求出路是必须要做出的反击，就像戴尔从当初的风光无限到今天的私营化求生。

2013年2月7日，戴尔宣布以每股13.65美元私有化，试图摆脱股票市场不断的监督，彻底改造其业务，避免下滑成一个平庸的公司，并最终走向灭亡。

通过244亿美金的杠杆收购，戴尔将资金返还给股东，从上市公司变为私营公司。此时戴尔的股价距2005年的最高点已跌去8成有余。

2012年，平板电脑出货量首次超过笔记本，消费者迅速转向移动设备。戴尔并非没有做出尝试，它曾多次设法进入智能手机和平板电脑市场，但最终都以失败告终。戴尔的衰落其实是PC市场发展到一定阶段后，消费者价值关注点发生转移的必然结果，而戴尔没能及时调转方向。

事实上，业绩低迷对处在转型泥潭中的戴尔来说已是家常便饭。由于全球IT市场不景气，戴尔在从PC厂商向IT服务商的转型道路上屡屡受挫。曾占据戴尔营收一半以上的消费类业务在公司内部也渐渐被置于边缘地位。2012年，戴尔调整企业架构，将消费者部门划入服务器信息业务部。

戴尔通过不断收购，进一步扩展其多元化、全方位的服务能力，包括其安全能力。

私有化后，戴尔正式进入新时代，未来它将不会公开发布关于其盈利、特定产品、细分市场表现的消息。在2013年公布的第四季度财报中，戴尔净盈利5.3亿美元，比2012年同期的7.64亿美元略有下滑。其中PC及移动商务部分收益下降，而服务器和网络销售增长18%。

迈克尔·戴尔的重返执政，仍有机会让创业者的激情、骄傲、敏锐的观察力重新回到公司。通过一种大型公司所不具备的特质和亲密感，让员工重新获得掌握公司命运的使命感和斗志。他所能倚仗的东西还包括在创立戴尔时就已具备的宏伟抱负，以此激励他的员工去完成这一伟大任务的梦想，只是这一次的梦想和三十年前“PC巨头”有些不同。

本章要点

◇ 管理的定义及管理学的特点

◇ 管理学的研究对象、内容与方法

◇ 管理的性质，尤其是对管理二重性的理解

◇ 管理职能的构成、发展及各职能之间的关系

◇ 管理的三大任务

第一节　管理学的研究对象、内容与方法

管理作为一种社会行为，是与人类共始终的。人作为社会动物，其所从事的生产活动和社会活动是以群体的形式进行的，而要组织和协调这种群体活动，就需要有管理。如原始人在狩猎时，往往是由许多人一起配合行动来捕杀凶猛野兽的。一些人拿着木棒追赶、一些人抛掷石块……他们意识到单个人的力量有限，只有许多人同时从事这一活动，才能既保全自己，又捕获猎物。组织协调这种相互配合的集体狩猎活动，实际上就是管理活动。管理活动在人类现实的社会生活中更是广泛存在，政府机关、企业、学校、医院等社会组织都离不开管理，都需要通过管理活动来指导、组织、协调人们的活动并实现共同的组织目标。因此，我们有必要对管理这一普遍存在的社会活动的内涵、性质、职能、任务等进行理论研究，以便提高这一社会活动的水平与效率。

一、管理的定义

虽然管理活动源远流长，长期而广泛地存在，但究竟什么是管理？至今仍众说纷纭。从字面上看，管理有“管辖”“处理”“管人”“理事”等意，即对一定范围的人员和事务进行安排和处理。当然这种单纯的字面上的解释是不可能严格地揭示出管理本身所具有的完整含义的。

古今中外对“管理”一词的定义一直众说纷纭，不同历史时期、不同学派的学者从不同角度提出了自己对管理的见解。

被称为“科学管理之父”的弗雷德里克·W. 泰罗（Frederick W. Taylor）认为，管理就是要“确切地知道要别人干什么，并促使他们用最好最经济的方法去干”。他是从管

理的目标性来阐述的，并授予被管理者工作方法，以求更好地达到目标。

管理过程理论的创始人亨利·法约尔（Henri Fayol）认为，管理只是经营的六种职能活动之一（六种职能活动分别指技术活动、商业活动、财务活动、安全活动、会计活动和管理活动）。而管理活动“就是实行计划、组织、指挥、协调和控制”。他是从一般意义上来概括管理的，区别了经营与管理这两个容易混淆的概念，并从管理的基本职能出发，说明什么是管理，同时也指出管理是一个过程。

诺贝尔经济学奖获得者赫伯特·A. 西蒙（Herbert A. Simon）认为，决策贯穿管理的全过程，“管理就是决策”。他的这一定义虽然未能全面反映管理的内容，但突出了决策在管理中的主导地位，并强调决策贯穿于管理全过程，揭示了决策和管理的内在联系。

我国的管理学家周三多认为，管理就是“社会组织中，实现预期的目标，以人为中心进行的协调活动”。他是从管理的目的、本质和中心来阐述这一定义的。他认为管理的目的是实现预期目标，管理的本质是协调，管理的中心是人。

综合国内外学者关于管理概念的种种代表性表述，并结合组织的实践活动，我们认为要给管理下一个既科学又完整的定义，必须明确如下五个问题：

（1）管理的载体：管理的存在空间或归属问题。任何管理都以组织的存在为前提，任何管理都是组织的管理，组织是管理的载体。管理是基于组织的形成、存在、运行以及实现目标的需要而产生的一种必不可少的活动过程。离开组织，就无所谓管理。

（2）管理的主体：由谁来管理的问题。管理是组织中的主管人员单独或集体通过行使职能和利用各种资源来达到组织目标的活动。因此，管理的主体是人，是组织中对资源进行分配和监督的人员，即组织中的主管人员。不能简单地用是否拥有领导职位作为衡量是否是管理者的标准。

（3）管理的目的：为什么需要管理的问题。管理以组织作为载体，因此，任何管理都是为了实现既定的组织目标，这种组织目标依组织的不同性质而异，它是仅凭单个人的力量所无法实现的。

（4）管理的对象：管理什么的问题。管理学的研究对象就是各种组织、单位或项目的管理活动和管理过程。管理者为了实现本单位的既定目标，通过决策、组织、领导、控制、创新等职能，进行任务、资源、职责、权力和利益的分配，协调人们之间的相互关系。

（5）怎样管理：管理的职能问题。怎样管理的问题事实上就是对管理过程或管理活动中包括的职能进行揭示与描述，如计划、组织、领导、控制等。

综合以上分析，我们可将管理的定义概括为：管理是一定组织中的主管人员为了实现组织目标，对该组织的人、财、物、时间、信息、技术等资源及组织的各项活动所进行的计划、组织、领导、控制、创新等一系列职能的总称。

二、管理学的特点

（一）管理学既是一门科学也是一种艺术

自从20世纪初泰罗的科学管理理论产生以来，管理知识逐渐系统化，并形成了一套能反映管理活动内在规律性的理论体系，这个由一系列的基本概念、管理原理和管理方法等组成的理论体系在此后的管理实践中，一方面用于指导人们的管理实践，使人们的管理水平得到不断的提高，另一方面又随着人们管理实践的不断丰富而发展完善。因此，从这个意义上说，管理学是一门科学，它是人们在长期管理实践中，经过无数次的成功和失败，总结出来的一系列可供人们学习和传授的，反映管理活动客观规律的管理理论和一般方法。

然而，管理学是一门不精确的科学。人们在认识管理活动的内在规律性的过程中所形成的概念、原理、原则、方法等，不可能像自然科学的原理和定理那样通过实验加以提炼和验证。因此，一方面，当管理者应用管理理论指导管理实践时，不可能像自然科学那样严谨、精确和一丝不苟，而是要求管理者在管理过程中灵活地运用管理理论，对具体问题进行具体分析；另一方面，由于管理具有很强的实践性，管理工作对象具有复杂性，管理问题和管理环境具有多变性等原因，管理学所能提供的专业手段和方法是极其有限的。因此，需要管理者掌握灵活的行事技巧，也就是说，管理是一种艺术。艺术的含义是指能够熟练地运用知识并且通过巧妙的技能来达到某种效果，或者说是指达到某种预期效果的“诀窍”。正如其他所有技能一样，管理工作也需要利用系统化的知识，根据实际情况加以运用，以获得预期的效果。这就是说，在管理实践中，如果只凭书本知识来诊断，仅仅借助原则来设计，靠背诵原理来管理，是远远不够的。只有将管理知识与具体的管理实践相结合，发挥管理者的积极性、主动性和创造性，才能进行有效的管理。所以，管理的艺术性就是强调管理活动除了要掌握基本的理论和方法外，还要有灵活运用这些理论方法的技巧和经验。

因此，我们说管理学既是一门科学，也是一种艺术，是科学与艺术的有机结合。管理的这一特性，对于学习管理学和从事管理工作的管理者来说是十分重要的，它可以促使人们既注重对管理理论的学习，又不忽视在实践中因地制宜地灵活运用管理的理论和方法。对一个管理者来说，如果他不懂得管理的科学原理，那么他在管理过程中就只能靠碰运气，靠直观或过去的经验办事；如果管理者掌握了管理的科学理论，他就有可能针对所要解决的问题找出切实可行的解决办法。当然，管理者也不能只空谈管理理论，而是要通过实践来丰富自己的管理经验和技巧。总之，要成为一个有效的管理者，不但要学好管理理论，还要掌握管理艺术。前者需要的是系统的理论学习，后者需要的是个人的智慧和经验。

（二）管理学是一门综合性的科学

管理学的综合性可从三个方面分析：

（1）从管理学自身的知识体系构成分析。管理学的整个知识体系可分为三个层次：管理的基本理论知识；管理技术、管理方法等工具性知识；专门领域的专业性管理知识。

（2）从管理学的学科体系结构分析。管理学是一个包括许多分支学科的综合性学科。因为在整个人类社会活动中，人们会按照专业化分工原则从事各种各样的工作，社会也因此形成了各种各样的部门或行业，这样也就有了各个部门或行业的管理活动，也形成了不同部门或行业的专业管理，包括经济、技术、教育、行政、军事等许多方面的专业管理，因而形成了众多分支学科，而每个分支学科又可以细分，如经济管理又可细分为宏观经济管理、中观经济管理和微观经济管理。

（3）从管理的知识来源和构成方面分析。它吸收了许多自然科学和社会科学的知识，如数学、政治经济学、哲学、生产技术学、社会学、心理学、行为科学、信息学、仿真学等。也就是说，管理学与社会科学、自然科学两大领域的多种学科有着广泛而密切的联系，并且

它需要综合利用社会科学和自然科学成果才能发挥自身的作用，它具有社会科学与自然科学相互渗透、相互交叉的特点。因此，可以得出这样的结论：管理学是一门综合性学科，或称为综合性的边缘学科。管理学的综合性特征，要求管理者掌握广博的知识，但并不一定是某个学科的专家。

（三）管理学具有历史发展性

任何科学的发展，都是在人类思想遗产和前人研究成果的基础上坚持探索、坚持创新而实现的。同样，管理学的产生和发展有其深刻的历史渊源。管理学发展到今天，已经历了许多不同的历史发展阶段。在每一个历史阶段，由于历史背景不同，产生了各种管理理论。这些理论有的已显陈旧，有的尚能适用。但总的来说，把管理学作为一门现代科学来研究只不过几十年时间，它还是一门非常年轻的学科，其理论还处于新旧更迭的发展之中。同时，作为一门与社会经济发展紧密关联的学科，也必将随着经济的发展和科技的进步而发展。

（四）管理学是一门应用性、实践性很强的科学

管理学来源于实践又应用于实践，其目的是为人们提供高效率的管理。由于管理对象的复杂性和管理环境的多变性，使有的管理知识在运用时要注意技巧性、灵活性和创造性，不能用陈规旧矩或思维定式把它禁锢起来，而是要在实践中不断创新。

三、管理学的研究对象

管理学是一门系统研究管理活动基本规律和一般方法的科学。虽然各种组织（如营利性组织的工厂、商店、银行等，非营利性组织的军队、学校、政府等）的具体工作内容千差万别，但从管理者的管理工作来看则有一些共性的东西，即管理者为了实现本单位的既定目标，通过决策、组织、领导、控制、创新等职能进行任务、资源、职责、权力和利益的分配，协调人们之间的相互关系。这些管理工作的共同点就是管理学的研究对象。简而言之，管理学的研究对象就是各种组织、单位或项目的管理活动和管理过程。

四、管理学的研究内容

根据管理的二重性，管理学的研究内容可分为以下三个方面：

（1）生产力方面，主要研究生产力各要素之间的关系，即研究如何合理配置组织中的人、财、物等各种要素，使其充分发挥作用的问题；研究如何根据组织目标和社会需求，合理使用资源，以获得最佳经济效益和社会效益的问题。

（2）生产关系方面，主要研究如何正确处理组织中的人际关系；研究如何建立与完善组织机构及各种管理体制、运行机制等；研究如何有效地激励组织成员，从而最大限度地调动各方面的积极性和创造性，为实现组织目标而做出最大努力。

（3）上层建筑方面，主要研究如何结合实际，贯彻执行党和国家的方针、政策、法令等问题；研究如何使组织的各项规章制度、劳动纪律与社会的政治、经济、法律、哲学、道德等上层建筑保持一致的问题；研究如何进行社会主义精神文明建设等工作，从而维持正常的生产关系，促进生产力发展。

从历史的角度来看，管理学要研究管理实践、管理思想、管理理论的形成与演变过程及管理的新动向和新趋势。从管理者的角度来看，管理学要系统研究管理过程，揭示管理活动的客观规律、基本原理和一般方法。具体内容包括：管理活动中管理者有哪些职能；管理者执行管理职能要涉及组织中的哪些要素；在执行管理职能中应遵循哪些原理，采用哪些方法、程序、技术；执行管理职能过程中有哪些障碍、阻力及影响因素；如何克服各种障碍、阻力，处理好各种因素之间的关系。

五、管理学的研究方法

（一）唯物辩证法

唯物辩证法是学习和研究管理学的方法论基础，是人们学习和研究管理学的强大思想武器。管理学源于管理的实践活动，在长期的管理实践中，人们运用历史的、全面的、发展的观点去观察和分析各种管理现象和管理问题，通过感性积累的经验进行加工提炼，上升为理性认识，即管理理论；反过来，又能动地运用相关管理理论去指导管理实践，验证管理理论的正确性和有效性，并进一步发展和完善管理理论。因此，学习和研究管理学，必须以唯物辩证法为总的方法论基础，坚持实事求是的科学态度，深入管理实践，进行调查研究，总结管理实践经验并运用判断和推理的方法，使管理实践经验上升为管理理论。同时，在学习和研究中还要认识到，一切现象都是相互联系和相互制约的，一切事物也都是不断发展变化的。因此，必须用全面的、联系的、历史的、发展的观点，去观察和分析管理问题，重视管理学的历史，考察它的过去、现状及发展趋势，不能固定不变地看待组织及组织的管理活动。

（二）系统方法

所谓系统方法，是指用系统的观点和方法来研究和分析管理活动的全过程。系统是由相互作用和相互依赖的若干组成部分结合而成的、具有某种特定功能的有机整体。系统本身又是它所从属的一个更大系统的子系统。

从管理的角度看，系统有两层含义：第一层含义指系统是一种实体，如组织系统。作为实体系统的组织，一般具有整体性、目的性、动态性、层次性、开放性、功能性、结构性等特征。既然组织是个系统，为了更好地研究组织与组织管理，人们就必须用系统理论来理解、分析和研究组织。第二层含义指系统是一种方法或手段，它要求在组织管理中必须运用整体观、过程观、“开放”与相对“封闭”观、反馈观、分级观等有关系统的基本观点来研究和解决问题。

尽管在现代管理科学领域，各学派在管理系统的定义、系统的具体特征等问题上存在较大的理论分歧，但没有一个管理学派不运用系统理论来研究组织与组织管理，系统原理也是公认的管理的基本原理，几乎每一本管理学著作都离不开系统概念。

因此，研究管理学必须将系统方法作为主要的思维方法。人们在学习与研究管理理论和管理活动时，应首先把组织与组织管理活动看作一个系统，对影响管理过程的各种因素及其相互之间的关系进行总体、系统的分析研究，对管理的概念、职能、原理、方法等管理理论做系统分析和思考。唯有如此，才能形成科学的管理理论和有效的管理活动。

（三）理论联系实际的方法

管理学是一门应用性、实践性很强的科学，它是科学性与艺术性的统一。这决定了管理学应更多地采用理论联系实际的方法。具体来说，可以是管理案例的调查和分析、边学习管理理论边从事管理实践，以及带着问题学习等多种形式。通过这种方法，有助于提高学习者运用管理学的基本理论和方法去发现问题、分析问题和解决问题的能力。同时，由于管理学是一门生命力很强的新学科，还应以探索研究的态度来学习，通过理论与实践的结合，使管理理论在管理实践中不断地加以检验，同时通过对管理实践经验的总结和提升，不断丰富、深化和发展管理理论。

（四）学习和研究管理学的具体方法

1. 观察总结法

观察总结法就是按照理论联系实际的要求来观察管理实践，总结管理经验，并进行提炼概括，使其上升为理论的方法。人们的管理实践，特别是众多优秀管理者的管理经验，蕴藏着深刻的管理哲理、原理和方法，因此有必要运用综合、抽象等逻辑方法，总结人们的管理实践经验，从而形成系统的管理理论来进一步指导管理实践。这样研究和学习管理学，就会收到事半功倍的效果。

2. 比较研究法

有比较才有鉴别。当代世界各国都十分重视管理和管理学的研究，各自形成了有特色的管理科学。学习和研究管理学时，要注意管理学的二重性，既要吸收发达国家管理中科学的东西，又要去其糟粕；既要避免盲目照搬，又要克服全盘否定；要从我国国情出发加以取舍和改造，有分析、有选择地学习和吸收西方管理的理论和实践经验。在学习和研究外国的管理经验时，至少要考虑到四个不同，即社会制度不同、生产力发展水平不同、自然条件不同、民族习惯和传统文化不同。这就要求我们要学会用比较研究的方法对世界上先进的管理理论和实践进行比较研究，分辨出一般性的东西和特殊性的东西、可以借鉴的东西和不可借鉴的东西，真正做到兼收并蓄，丰富我国管理学的内容，建立具有中国特色的管理科学体系。

3. 历史研究法

历史研究法就是指要研究管理发展演变的历史，要考察管理的起源、历史演变、管理思想和管理理论的发展历程、重要的管理案例，从中揭示管理规律和管理学的发展趋势，寻求具有普遍意义的管理原理、管理原则、管理方式和管理方法。无论是中国的历史，还是外国的历史，都有大量关于管理方面的文化典籍，有许多值得研究的管理事例。只要我们坚持正确的指导思想，应用细致的工作方法，深入地研究前人留下的管理思想精华，就会有所收获、有所创新、有所发展。

4. 案例研究法

案例研究法是指对有代表性的案例进行剖析，从中发现可以借鉴的经验、方法和原则，从而加强对管理理论的理解与方法的运用，这是研究和学习管理学的重要方法。例如：哈佛商学院就因其成功的案例教学，培养出了大批的优秀企业家。案例研究法是当代管理科学比较发达的国家在管理学教学中广为推行的学习研究方法，其效果甚佳。学习研究管理学，必须掌握案例教学法、案例研究法，将自己置身于模拟的管理情境中，学会运用所学的管理原理、原则和方法去指导管理实践。

5. 实验研究法

实验研究法是指有目的地在设定的环境下认真观察研究对象的行为特征，并有计划地变动实验条件，反复考察管理对象的行为特征，从而揭示出管理的规律、原则和艺术的方法。实验研究不同于案例研究，后者是将自己置于已发生过的管理情境中，一切都是模拟的，而前者则是在真实的管理环境中对管理规律进行探讨。只要设计得合理、组织得好，通过实验方法是能够得到很好结果的。如管理学发展史上，泰罗的科学管理原理就是以“时间-动作”的实验性研究为基础的；著名的霍桑实验也是运用实验研究法研究管理学的。因此，实验研究法是管理学研究的一种重要方法。

总之，研究和学习管理学，要以马克思主义唯物辩证法为指导，同时综合运用各种方法，吸收和采用多学科知识，从系统观点出发，理论联系实际，实事求是，这样才能真正掌握和发展管理科学，为提高我国管理水平做出有益的贡献。

第二节　管理的性质

管理的性质就是指管理的属性问题。管理具有自然属性和社会属性二重性质，这是马克思主义关于管理问题的基本观点。

一、管理的自然属性

管理由人类活动的特点产生，人类的任何社会活动都需要通过一定的群体组织才能进行。而有社会组织与群体活动，就需要有管理。如果没有管理，人类的生产、交换、分配活动就不可能正常进行，社会劳动过程就要发生混乱和中断，社会文明就不能继续。

管理也是由社会分工所产生的社会劳动过程的一种特殊职能。管理寓于各种社会活动之中，所以说它是一般职能，但就管理职能本身而言，由于社会的进化、人类分工的发展，早在原始社会就已经有专门从事管理职能的人从一般社会劳动过程中分离出来，就如同有人专门从事围猎、有人专门从事农业一样。人类社会经过几千年的演变发展，出现了许多政治家和行政官员，专门从事国家的管理；出现了许多军事家和军官，专门从事军队的管理；出现了许多社会活动家，专门从事各种社会团体的管理；出现了许多商人、厂长、企业家、银行家，专门从事商店、工厂、企业、银行的管理；还有许多人专门从事学

校、医院、交通运输和人事的管理等。据保守估计，全体就业人员中，有30%～40%的人专门从事各类管理工作，他们的职能就是协调人们的活动，而不是直接从事物质产品或精神产品的生产。因此，管理职能早已成为社会劳动过程中不可或缺的一种特殊职能。

管理也是生产力。任何社会、任何企业的生产力是否发达，都取决于它所拥有的各种经济资源或各种生产要素是否得到有效的配置和利用，取决于从事社会劳动的人的积极性和创造性是否得到充分而有效的发挥，而这两者都有赖于管理。在同样的社会制度下，企业外部环境基本相同，有不少企业的内部条件如资金、设备、能源、原材料、产品、人员素质及技术水平也基本类似，但经营结果、所达到的生产力水平却相差悬殊。同一个企业有时只是更换了主要领导，例如换了厂长经理，就可能出现新的面貌。其他社会组织也有类似情况，其原因也在于管理。不同的领导采用了不同的管理思想、管理制度和管理方法，就会产生完全不同的效果，这样的事例不胜枚举。事实证明，管理也是生产力。科学技术是生产力，但科学技术的发展本身需要有效的管理，并且也只有通过管理，科学技术才能转化为生产力。

管理的上述性质并不以人的意志为转移，也不因社会制度、意识形态的不同而有所改变，这完全是一种客观存在，所以，我们称之为管理的自然属性。

二、管理的社会属性

管理是为了达到预期目的所进行的具有特殊职能的活动。谁的预期目的？什么样的预期目的？实质上就是“为谁管理”的问题。在人类漫长的历史中，管理从来就是为统治阶级和生产资料占有者服务的，其必然体现出生产资料占有者指挥劳动、监督劳动的意志，因此，它具有同生产关系、社会制度相联系的社会属性。马克思曾对资本主义企业管理的社会属性有过十分深刻的分析，资本家的管理不仅是一种由社会劳动过程的性质产生并属于社会劳动过程的特殊职能，它同时也是剥削社会劳动过程的职能，因而也是由剥削者和他所剥削的原料之间不可避免的对抗决定的。列宁也曾指出，资本家所关心的是怎样为掠夺而管理，怎样借管理来掠夺。因此，他认为资本主义企业管理的社会属性具有剥削性和资本的独裁性。

世界在变化，企业也在变化。昔日马克思、列宁曾经剖析过的资本主义企业管理，今天已经面目全非。我们认为，与企业管理社会属性有关的基本变化至少有如下几个方面：

（1）科学技术的飞速进步促进了经济的加速发展，工业组织规模不断扩大，社会分工更加细密，信息传播速度和信息传播数量都空前增加，人们之间的相互交往越发频繁，使管理的复杂性大大提高，于是一批受过良好职业训练的经理阶层人员应运而生，使企业的终极所有权与经营权发生了分离。通过股份制的组织形式，企业资本的所有者——股东不再直接管理企业，而是可以随时出卖自己的所有权——股权，因而他们甚至不怎么关心企业的管理，他们更关心的是股票价格的涨跌和红利的多少。

（2）许多资本主义国家经过近几十年的经济发展，人民的生活水平显著提高，社会中出现了一个庞大的中产阶级，有相当一部分职工持有企业的股票，使表面上拥有企业所有权的人数大大增加了。在英国，有3/4的成年人是直接或间接投资者，其中直接投资者约有500万人以上。例如，英国煤气公司是一家拥有85 000名雇员的大公司，其中有99%的人拥有股票；美国通用汽车公司在20世纪80年代就已拥有200万股东。

(3) 资本主义国家政府对本国的经济采取了不同形式、不同程度的干预。瑞典、挪威、芬兰、法国、德国及日本等国政府都制订了长期和中期以及年度的经济发展计划，并用法律、经济、行政等手段促使企业执行政府的计划。美国、英国、法国、日本等国家也都对产业结构进行调整与控制，对企业的经营活动采取干涉的政策，使资本主义世界本来就不十分自由的“自由竞争”变得更不自由了。

(4) 社会公众和广大消费者对企业提供的商品和劳务抱有更加挑剔的态度，对企业活动所造成的环境方面的损害更加不满，从而形成了各种消费者协会和形形色色的环境保护组织，迫使企业管理者不得不认真考虑消费者的利益和对社会生态环境的保护。

现实世界所发生的新变化，深刻地影响到管理的社会属性。在资本主义国家的企业中，已不能简单地说管理只是资本家剥削工人的工具。作为企业的职业管理者，在行使管理职能时，他既要满足所有股东对股息和红利的要求，又要保证扩展企业实力的需要；他既要尽可能满足本企业职工物质和精神方面的需要，又要考虑到社会公众、广大消费者和用户的利益；他既要千方百计追求企业的最大利润，又要处理好企业同政府的关系。因此，资本主义企业管理的社会属性已经多元化了。当然，从本质上讲，这些变化并没有改变资本的剥削性和独裁性，只是由于经济繁荣和管理的进步使蛋糕做得更大了，普通职工变得富裕了，所以资本家连管理的特殊职能也不需要履行，就可从大蛋糕中得到比普通职工更多的份额。虽然许多职工也拥有股票，但是普通职工大多只是小股东，小股东大约占公司股份的80%，股东的分散化恰好给大资本家利用他人的财富来掠夺更多财富提供了机会。

我国经济体制改革的目标是建立社会主义市场经济体制，目前正处在转型之中。我国目前仍然处在社会主义初级阶段，需要在以公有制为主体的条件下发展多种所有制经济。公有制实现形式也正在向多样化方向发展，并且以股份制为主要实现形式。所有权和经营权分离，已成为国有企业改革的目标之一。在我国，企业管理的形式正在发生急剧变化，但管理的社会属性并未发生根本性的变化。从总体上看，社会主义国家的企业及其他社会组织的管理都是为人民服务的，管理的预期目的都是使人与人之间的关系及国家、集体和个人的关系更加协调。所以，在社会主义条件下管理的社会属性与资本主义社会根本不同。社会主义条件下，管理的社会属性应当体现为：任何组织、任何个人在实行管理时都要从全社会、全体人民的利益出发，并且自觉地让局部利益服从全局利益、个人利益服从集体利益。任何层次的管理者都应当真正成为人民的公仆，而人民则应当真正成为各种社会组织的主人。但是，应当把社会主义理解为一种发展过程，当它尚处在初级阶段时，残余的封建主义和资本主义意识形态会在管理实践中不同程度地表现出来。也许，这也反映了社会主义初级阶段管理属性的一个侧面。管理也和整个社会一样，要经过一定的历史阶段，才能逐步摆脱不发达状态。

第三节　管理的职能

一、管理职能的多种提法

人类的管理活动具有哪些最基本的职能？这一问题经过了许多人近一百年的研究，至今仍众说纷纭。

自法约尔提出五种管理职能以来，有人提出六种、七种职能，也有人提出三种、四种职能，甚至有人提出两种、一种职能。各种提法都是表 1-1 管理职能表所列 14 种职能中不同数量的不同组合而已。

表 1-1　管理职能表

管理职能	古典提法	常见的提法	本书的提法
计划	√	√	计划
组织	√	√	组织
用人			
指导			领导
指挥	√		
领导		√	
协调	√		
沟通			
激励			
代表			
监督			控制
检查			
控制	√	√	
			创新

古典提法的代表人物是法约尔，他认为管理的职能包括计划、组织、指挥、协调和控制。最常见的提法是管理职能包括计划、组织、领导、控制。本书提出计划、组织、领导、控制四种职能，并根据管理理论的最新发展，认为创新也应属于管理的职能。

二、管理的基本职能

（一）计划

1. 计划职能

计划职能是指制定目标并确定为达成这些目标所必需的行动。

2. 计划职能中的管理者

组织中所有层次的管理者，包括高层管理者、中层管理者和一线（或基层）管理者，都必须从事计划活动。

所有层次的管理者都必须为其工作小组制订经营计划，以便为组织做出贡献；必须制定符合并支持组织总体战略的目标；必须制订一个其所负责资源的支配和协调计划，从而能够实现工作小组的目标。

（二）组织

1. 组织职能

组织职能是指根据企业目标和计划，对执行计划的各种要素及其相互关系进行配置、协调、组合，形成一个有机的组织结构，使整个组织协调高效地运转，保证计划任务得以全面落实的过程。

2. 组织目标

组织目标决定着组织结构的具体形式和特点。例如，政府、企业、学校、医院、军队、教会、政党等社会组织由于各自的目标不同，其组织结构形式也各不相同，并显示出各自的特点。

3. 组织工作

组织工作的状况在很大程度上决定着这些组织各自的工作效率和活力。

在每一项计划的执行和每一项管理业务中，都要做大量的组织工作，组织工作的优劣同样在很大程度上决定着计划和管理活动的成败。

任何社会组织是否具有自适应机制、自组织机制、自激励机制和自约束机制，在很大程度上也取决于组织结构的状态。

因此，组织职能是管理活动的根本职能，是其他一切管理活动的保证和依托。

（三）领导

1. 领导职能

领导职能是指带领和指导组织成员去实现共同目标的各种活动的整个过程，其核心是调动组织成员的积极性。

2. 领导职能中的权威领导者

实现组织目标需要有权威的领导者进行领导。计划与组织工作做好了，也不一定能保证组织目标的实现，因为组织目标的实现要依靠组织全体成员的努力。配备在组织机构各种岗位上的人员，由于在个人目标、需求、偏好、性格、素质、价值观、工作职责和掌握信息量等方面存在很大差异，在相互合作中必然会产生各种矛盾和冲突。因此，就需要有权威的领导者进行领导，指导人们的行为，通过沟通增强人们的相互理解，统一人们的思想和行动，激励每个成员自觉地为实现组织目标共同努力。

管理的领导职能是一门非常奥妙的艺术，它贯穿于整个管理活动之中。

（四）控制

1. 控制职能

控制职能是指检查、监督、确定组织活动的进展情况，纠正偏差，从而确保组织总的计划及目标得以实现的过程。

2. 实现组织目标需要控制职能

人们在执行计划的过程中，由于受到各种因素的干扰，常常使实践活动偏离原来的计划。为了保证目标及为此而制订的计划得以实现，就需要有控制职能。

3. 没有控制就没有管理

没有控制就没有管理，这是由以下三点所决定的：管理环境具有不确定性；管理活动具有复杂性；管理失误具有不可避免性。

有的管理者以为有了良好的组织和领导，目标和计划自然就会实现。实际上，无论什么人，如果对他放任不管，只是给他下达计划、布置任务、赋予职权、予以奖励，而不对他工作的实绩进行严格的检查、监督，发现问题不采取有效的措施予以纠正，听之任之，那么他迟早会成为组织的累赘，甚至会被完全毁掉。

控制和信任并不完全对立。管理中可能有不信任的控制，但不存在没有控制的信任。

三、管理职能的相互关系

计划、组织、领导和控制是最基本的管理职能，它们分别着重回答组织要做什么、怎么做、靠什么做、如何做得更好及做得怎么样等基本问题。

没有计划便无法控制，没有控制也就无法积累制订计划的经验。人们往往在进行控制工作的同时，又需要编制新的计划或对原计划进行修改。同样，没有组织架构，便无法实施领导，而在实施领导过程中，又可能反过来对组织进行调整。管理过程是一个各职能活动周而复始的循环过程，而且在大循环中套着小循环。

从时间关系看，各项管理职能通常按照一定的先后顺序发生，即先计划，继而组织，然后领导，最后是控制。对于一个新创建的企业更是如此。然而，这种工作逻辑在实践中并不是绝对的，没有哪个管理者是周一制订计划、周二展开组织工作、周三实施领导工作、周四采取控制活动……这些管理职能往往相互融合、相互渗透，同时进行。

归纳起来，管理职能的相互关系可以概括如下：

（1）管理的四大职能相互联系、相互制约、交叉渗透，不可偏废。

（2）计划是管理的首要职能，是组织、领导、控制职能的依据。

（3）组织、领导、控制职能是有效管理的重要手段，是计划及其目标得以实现的保障。

（4）每一项管理工作一般都是从计划开始，经过组织、领导到控制结束。可能又导致新的计划，开始一轮新的管理循环。

各项管理职能的相互关系如图 1-1 所示。

四、管理职能的发展

如前所述，对于计划、组织、领导和控制这四个基本职能，早在 20 世纪初管理界就已有认识。时至今日，这种认识也未发生根本性的变化，只是随着管理理论研究的深化和客观环境对管理工作要求的变化，人们对管理职能有了进一步的认识。

（一）新的涵盖内容和使用方法

人们对各项基本职能所涵盖的内容和使用的方法有了新的理解，例如，计划工作中的

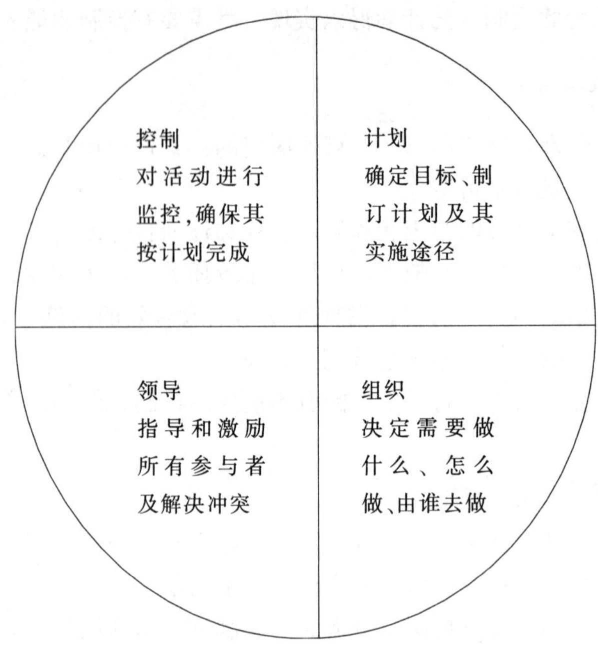

图 1-1　管理职能的相互关系

网络计划技术、滚动计划等。组织工作中的组织结构有了许多新形式，例如，网络组织（虚拟组织）、柔性组织、项目组织和学习型组织等。

（二）新的管理职能

对原有四个职能的某些方面进行强调，从中分离出新的职能，其中比较引人注目并得到一致认可的是决策、创新和协调这三个职能。

从 20 世纪下半叶开始，决策和创新职能受到了管理界的普遍重视。管理者从某种意义上可以被看作是决策者，从另一种意义上也可以被看作是创新者，或者是具有企业家精神的管理者。

1. 决策

决策职能从 20 世纪 50 年代开始受到人们的重视。管理就是决策，决策贯穿于管理过程的始终。因为无论是计划、组织、领导还是控制，其工作过程说到底都是由决策的制定和执行两大部分组成的。决策渗透到管理的所有职能中，所以管理者在某种程度上也被称为决策者。

2. 创新

所谓创新，顾名思义，就是使组织的作业工作和管理工作不断有所革新、有所变化。管理界对于创新职能的重视始于 20 世纪 60 年代。因为当时的市场正面临着急剧的变化，竞争日益加剧，许多企业感到不创新就难以生存下去，所以有不少管理学者主张将创新看作管理的一项新职能。

创新是组织活力的源泉，创新关系到组织的兴衰成败。美国有位著名的管理学家曾说

过，如果管理人员只限于继续做那些过去已经做过的事情，那么即使外部条件和各种资源都得到充分利用，它的组织充其量也不过是一个墨守成规的组织。这样下去，组织很可能衰退，而不仅仅是停滞不前，在竞争情况下尤其是这样。在传统管理中，组织环境变化比较缓慢，问题多是重复的，创新显得并不十分突出；而现代管理面临的是动荡的环境和崭新的问题，创新是保持组织立于不败之地的法宝。

在管理循环中，创新处于轴心的地位，成为推动管理循环的原动力。

3. 协调

除了决策和创新之外，现代管理对协调职能也十分看重。实际上，法约尔早就将协调列为管理的五大职能之一，今天更多人认为把协调看作是管理的核心似乎更为确切。

所谓协调，就是指组织的一切要素、工作或活动都要和谐地配合，以便于组织的整体目标顺利实现。

协调是管理活动所力图实现的根本要旨。管理者的任务，归根到底就是协调组织的各个部分及组织与环境的关系，以便更好地实现组织目标。

协调包括组织内部各方面的协调，组织与外部环境的协调及组织的现实需要与未来需要之间的协调。因此可以说，每一项管理职能的开展，都是为了更好地促进协调。有了协调，组织就可以收到个人单独活动所不能收到的良好效果，这就是通常所说的“1＋1＞2”的协同效应。

第四节 管理的任务

德鲁克认为，管理必须完成三项同等重要而又极不相同的任务：实现组织的特定目的和使命；使工作富有成效、员工具有成就感；处理对社会的影响与承担社会责任。

一、实现组织的特定目的和使命

一个组织的存在，是为了实现特定的目的、使命及特定的社会功能。对企业而言，就是经济绩效。在这一点上，企业与非营利机构是不同的。只有企业才有经济绩效这项特殊任务，这虽然不是社会赋予企业的唯一任务，但它是优先的任务，因为所有的其他社会任务，如教育、卫生、国防及知识的更新均依赖于经济资源的剩余，而经济资源的剩余源自经济绩效产生的利润和其他储蓄。因此，企业管理必须始终将经济绩效放在首位。管理层只能以它创造的经济成果来证明自己存在的必要与权威性。如果管理未能创造经济成果，管理就是失败的；如果管理层不能以顾客愿意支付的价格提供顾客需要的商品和服务，管理就是失败的；如果管理层未能用交付于它的经济资源提高或至少保持其生产财富的能力，管理也是失败的。

在市场经济中，顾客决定了企业是什么。只有通过顾客对商品或服务的购买，经济资源才能转化为财富，物品才能转化为商品。

顾客决定企业，顾客的认知价值是有效决策的充分依据，海尔开发“地瓜洗衣机”的案例就充分说明了这个道理。缘由是四川农民反映海尔洗衣机排水不畅，海尔通过实地调查发现，四川农民用海尔洗衣机洗地瓜。但海尔并没有“教育”他们，而是为了满足四川农民的需求，开发了“地瓜洗衣机”。沿着这个思路，海尔在西藏又利用洗衣机的原理开发出可以打酥油茶的机器，在安徽开发出可以洗龙虾的机器等。海尔这样做主要是向用户传达一种信息，鼓励用户把更多抱怨、不满、难题、遗憾告诉海尔。海尔有一个口号：“用户的难题就是企业的课题。”没有非理性的顾客，企业唯有在满足顾客需求的同时才能创造其经济效益，才能证明自己存在的合理性。

二、使工作富有成效、员工具有成就感

管理的第二项任务是使工作富有成效，使员工有成就感。企业只有一个真正的资源——人。只有使人力资源具有生产力，企业才能运作。今天的组织已经逐渐变为个人赖以谋生、取得社会地位、获得个人成就与满足的工具。因此，使员工有成就感不仅重要，而且也是一种衡量组织绩效的标尺。

人力资源是所有经济资源中有效使用率最低的资源，提高经济绩效的最好途径在于提高人们工作的效率。企业能否有效运作归根结底取决于它促使人们尽职尽责、完成工作的能力。因此，对员工和工作的管理是管理层的一项基本任务。德鲁克用 IBM 公司的例子解释了什么是“使工作具有生产力”。据说，IBM 总裁托马斯·J. 沃森先生有一次看见一位女操作工无所事事地坐在机器旁，便问她为什么不工作。那位女工回答：“我必须等安装工调换工具，设定新的运作程序。”“难道你自己不能做?”沃森先生问道。“当然能做，”那位女工说，“但那不是我该做的事。”沃森就此发现，每个工人每周要花好几个小时等待安装工。然而，只需额外花上几天时间就能使工人学会怎样安装自己的机器。于是，工人的工作增加了安装机器一项，不久，成品检验也纳入了工人的工作。结果是产量增加、质量改进。IBM 因此决定系统地扩大工作范围，操作本身被设计得尽可能简单，每个工人则被训练得能尽可能多地从事各种操作。这种方法不仅使 IBM 生产率持续增长，而且也改变了工人的工作态度。许多观察到这一现象的人都认为，工人对自己所从事的工作越来越自豪是最重要的收获。

只有当员工也像管理者那样去看待问题时，他才会产生责任感，才会去追求最佳工作效率。我们经常听到“要让员工有工作的自豪感、成就感，要让他觉得自己很重要”这类说法。可是，自豪感和成就感是无法给予的。总裁在一年一度的新年致辞中即便把员工称为“亲爱的伙伴”，也不能使他们觉得自己很重要。离开员工的具体工作，自豪感和成就感就不可能存在。用一枚特制奖章来表彰某人几十年忠心耿耿的服务，也许会受到获奖者高度的珍惜。

不过，只有当工作确实有成就时，奖励才能真正发挥作用，否则会招致人们的厌恶，认为它只是一种虚情假意。某家大型保险公司是怎样成功地使员工具有成就感的呢？这家公司有一本内部期刊，每期刊物上都刊登各区域的营业情况，按完成业务的实际情况排队。这样各个业务单位都处在相互竞争之中。如果一个单位率先完成全年任务，总经理就会把这个单位的管理者请到总部，为他们设宴庆功，总经理亲自为他们打开香槟酒。下一期的内部刊物上会登出总经理为他们打开香槟酒的照片。也许过了两周，又有一个单位也提前完成了全年任务，总经理还是给他们一样的礼遇。内部期刊和香槟酒成了这家公司总经理有效的管理工具。

杰克·韦尔奇在他的《赢》一书中谈到领导者的八条准则，第八条就是“懂得庆祝”。他说：“庆祝能让人们有胜利的感觉，并且营造出一种认同感和充满积极活力的气氛。设想一支球队赢得了职业大赛的冠军，而没有香槟酒来庆贺，那会是什么样子？但是在现实当中，许多公司在取得重大胜利时，都忘了击掌相庆这个仪式。”

三、处理对社会的影响与承担社会责任

管理的第三项任务，就是处理对社会的影响与承担社会责任。没有一个机构能够独立生存并以己身之存在为目的。每个组织都是社会的一个器官，企业也不例外。只有对社会有益的企业才是好企业。

企业、医院或大学承担的社会责任可能在两个领域中产生：一个领域是机构对社会的影响，另一个领域是社会本身的问题。这两个领域中所产生的问题虽然不同，但都与管理有关。

现代组织存在的目的是向社会提供某种特定的服务，所以它必须在一定的社会环境中工作。它还必须雇用人员为其工作，因此，不可避免地会对社会产生一些影响。比如，医院的目的是医治病人，为此就必须有医生和护士组成的工作团体，就会出现团体的任务和问题；钢铁厂的目的是制造高质量的钢铁型材，为达到这个目的，必然会产生噪声、高温和有毒气体；人们都不想遇到交通堵塞，但如果许多人被雇用在同一个地方工作而又必须在同一时间进出，那就不可避免地会发生交通堵塞。

从组织的目的来讲，这些对社会的影响是附带的，但在很大程度上又是不可避免的。

社会问题则与之不同，它不是组织活动对社会的影响，而是社会机能失调。由于机构只能存在于社会环境之中，事实上是社会的一个器官，社会问题必然会影响存在于社会环境之中的机构。健全的企业、大学或医院不能存在于一个病态的社会之中。即使社会的弊病并不是由机构管理层的行为引起的，但从管理层本身的利益来讲，也需要有一个健全的社会。这就意味着，企业不能对社会问题视若无睹。

不管是有意造成的还是无意造成的，管理层都要对自己的组织所造成的社会影响负责。不仅因为它是管理层的一项社会责任，更因为它是一项企业责任。

由于人们要对自己所造成的影响负责，他们就应该尽量减少这些影响。一个机构除了自己特殊目的和特殊使命以外的影响，无论是对机构内部的影响，还是对社会环境或物质环境的影响，都越少越好。不是必不可少的影响应保持在最低限度，最好予以消除。

最理想的办法是把这些影响转化成对企业发展有利的机会。美国的陶氏化学公司在解决空气污染和水污染方面成绩斐然。早在公众激烈反对环境污染之前，陶氏化学公司就在工厂中采取了完全消除污染的措施，有步骤地把烟囱和水道中排出的有毒物质转化为可以出售的产品，并为这些产品创造出各种用途和市场。

社会问题是由社会机能失调引起的。社会问题是弊病，但对于各种机构，尤其是企业的管理层来说，社会问题也是挑战和机遇。企业的职能就是通过把社会问题转化为企业的机会来满足社会需要，同时也为本企业服务。企业的职责就在于把变革转化为创新，把社会问题转化为企业机会并解决社会问题，即社会创新，这种创新会直接或间接地使公司或产业得到利益。

在第一次世界大战前，美国失业率很高，技术工人每小时工资甚至低至 15 美分。福

特公司却在 1913 年底宣布保证付给每个职工 5 美元的日薪，是当时标准的 2～3 倍。在此之前，福特的员工离职率很高，1912 年，为了保持 1 万个工人，必须雇用 6 万个工人。在实行新工资制度以后，离职率几乎为零。因此，节省的成本使福特公司在后来几年所有的材料成本急剧上升的情况下，还是能以较低的价格制造 T 型车并获得更多利润，从而占据了市场的统治地位。

IBM 的兴起在很大程度上也是由于正视并解决了一项社会问题。IBM 在大萧条年代还是一家很不起眼的小公司，但当时它制定了一项政策：向职工提供职业保障，并付给固定的薪水（而不是按小时计工资）。这项举措也和福特公司的行为一样勇敢而富有创新精神。IBM 之所以这样做，是针对当时的一个主要社会问题，即由于经济衰退而引起美国工人的恐惧、不安全感和尊严丧失，而 IBM 把它转化为企业的发展机会。IBM 迅速发展的人力潜力以及 10 年后向全新的电子计算机技术进军的人力潜力，首先受益于这一行动。

有时候，社会功能失调所引起的社会问题十分严重，很难转化为机会使之解决或至少使之缓和。对于这些不是由企业或其他机构的影响而产生的问题，企业要承担何种程度的社会责任呢?

管理者的首要职责是对组织负责，让他的组织执行其职能并做出贡献。如果一个组织的负责人利用其地位成为社会知名人士并在处理社会问题方面处于领导地位，却忽略了他所负责的组织，致使其衰落下去，那么，这个人就不能算是合格的管理者。

组织完成其特定的使命，也是社会的第一位需要和利益所在。如果组织完成其特殊任务的能力减弱或受到损害，社会就不再能得到收益而必定遭受损失。一家破产的企业不会是一个令人满意的雇主，也不太可能成为社区中的一个好邻居。一所不能培养领导人才和专业人士的大学，无论它做了多少“好事”，也不能说是对社会负责。

因此，组织的首要社会责任，是对自己特定的使命负责。对工商企业及社会的其他经济组织而言，这一点尤为重要。在解决社会问题时，除非能把它转化为取得成就的机会，否则都会造成社会间接成本，而这种成本只能由流动成本或资本来支付。如果由流动成本支付，那就是由消费者或纳税人来支付；如果由资本来支付，那就会使未来的就业职位更少、更差，并使生活水平降低。

杰克・韦尔奇时代的通用电气以严守诚信、遵纪守法和股东回报高于市场水平而著称。通用电气的市值在 1981 年为 140 亿美元，20 年后，当韦尔奇退休时，市值增加到 4 000多亿美元。继任 CEO 伊梅尔特不仅想要维持通用电气所有这些声誉，他还想做得更多。他喜欢说“伟大的公司必须同时是好公司”。他在接受《财富》杂志的采访时说：“大家之所以来通用电气工作，是因为他们想得到升华。他们想努力工作，获得提升和期权。但是，他们还想为一家不同凡响、能为世界做出重大贡献的公司工作。”

伊梅尔特重视价值观，这是他想使公司带有他个人特色的措施之一，他的努力正在影响着公司的经营和对待雇员的方式，影响着与之开展业务的那些公司和国家，也影响着公司投资进行的技术开发。伊梅尔特认为，企业的天职不仅是赚钱和守法，而且有义务帮助社会解决难题。他说：“优秀的领导者应当回报社会，我们的时代属于既为自己谋利益也关注别人需求的人。”

2002 年，伊梅尔特任命了公司第一位负责履行企业公民义务的副总裁。通用电气对其在发展中国家的供应商进行了 3 000 多次审查，以确保它们能按照环保、健康和安全等

标准行事。2004 年秋天，通用电气被纳入道琼斯可持续性指数，该指数汇集了 300 家在环保、社会和财政可持续性上符合其详尽标准的一流企业。2004 年，公司提拔女性和非洲裔雇员进入高层管理者行列。与此同时，它还开始进行全球性的慈善活动，比如在加纳农村开展卫生保健项目。2005 年春天，通用电气公布了它的第一份有关履行企业公民义务的报告，这无疑是非常伟大的举措。

本章小结

管理是一定组织中的主管人员，为了实现组织目标，对该组织的人、财、物、时间、信息、技术等资源，以及组织的各项活动所进行的计划、组织、领导、控制、创新等一系列职能的总称。管理具有二重性，即管理具有自然属性和社会属性。管理具有计划、组织、领导、控制、创新等职能。管理必须完成三项同等重要而又极不相同的任务：实现组织的特定目的和使命；使工作富有成效、员工具有成就感；处理对社会的影响与承担社会责任。

管理学是一门从管理实践中形成和发展起来的，系统地研究管理活动及其基本规律和一般方法的科学。它是一门综合性的科学，既是一门科学也是一种艺术，具有历史发展性，同时还是一门应用性、实践性很强的科学。

管理学的研究对象是各种组织、单位或项目的管理活动和管理过程。管理学的研究内容涉及社会生产力、生产关系和上层建筑等各个方面。管理学的研究方法以唯物辩证法为方法论基础，系统方法为主要思维方法，同时还要理论联系实际。学习和研究管理学的具体方法有：观察总结法、比较研究法、历史研究法、案例研究法和实验研究法等。

【案例讨论】

像特斯拉（Tesla）创始人伊隆一样思考

硅谷创业奇人伊隆·马斯克（Elon Musk）被认为是乔布斯之后的下一个创新领袖。他在互联网支付、清洁能源和太空探索三个迥然不同的领域创立了三家成功的公司。很多人都好奇：伊隆的思维方式和常人有哪些不同？他是如何思考问题的？

乔布斯的去世，让人们非常痛心，世界上失去了一个推动科技创新的巨擘。随着 Tesla 电动汽车公司的崛起，硅谷创业家伊隆越来越受到关注。

这位外号“钢铁侠”的创业奇才在互联网、清洁能源和太空探索等迥然不同的领域创立了三家成功的公司：Paypal（互联网支付公司，2002 年以 15 亿美元的价格被 eBay 收购）、Tesla Motors（纯电动汽车公司，市值超过 200 亿美元）、SpaceX（私人航空科技公司，成功发射可回收重复利用的火箭）。伊隆还提出了 Hyperloop（超级高铁）的设想，时速高达 1 287 千米，是目前高铁速度的 4 倍之多。

伊隆的巨大成就令人感到神奇。很多人都很好奇：伊隆的思维方式究竟和别人有什么不同？在一个视频采访中，伊隆自己给出了答案——他习惯用第一性原理来思考问题。

第一性原理是量子力学中的一个术语，意思是从头算，无须任何经验参数，只用少量基本数据（质子/中子、光速等）做量子计算，得出分子结构和物质的性质，很接近于反映宇宙本质的原理，称为第一性原理。

用第一性原理思考问题，而不是类比。多数人考虑问题时会局限于类比思维。类比思维运用已有的知识和经验将陌生的、不熟悉的问题与熟悉的问题或其他相似事物进行类比，尝试找到解决问题的办法。类比是从两类对象具有某些相似或相同的属性出发，推出其中一个对象可能是由另一类对象已经具有的其他属性的思维方法。其基本模式是：若 A 对象具有属性 a、b、c、d，且 B 对象具有属性 a、b、c，则推论：B 对象也具有属性 d。

在投资和创业领域，一些人喜欢把美国已经成功的产品或商业模式移植到中国，被称为 C2C（copy to china），这就是典型的类比思维模式。例如：国外的云存储公司 DropBox 和 Box. net 很成功，国内很多投资人觉得云存储在中国也一定具有前景；国外有了商务社交网站 LinkedIn，国内也出现不少模仿者；国外打车软件 Uber 火了，国内立刻涌现出很多打车 App……但是类比推理并不是因果推理。Uber 在美国的成功，和中国打车 App 的成功之间并没有因果关系。

第一性原理思维强调事实和少量假设，从问题的本质出发，进行推理思考。很多人分不清事实（fact）和观点（opinion）的区别。“截至 2019 年 6 月底，我国网民规模达 8.54 亿”“我国微信用户超过 10 亿”——这些是事实；“百度搜索中文比 Google 好用”“易信不可能挑战微信”——这些是观点。

运用第一性原理思考问题，强调在基本事实的基础上探究问题的本源，不被过去的经验知识所干扰。在 Tesla 早期研制电动汽车的时候，遇到了电池高成本的难题，当时电池的价格是每千瓦时 600 美元，85 千瓦时电池的价格将超过 5 万美元。伊隆和工程师仔细分析电池的组成，经过多次试验，将成本大幅降低。

第一性原理的思维方式强调独立思考，而不是人云亦云。伊隆在这一点上非常像乔布斯。“think different”是乔布斯最喜欢的广告词，一般译为“不同凡响”，有人说译为“不同凡想”更贴切。

“think different”中的 different 一词从英语语法上说是错误的，正确的用词应该是副词 differently。乔布斯团队巧妙地借助了这个语法错误，强调自己的标新立异，既然按英语语法应是“think differently”，苹果就要说“think different”！创新的本质就是要与众不同，如果干什么都和别人一样，就不是创新了。

第一性原理的思维方式强调质疑，不轻易接受否定的答案。伊隆在小的时候凡事都喜欢问“为什么”，如果别人说某件事不可能做成，伊隆就要挑战尝试一下，看看为什么这件事不可能做成。世界是发展变化的，以前人们做不成的事，后来条件变化后就可能做成。

第一性原理的思维方式强调实验，用实践去验证。硅谷一位风险投资家说过，很多聪明的人喜欢用类比推理，但是很少有人真正动手去做实验。17 世纪，研究科学的人都信奉亚里士多德，把这位古希腊哲学家的话当作真理。亚里士多德曾说过：两个铁球从高处落下来，重的一定先着地。25 岁的伽利略不相信，在比萨斜塔上做了一个著名的实验，结论是两个铁球同时落地。伊隆虽然有很多奇思怪想，但他绝不是一个鲁莽冒进的人，他的做法是“大胆假设，小心求证”。

另一个和伊隆一样喜欢用第一性原理思考问题的是 Paypal 的另一个共同创始人彼得·泰尔（Peter Thiel）。伊隆对他的评价很高。彼得是著名的风险投资家，他早期投资 Facebook 的 50 万美元，后来增值为 10 亿多美元，回报超过 2 万倍。彼得设立了一个与众不同的投资基金，只投给 20 岁以下、辍学的创业者。

伊隆和彼得创立的 Paypal，培养了很多后来杰出的创业家，包括麦克斯·拉夫琴（Max Levchin，Slide 创始人）、雷德·霍夫曼（Reid Hoffman，LinkedIn 创始人）、陈士骏和查德·赫尔利（Chad Hurley）（YouTube 创始人）、杰里米·斯托普尔曼（Jeremy Stoppelman，Yelp 创始人）……

第一性原理思维方式的基础是自信心。没有强大的自信心，很难挑战常规。爱因斯坦说过：自信是向成功迈出的第一步。

讨论题：

1. 伊隆和常人的思维方式有哪些不一样？
2. 第一性原理的思维方式有什么特点？

思考题

1. 何谓管理？你是如何理解管理的？
2. 什么是管理的二重性？为什么管理具有二重性？
3. 管理的基本职能有哪些？它们之间是什么关系？
4. 管理的任务有哪些？它们之间是什么关系？
5. 管理学的研究对象是什么？管理学有何特点？
6. 现代管理学的研究内容有哪些？
7. 管理学有哪些研究方法？这些方法各有什么特点？

第二章

管理理论的演变及发展

【引例】

马云是如何管理阿里巴巴的

让自己的“左膀右臂”担任董事会成员，让公司不同工种的代表性人才成为阿里巴巴合伙人，马云通过这两个“抓手”，成功地控制了阿里巴巴。

“即使见过那么多路演，阿里巴巴的路演仍然让人震撼。”2014 年 9 月 8 日早上，阿里巴巴在纽约华尔道夫酒店开始了它横跨三大洲、大约为期一周的路演。当路演在波士顿进行到第二场时，就已经完成了超额认购：对那些身处发达国家然而深感经济动力不足的投资者来说，阿里巴巴动不动就数以千万计、数以亿计的财务数字简直就是他们所期待的昔日荣光。

荣光的核心自然是马云。在面对国际投资者时，英语教师出身的他具有天然优势：在阿里巴巴的路演宣传片中，马云轻车熟路地展示了他出色的演讲才能。“这位瘦小的创始人非常具有个人魅力。”

当然，阿里巴巴的今天并不完全归功于马云的个人魅力，也不完全归功于马云。如今，当我们刨除时代背景，以审视企业组织的眼光来思考阿里巴巴时，中国企业和中国企业家最为关心的是：马云是如何控制阿里巴巴的？是如何在资本进入、公司扩张时保持控制力的？较之阿里巴巴的商业模式，控制力话题对于中国企业更有价值。

一、"左膀右臂"在董事会

对上市公司来说，董事会构成无疑是显示企业控制权的核心。阿里巴巴董事会由9人构成。其中，马云、蔡崇信、陆兆禧、张勇为"阿里人"，担任执行董事；孙正义为软银提名的代表，担任非执行董事；Jacqueline D. Reses 为雅虎代表并将在阿里 IPO 之后退出，董建华、杨致远、郭德明、Michael Evans 则为独立非执行董事。

从这份合伙人名单中可以看出，作为占据董事会主导席位的"阿里人"，马云的"左膀右臂"都在里头了。从这四个人的履历和职务来看，四个人各占一方，对阿里的正常运转都至为关键。

担任阿里巴巴董事局副主席的蔡崇信曾经长期担任阿里巴巴的首席财务官。从阿里巴巴的历史来看，蔡崇信是马云最为坚实和长久的合伙人。蔡崇信出身台湾地区的法律世家，耶鲁大学法学博士毕业之后，在服务于 Investors AB 的过程中与马云结识并加入阿里巴巴，成为阿里巴巴创业的"十八罗汉"之一。从1999年阿里巴巴创立以来，蔡崇信实际上主导了软银、雅虎注资，以及后来分拆支付宝、回购雅虎股权等一系列事件。在阿里巴巴资金无虞之后，蔡崇信转而任董事局执行副主席，负责阿里巴巴的并购、扩展等事务。在阿里巴巴的合伙人名单当中，马云与蔡崇信为"永久合伙人"，与其他合伙人身份不同。在外界看来，马蔡二人就像Google的两位创始人拉里·佩奇和谢尔盖·布林一样，性格和特长互补，互有助益。

和蔡崇信的角色不同，在董事会成员中，阿里巴巴 CEO 陆兆禧与马云的关系则颇类似乔布斯与他的继任者蒂姆·库克——尽管与乔布斯风格迥异，但基本完整地传承了苹果的精神内核。在阿里巴巴的诸位管理人员中，酒店管理专业出身的陆兆禧其实代表了阿里巴巴的核心竞争力之一：运营能力。2005年，陆兆禧出任支付宝首任 CEO，带领支付宝走过了最初的五年。

与蔡崇信、陆兆禧相比，阿里巴巴 COO（首席运营官）张勇则堪称阿里的"悍将"。在阿里巴巴的招股书中，中国零售市场，即淘宝、天猫、聚划算作为一个整体，成为阿里巴巴收入和利润的核心，也是阿里巴巴做收购和战略扩展的"底气"。而这几项核心业务，都在张勇2007年加入阿里巴巴之后亲自经手并获得快速发展。

董事会成员之外，在招股书中的主要股东一列，阿里巴巴还披露了几位重要高管，作为董事会成员之外的"左膀右臂"，实际上他们对于马云得以控制阿里巴巴也十分重要：CPO（首席人力官）彭蕾兼任小微金融服务集团 CEO，主抓阿里巴巴的人事工作并担负小微金服的重任；高级副总裁曾鸣，负责阿里巴巴战略；CRO（首席风险官）邵晓峰曾是全国优秀刑警，现在主抓阿里巴巴风险问题；CTO（首席技术官）王坚，等等。

二、合伙人是"触角"

美东时间9月5日下午，阿里巴巴提交了路演之前的最后一版招股书。在这版招股书中，阿里巴巴新增了三位合伙人：来自阿里云事业部的技术专家蔡景现、来自人力资源部的方永新，以及来自小微金融服务集团国内事业群的倪行军。两位"技术男"和 HR 人员的加入让阿里巴巴合伙人名单看起来不再那么具有高高在上的疏离感，却是马云控制阿里巴巴的"触角"——这些来自各业务的代表人才有助于让这家公司的掌舵者了解细节和实际情况，防止企业组织的失控。

2013年10月，当马云对外宣布阿里巴巴将正式运行合伙人制度时，外界还将这个制度作为阿里巴巴与港交所博弈的工具。与港交所坚持的同股同权不同，阿里巴巴合伙人有权提名董事会中的多数席位，被认为是超越了董事会的“最高决策机构”。时间过去近一年，现在看来，阿里巴巴合伙人更像是通过IPO被更加确认了的公司治理制度。

马云表示，实际上从2010年起，阿里巴巴就开始运行合伙人制度了。那么，对于一个员工人数超过2.2万的大型互联网公司来说，合伙人制度为什么能帮助马云实现对公司的控制？

首先，合伙人的工种分布跟员工的工种分布相同。如果以管理、技术、销售、行政等工种划分的话，从阿里巴巴员工的比例来看，有超过8 050名技术和工程人员，占到阿里巴巴总员工数（不含UCWeb、高德等全资子公司，阿里巴巴员工数为22 072人）的1/3。在阿里巴巴30名合伙人中，出身程序员的“技术男”占到了8位，其比例也与阿里巴巴员工的分布相符。

其次，合伙人的工种代表了阿里巴巴的核心业务。以技术人员为例，从阿里巴巴合伙人名单中不难看出，其对技术人员的重视逐渐加强。这与很多明星科技公司相似：在微软，很多待遇、薪水都非常高的人，可能一直只是技术职位，而并未转向管理岗位。对于一直对外表示自己已经转型为一家技术公司的阿里巴巴来说，增加技术人员的比例实际上有助于加强决策者对公司的控制力。

通过董事会成员的设置、合伙人作为触角，马云成功地实现了对公司的控制，也以制度形式最大限度地保障了庞大互联网公司的活力。

本章要点

◇ 科学管理理论的含义及核心思想

◇ 行为科学理论的产生及发展

◇ 现代管理理论的方法论基础和流派

◇ 当代管理理论的思想及其表现

◇ 当代管理理论的发展规律及趋势

第一节　科学管理理论

随着资本主义由自由竞争阶段向垄断阶段过渡，传统的经验管理越来越不适应管理实践的需要，企业劳资矛盾日益加深和公开化，资本家对高利润的追求与工人要求增加工资、改善工作条件和生活条件的矛盾已经相当激烈。随着科技进步，劳动手段的机械化、自动化水平提高，企业管理日益复杂化，单纯靠经验已经很难完成管理的任务。随着企业所有权与经营权的分离，客观上要求企业实行管理职能化，设置专门的管理机构，配备专门的管理人员，建立科学的管理制度，采用科学的管理方法和手段。管理实践水平的提高和管理经验的积累，为科学管理理论的形成奠定了客观基础。美国的泰罗和法国的法约尔、德国的韦伯都是科学管理的主要代表。

一、泰罗的科学管理理论

（一）科学管理之父——泰罗

泰罗的科学管理理论在管理发展史上占有极其重要的位置，它是科学管理的起点，使管理从此走上了科学发展之路。科学管理理论的诞生是管理的第一次革命，在管理发展史上具有伟大的划时代意义。因此，泰罗被称为“科学管理之父”，其管理理论被称为“泰罗制”。泰罗一生研究硕果累累，撰写的著作很多，其代表作是1911年出版的《科学管理原理》。

（二）科学管理理论的主要内容

泰罗倡导的以科学为依据的管理理论，其要点有以下几个方面。

1. 工作效率和工作定额

为了提高生产效率和工作效率，首先应制定有科学依据的工作定额。泰罗在制定科学的工作定额方面做了大量的研究。他从时间研究和动作研究入手。时间浪费严重是生产低效率的表现之一，为了提高时间的利用率，必须进行时间研究，其主要方法是进行工作日活动写实和测时，即根据工作日写实的记录，保留必要时间，去掉不必要时间，从而达到提高劳动生产率的目的。以工序为对象测量时，按操作步骤进行实地测量并研究工时消耗的方式。他研究总结了先进工人的操作经验，并推广先进的操作方法，确定合理的工作结构，为制定工作定额提供参考。合理的动作不仅会提高作业的效率，还能大大节省工人的体力消耗及避免身体的损害。通过动作分析，去掉多余动作，保留和改善必要的动作，使生产率得到了提高。

2. 科学选人和用人

原来工厂招聘工人、分配工作只考虑数量问题，岗位缺人、缺多少，补充上即可，很少考虑一个工作岗位究竟需要什么样的人，从而造成人与工作的不协调问题。泰罗认为，人的天赋与才能各不相同，他们适合做的工作也不同，为了提高劳动生产率，必须为工作挑选最合适的工人。除了能力外，还要考虑人的态度问题。一个人的能力与工作再合适，但本人却不愿意干，也不会提高工作效率。泰罗的做法使人的能力、态度与工作得到了科学、合理的匹配，并对上岗的工人进行教育和培训，教会他们科学的工作方法，使工作效率大大提高。

3. 实行标准化

劳动定额的制定是科学管理的基础，也是劳动时间和操作动作的标准化。泰罗认为，在工作中还要建立各种标准的操作方法、规定和条例，使用标准化的机器、工具和材料。“要为人们工作的每一个环节制定一种科学方法，以代替旧有的只凭经验的工作方法”。科学管理是以工作效率提高为中心的，标准化能大幅度地提高生产效率和工作效率，因此标准化是泰罗研究的一个重要方面。

4. 有差别的计件工资制

泰罗提出了一种差别计件工资制，以鼓励工人超额完成定额。他认为，工资制度不合理是引发劳资矛盾的重要因素。为此，他设想，如果工人完成或超额完成定额，按比正常单价高出 2 倍计酬；如果工人完不成定额，按比正常单价低 20%计酬。泰罗指出，这样做会体现多劳多得，大大提高了工人的劳动积极性。资本家的支出虽然会有所增加，但由于产量增加，利润提高的幅度会超过工资提高的幅度，对资本家还是有利的，况且这种工资制还会缓和劳资矛盾，实现“和谐的合作关系”。

5. 劳动职能分析

应该对企业中各项工作的性质进行认真仔细的研究、科学的分析，用科学的工作方法取代传统的经验工作方法。当时的企业没有专门的管理部门，许多管理工作如计划、统计、质量检验、控制等都混杂在执行工作中。于是，他主张管理工作与执行工作分开，并建立专门的管理部门，配备专门的管理人员，其职能是进行时间和动作研究、制定劳动定额和标准、选用标准工具和操作方法等。计划管理工作与执行工作的分离促进了劳动分工的发展，实现了管理工作的专业化，也为科学管理理论的形成奠定了坚实的组织基础。

6. 例外原则

泰罗将管理工作分成两类，即一般事务管理和例外事务管理。企业的高级主管人员应把处理一般事务的权限下放给下级管理人员，自己只负责对下级管理人员的监督和处理例外事务。这种原则的实质是实行分权管理，在当时集权化管理比较普遍的背景下，它的提出无疑具有非常积极的现实意义。

二、法约尔的一般管理理论

当泰罗在美国研究倡导科学管理的时候，亨利·法约尔在欧洲也积极地从事着管理理论的研究，他的研究为管理理论的发展做出了杰出贡献。法约尔的代表作是 1916 年出版的《工业管理与一般管理》。法约尔的一般管理理论的主要内容如下。

（一）工作分类与人员能力结构

法约尔认为，企业里发生的所有行为都可以概括为六类：

（1）技术性的工作：生产、制造；

（2）商业性的工作：采购、销售和交换；

（3）财务性的工作：资金的取得与控制；

（4）会计性的工作：盘点、成本计算及统计；

（5）安全性的工作：商品及人员的保护；

（6）管理性的工作：计划、组织、指挥、协调与控制。

法约尔对这六大类工作进行分析之后发现，对基层工人或其他人员主要要求其具有技术能力；随着组织层次中职位的提高，人员技术能力的相对重要性在降低，而管理能力的

要求逐步提高；企业规模越大，管理就显得越重要，而技术能力的重要性相对减少。在这一点上，法约尔与泰罗的认识是不一样的，泰罗极为重视作业阶层和技术能力，而法约尔更为重视一般性的管理工作和管理职能。

（二）管理的五个基本职能

法约尔一般管理理论的一个重要内容是他首次把管理活动划分为计划、组织、指挥、协调与控制五大职能，揭示了管理的本质，并对这五大管理职能进行了详细的分析和讨论。

法约尔认为，计划就是探索未来和制定行动方案；组织就是建立企业的物质和社会的双重结构；指挥就是使其人员发挥作用；协调就是连接、联合、调和所有的活动及力量；控制就是注意一切是否按已制定的规章和下达的命令进行。这是法约尔对管理学理论做出的突出贡献，至今仍然在沿用并成为其他学者研究管理职能的基础。

（三）十四条管理原则

为了使管理者能够更好地履行管理职能，法约尔总结出管理的十四条一般原则：

（1）劳动分工。实行劳动的专业化分工可以提高人们的工作效率。不仅适用于技术工作，也适用于管理工作。但是，专业化分工要有度，不能分得过粗或过细，否则效果不好。

（2）权力与责任。在企业中，人的权力与其承担的责任应当相符，不能出现有权无责或有责无权的情况。

（3）纪律。纪律是企业领导人同下属人员之间在服从、勤勉、积极、举止和尊敬方面所达成的一种协议。所有成员都要通过各方达成的协议对自己在组织内的行为进行控制。

（4）统一指挥。组织内的每个成员都应接受且只应接受一个上级的命令。

（5）统一领导。健全的组织要实行统一领导。对于同一目标的全部活动，只应有一个领导者和一套计划。只有这样，资源的应用与协调才能指向实现同一目标。统一领导是统一指挥的前提，统一指挥只有在统一领导下才能存在。

（6）个人利益服从集体利益。企业目标应尽可能多地包含个人目标，从而使企业目标实现的同时也满足了个人的合理需求。当个人利益与集体利益发生冲突时，优先考虑集体利益。

（7）合理报酬。报酬制度要公平、合理，对工作成绩与工作效率优良者应有奖励，但奖励应该适当，以能够激起职工的热情又不会出现副作用为宜。

（8）适当集权与分权。要根据企业的性质、条件和环境、人员的素质来恰当地决定集权和分权的程度。

（9）等级制度与跳板。等级制度就是从最高权力机构层层延伸直至最基层管理人员的领导系列。它表明权力等级的顺序和信息传递的途径。但是有时候可能由于信息沟通的线路太长而延误时间或出现信息失真现象。为此，法约尔提出了一种“跳板”原则，即在需要沟通的两个部门之间建立一个“法约尔桥”，建立同级之间的横向沟通。

（10）秩序。即“凡事各有其位”。在人、物的安排上做到有序，根据每个人的能力和意愿，将其安排在最适合的工作岗位上。

（11）公平。“公平”原则就是“善意”加“公道”。领导者为了使员工努力工作，必须善待他们；管理者在制定规则时要体现公平，执行规则时要体现公道，否则就会降低员工积极性。

（12）保持人员稳定。成功的领导者应当能够留住优秀的管理人员和职工，因为他们是可靠的组织资源。人员变动频繁的组织是很难成功的。人员的稳定是相对的，关键是要掌握好人员流动的尺度，保持企业人员的稳定性与适应性。

（13）首创精神。管理者应该以自己的首创精神来带动和影响企业全体员工的创造性和主动性。这既会给员工带来极大的快乐，也是刺激员工努力工作的最大动力之一。

（14）人员团结。管理者应该鼓励组织和谐与统一，并在员工之间营造良好氛围。

三、韦伯的行政管理理论

韦伯的行政管理理论亦称官僚制组织理论。马克斯·韦伯（Max Weber）与泰罗是同时代人，他是德国古典管理理论代表人物之一，被尊称为“组织理论之父”。此外，他还是社会学家、经济学家。其管理思想主要集中在《社会组织与经济组织》一书中。

韦伯行政管理理论具有以下几方面的内容：

（1）进行职位和劳动最大限度的分工，使组织中的每个职位都有明文规定的权利和义务，并作为正式职责使之合法化。

（2）组织内的所有职位都按照权力等级进行安排，形成一个自上而下的、等级严密的指挥体系，每一职务均有明确的职权范围。

（3）组织所有成员的任用都要根据职务的要求，通过正式考试或教育培训来实现。

（4）实行任命制。只有个别职位才实行选举制。

（5）管理人员是专职的，有固定的薪金和明文规定的升迁制度。

（6）职务上的活动应被认为是私人事务以外的事情，公私有明确界限。

（7）管理人员必须严格遵守组织中规定的规则和纪律，并适用于任何情况。

韦伯认为，这种高度结构化的、正式的、非人格化的理想行政组织体系是强制控制的合理手段，是达到目标、提高效率的最有效形式。这种组织形式在精确性、稳定性、纪律性和可靠性等方面都优于其他形式，能适用于各种行政管理工作及当时日益增多的各种大型组织，如教会、国家机构、军队、政党、经济组织和社会团体。韦伯的这一理论，对泰罗、法约尔的理论是一种补充，对后来的管理学家，特别是组织理论学家产生了深远影响。

四、其他管理学家对科学管理理论的贡献

（一）吉尔布雷斯（Gilbreth）夫妇

他们在科学管理中的主要功绩是：提出动作研究和动作经济的原则，强调进行制度管

理，探讨操作、工人和环境之间的相互影响，提出管理人员的发展计划。吉尔布雷斯夫妇不但在动作研究、疲劳研究、制度管理等方面做出了重要贡献，而且还重视企业中人的因素，这对以后行为科学的出现也产生了重要影响。

（二）亨利·劳伦斯·甘特（Henry Laurence Gantt）

甘特是泰罗在创建和推广科学管理制度时的紧密合作者，是科学管理运动的先驱者之一。甘特在管理思想方面的贡献主要有：提出一种“工作任务和奖金”的工资制度；制定了用于生产控制的生产计划进度图，即甘特图；强调对工人进行培训；强调工业民主；重视对人的领导方式。

此外卡尔·巴思、哈林顿·埃默森、莫里斯·库克等也都是科学管理的先驱，为创建和丰富科学管理理论做出了巨大贡献。

第二节　行为科学理论

科学管理理论的建立为当时生产力发展和社会进步提供了有力的理论武器。但是随着社会的发展，人们发现科学管理理论并不能解决实践中所遇到的一切问题，尤其是对于人的研究，科学管理理论涉及得非常少，而在实践中大量的问题是和人有关的，人的行为随着时间、环境等因素的变化而变化，而人的工作效率也是因时、因地在发生着变化。

一、什么是行为科学

行为科学理论产生于20世纪20—30年代。科学管理理论的“经济人假设”，在20世纪20—30年代受到了大量的质疑。泰罗管理思想的核心是指导人们按科学理性的思维进行管理。然而，人们的思想不完全是理性的，而是由本性所支配的，只有通过理解人的本性，才可以揭开人们心灵的秘密。在当时日益尖锐的劳资矛盾背景下，资本所有者要解决其所面临的问题，需要借助心理学，发展出更加符合人性的管理理论，于是行为科学理论应运而生。

所谓行为科学，是利用许多学科的知识来研究人类行为的产生、发展、变化的规律，以预测、控制和引导人的行为，达到充分发挥、调动人的积极性的目的。人的行为都是发生在一定的组织和群体中，在一定主管人员的领导和控制下表现出来的。因此，它不仅与个体的行为基础有关，还与群体环境和管理人员的领导方式有关。人的行为研究就是关于上述各方面的研究。

二、行为科学的前期阶段——人际关系理论

行为科学是由人际关系学说发展起来的，它和工业心理学有密切的关系，后来又融合了人力资源学，而现代的管理心理学和组织行为学是行为科学的主要组成部分。由于社会快速发展，人随着社会环境的变化而变化，所以对人性的探索和对人的行为的研究永远是

必要的，也是没有穷尽的。今天的行为科学成为根深叶茂的学科都是来源于伊尔顿·梅奥（Elton Mayo，1880—1949年）及霍桑实验对人性的探索。

（一）霍桑实验

霍桑实验是从1924年到1932年间，在美国芝加哥郊外的西方电器公司下属的霍桑工厂进行的。霍桑工厂当时有2.5万名工人，主要从事电话机和电器设备的生产。工厂具有较完善的娱乐设施、医疗制度和养老金制度。但是，工人仍然有很强烈的不满情绪，生产效率很低。为了探究原因，1924年11月，美国国家研究委员会组织了一个由多方面专家组成的研究小组进驻霍桑工厂进行实验。实验分成四个阶段：照明实验、福利实验（电器装配工人小组实验）、谈话实验（大规模访问交谈）、群体实验（对接线板接线工作室的研究）。

1. 照明实验

照明实验的目的是研究照明对生产效率的影响。实验前，专家小组以泰罗的科学管理理论作为指导思想，他们认为，工作的物理环境是影响工作效率的主要因素之一。专家们选择了两个工作小组：一个为实验组，一个为控制组。前者照明度不断变化，后者照明度始终不变。实验开始后，当实验组的照明度增加时，该组的产量开始增加；当工人要求更换灯泡时，而实际上只给他们换了一个同样光度的灯泡，但产量继续增加。与此同时，控制组的产量也在不断提高。通过实验，专家们发现照明度的改变不是效率变化的决定性因素，另有未被发现的因素在起作用，于是他们决定继续进行研究。

2. 福利实验

专家们选择了几位女工单独安置在一间工作室内工作。研究小组专门派了一位观察员加入这个工人小组，负责记录室内发生的一切。研究人员告诉这些工人，实验不是为了提高产量，而是为了找出最合适的工作环境，要求工人像平时一样工作。

实验时，研究小组分期改善工作条件，例如增加工间休息、公司负责供应午餐和茶点、缩短工作时间、实行每周工作五天制等。这个小组的女工们在工作时间还可以自由交谈，观察员对她们的态度非常和蔼。这些条件的变化使产量不断上升。一年半以后，研究小组决定取消工间休息，取消公司供应的午餐和茶点，每周又改为六天工作制，结果产量仍然维持在高水平上。

什么原因使这些女工提高了生产效率？研究小组把可能的因素一一排列出来，提出五个假设：

（1）改善了材料供应情况和工作方法。

（2）改善了休息时间，减少了工作天数，从而减轻了工人的疲劳。

（3）增加了休息时间，从而减缓了工作的单调。

（4）增加产量后每人所得的奖金增加了。

（5）改善了监督和指导方式，从而使工人的工作态度有所改善。

研究小组对这五个假设逐一进行论证实验。最后，推翻了前四个假设，认为第五个假设可能性最大。研究小组决定进一步研究工人的工作态度及可能影响工人工作态度的其他因素。

3. 谈话实验

实验进行到第三个阶段，研究小组进行了大规模的访问交谈。他们共花了两年时间对两万名职工进行了访问交谈。通过交谈，了解工人对工作、环境、监工、公司和使他们烦恼的所有问题的看法，以及这些看法是如何影响生产效率的。

研究发现，影响生产效率最重要的因素是工作中发展起来的人际关系，而不是待遇及工作环境。研究小组还了解到，每个工人工作效率的高低，不仅取决于他们自身的情况，而且还与他所在小组的其他同事有关。任何一个人的工作效率都要受到其他同事的影响。研究小组决定进行第四阶段的实验。

4. 群体实验

在第四阶段的实验中，研究小组决定选择接线板接线工作室进行研究。该工作室有 9 位接线工、3 位焊接工和 2 位检查员。研究小组对他们的生产效率和行为持续观察和研究了 6 个月后，有了许多重要的发现：

（1）大部分成员都故意自行限制产量。工人们说："假如我们的产量提高了，公司就会提高工作定额，或者造成一部分人失业。"有的工人说："工作不要太快，才能保护那些工作速度较慢的同事，免得他们受到管理阶层的斥责。"

（2）工人对他们不同层次的上级持不同态度。对于小组长，大部分工人认为是小组的成员之一；对于小组长的上级——股长，认为他有点权威；对于股长的上级——领班，每当他出现时，大家都规规矩矩、表现良好。这说明，个人在组织中的职位越高，所受到的尊敬就越多，大家对他的顾忌心理就越强。

（3）成员中存在一些小派系。工作室中存在着派系，每一个派系都有自己的一套行为规范，派系的成员必须遵守这些规范，如果违反规范，就要受到惩罚。这种派系是非正式组织，这种组织不是由于工作不同所形成的，而是和工作位置有密切关系。这种非正式组织中也有领袖人物。他存在的目的是对内控制其成员，对外保护自己派系的成员，并且注意不受管理阶层的干预。

（二）人际关系学说的观点

通过霍桑实验，人们终于发现人群中的一些内部规律，为解决当时资本主义的社会问题提供了一条较好的思路。这就是当时的人际关系学说。梅奥和缪特斯伯格所建立的人际关系学说，提出了与当时流行的泰罗科学管理理论不同的一些新观点。

1. 职工是"社会人"

科学管理把人当作"经济人"来看待，认为金钱是刺激人的积极性的唯一动力，霍桑实验则证明人是"社会人"，影响人的劳动积极性的因素，除了物质利益之外，还有社会的、心理的因素。每一个人都有自己的特点，个体的观念和个性都会影响个人对上级命令的反应和工作的表现。因此，应该把职工当作不同的个体来看待，当作"社会人"来对待，而不应将其视作无差别的机器或机器的一部分。

2. 企业中存在非正式组织

非正式组织是与正式组织相对而言的。所谓正式组织是指为了有效地实现企业目标，依据企业成员的职位、责任、权力及其相互关系进行明确划分而形成的组织体系。科学管理只注重发挥正式组织的作用。霍桑实验告诉人们，工人在企业内部共同劳动的过程中，必然会发生一些工作以外的联系，这种联系会加深他们的相互了解，从而能形成某种共识，建立起一定程度的感情，逐渐发展成为一种相对稳定的非正式组织。这种非正式组织对工人起着两种作用：一是保护工人免受因内部成员疏忽所造成的损失，如生产过多以致提高生产定额，或生产过少引起管理当局的不满，加重同伴的负担；二是保护工人免受因非正式组织以外的管理人员干涉所形成的损失，如降低工资或提高生产定额。

梅奥等人认为，不管承认与否，非正式组织都是存在的。它与正式组织相互依存，而且会通过影响工人的工作态度来影响企业的生产效率和目标的实现。因此，管理人员应该正视这种非正式组织的存在，利用非正式组织为正式组织的活动和目标服务。

3. 新型的领导能力在于提高职工的满足程度

科学管理认为生产效率主要取决于作业方法、工作条件和工资制度。因此只要采用恰当的工资制度，改善工作条件，制定科学的作业方法，就可以提高工人的劳动生产率。梅奥等人根据霍桑实验得出了不同的结论。他们认为，生产效率的高低主要取决于工人的士气，而工人的士气则取决于他们感受到的各种需要的满足程度。在这些需要中，金钱与物质方面的需要只占很少的一部分，更多的是获取友谊、得到尊重或保证安全等方面的社会需要。因此，要提高生产效率，就要提高职工的士气，而提高职工士气就要努力提高职工的满足程度。这样才能适时、充分地激励工人，达到提高劳动生产效率的目的。

三、行为科学理论的形成与发展

霍桑实验及其结论随着时间的推移，其影响也逐步扩大。一些大学也开始设立相应的课程，传播和研究人际关系学说。人际关系学说及其观点也逐渐深入企业的实践中。自此以后，许多管理学家、社会学家和心理学家从行为的特点、行为和环境、行为的过程，以及行为产生的原因等多种角度开展对人的行为的研究，形成了一系列的理论，使行为科学成为现代西方管理理论的一个重要流派。理论的研究和发展反过来促进了企业管理人员重视人的因素，强调人力资源的开发，注重改善企业内部人际关系，注重使组织的需要和成员的需要协调一致，等等。在西方，对于人的行为的研究形成了各种各样的观点和流派。而各个流派研究的侧重点各不相同，归纳起来可分为个体行为研究、群体行为研究、领导行为研究、组织行为研究等几个部分。对于群体行为和组织行为的研究构成组织行为学研究的主体，这里主要研究以个体为单位的个体行为和领导行为。

（一）马斯洛的需要层次理论

需要层次理论是研究人的需要结构的一种理论，是由美国心理学家亚伯拉罕·马斯洛（Abraham Maslow，1908—1970 年）于 20 世纪 50 年代提出的。他认为泰罗和梅奥关于人的假设，以及相应的激励模式仍然都过于简单，在实践中并不能充分地调动人的积极性，

以达到提高劳动生产率的目的。马斯洛在梅奥的基础上提出，要了解职工的态度和情绪，就必须了解其基本需要。人的基本需要按其重要性和由低到高发生的顺序可分为生理需要、安全需要、社交需要、尊重需要和自我实现需要五个等级。

（二）赫茨伯格的“双因素”理论

赫茨伯格（F. Herzberg）在 20 世纪 60 年代根据影响人的行为因素的研究，提出了激励的双因素理论。这种理论把影响人的行为因素分为两类：一类是工作环境和工作关系方面的因素，称为保健因素，如公司的政策、管理、监督、工资、同事关系、工作条件等。另一类是工作内容本身方面的因素，称为激励因素，如成就、上级赏识、工作责任、个人进步等。他认为保健因素只能消除职工的不满，但不能起到调动积极性的作用，只有激励因素才能使人们感到满意，才能调动人们的工作积极性。作为组织的管理者，不仅要满足人们保健方面的需要，更要满足人们激励方面的需要。

（三）费鲁姆的期望价值理论

美国心理学家维克多·H. 费鲁姆（Victor H. Vroom）于 1964 年在其著作《工作与激励》中提出了著名的期望理论。他认为，各种激励因素作用力的大小，取决于职工对他所能得到的结果全部预期价值乘以他认为得到该结果的概率。用公式表示是：

$$M=V\times E$$

式中，M（motivation）为激励力量；V（valence）为目标价值；E（expectancy）为期望概率。

他认为，这里必须处理好三个方面的关系：（1）个人努力与绩效的关系；（2）绩效与奖励的关系；（3）奖励与满足个人需要的关系。这一模式说明，管理者只有善于提高目标价值及实现目标的可能性，才能有效地激发职工行为的积极性。

（四）麦格雷戈的 X 理论与 Y 理论

美国麻省理工学院教授道格拉斯·麦格雷戈（Douglas McGregor，1906—1964 年）于 1960 年在其发表的《企业中人的因素》中提出了关于人性假设的 X 理论与 Y 理论。

在 X 理论的假设下，管理人员必须用强硬的控制方法，如用惩罚等方法驱使下属工作，根本谈不上对下属的激励。在这种情况下，大多数管理者将人看成是动机唯一的“经济人”，只注意人的生理需要和安全需要，以金钱作为管理工具，采取惩罚手段，即“胡萝卜加大棒”理论。显然，在这种人性假设基础上的管理方法是难以激发其动机的。

在 Y 理论的假设下，管理者所采取的主要管理方式就是正确激励下属。具体地说，就是要协调组织目标与个人目标之间的矛盾。让工作人员参与组织目标的设计，相信下属有良好的工作愿望，让他们自己参与管理，使之承担一定的责任，并注意在组织中创造有利于个人发展的良好环境。

（五）大内的 Z 理论

Z 理论（Theory Z）是由日裔美国学者威廉·大内（Willam Ouchi）于 20 世纪 80 年代提出的一种新型管理理论。这一理论是在研究美日管理方式的基础上发展起来的。该理论主要研究雇佣制度、决策制度、责任制、控制机制、考评与提升制度、员工职业发展、对职工的关怀等。不同于“性本恶”的X理论，也不同于“性本善”的Y理论，Z理论提倡“争取既追求效率又尽可能减少当局与职工的对立，尽量取得行动上的统一”。

目前，管理界还提出了H理论，H即Haier，海尔创造的是具有中国特色的“H理论”。其主要内容是：主动变革内部的组织结构，使其适应员工的才干和能力，而最终实现个人与企业的共同发展。

（六）公平理论

公平理论是美国心理学家斯塔西·亚当斯（Stacey Adams）提出来的。1963年，亚当斯发表了论文《对于公平的理解》，1965年他又发表了《在社会交换中的不公平》一文，从而提出了公平理论的观点。

亚当斯的公平理论认为：在一定的环境中，人们总是将自己所做出的贡献和所得到的报酬和与自己相关的人所做出的贡献和所得到的报酬相比较，以此来判断报酬的分配是否公平，从而决定下一步的行为。显然，如果比值相等，双方都会有公平感。因此，双方都可以维持原有的积极性。如果二者不相等，比值较小的一方就会认为自己在分配中受到了不公正的待遇，进而会调整他自己的行为。由此，亚当斯提出了著名的公平关系方程式：

$$\frac{QP}{IP}=\frac{QO}{IO}$$

式中，QP 为比较者获得的报酬；IP 为比较者做出的贡献；QO 为被比较者获得的报酬；IO 为被比较者做出的贡献。

如果方程式没有得到满足，如 $QP/IP<QO/IO$，比较者就会产生一种不公平感，认为自己的贡献没有得到公平的报酬。由此可知，一个人对工作的报酬是否满意，不仅受到报酬绝对值的影响，而且还受到报酬相对值的影响，更会受到这个相对值与可比较的范围内的相对值的影响。只有当报酬公平时，组织结构才能保持稳定，如果不公平，矛盾就会产生。

亚当斯发现，一旦出现了不公平，感觉到不公平的人们一般会采取行为调整措施。这些措施主要有以下几个方面：

（1）要求增加自己的报酬，以便提高自己的投入报酬率。

（2）要求降低他人的报酬，以便降低他人的投入报酬率。

（3）主动减少自己的贡献，以便提高自己的投入报酬率。

（4）要求他人提高贡献，以便降低他人的投入报酬率。

（七）领导行为四分图理论

1945年，美国俄亥俄州立大学教授斯多基尔（Stogdill）和沙特尔在调查研究的基础上，把领导行为归纳为“抓组织”和“关心人”两大类。“抓组织”强调以工作为中心，是指领导者以完成工作任务为目的，只注意工作是否有效地完成，只重视组织设计、职权关系、工作效率，而忽视部属本身的问题，对部属严密监督控制；“关心人”强调以人为中心，是指领导者强调建立领导者与部属之间的互相尊重、互相信任的关系，倾听下级意见和关心下级。调查结果证明，“抓组织”和“关心人”这两类领导行为在同一个领导者

身上有时一致，有时并不一致。因此，他们认为领导行为是两类行为的具体结合，分为四种情况，用二维坐标的四分图来表示。低关心人高组织的领导者，最关心的是工作任务；高关心人低组织的领导者，大多数较为关心领导者与部属之间的合作，重视互相信任和互相尊重的气氛；低组织低关心人的领导者，对组织和人都漠不关心，一般来说，这种领导方式效果较差；高组织高关心人的领导者，对工作和人都较为关心，一般来说，这种领导方式效果较好。

(八) 领导生命周期理论

领导生命周期理论是由科曼首先提出，后由保罗·赫西和肯尼斯·布兰查德予以发展的一种领导理论，也称情景领导理论。赫西和布兰查德认为，依据下属的成熟度，选择正确的领导风格，就会取得领导的成功。

赫西-布兰查德的领导生命周期理论的四个阶段是：

第一阶段：这些人对于执行某任务既无能力又不情愿。他们既不胜任工作又不能被信任。有效的领导方式是命令型领导方式（高工作-低关系），领导者定义角色，告诉下属应该干什么、怎么干及何时何地去干。

第二阶段：这些人缺乏能力，但愿意执行必要的工作任务。他们有积极性，但目前尚缺足够的技能。有效的领导方式是说服型领导方式（高工作-高关系），领导者同时提供指导性的行为与支持性的行为。

第三阶段：这些人有能力，却不愿意干领导者希望他们做的工作。有效的领导方式是参与型领导方式（低工作-高关系），领导者与下属共同决策，领导者的主要角色是提供便利条件与沟通。

第四阶段：这些人既有能力又愿意干让他们做的工作。有效的领导方式是授权型领导方式（低工作-低关系），领导者提供极少的指导或支持。

第三节　现代管理理论

第二次世界大战之后，随着现代科学技术日新月异的发展，生产社会化程度的日益提高，生产活动更呈现出大生产的特点，特别是进入20世纪70年代之后，由于受石油危机的影响及新技术革命的出现，企业经营环境更为复杂多变。企业为了盈利最大化，尽量维持高速增长和减少投资风险。西方一些大公司的发展范围已不再局限在单一行业之内，跨行业投资、兼并、收购、多元化经营、资本的社会化和国际化等在全球范围内兴盛起来，这些变化对管理也提出了一些新的要求。许多学者和管理专家都从各自不同的背景、不同的角度，用不同的方法对现代管理问题进行研究，相继出现了许多新的管理理论和学派。这些理论和学派，在历史渊源和内容上互相影响和联系，形成了盘根错节、争相竞荣的局面，被称为“管理理论的丛林”。

一、现代管理理论丛林产生的深层次原因

第二次世界大战以后的管理理论呈现出流派纷呈的局面。其深层次的原因，除了生

产力和科学技术的高度发展起着重要的作用外，以下几个方面的因素也发挥着重要的影响：

（1）生产力导致生产方式变化，促进了管理思想的发展。从家庭手工业生产转变到工业化大生产，促进了现代科学管理理论的产生。现代大工业的社会化生产方式也使管理方式发生变化。而这种变化就是钱德勒所说的“看得见的手”。从亚当·斯密“看不见的手”到钱德勒“看得见的手”，管理的专业化过程开始实现，管理阶层逐步形成，这种变化对经济发展的促进作用与市场力量的作用相比毫不逊色，极大地影响了管理思想的发展。

（2）宏观经济的调节作用，推动了管理思想的发展。经历了 20 世纪 30 年代的经济危机，亚当·斯密放任式的经济理论遇到了空前的挑战，是不是“看不见的手”已经失灵？西方的经济学家们苦苦地思索着。在这种情况下，凯恩斯提出了以宏观调控为核心的宏观经济理论，使政府干预经济活动成为各国发展经济的普遍政策。在凯恩斯主义经济理论的指导下，西方经济很快走上正轨，经济得以快速发展。现代管理理论的形成正是配合这种经济快速发展的要求，并在这一过程中形成了一种思想，即人们通过主动干预企业组织行为过程，将会有力地促进企业发展。

（3）受教育程度的提高深化了对人的认识。随着社会的发展，人们的受教育程度不断提高，对各种客观事物的认识程度也在不断提高，人的个性特征更加明显，人的行为更加显示出多样化的倾向。无论是人自身的变化，还是对客观事物的认识深度都呈现出多样化的趋势。在一个企业组织中，如何提高效率和效益，将是一个崭新的课题。由于对人的行为多样化认识的加深，推动了现代管理理论的进一步丰富和深化。

（4）日益激烈的市场竞争环境强化了市场观念，促进了内外协调管理思想的产生。为适应剧烈的市场环境变化，尤其是企业从国内发展到国际，从一国拓展到多国，管理理论家和实践家开始把环境因素变化融合到具体的企业管理中去，成为管理思想发展的一个重要方向。

（5）自然科学思想对管理科学的渗透，促进了以系统科学为理论基础的管理思想的产生。随着现代科学技术的发展，人们可以用现代科学提供的方法来分析管理对象和管理行为，特别是系统论、信息论和控制论为人们提供了科学的思想方法和分析工具，为人们提高管理效率提供了有效的思维方法，从而为管理思想的发展开辟了崭新的天地。

二、现代管理理论的方法论基础

任何一门学科，一般来说都有其理论上的假设、定义、概念、原理、方法、应用等内容，并往往建立在其他学科提供的知识框架基础上。随着管理对象的日益复杂、多变，对管理方法的要求也就越来越科学化、定量化，这就需要管理理论要有科学的方法论来指导，并要有科学工具来支持。

现代管理理论的基础，也是现代自然科学的基础理论，即系统论、信息论、控制论和耗散结构理论、协同论、突变论，通常把前三者称为“老三论”，把后三者称为“新三论”，这些都是最新科学研究的方法论。

(一) 系统论

系统论是20世纪20年代由美籍奥地利生物学家路德维希·冯·贝塔朗菲（Ludwig Von Bertalanffy）创立的一门新学科，是研究一切综合系统或子系统的一般模式、原则和规律的理论体系。

系统是由相互作用和相互联系的若干组成部分结合而成的整体。它具有各组成部分孤立状态所不具有的整体功能，它总是同一定的环境发生着联系。首先，在管理学上，凡管理形态中内部各组成部分之间存在着一定的相互联系、相互作用的要素组合在一起，都可以看成系统，所以系统论的应用适合于管理学的研究对象。其次，系统观念作为管理理论基础具有普遍的方法论意义。

系统论阐释了管理整体和部分之间的相互关系、管理系统与环境之间的相互关系。管理系统的构成及其规律是系统规律的具体化，管理人员具有的系统观念是管理主体世界观的重要组成部分。所以，系统论的科学思维方法是现代管理思想所具有的一种普遍的思维方法。

(二) 信息论

信息论也是现代科学理论的主要方法之一。随着当代科学技术的发展，管理领域的新理论、新概念层出不穷，不断涌现，但其中位居显著地位的是信息论。如今，信息已渗透到一切领域，成为当今社会活动的重要支柱之一，是构成现代文明和人类发展水平的重要标志。随着计算机应用的大众化，人类进入了信息化时代。

信息论已成为现代管理思想的重要的科学方法论之一。信息价值、信息量、信息反馈、信息的时效性和真实性、信息处理、信息传递等概念贯穿管理理论与实践的始终，信息论与信息科学成为现代管理活动的命脉。事实上，信息已成为现代管理思想的载体，并形成了一个特殊的管理形态——信息管理系统。

(三) 控制论

控制论是在20世纪40年代由美国著名的数学家诺伯特·维纳（Norbert Wiener）开创的。控制论的产生和发展所带来的影响甚至导致了世界学科图景的改观，它也使管理思维方式发生了改变，使得当代管理思想进一步深化。控制论思想有着深刻的管理哲学意义，它不仅引导管理主体在管理科学研究中开拓新领域，而且促使他们对整个管理世界的认识产生新的飞跃。

控制论思想描绘了管理形态和运动规律的多样性。按照辩证唯物主义观点，管理形态和运动规律的多样性是客观存在的。管理主体在自身认识发展中有目的地通过管理实践活动去探索这种多样性的统一也是顺理成章的。管理科学被分为各种不同的学派、不同的观点，可以说是人类对管理对象认识能力局限性的具体反映。一旦这种局限性得到突破，管理就会形成一幅整体的图画，而控制论恰好在一定的程度上完成了这种突破。它揭示了管理过程中宏观的、微观的、客体的、主体的种种联系和控制过程的统一，使人们懂得上述这些截然不同的领域都存在着信息传递和反馈等共同特点，存在着交流和控制的共同规律。

（四）耗散结构理论

耗散结构理论是于1969年由比利时自由大学教授普利高津（Prigogine）提出来的。耗散结构理论主要讨论一个系统从混沌走向有序的机理、条件和规律。普利高津指出，一个远离平衡状态的开放系统，当其中某个变量达到一个临界值时，通过涨落发生突破，即平衡突变，就有可能从原来的混沌无序状态转变为一种空间、时间或功能有序的新状态。这种远离平衡状态的非线性区域的宏观有序结构需要不断与外界交换能量才能维持，并保持一定的稳定性。普利高津将这种要耗散物质和能量才能维持其有序的结构称为耗散结构，将系统在一定条件下能够自行产生的组织性叫作自组织现象。

（五）协同论

协同论（Synergetics）是研究系统从无序到有序转变规律的理论。它力图阐明在具体性质极不相同的系统中产生新结构和自组织的共同性，揭示合作效应引起的系统的自组织作用。哈肯（H. Haken）等科学家以现代理论（信息论、控制论、突变论）为基础，同时又采取了普遍性很强的统计学、动力学理论，通过类比，对各种从无序到有序的现象建立了一整套数学模型和处理方案，从而把由一门学科中所取得的成果很快推广到其他学科的类似现象上。

（六）突变论

突变论是法国数学家雷内·托姆（Rene Thom）于1968年始创，于1972年在《结构稳定和形态发生学》中确立的理论。托姆指出，系统从一种稳定状态进入不稳定状态之后，略做变化而进入另一种稳定状态，就发生了突变。因此，突变论研究的是系统从一种稳定状态到另一种稳定的状态。事物的量变、质变问题一直是自然科学、社会科学争论不休的问题。任何一个突变都有一个临界点，那么这个临界点取决于什么状态？这一直使人迷惑不解，突变论则在一定程度上解决了这一问题。突变论认为系统所处的状态可用一参数描述，即当系统参数处于稳定状态时，标志着该系统状态的某个函数就取唯一值（如能量最小、熵取极大等），如当参数在某一范围内变化，该函数值有不止一个极值时，系统就处于不稳定状态，而当函数值从这些极值中取了另一极值时，系统就发生了突变。

新三论对于管理学上的意义在于将管理对象视为一个系统，而这个系统是不断变化的，如何对这一系统加以认识是进行管理研究的关键性问题。同时这一系统各种各样的演变会呈现出什么样的规律呢？作为管理理论的研究者或管理实践者又如何把握这种演变规律呢？这是一个始终困扰着现代管理大师们非常重要的课题。而由于出现了耗散结构理论、协同论和突变论后，就可以正确把握管理对象这一演变过程。所以，这些科学方法论是现代管理科学的方法论基础。

三、现代管理理论的主要流派

（一）现代战略管理理论

20世纪60年代初期，R. N. 安东尼（R. N. Anthony）、H. I. 安索夫（H. I. Ansoff）

和 K. R. 安德鲁斯（K. R. Andrews）奠定了战略规划的基础，并论述了战略规划的作用。三者的研究构成战略思想的“3 安范式”（Anthony-Ansoff-Andrews Paradigm）。“3 安范式”在 1978 年的匹兹堡大学战略规划研讨会上得到普遍的认可，后经 D. 申德尔（D. Schendel）和 C. W. 霍弗（C. W. Hofer）在 1979 年出版的《战略管理》一书广泛向世界传播。20 世纪 80 年代是通用战略阶段，人们试图总结成功的普遍模式，由波特领头重点研究如何预测商机、创造商机以建立和保持公司的竞争优势。人们对战略的实施给予了充分的重视，价值链的概念及 7S 构架被用于研究如何实现公司目标、如何构造企业的内部关系。20 世纪 80 年代后期至 90 年代，人们越来越认识到战略的制定不是一个简单的机械设计过程，不同的组织有不同的战略，战略规划与实际结果间存在着差距。战略需要根据外界条件的变化不断地调整修改。现在，越来越多的学者希望根据企业内部的资源和能力来制定战略。综合来看，这方面的研究呈现出以下三大主要流派。

1. 结构学派

结构学派的代表人物当属迈克尔·波特（Michael Porter）。他在前人研究的基础上，从结构分析的角度提出了竞争战略的一些观点。波特认为，一个产业内部的竞争状态取决于五种基本竞争力的相互作用，即进入威胁、替代威胁、买方砍价能力、供方砍价能力和现有竞争对手的竞争。在此分析的基础上他提出了可供选择的三种基本竞争战略：总成本领先战略、差别化战略和目标集中战略。这三种战略的实施与资源和技能有关，同时存在着程度不同的风险。继产业结构分析之后，波特还构建了竞争对手理论分析模型，内容涉及如何识别竞争对手等。

2. 能力学派

能力学派强调企业在生产经营行为过程中以能力为出发点来判定和实施企业经营战略。该学派有两种代表性的观点：一是以哈默尔和普拉哈拉德为代表的“核心能力观”；二是以斯多克、伊万斯和舒尔曼为代表的“整体能力观”。前者所说的“核心能力”指蕴涵于一个企业生产、经营活动中具有明显优势的单个要素（如技术、成本等）和要素组合；后者的“整体能力”主要表现为组织成员的集体技能和知识，以及员工相互交往方式的组织程序。这两种能力观都强调企业内部行为和过程所体现的特有能力。显然，自“核心能力”的观点提出以来，企业如何识别和培养核心能力成为人们关注的焦点，这也可以说是能力学派理论创新的重要表现。

3. 资源学派

顾名思义，资源学派强调“资源”问题的重要性，其主要代表人物是科斯和蒙哥马利。在他们看来，资源是一个企业所拥有的资产和能力的总和，因此，一个企业要想获得成功，就必须拥有独特的具有竞争力的资源，并将资源配置到战略中去。就如何评价企业资源，资源学派提出了五项标准：（1）资源的不可模仿性；（2）资源的持久性；（3）资源的占有性；（4）资源的替代性；（5）资源的竞争性。通过上述五个方面的评估，通常能够表明一个企业的总体状况，从而为制定和选择竞争战略提供坚实可靠的基础。

（二）现代决策理论

该学派的代表人物是著名的诺贝尔经济学奖获得者，美国卡内基·梅隆大学的教授西蒙。这一学派是在社会系统学派的基础上发展起来的，是当代西方影响较大的管理学派之一。西蒙认为，决策程序就是全部的管理过程。决策贯穿于管理的全过程。决策过程从确定组织目标开始，寻找为达到该项目标可供选择的各种方案，经过比较做出优选决定并认真执行控制，以保证既定目标的实现。西蒙采用“令人满意的准则”代替传统决策理论的“最优化原则”。他认为，不论是从个人的生活经验中，还是从各类组织的决策实践中，寻找可供选择的方案都是有条件的，不是毫无限制的。他还研究了决策过程中冲突的关系以及创新的程序、时机、来源和群体处理方式等一系列有关决策程序的问题。

西蒙的决策理论是以社会系统理论为基础，以后又吸收了行为科学、系统理论、运筹学和计算机科学等学科的内容，既重视了先进的理论方法和手段的应用，又重视了人的积极作用。

（三）现代组织管理理论

20 世纪 60 年代末，行为科学的一个重要发展方向是组织行为的研究，它主要研究企业性组织内任何群体的行为。其特征是既注意人的因素，又注意组织的因素，如工作任务、组织结构、隶属关系等，在一定意义上，它是人群关系学派和组织理论的综合。20 世纪 80 年代以后，组织行为理论得到了很大发展，并对企业管理的科学化和现代化产生了重大影响。它改变了传统管理对人的错误认识，从忽视人的作用转变为重视人的作用。因此，当代管理已由原来的以“事”为中心，发展到以“人”为中心；由原来对“纪律”的研究，发展到对人的“行为”的研究；由原来的“监督”管理，发展到“动机激发”管理；由原来的“独裁式”管理，发展到“参与式”管理。这一学派的代表性理论有以下几种。

1. 社会系统学派

社会系统学派以组织理论为研究重点，从社会学的角度来研究组织。这一学派的创始人是美国的管理学家切斯特·巴纳德，他的代表作是 1937 年出版的《经理的职能》一书。

巴纳德把组织看作是一个社会协作系统，即一种人的相互关系的协作体系。这个系统的存在取决于三个条件：（1）协作效果，即组织目标能否顺利实现；（2）协作效率，即在实现目标的过程中，协作的成员损失最小而心理满足较高；（3）组织目标应和环境相适应。

巴纳德还指出，在一个正式组织中，要建立这种协作关系，必须满足以下三个条件：（1）共同的目标；（2）组织中每一个成员都有协作意愿；（3）组织内部有一个能够彼此沟通的信息系统。

这一学派虽然主要以组织理论为其研究重点，但它对管理所做的贡献是巨大的。

2. 系统管理学派

系统管理学派是运用系统科学的理论、范畴及一般原理，分析组织管理活动的理论。

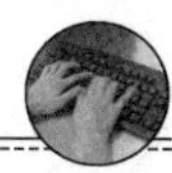

其代表人物有美国的卡斯特、罗森茨韦克等。

系统管理学派的主要理论要点是：(1) 组织是一个由相互联系的若干要素所组成的人造系统；(2) 组织是一个为环境所影响，又反过来影响环境的开放系统。组织不仅本身是一个系统，同时又是一个社会系统的分系统，在与环境的相互影响中取得动态平衡。组织同时要从外界接受能源、信息、物质等各种投入，经过转换再向外界输出产品。在管理中应用系统管理和系统分析，提高了管理人员对影响管理理论和实践的各种相关因素的洞察力。该理论在20世纪60年代最为盛行，尽管它在解决管理的具体问题时略显不足，但仍然不失为一种重要的管理理论。

3. 组织行为理论

组织行为理论的代表性著作是1981年出版的威廉·大内的《Z理论：美国企业界怎样迎接日本的挑战》。在这本著作中，作者根据对日、美各12家较典型的企业共计4种类型的48个实例的调查对比和综合研究结果，提出Z型组织理论，即“Z理论”。他认为，美国与日本的管理方式确实有所不同。“日本人成功的秘诀，并非是技术原因，而是他们有一套管理人的特殊方法，即把公司的成员同化于公司的意识，养成独特的公司风格。”Z理论强调工人对组织的忠诚，强调公司应提供终身雇用制，把对员工的培训和发展作为一项终身的投资。并且，受强调集体和组织重要性的日本文化的影响，日本的工人倾向于以集体或团队方式来对待工作。管理者应当为人们创造一种鼓励集体决策的工作环境，使人们对其工作绩效负责，允许人们控制自己的行为。通过为员工个体设定目标，将对工作集体的强调与个人对组织贡献的认可有机结合起来。这样，员工不仅会根据其个人绩效，还会根据其有助于改善决策或沟通的人际关系技能而得到承认和报酬。Z理论的实施需要一种具有一定弹性、能够对组织内外部环境变化做出反应的组织结构。

4. 经理角色学派

当人们开始以群体方式组合起来共同实现目标时，领导就成为研究者感兴趣的重要领域。20世纪初，研究者开始对领导进行实证研究；20世纪20—30年代，研究者主要关注的是领导者的特质。而经理角色学派是20世纪70年代在西方出现的一个管理学派。它之所以被人们称作经理角色学派，是由于它以对经理所担任的角色的分析为中心来考虑经理的职务和工作，以求提高管理效率。该学派的主要代表人物是加拿大麦克吉尔大学管理学院教授明茨伯格。根据明茨伯格的观察和研究，在经理的工作中有着明显的六大特点：工作的紧张和繁重；工作的简短、多样和琐碎；关注现实而不假思考；喜欢口头交谈方式；处于组织和外界联系网络的“瓶颈”；权力和责任混合一体。经理在工作中具有十种角色，包括挂名首脑、领导者、联络者、监听者、传播者、发言人、企业家、故障排除者、资源分配者和谈判者。这十种角色可分为人际关系方面、信息方面和决策方面三类。按照角色的不同，明茨伯格又把经理的类型分为八种：联系人、政治经理、企业家、内当家、实时经理、协调经理、专家经理、新经理。概括起来，可以用一组数字来描述经理角色学派的主要观点，即六大特点、十种角色、八个类型。这是管理学史上第一次从实证角度来全面分析经理的活动。

5. 科特的领导理论

约翰·科特总结美国经济发展的历史，认为以前的管理理论是建立在大企业和大工业的基础上，在周围的经济环境对美国有利的条件下产生的，具有很强的针对性。进入20世纪80年代以后，国际经济形势和世界格局发生了变化。科特认为，在新的形势下应该遵守的不是以前的管理规则，而是应该遵守一种新的规则，这种规则是建立在经济发展新阶段的特征基础上的。为了新阶段的成功，企业必须降低成本，提高质量，开发新产品和更快地前进。企业的应变能力，对是否成功变得越来越重要，这一切都需要有强有力的领导。在新的环境、新的观念和新的规则下，对企业的发展，对管理思想的认识都有一个适应变化的过程。为了适应这一变化，科特提出了领导的四要素。尽管对这四要素的表述可能有些不同，但是基本的内涵是不变的。这四要素主要表现为以下方面：

（1）动力和精力。这是由个人人格特点所决定的，是由人的遗传和后天的经历所决定的，具有旺盛的内在动力，渴望求得发展获得成功，这是领导必不可少的特征。

（2）智力和智能。智力是具有卓越领导才能的领导者必须具备的基本条件。虽然他们不是天才，但是他们的某种基本智力是超常的。而对于智能来说，经营方向的拟订是至关重要的。如果没有这一条件就不可能吸收大量不同的信息，并找出这些信息之间的联系，因为这是一种颇具难度和相当复杂而艰巨的任务。

（3）精神和心理健康。精神和心理健康在领导的全过程中都具有十分重要的作用，对联系他人和准确地把握他人的情感和价值观都起作用，尤其对拟订经营方向起非常关键的作用，这是领导的阅历和修养作用的结果。

（4）正直。正直是领导的一个重要品质。领导的正直对其下属和同事有极其重要的影响。许多人特别善于判断领导是否看重他们，关心他们的幸福，他们只稍观察他的所作所为及产生的影响即可。正直是领导的基本素养，也是做人的基本素养。

6. 企业文化理论

企业文化学派强调管理活动的文化特征，其代表人物是特雷斯·E. 迪尔和阿伦·A. 肯尼迪等。他们合著了《企业文化》一书，对企业文化进行了系统论述。企业文化学派成了20世纪80年代最有影响的管理学派之一，在一定程度上反映了当代企业管理的客观要求和发展趋势。西方企业文化研究主要是20世纪80年代开始兴起的一种新的管理思想。它以美日比较管理学研究为起点，迅速形成一种希望从文化角度开辟管理新纪元的世界性潮流。其代表人物相当多，著作丰富，如伏格尔的《日本名列第一》、威廉·大内的《Z理论：美国企业界怎样迎接日本的挑战》等。他们的主要观点是：（1）企业的管理不仅是理论的，而且是文化的；（2）企业文化受企业环境制约，在企业内，主要体现为全体成员共同的信念、方向意识、思维方式和日常行为准则；（3）作为企业领导，在完成对企业战略的制定和执行后，应把主要精力用在企业文化的塑造与培育上；（4）企业领导必须具有文化意识；（5）未来企业的竞争，将主要是企业文化的竞争。

（四）现代控制理论

控制论思想最先源于1943年维纳与罗森伯里特·毕格洛合写的《行为、目的和目的

论》。数学家诺伯特·维纳在1948年的《控制论》中开创了独树一帜的理论体系——控制论，控制论引起了各学科领域的重视。克劳斯在《从哲学看控制论》中指出：控制论不仅给许多科学、技术与生产带来了新的范畴与方法论，因而对人类有极其重大的意义，而且它的规律性对人类社会本身也是有效的。各个学科的竞相研究与应用，使之成为不受社会科学、自然科学具体研究限制的、跨学科的方法论科学。

控制（control）是对各项活动进行监视，从而保证各项行动按计划进行并纠正各种显著偏差的过程。管理者控制什么？在现代管理活动中，控制既是管理循环的终点，是保证计划得以实现和组织按既定的路线发展的管理职能，又是新一轮管理循环的起点。控制活动的整个过程，涉及各项职能，主要针对人员、财务、作业、信息和组织的总体绩效。

1. 管理过程学派

管理过程学派又叫管理职能学派、经营管理学派。这一学派是继科学管理学派和行为科学学派之后最有影响的一个管理学派，它的开山鼻祖就是科学管理理论的创始人之一法约尔。

管理过程学派的研究对象是管理的过程和职能。这个学派试图通过对管理过程和管理职能进行分析并从理性上加以概括，把应用于管理实践的概念、原则、理论和方法糅合到一起，形成一个管理学科。他们认为，各个企业和组织以及组织中的各个层次的管理环境都是不同的，但管理是一种普遍而实际的过程，同组织的类型或组织中的层次无关。把这些经验加以概括，就成为管理的基本理论。有了管理理论，就可以通过对理论的研究、实验和传授改进管理实践。

管理过程学派的管理理论以以下几个基本信念为依据：

（1）管理是一个过程。可以通过分析管理人员的职能来从理论上很好地对管理加以分析。

（2）根据在企业中长期从事管理的经验，可以总结出一些基本管理原理，这些基本管理原理对认识和改进管理工作能起到一种说明和启示的作用。

（3）可以围绕这些基本原理展开有益的研究，以确定其实际效用，增大其在实践中的作用和适用范围。

（4）这些基本管理原理只要还没有被实践证明不正确或被修正，就可以为形成一种有用的管理理论提供若干要素。

（5）管理是一种可以依靠原理的启发而加以改进的技能，就像医学和工程学一样。

（6）管理中的一些基本原理是可靠的，就像生物学和物理学中的原理一样。

（7）管理人员的环境和任务受到文化、物理、生理等方面的影响，也吸收同管理有关的其他学科的知识。

2. 管理控制论

“管理的关键在于控制”，这种观点已基本得到人们的认同。实际上，在工程技术领域中许多人注重“控制”，在社会经济领域注重“管理”。控制不仅是管理的一项重要职能，而且管理的成败关键在于能否实施有效的控制。好的管理控制技术能够使管理者收到事半功倍的效果。尽管传统的管理控制技术（如预算控制、程序控制、计划控制等）在大多数管理控制系统中还在应用，但现代管理控制技术已成为企业管理现代化的重要组成部分。因此，在现代化企业中，能否有效地应用现代管理控制方法和手段，已成为衡量企业管理现代化水平的重要标志。控制论已经应用到管理活动的各个领域，形成的理论有成本控制理论、目标控制理论（如目标管理）、项目管理控制、全面质量管理、准时生产（JIT）、敏捷制造（AM），还有计算机科学领域的决策支持系统（DSS）、计算机集成系统（CIMS）、供应链管理（SCM）等都属于管理控制的研究重点。

3. 管理组织控制论

管理组织控制理论，是我国学者宋璟贤提出的管理学理论。他认为：企业管理就是组织控制技术。“组”的本义是指把用以纺织的纤维分成一束一束的丝，让它排列有序；“织”的本义是指纺线织布，把线状的纤维做成布匹。“组”和“织”合在一起用在管理学上，就是指资源配置，让所有的企业资源各就其位，形成企业的基本结构，为企业运行奠定基础。“控”，就是通过有效约束来保证企业资源的基本格局和工作秩序的形成与稳定，可以理解为企业的静态管理；“制”，是指企业的动态管理，就像导弹发射过程中的制导技术一样，根据各种发射参数的变化随时修正方向和推进方式，保证目标命中。管理学的本质就是组织控制技术，它涵盖了企业所有的管理行为。决策、策划、执行、营销、预决算等管理行为和目标管理、绩效管理、精细化管理、六西格玛等管理方式，都是组织控制技术的具体运用。

（五）管理科学理论

1. 数量管理科学学派

数量管理科学学派，也称管理科学学派、数量学派，是泰罗科学管理理论的继续和发展。管理科学学派正式作为一个管理学派，是在第二次世界大战以后，这一学派的特点是利用有关的数学工具，为企业寻得一个有效的数量解，着重于定量研究。管理科学学派认为，管理就是制定和运用数学模型与程序的系统，用数学符号和公式来表示计划、组织、控制、决策等合乎逻辑的程序，求出最优的解答，以达到企业的目标。这个学派还提倡依靠电子计算机管理，提高管理的效率。管理科学学派似乎是有关管理的科学，其实它主要不是探索有关管理的问题，而是设法将科学的管理原理、方法和工具应用于管理。管理科学学派强调数量分析，主张用先进的技术成果和科学研究成果对管理学进行研究，其意义是十分明显的。但管理活动纷繁复杂，并非所有的管理问题都能定量化，都能用模型来分析。因此，过分依赖于模型，也会降低决策的可信度，所以在管理活动中，应以一分为二的态度来对待数学模型。

2. 权变理论学派

权变理论是20世纪70年代在经验主义学说基础上进一步发展起来的管理理论。权变理论认为，在组织管理中，要根据组织所处的环境和内部条件的发展变化随机应变，没有什么一成不变、普遍适用的“最好的”管理理论和方法。权变管理就是依据环境的自变量和管理思想及管理技术的因变量之间的函数关系来确定一种最有效的管理方式，它要求具

体情况具体分析。

权变理论的基本观点主要有以下几个方面：

（1）权变管理思想结构。权变管理的思想结构认为，管理同环境之间存在着一定的函数关系，但不一定是因果关系。所谓函数关系，就是作为因变量的管理思想、管理方法和技术随环境自变量的变化而变化。这种函数关系可以解释为“如果-就要”的关系，即“如果”某种环境情况存在或发生，“就要”采用某种管理思想。

（2）权变理论的组织结构观点。这一观点是以权变思想为基础，把组织看成是一个既受外界环境影响，又对外界环境施加影响的“开放系统”。组织内部机构的设计，必须与其组织任务的要求、外在环境的要求，以及组织成员的需要等相互一致，组织才能有效。

（3）权变的人事管理观点。在人事管理方面的权变观点也是以权变管理思想为基础的，认为在不同的情况下要采取不同的管理方式，不能千篇一律。

（4）权变理论的领导方式观点。该观点认为：在不同的情境下，不同的领导行为有不同的效果。

（六）其他管理理论

1. 经验主义学派

经验主义学派又称案例学派，其代表人物是美国管理学家彼得·德鲁克和欧内斯特·戴尔。这一学派的中心观点是强调管理的艺术性。他们认为，科学管理理论和行为科学都不能完全适应企业发展的实际需要，有关企业管理的科学应该从企业管理的实际出发，以大企业的管理经验为主要研究对象，并加以概括和理论化，从而向企业管理人员提供实际的建议。他们主张不必企图去确定一些原则，只要通过案例研究、分析一些经理人的成功经验和他们解决特殊问题的方法，便可以在相仿情况下进行有效的管理。

经验学派的主要观点是：

（1）关于管理的性质，他们认为管理是管理人员的技巧，是一个特殊的、独立的活动和知识领域。

（2）关于管理的任务，德鲁克认为，作为主要管理人员的经理，有两项别人无法替代的特殊任务：第一，必须造成一个“生产的统一体”，经理好比一个乐队的指挥，他要使企业的各种资源特别是人力资源得到充分的利用；第二，经理在做出每一个决策和采取每一项行动时，要把当前利益和长远利益协调起来。

（3）提倡实行目标管理。

2. 计算机管理学派

随着信息技术与计算机技术的发展，自20世纪50年代以来，一些发达国家相继将计算机应用于企业管理。

该学派继承了系统学派的观点，认为一个组织是一个由相互联系的若干要素组成的人造系统，因此，对于这个系统的管理就需要采用系统的工具和软件。随着计算机广泛应用于管理方面，出现了很多管理系统软件平台以及管理概念。主要有：EDI（电子数据交换）、MIS（管理信息系统）、MRP（物料需求计划）、MRPⅡ（制造资源计划）、ERP

（企业资源计划）、DSS（决策支持系统）、ES（专家系统）、CRM（客户关系管理）、SCM（供应链管理）、BPR（企业流程再造）。

第四节　管理理论的发展规律与趋势

一、管理理论的发展规律

科学史（或理论史）的主要任务，并不仅仅是恰当地评述主要代表人物的理论贡献，更重要的是确定他们的理论贡献在科学发展中的作用与地位，从而揭示各门科学发展的规律及其发展趋势。管理方式方法经历了漫长的演进过程：科学管理理论—行为科学理论—管理科学理论—决策理论—战略管理理论—信息管理理论。管理演进的路径主要是企业环境的变化导致企业管理要素重要性发生变化，从而导致不同时期管理学家研究的侧重点的发展变化，每个不同阶段的理论都有其合理的一面，都是管理学者从不同角度的研究。因此，管理理论的发展并不存在明确的替代关系，而是相互补充的。无论哪一种理论或思想，都是围绕着管理的核心问题“效果”和“效率”而展开，对当今的企业都具有很强的指导意义，因此并不是某一个理论对于企业就是灵丹妙药，企业应结合所处的环境，从组织、管理方式方法上借鉴自己适合的理论。

影响管理思想发展的主要因素是生产力发展的程度。管理思想的发展主要取决于科学技术的进步和发展、人类各种文化发展和相互渗透的程度。这是因为：随着科学技术的发展，人类已经形成了“地球村”“宇宙岛”等概念，人类的思维已经站在全球角度来看待人类所遇到的问题。生产组织的形式是形成新管理思想的主要来源：农业经济的生产方式，决定着传统的管理思想，并以此支配着当时的管理过程。工业大生产的生产方式，决定着科学管理思想和现代管理思想，以及相应的经济规律。当生产力的发展使人类社会进入知识经济时代时，首先表现出来的是生产和生活方式的巨大转变，从而形成了适应于知识经济时代的管理思想和经济规律。人本身的发展也是管理思想的主要因素之一。因为人无论是管理客体还是管理主体，都是决定因素。而人本身随着社会的发展，受教育程度不断提高，文化交流和信息沟通手段日益现代化，其个性化程度成为人类社会发展的主要特征之一，这一切决定了管理思想发展本身就是一个动态的、不断发展的过程。

二、管理理论的发展趋势

人类已经进入了21世纪，信息技术高速发展，全球竞争日趋激烈，经济一体化程度大大提高，这些变化也触及管理学的一些根本问题，管理理论的发展也相应呈现出一些新的趋势。

（一）管理发展的新特点

1. 管理要素的侧重点发生变化导致管理理论演进路径的变革

我们可以发现环境变化导致管理要素重要程度的变化，导致管理理论的演进变化。随

着经济全球化的发展，信息技术、科学技术的进步使得知识、信息、时间、人才要素成为企业成败的关键，因此，围绕着这些要素的管理成为未来的管理趋势。如信息管理、人本管理、柔性管理、知识管理等。另外，管理的使命不再是提高效率，首要任务将是精心培植核心竞争力。

2. 管理竞争主体的变化导致组织变革

未来的竞争并不简单的是单个企业之间的竞争，围绕最终消费者而建立的战略联盟或者供应链将成为竞争的主体。管理活动的趋势不再局限于单个组织的内部，而是扩展到整个价值链、供应链和业务流程；集中所有资源专注于核心竞争力的建设，战略联盟、虚拟企业等新型组织形式应运而生；围绕着新的组织形式的信息管理、战略管理成为未来的管理重点。

3. 管理客体的变化引起企业之间、企业与社会之间关系的变革

经济全球化的趋势是：未来的管理重点不只是组织内部的事务，更加关注组织与全球的关系；管理的重点应是组织间的竞争与合作关系；开始研究企业间的合作，研究整个供应链的效率——产业经济学所关注的领域；运用经济学的最新理论分析管理问题背后的行为动机，如博弈论、信息经济学、产权理论等。

4. 管理学的研究方法变革

管理内容由对人、事、物的管理转变为对知识的管理；研究方法突破定性分析，注重数学模型、经济学和计算机的应用。

5. 管理学、经济学及其他学科的融合

管理学发展的趋势是向经济学研究领域渗透；同时管理学逐渐融合了社会学、伦理学、数学等其他学科的知识，使管理学的内涵变得更加丰富。

（二）管理理论发展的新趋势

1. 创新管理趋势

尽管人们对创新管理含义的理解不一，但以下两点是不可缺少的：一是对创新活动的管理；二是创新型管理。创新活动管理主要指对创新行为本身的探讨，如创新思维、创新模式等；创新型管理，就是通常人们所说的管理创新。广义的管理创新涵盖的内容很广，如战略创新、组织创新、观念创新、技术创新、营销创新等。创新型管理要求把创新贯穿于整个管理过程，使管理随着内部条件和外部环境的变化而变化。同时，它也要求整个组织及其成员把创新作为其活动的主旋律。

（1）企业再造理论。

迈克尔·哈默和詹姆斯·钱皮于 1994 年出版了《公司再造》一书。该书一出版便引起了管理学界和企业界的高度重视，并迅速流传开来。多年来，亚当·斯密的社会分工理论一直支配着美国企业的管理，对生产力的发展曾经起到了巨大的推动作用，但是在迅速变化的当今时代，已越来越不适应社会发展的要求了。哈默与钱皮认为，公司再造就应当

是根据信息社会的要求，抛开分工的旧包袱，按照自然跨部门作业流程重新组装以期在管理绩效上，如成本、质量、服务和效率等方面，获得大跃进式的改善。企业再造的基本特点是：1）向基本信息挑战，进行创造性思维；2）彻底变革，使企业“脱胎换骨”；3）大跃进式的发展；4）从业务流程开始。按照哈默和钱皮的定义，业务流程是企业以输入各种原料为起点到企业创造出对顾客有价值的产品为终点的一系列活动。流程再造得益于信息技术的高度发展，因为信息技术的发展使得效率不一定产生于分工，而有可能产生于整合之中。因此，在传统的组织职能理论基础上进行以流程为线索的调整，正在成为人们探讨高效组织管理的新模式。

（2）学习型组织理论。

所谓学习型组织，是指通过培养弥漫于整个组织的学习气氛而建立起来的一种符合人性的、有机的组织。在学习型企业中，要求人们不断地去拓展他们的能力，学习相互之间如何在一起工作，发挥参与精神，通过不断变革以适应瞬息万变的环境变化。

1990 年，彼得·圣吉在《第五项修炼》一书中提出了构建学习型企业的五项基本修炼：1）培养“自我超越”的员工。“自我超越”的修炼要求每个员工学习如何认清、加深和不断实现他们内心深处最想实现的愿望，他们对生命的态度应该是全身心投入、不断创造和超越。2）改善心智模式。每个人的心智模式影响着人们如何了解这个世界，以及如何采取行动，而组织内部也可能存在一种共有的心智模式。3）建立“共同愿景”。“共同愿景”是大家共同愿望的景象，是能感召组织成员的共同目标。当人们致力于共同关切的愿望时，才会产生创造性学习。4）促进有效的“团队学习”。“团队学习”修炼要求团队成员能够超越自我，克服防备心理，学会如何相互学习与工作，形成有效的共同思维。5）形成全局性的“系统思考”。“系统思考”的修炼要求人们能够纵观全局，形成系统思维模式，思考影响我们诸种因素的内部联系。

（3）标杆管理。

标杆管理又称基准管理，是在 20 世纪 70 年代末由美国施乐公司（Xerox）首创，后经美国生产力与质量中心（American Productivity & Quality Center，APQC）系统化和规范化。

标杆管理是一个系统的、持续性的评估过程，通过不断地将企业流程与世界上居领先地位的企业相比较，以获得帮助企业改善经营绩效的信息。具体地说，标杆管理是企业将自己的产品、服务、生产流程、管理模式等同行业内或行业外的领袖企业做比较，借鉴、学习他人的先进经验，改善自身不足，从而提高竞争力，追赶或超越标杆企业的一种良性循环的管理方法。

作为一种优秀的管理方法和管理工具，标杆管理的作用主要表现在以下几个方面：

1）通过标杆管理，企业可以选择标杆，确定企业中、长期发展战略，并与竞争对手对比分析，制订战略实施计划，并选择相应的策略与措施。

2）标杆管理可以作为企业业绩提升与业绩评估的工具。通过辨识行业内外最佳企业业绩及其实践途径，企业可以制定业绩评估标准；然后对其业绩进行评估，同时制定相应的改善措施。企业可以明确本企业所处的地位、管理运作，以及需要改进的地方，从而确定适合本企业的有效发展战略。

3）标杆管理有助于企业建立学习型组织。实施标杆管理，有助于企业发现在产品、

服务、生产流程，以及管理模式方面存在的不足，并学习"标杆企业"的成功之处，再结合实际，将其充分运用到自己的企业当中。

（4）六西格玛管理方法。

六西格玛管理方法（Six Sigma Discipline）在20世纪80年代中期由美国摩托罗拉公司首创，并在20世纪90年代末形成一股风靡世界的管理热潮。

美国管理专家罗纳德·施尼（Ronald Snee）将六西格玛管理方法定义为：寻求同时增加顾客满意和企业经济增长的经营战略途径。美国管理咨询顾问托马斯·派兹德克（Thomas Pyzdek）认为："六西格玛管理方法是一种全新的管理企业的方式。六西格玛主要不是技术项目，而是管理项目。"六西格玛管理方法是一套系统的业务改进方法体系，是旨在持续改进企业业务流程，获得和保持企业在经营上的成功并将其经营业绩最大化的综合管理体系和使企业获得快速增长的经营方式，是实现客户满意的管理方法。它通过系统地、集成地采用质量改进流程，实现无缺陷的过程设计，即面向六西格玛的设计（Design for Six Sigma，DFSS），并对现有过程进行过程定义（define）、测量（measure）、分析（analyze）、改进（improve）、控制（control），简称DMAIC流程，消除过程缺陷和无价值作业，从而提高质量和服务，降低成本，缩短运转周期，达到客户完全满意，增强企业竞争力。实质上，六西格玛管理方法只是一个代名词，其含义是客户驱动下的持续改进。其方法体系的运用不仅局限于解决质量问题，而且包括业务改进的各个方面，包括时间、成本、服务等各个方面。其方法体系也不仅仅是统计技术，而是一系列管理技术和工业工程技术的集成。

六西格玛管理方法具有以下特点：

1）有比以往更广泛的业绩改进视角，强调从顾客的关键要求以及企业经营战略焦点出发，寻求业绩突破的机会，为顾客和企业创造更大的价值。

2）强调对业绩和过程的度量，通过度量，提出挑战性的目标和水平对比的平台。

3）提供了业绩改进方法。针对不同的目的与应用领域，这种专业化的改进过程包括：六西格玛产品/服务过程改进DMAIC流程、六西格玛设计DFSS流程等。

4）在实施上由"倡导者"（champion）、"黑带大师"（MBB）、"黑带"（BB）、"绿带"（GB）等经过培训、职责明确的人员作为组织保障。

5）通过确定和实施六西格玛项目，完成过程改进项目。每一个项目的完成时间为3～6个月。

6）明确规定成功的标准及度量方法，以及对项目完成人员的奖励。

7）组织文化的变革是其重要的组成部分。

2. 知识管理趋势

21世纪是知识经济时代，信息在人们的社会生活中发挥着越来越重要的作用。信息技术的发展使企业从传统的对有形资本的管理正在向对无形资本的管理转移。企业如何去开发知识、利用知识，并将知识转化为直接的生产力，以适应知识经济发展的要求就成为企业管理所遇到的又一新课题。以知识为对象的管理要求企业在全球范围内获取新知识、新信息，并进行知识的积累、优化和重新组合。知识管理强调把信息、人力资源、知识、经营过程等统一协调起来，从而在更广阔的范围内提升企业的经营业绩，推动企业向前发展。由此可见，知识管理不同于信息管理。知识要由人掌握，知识的创造源泉是人，因此，知识管理的本质就在于对人力资源的开发和利用。

3. 柔性管理趋势

在当今世界，随着生产的发展，环境变化的不确定性增加，特别是企业为了适应迅速变化的市场，满足消费者的需求，需要很快地从一种经营状态转向另一种经营状态，从而使柔性管理得到了人们的关注。如柔性战略、柔性制造系统以及敏捷制造等概念的提出，都是基于柔性管理思想并利用计算机及信息集成技术以实现上述目的的产物。

与柔性管理相关的就是软管理的兴起。20 世纪初，泰罗创立了科学管理；20 世纪 30 年代，梅奥开创了管理研究的新领域，使管理学对人的行为的研究异常活跃；20 世纪 80 年代初，出现了企业文化理论；20 世纪 90 年代，有关人性管理的话题再次被人们提出。从管理发展的轨迹看，管理明显地正在从理性的科学管理，即物本主义的“硬”管理向非理性的人文管理即人文主义的“软”管理转变。软管理的兴起，说明了管理的出发点和归宿都是围绕人而展开的，因而在组织中如何更加尊重人、信任人、培养人、发展人，实现人与工作的完美融合，将是未来人们更加关注的主题之一。

4. 双重目标管理趋势

传统的管理都把企业实现利润最大化作为其追求的目标，也就是说，企业主要是保护投资者的利益。但是随着生产的发展，特别是买方市场的形成，企业不得不考虑员工和社会的利益，因而人们提出了“顾客至上，用户第一”的新观念。为了充分适应企业内外部变化的需求，考虑到投资者、生产者、消费者和社会环境等需要，又提出了“顾客满意、员工满意、投资者满意、社会满意”的“四满意”目标。这个目标体系把企业的经济利益和社会责任很好地统一了起来。事实上，除了企业利润目标之外，还有超越利润目标，如关心员工、顾客、供应商甚至是竞争对手的利益，实现所谓的“双赢”；关心环境保护，积极参与环境治理；关心政府政策的变化，在政府制定政策过程中，企业应尽可能地参与并施加影响等。

5. 快速响应管理趋势

工业经济时期，企业以低成本、低价格的产品打入市场，从而形成大面积的消费，最终使企业获得利润较高的经济效益。这种规模型的效益模式在很长时间内一直成为经济模式的主角。后来，日本将质量管理的内容融入了规模经济，形成了所谓的质量效益型模式。

知识经济时代的一个重要特点就是“快”，科技进步快、产品更新快、市场变化快。企业竞争除了比价格、质量以外，更重要的是比速度，看谁能以最快的速度适应市场的需求。因此，企业又开创了以速度求效益的速度效益模式。有学者提出了“三快”准则，即要求企业快速响应市场变化、快速做出决策、快速投入实施。速度效益模式的本质就是节约时间，从而最大限度地节约时间成本，以真正实现“时间就是金钱”的经营理念。

6. 集成管理趋势

传统的管理将一个完整的生产过程分割成几个阶段，这种分割源于分工理论。计算机和信息技术的发展为集成思想的实现奠定了物质基础。1973 年，美国约瑟夫・哈林顿博

士提出了计算机集成制造的概念。而集成管理实际上就是将集成思想创造性地应用于管理活动的过程。像我们已经知道的CIMS就是融技术、计算机、生产、管理、营销等为一体的现代制造技术。CIMS在实际中已开始应用。集成管理与传统管理有以下三点不同：(1) 管理目标已突破了组织现有资源的约束，目标的实现可以延伸。如企业可以通过虚拟来获取或弥补自己的不足，在资源共享和优势互补中延伸自己的目标。(2) 管理不仅强调人、财、物等硬要素，更强调知识、信息、文化等软要素，软硬要素的组合（集成）将产生意想不到的效果。(3) 管理方法手段将在集成的基础上、在更大范围内相互兼容互补。

7. 风险管理趋势

不确定因素的增加以及信息的不完备与非对称分布，使得人们从事某项活动的风险在大大增加，因而人们在管理活动中比以往任何时候都更加注重风险管理。如何分析风险形成因素、预测风险、防范风险、转移风险、分散风险、减轻风险，以及做好承受风险的准备，都是当代管理研究的热门话题。与风险管理相关的理论是对机会价值的研究与信用管理的重视。组织如何捕捉机会、估量机会的价值大小，组织如何建立起自己的信誉，如何把信誉纳入无形资产的管理范畴，政府如何规范信誉市场并建立科学而公正的信用制度，都是值得研究的问题。

8. 企业家管理趋势

关于企业家的话题在西方经济学中虽早有探讨，但迄今为止没有形成较为完整和令人满意的理论。有一个事实却是不容回避的，就是一个国家和地区的经济发展与繁荣，有赖于一批顶尖级的企业，而这些企业多数由一些杰出的企业家所支撑。当代中国的经济有人称之为“强人经济”，实际上就是对一批已做出巨大贡献的企业领袖的首肯。市场经济就是企业家经济，这一概念已为大多数人所接受。尽管关于企业家的含义及作用各有说法，但捕捉机会、挑战风险、果敢决断、有效组织、社会责任等已构成企业家的一些基本要素。熊彼特是企业家理论的代表性人物，他的“创新”理论颇具创新特色，并由此引发了日渐活跃的企业家理论研究工作，如以奈特为代表的不确定性理论、以卡森和列宾斯坦为代表的市场失效理论等。归纳起来，经济学家们对企业家理论的研究大致集中在以下几个方面：

(1) 关于企业家作用（社会职能）的研究。如熊彼特认为企业家的作用在于创造性地破坏市场均衡；科斯认为企业家的作用在于发现对交易双方都有利的交易机会，并作为中间人参与其间，发挥推动市场过程的作用。

(2) 关于企业家形成（成长）的研究。如人力资本理论认为企业家的能力来自教育所形成的人力资本，我国学者认为国民教育平均水平的提高有助于企业家阶层的成长。

(3) 关于企业家动力诱因（动机）的研究。熊彼特认为企业家的动机来自对“创造的喜悦”、对“胜利的热情”，我国学者提出需要、理想、责任、压力、成就、荣誉是企业家的动因。

(4) 关于企业家与企业制度关系的研究。如制度经济学派认为企业家可通过与有关方面达成一系列合同来改变和完善企业制度。

（5）关于企业家精神的研究。如德鲁克明确地把企业家精神界定为一种社会创新精神。随着社会的发展，企业家理论无论从研究内容还是从研究范围上都在不断地拓展。

9. 跨文化管理趋势

经济的全球化趋势使得不同国家、不同企业越来越走向更加紧密的联系与协作。这就使得不同地域与国度的企业文化发生碰撞与融合。如美国的企业文化更注重规章制度、理性决策、强调个人主义等；然而日本的企业文化则注重文化氛围，强调和谐的人际关系、上下协调一致等。在工业经济时代，管理文化的地域性比较强，再加上民族的偏见与歧视，使不同特色的企业文化水火不容。在知识经济时代由于各国经济相互依存、相互渗透，经济的国界也越来越弱，管理文化在更广阔的范围内进行交流。跨文化管理将是一种必然的趋势。当然，跨文化管理不是管理文化的同一化，而应该是在相互学习与融合基础上的个性化和多元化。

10. 全球战略管理趋势

全球战略管理要求企业的经营在更广阔的范围内进行。企业家应该放眼全球，布局天下，研究全球范围内的市场需求特征，研究世界范围内竞争对手的状况，研究如何适应国际市场及如何利用世界资源的问题。同时，企业的全球战略管理，要求企业在经营管理、产品服务、营销、技术等方面，按照世界的标准规范企业行为并走在世界前列，确立真正的全球竞争战略，使企业成为真正的世界级企业。

11. 无边界世界和超越界线的管理趋势

无边界世界（borderless world）是由美籍日本管理学家、资深管理顾问大前研一（Ohmae）在1990年提出来的。这一概念提出的背景是随着经济全球一体化的趋势和世界各国经济的高度互相关联，跨国企业和国际管理都必须注意如何战略性地分布企业的地理布置和市场范围，因此，在全球范围内管理系统的复杂性就由此而产生。

出于全球化的考虑，企业要面对多元化（diversity）和多文化（multiculturalism）的问题，一个企业内可能有多个民族的人共同工作，这些经济、文化、价值观不同的人如何共事、合作是管理学所关注的课题。严格地说，从跨国家或跨文化（cross-culture）角度来看，不同国家或地区之间的管理行为是有差别的，而其主要原因在于文化差异。在这种情况下，可以说“管理是有文化界限的”，这与统一学派（Universalists）的看法是不一致的。

无边界世界导致了有关全球工作团队（global team）概念的特殊问题。团队成员必须学会适应他人的文化价值观和背景，学会在高速变化条件下与别人进行协作。一种称为GRIP的全球团队效率模式，主张团队应注重在四个关键方面提高共识：目标（goal）、关系（relationship）、信息（information）与工作流程（process），这样才能使团队在高度的协作中拧成一股绳，对全球团队的需求和应用很可能将扩大。如果团队成员能够将他们不同背景和利益融合成一种团队文化，而这种文化关注的焦点是为组织的全球目标服务，这种团队将会大大提高公司的全球竞争力。

本章小结

以美国的泰罗、法国的法约尔、德国的韦伯为主要代表的科学管理理论在管理发展史上占有极其重要的位置。泰罗的特殊贡献是科学地制定操作规程和改进管理以提高效率；法约尔的特殊贡献表现在对管理职能和经营活动的论述上；韦伯的特殊贡献表现在行政组织理论方面。他们的共同之处是把人视作“经济人”。开始于霍桑实验的人际关系学说奠定了行为科学理论的基础。行为科学理论把人视作“社会人”，对于人的行为的研究形成了各种各样的观点和流派。其中有个体行为研究、群体行为研究、领导行为研究、组织行为研究等几个部分。行为科学理论过分强调人的作用，忽视了对经济技术等方面的考虑。第二次世界大战后，科学技术和社会格局发生巨大变化，使管理学的主流从行为科学逐渐演变成现代管理理论的丛林。从而形成了现代战略理论、现代决策理论、现代组织理论、现代控制理论等百花齐放的局面。进入 20 世纪 90 年代以后，则有更多的管理思想与理论出现。

【案例讨论】

玛莎百货对中国水土不服

玛莎百货在 2014 年 4 月 1 日在法国举办投资日活动，发布国际扩张计划，同时透露将在中国寻找合作伙伴，可能将放弃直营模式。玛莎百货位于上海的首家旗舰店于 2008 年开张，地点位于上海南京西路。经过六年的扩张在中国上海及周边地区目前开设有 15 间门店，不过由于经营困难，会考虑将 2～5 家二级店铺迁移到新的城市的核心地段，例如北京和广州。但是在中国拥有总共 15 家门店总数不变。

作为英国最大的跨国商业零售集团的玛莎百货，为何到中国之后变得水土不服，甚至到了要关店的地步？

一、设计受质疑，价格偏高，食品断货

2008 年 10 月，玛莎百货在上海开出了在中国的第一家分店——南京西路旗舰店。和国内百货商店的主流经营模式——向各品牌商出租柜台不同，玛莎以经营自主品牌为主，但此店开张不久便遭遇挑战，外界批评玛莎的服装尤其是女装不够时尚，定价有些偏高。此外，玛莎百货另一拳头产品——进口食品则经常出现断货现象，影响了门店的销售业绩。从当时的媒体报道来看，在至关重要的开业后几个月中，玛莎很快就遭遇了失败，英国《金融时报》称“外国人抱怨这里的服装尺码太小，中国顾客觉得服装尺码太大，而且没有人喜欢货品不足的食品区”。虽然此后玛莎加大了在上海门店的扩张力度，但是如果不能根治备受消费者质疑的问题，必然不会得到认可。

二、选址不利

2012 年，玛莎百货在淮海中路金钟广场裙楼开出了亚洲最大的新版玛莎旗舰店。玛莎百货金钟店虽以快时尚格调的橱窗吸引了人们的眼球，也为淮海路结构调整抹上了一大亮色，但其选择的地段是曾经被业界称为商业“百慕大”的金钟广场，所以其经营前景不被看好。

三、与竞争对手相比优点不足

玛莎百货创新转型的新玛莎概念店以快时尚的“短、平、快”为法宝，形成了设计、生产、配送、经营机制的优势，确保快时尚服饰的“鲜活”，一周有两次新货应市，第一时间亮出快时尚新款。这一经营模式与ZARA、H&M等快时尚品牌拼起了高下。相对于ZARA的时尚、H&M的平价、优衣库的性价比等，马莎百货很难给大家一个很清楚的定位。在很多人还不知道玛莎百货是什么的时候，更多人更愿意选择自己了解、熟悉的品牌消费。

四、新兴售卖平台及企业冲击

新兴的电子商务平台给传统的消费模式带来了很大的冲击，而玛莎百货要面对的，除了电商的冲击之外，还有其他企业的竞争。2014年2月，玛莎百货推出了一个新的电子商务网络平台，旨在扭转近十年来主要盈利业务板块持续缩水的颓势。

对于国际扩张，玛莎百货给出的五大重要扩张市场为印度、中国、中东、俄罗斯和西欧，中国仍然是其较为重视的市场之一。首席执行官Marc Bolland表示希望借助合作伙伴在中国更好地扩张。2013年11月，玛莎百货联合印度合作伙伴Reliance Retail发布印度市场扩张计划，欲将印度打造成除英国本土外最大的国际市场，2016年在印度市场建立80间门店，分销网络是原来的两倍，并推出了内衣和美容产品专卖店。另外，在法国市场，玛莎百货也推出了食品专卖店。

讨论题：

1. 什么是跨文化管理？百年老店如何克服水土不服的问题？
2. 面对越来越繁荣的中国市场，外资应如何处理不同文化背景下的公司管理？

思考题

1. 科学管理理论的主要内容是什么？有哪些贡献与不足？
2. 科学管理理论对当今的管理实践有何指导意义？
3. 人际关系学说的主要论点有哪些？
4. 行为科学的主要流派分别有哪些观点及代表人物？
5. 现代管理思想的方法论基础是什么？
6. 现代管理思想的主要流派有哪些？主要观点分别是什么？
7. 现代管理思想的基本主张、观点及代表人物是什么？
8. 管理发展的新趋势有哪些？有何启示？

第三章
战略管理

【引例】

英特尔的竞争优势①

生产规模大、技术领先、财务状况良好……这些都是英特尔能够成功的重要因素，但要将它们看作是英特尔的竞争优势似乎有些勉强。英特尔公司全球发言人高沃德先生肯定，这些正是英特尔的竞争优势。同时，英特尔的多条产品线在不同领域内的竞争对手都有各自不同的优缺点，英特尔在每一个领域的竞争优势都在发生着变化。

在高档芯片领域，英特尔的主要竞争对手是SUN。与SUN相比，英特尔的优势是低廉的生产成本。英特尔不仅能够生产高端服务器芯片，也能够生产相对低端的桌面PC处理器。以Northwood处理器为例，英特尔在此基础上开发出了移动版的笔记本电脑处理器、桌面PC处理器、至强处理器等不同的产品。其中，前两者的销量很大，能够极大地摊薄处理器的研发成本。相反，SUN只有单一结构的一种产品，它的处理器只能应用在特定的机器中，研发成本和生产成本就比英特尔高很多。因此，SUN每升级一次处理器，都将面临一次巨大的投资风险。当记者追问对SUN公司的CEO迈克里尼访华时表示希望与AMD合作64位处理器的事情有什么看法时，高沃德先生显得很惊讶："大家都在支持IA64，SUN现在最明智的做法就是放弃自己原有的体系，尽快转移到IA64位体系上来。"

---

① 袁斌．英特尔自叙竞争优势．每周电脑报，2002-04-22.

在大家最关注的桌面 PC 处理器和笔记本处理器领域，英特尔的竞争对手主要是 AMD。与 AMD 相比，英特尔最自豪的地方就是生产能力——英特尔已拥有数十个生产工厂；而 AMD 只有两个，一个在德国，另一个是与台积电合作。高沃德先生举了一个 19 世纪末 20 世纪初的例子来说明产能的重要性：钢铁大王卡内基采用了一种大投资、大生产的方式（也就是现在英特尔的方式）来生产钢铁，为钢铁寻找新的应用领域，比如在建筑物中使用钢筋、建立桥梁、修建铁路等，最终占据了美国 80%以上的钢铁市场份额，使钢铁工业成为美国工业的象征。类似地，英特尔不仅采用了相同的投资方式，也在开拓芯片在各种领域中的应用。比如，在建筑物涂料中加入大量定位芯片，可在地震、火灾等意外情况发生时通过芯片建立起当时环境的拓扑图，从而帮助确定行动计划。

在无线通信领域，TI 是英特尔一个强有力的竞争对手，占有比较强的领先优势。但高沃德先生也指出，现在所有的通信终端都在向互联网发展，将类似 Flash Rom、DSP、逻辑部件、I/O 部件等集成在一个芯片中已经成为一种趋势。而 TI 仍旧采用以 DSP 芯片为中心的设计，这使它很快被英特尔超越。

作为一个后来者，英特尔在通信领域的影响力显然不如朗讯和摩托罗拉，但开放式构架的芯片为英特尔赢得了一席之地。采用英特尔的通用芯片，生产商只要对芯片进行重新编程就可实现不同功能，缩短了它们进入市场的时间，加速了产品的研发过程，革除了过去专用通信芯片开发周期长的弊病。

最后，高沃德先生用一句话结束了自己的谈话："我们喜欢 AMD，它时刻让我们做得更好。"英特尔对竞争对手的态度，决定了它在各个领域具有不同的竞争优势。

本章要点

◇ 战略的特征和层次
◇ 战略管理过程
◇ 通用战略
◇ 新兴行业的竞争战略
◇ 成熟行业的竞争战略

第一节　战略与战略管理

一、战略的定义

20 世纪 80 年代以后，战略管理日益引起企业和学者的关注，理论有了很大的发展。加拿大麦吉尔大学的明茨伯格教授在对以往战略理论进行梳理和深入研究的基础上，将人们对战略的各种定义概括为 5P。明茨伯格认为，人们在谈及战略时都是在谈论 5P 中的某一个或某几个含义。实际上，战略具有多重含义，既应准确理解每种含义，又应将多个含义联系起来以形成整体的战略观念。

（1）战略是策略（ploy），是威胁和战胜竞争者的计谋和谋略。这是军事战略在企业管理中的直接引用。

（2）战略是计划（plan），是有意识的、正式的、有预计的行动程序。计划在先，行动在后。这是早期的战略观念。

（3）战略是模式（pattern），是一段时期内一系列行动的模式。在明茨伯格看来，企业在某一时期基于资源而形成的宗旨与目标固然重要，但更重要的是企业已经做了什么和正在做什么。早期的战略观念强调分析，而明茨伯格则强调行动。在明茨伯格看来，即使企业没有任何书面形式的战略计划，它也可能是有战略的。也就是说，计划并不是战略的必要条件。模式意味着企业行动的一致性，这种一致性可能是也可能不是正式计划或建立目标的结果。

（4）战略是定位（position），是企业在所处环境中找到一个有利于企业生存与发展的"位置"。这种观念认为，企业竞争不同于达尔文式的自然竞争。达尔文认为相同或不同的物种碰到一起完全是一种偶然。就像果树能够结果，不是某一个雄花蕊上的花粉自主地寻找到某一个雌花蕊，而是一阵春风或是一个蜜蜂无意而为之的结果。早期的企业竞争过程的确如此。定位观念则认为，企业选择环境和选择竞争者的过程具有能动性，关键看企业是否运用这种能动性。如果企业能够洞察企业的经营环境，并能够与企业资源状况和能力结合起来，企业就可以在激烈的竞争环境中找到一个有利于自己的定位。这种观念是早期战略观念的直接延展，使其更加理论化、系统化。

（5）战略是观念（perspective），是深藏于企业内部、企业主要领导者头脑中感知世界的方式。正如军事战略学者安德烈·博福尔所说，战略是以思维和智力为基础的，它具有精神导向性，体现了企业中人们对客观世界的认识，它同企业中人们的世界观、价值观和理想等文化因素相联系。

除了上述的战略定义外，20 世纪 90 年代以后出版的教科书中还有这样一些战略定义①：

（1）目的是"终点"，战略是达到它们的"方法"（means）。战略是达到战略目标的管理工具。更严格地说，战略是组织行动的模式和用于达到组织目标及实现组织宗旨的管理方法。

（2）战略主要涉及组织的远期发展方向和范围，在理想的情况下，它应当使资源与变化的环境，尤其是它的市场、消费者或客户相匹配，以便于达到所有者的预期。

（3）战略指的是高层管理者的计划，这个计划是为了获得与企业宗旨及目标相一致的产出。

（4）战略是组织为开发核心能力和获得竞争优势而采取的一系列整合的和协调的行动。

（5）战略是与竞争性环境相互作用以实现组织目标的计划。

（6）战略是实现长期目标的方法。

从上面的定义可以看出，这些被广泛作为大学教材的有关战略书籍，其定义也是千差万别的。总的来说，上述学者对战略的定义可以概括为这样一些方式：

---

① 董大海．战略管理．大连：大连理工大学出版社，2006：4-5.

（1）从战略内容来定义战略；

（2）从战略形成过程来定义战略；

（3）从战略与目标的关系来定义战略；

（4）从战略与环境的关系来定义战略；

（5）从战略与企业能力的关系来定义战略；

（6）从战略的行为来定义战略。

虽然一些学者正在努力综合或整合各种流派和观念，但迄今为止尚没有一个公认的集大成者出现，战略管理理论仍处于百家争鸣的状态。

二、战略的特征和层次

（一）战略的特征

1. 指导性

企业战略界定了企业经营方向、远景目标，明确了企业经营方针和行动指南，并筹划了实现目标的发展轨迹及指导性的措施、对策，在企业经营管理活动中起着导向作用。

2. 全局性

企业战略立足于未来，通过对国际和国内的政治、经济、文化及行业等经营环境的深入分析，结合自身资源，站在系统管理的高度，对企业的远景发展轨迹进行了全面规划。

3. 长远性

“今天的努力是为明天的收获”“人无远虑、必有近忧”。兼顾短期利益，企业战略首先着眼于长期生存和长远发展的思考，确立远景目标，并谋划了实现远景目标的发展轨迹及宏观管理的措施、对策；其次，围绕远景目标，企业战略必须经历一个持续、长远的奋斗过程，除根据市场变化进行必要调整外，制定的战略通常不能朝令夕改，必须具有稳定性。

4. 竞争性

竞争是市场经济不可回避的现实，也正是因为有了竞争，才确立了“战略”在经营管理中的主导地位。面对竞争，企业战略需要进行内外环境分析，明确自身的资源优势，通过设计适宜的经营模式，形成特色经营，增强企业战斗力，推动企业长期、健康发展。

5. 系统性

立足长远发展，企业战略确立了远景目标，并围绕远景目标设立阶段目标及各阶段目标实现的经营策略，以构成一个环环相扣的战略目标体系。同时，根据组织关系，企业战略需由决策层战略、事业单位战略、职能部门战略三个层级构成一体。决策层战略是企业总体的指导性战略，决定企业经营方针、投资规模、经营方向和远景目标等战略要素，是战略的核心。本章所论述的企业战略主要属于决策层战略。事业单位战略是企业独立核算

的经营单位或相对独立的经营单位，遵照决策层的战略指导思想，通过竞争环境分析，侧重市场与产品，对自身生存和发展轨迹进行的长远谋划。职能部门战略是企业各职能部门，遵照决策层的战略指导思想，结合事业单位战略，侧重分工协作，对本部门的长远目标、资源调配等战略支持保障体系进行总体谋划，如策划部战略、采购部战略等。

6. 风险性

企业做出任何一项决策都存在风险，战略决策也不例外。因此，只有对市场进行深入系统的研究、对行业发展趋势做出准确预测，设立客观的远景目标、合理调配各战略阶段人、财、物等资源，并科学选择战略形态，企业制定的战略才能引导企业健康、快速地发展。反之，仅凭个人主观判断市场、设立目标过于理想化或对行业发展趋势的预测发生偏差，制定的战略就会产生误导，甚至给企业带来破产的风险。

（二）战略的层次

在军事上，习惯于用战略和战术（或称之为策略）来区分不同层次和范围的决策，前者多指最高统帅部对某次战争或重大战役的整体部署，而后者则指某一级将领和指挥人员对某一次战斗行动的具体策划。在企业战略范畴内，通常并不是用战略和战术对上述问题做出处理，而是将战略分成三个层次：公司战略、竞争战略和职能战略。

1. 公司战略

所谓公司战略，主要是决定企业应该选择哪类经营业务、进入哪些领域。公司战略是把组织当成一个整体来全盘考虑，并为其设计最可行的经营方案。公司战略主要涉及按照公司战略方向确立目标和实现目标的最佳方法。一般来说，公司战略主要涉及公司的成长、稳定和紧缩。

2. 竞争战略

竞争战略主要涉及如何在所选定的领域内与对手展开有效的竞争。因此，其关注的主要问题是应开发哪些产品或服务，以及将这些产品提供给哪些市场，以达到组织的目标，如远期盈利能力和市场增长速度等。

3. 职能战略

职能战略主要涉及如何使企业内的不同职能部门，如营销、财务和生产等，更好地为各级战略服务，从而提高组织的效率。

这里必须强调的是，三个层次的战略都是企业战略管理的重要组成部分，但侧重点和影响范围有所不同。高一层次的战略变动往往会波及低层次的战略，而低层次战略影响的范围较小，尤其是职能战略，其所涉及的问题一般可在部门范围内加以解决。

三、战略管理的含义

企业战略管理，即对企业战略的管理，它是构筑在企业战略基础上的管理行为和管理科学，是企业在处理自身与环境关系过程中实现其目标的管理过程，是决定企业长期表现的一系列管理决策和行动，它包括企业战略的制定、分析、选择、评价、实施和控制。

企业战略管理将企业当作一个不可分割的整体来加以管理，以利于提高企业的整体优化程度。在制定、评价、实施和控制企业战略的过程中，整体总比局部更受重视，局部的性质和功能是由它在整体的地位和作用所决定的，任何局部的调整都必须考虑它对整体可能带来的影响。使各个局部有机结合而使整体得到优化就成了战略管理的主要目的。企业战略管理通过制定企业的宗旨、目标、战略和决策来协调企业各部门的活动；在评价过程中，企业战略管理注重的是它们对企业实现其宗旨、目标、战略和决策的贡献，如果某一个局部自身越是扩展越是对整体不利，那么这种扩展应当立即终止；在实施和控制企业战略管理的过程中，企业组织机构、企业文化、资源分配方法等的选择，取决于它们对企业战略管理的影响。

企业战略管理十分重视企业与环境之间的关系，以使企业能够适应环境、利用环境、创造环境。在一个开放社会里，企业的存在与发展受到环境的高度制约。企业战略管理要求企业高层领导者在制定、实施企业战略的各个阶段都能清楚地了解到有哪些环境因素会影响企业生存和发展，以及这些因素对企业影响的方式、性质、程度如何，以决定是否需要对企业现行战略进行调整。

企业战略管理非常关注企业的长期稳定和高速发展。企业战略的时间跨度一般为5～10年，而企业战略的实施又包含了一系列的中期、短期计划和行动计划。另外，对企业战略实施结果的评价和控制，往往会成为新一轮企业战略制定的依据和基础，有利于新的企业战略的制定、评价、实施与控制。

四、战略管理过程

前面我们把战略定义为对全局的筹划和谋略，它实际上反映的是对重大问题的决策结果，以及组织将要采取的重要行动方案，而战略管理则是一个过程，不仅决定组织将要采取的战略，还要涉及这一战略的选择过程以及如何对所选战略加以评价和实施。换句话说，企业战略的制定、评价和实施过程需要一定的技术和技巧，而且由于战略涉及组织的长远方向和更大的决策影响范围，因而所需要的技术也更加复杂，这正是战略管理所要解决的问题。

一般来说，战略管理包含三个关键要素：战略分析，即了解组织所处的环境和相对竞争地位；战略选择，涉及对行为过程的模拟、评价和选择；战略实施，即采取何种措施使战略发挥作用。

（一）战略分析

战略分析要了解组织所处的环境正在发生哪些变化；这些变化将给组织带来哪些影响；是给组织带来更多的发展机会，还是带来更多的威胁。对企业来说，上述环境不仅指宏观环境，如经济、政治和技术等，还包括行业结构特点、变化趋势等。战略分析还要了解组织所处的相对地位、具备的资源及战略能力，正是它们决定了组织能够采取怎样的战略。此外，还需要了解与组织有关的个人和团体的价值观和期望是什么，对组织的愿望和要求是什么，在战略制定、评价和实施过程中会有哪些反应，这些反应又会对组织行为产生怎样的影响和制约。

(二) 战略选择

通过战略分析，管理人员对企业所处的外部环境和行业结构、企业自身的资源状况和能力，以及利益相关者的期望和权力已经有了比较清楚的了解，接下来的任务是为企业选择一个合适的战略。战略选择是一个复杂的决策过程，它将涉及产品和服务的开发方向，进入哪一类型的市场，以怎样的方式进入市场等；在产品系列和服务方向确定以后，还要决定是通过内部开发还是外部收购来拓展这些业务。在做这些决策时，管理人员应该尽可能多地提供可供选择的方案，不要只考虑那些比较明显的方案。因为战略涉及的因素非常多，而且很多因素的影响往往并不那么明显，所以，在战略选择过程中形成多种战略方案是一个首要的环节，它是战略评估的基础和前提。

提出多个战略方案以后，管理人员应根据一定的标准对它们进行评估，以决定哪种方案最有利于实现组织目标。确切地说，首先要明确哪些方案能支持和加强企业的实力，并且能够克服企业的弱点；哪些方案能完全利用外部环境变化所带来的机会，而同时又使企业面临的威胁最小或者完全消除。事实上，战略评估过程不仅要保证所选战略的适用性，而且需要具有可行性和可接受性。前者意味着组织的资源和能力能够满足战略的要求，同时外界环境的干扰和阻碍是在可接受的限度内；后者意味着所选择的战略不致损害利益相关者的利益，或者虽有障碍，但企业能够通过一定的方式克服它们。

战略选择的最后步骤是在具有适用性、可行性和可接受性的方案中选择一种或几种战略。在后一种情况下，最好为这些战略排出一个优先级，同时明确它们适用的条件。在这一过程中需要明确的是：战略选择并不是一个完全理性的过程和纯逻辑行为，它实际是一个管理测评问题。在另外一些情况下，它可能是不同利益集团讨价还价的产物和不同观点的折中。实际上，即使没有人为因素的影响，由于信息的不完整性，所选择的战略也不一定是最佳战略，何况任何战略都免不了有一定的缺点或风险。因此，战略选择本质上是一个对各种方案比较和权衡，从而决定较满意方案的过程。

(三) 战略实施

所谓战略实施就是将战略转化为行动。大量研究表明：通过全面的战略分析选择一个好的战略固然重要，但同样重要的是通过切实可行的步骤和方法将战略转化为具体的可执行的行动。

对于企业来说，战略实施主要涉及以下一些问题：如何在企业内部各部门和各层次间分配及使用现有资源；为了实现企业目标，还需要获得哪些外部资源以及如何使用，是在各部门间平均分配还是重点支持某些项目；为了实现既定的战略目标，需要对组织机构做出哪些调整；这种调整对各部门和有关人员产生怎样的影响；他们是支持还是反对这种变革；为了保证目标和任务的完成，管理人员需要掌握哪些管理组织变革的技术和方法。

第二节 通用战略

竞争战略主要涉及如何在所选定的行业或领域内与对手展开有效的竞争，即主要解决竞争手段问题。我们可以将这一层次的战略看作一般战略或通用战略，它是企业赖以生存和与竞争对手争夺市场的基本工具。

一、成本领先战略

（一）成本领先战略的概念

成本领先战略又称低成本战略，是指企业努力发掘和发现所有的资源优势，使企业的成本状况在全行业范围内处于领先地位，即使企业产品的总成本低于本行业竞争对手的总成本。

实行低成本战略的企业因为其成本低于一般业绩企业的成本，所以能在维持较低价格水平的同时，仍有较高的利润。这要求实施低成本战略的企业较竞争企业有明显的成本优势，而不是微小的领先。在这种情况下，一方面，在长期的成本竞争后，低成本企业才有可能将竞争企业赶出市场，从而扩大市场份额；另一方面，这种竞争优势也可以说服竞争对手不再采用类似的战略方针。

（二）实施成本领先战略的途径

如何才能成为成本领先者呢？或者说，成本领先战略的主要内容有哪些？不言而喻，成本领先战略不把主要精力和资源用于产品差异化上，因为这样会增加成本。成本领先者只提供标准产品，而不率先推出新产品。

成本领先者通常不采用针对每个细分市场提供不同产品的做法，而是选择一个规模较大的市场提供较为单一的产品，因为这样可以获得大量生产和大量销售的好处。理论上将这种好处概括为经验曲线效应和规模经济效应。

经验曲线效应虽然在企业的各个职能方面都会有所反映，但在生产作业方面表现最为明显，因此，成本领先战略特别关注生产制造领域。同时规模经济性要求企业必须形成较大的产量才能降低成本，这就提出了对原材料及库存这两大成本因素进行管理的要求。生产与库存管理因而成为成本领先战略的核心职能，其他职能都要围绕这两个职能来进行安排。例如，技术部门要把主要精力放在生产工艺的改进上；销售部门要争取持续稳定的大批订货；人力资源部门要特别注意对基层人员的技能培训；财会部门要为此建立与成本领先战略相适应的财会体系，特别是成本管理新体系和方法，以便识别成本驱动因素并能加以有效控制。按照波特的行业分析模型，成本领先者在应对行业的5种力量时可以有很多优势，例如，它可以极大地降低替代品的威胁，可以形成较强的进入屏障阻止潜在加入者的侵蚀，可以应对供方对行业价格的影响，也可以较少地受到买方讨价还价的压力。当然，对竞争者而言，它更具有成本优势。因此，成本领先战略已成为很多企业的基本战略。

二、差异化战略

（一）差异化战略的概念

所谓差异化战略，是指企业向顾客提供的产品和服务在行业范围内独具特色，这种特

色可以给产品带来额外加价。如果一个企业产品或服务的溢出价格超过因其独特性所增加的成本，那么，拥有这种差异化的企业将取得竞争优势。

差异化战略是企业广泛采用的一种战略。事实上，一个企业将其产品或服务实施差异化的机会几乎是无限的，因为每个企业都有自己的特点，所以存在很多差异化的机会。当然，一个企业能否将其产品和服务差异化，还与产品特性有密切的关系。一般说来，日用品在物理特性上存在较少的差异化机会，即使在这种情况下，企业仍然可以通过良好的分销、库存控制、人员培训等突破由于产品特性对差异化所造成的局限。

（二）实施差异化战略的途径

1. 有形差异化

实现差异化战略的第一个途径，也是比较简单的途径，是从有形的方面对产品和服务实行差异化。很多产品的差异化潜力是由其物理特点决定的。对于那些技术比较简单，或者满足顾客简单需要，以及必须满足特定技术标准的产品，差异化机会主要受技术和市场因素的影响；而对那些比较复杂，或者满足顾客复杂需要，以及不必满足严格标准的产品，将存在更多的差异化机会。

有形差异化主要涉及产品和服务的可见特点，这些特点影响顾客的偏好和选择过程。它们包括产品的尺寸、形状、颜色、体积、材料和所涉及的技术。除以上因素外，有形差异化还包括产品或服务在可靠性、一致性、口味、速度、耐用性和安全性上的差异。实际上，延伸产品的差异也是有形差异化的重要来源，这些延伸产品包括售前售后服务、交货速度、交货方式的适用性，以及将来对产品进行更新换代的能力等。对于一般消费品，以上差异化因素直接决定了顾客从产品获得的利益。而对于生产资料，上述差异化因素影响购买企业在其业务领域赢利的能力。因此，当这些因素降低购买企业的成本或增强其差异化能力时，它们将成为差异化的重要来源。

2. 无形差异化

当顾客感觉产品或服务的价值并不取决于其有形的特性时，企业可以通过无形差异化来取得竞争优势。实际上，顾客仅仅通过可见的产品特性或性能标准选择的产品种类是非常有限的，社会因素、情感因素及心理因素都影响产品或服务的选择。对于一般消费品，人们对专有性、个性化和安全性的追求往往是强有力的刺激因素。当某种产品或服务是为了满足顾客较复杂的需求时，差异化的关键在于企业产品的整体形象，这一点对那些质量和性能在购买时难以度量的“经验”产品或服务尤其重要，这些产品包括化妆品、医疗服务和教育等。

换句话说，差异化不仅与产品的物理特性有关，而且可以扩展到产品或服务的很多方面，只要提供的差异能为顾客创造相应的价值。这意味着差异化包括企业与其竞争对手在所有方面的差异。因而，麦当劳在快餐业的差异化优势，不仅涉及其食品和饮料的特点，也不仅涉及与其食品和饮料有关的服务，而且还与其对儿童的幸福和兴趣的关注有关。也就是说，差异化是建立在公司的风格和价值观的基础之上的。近年来，我国各地兴起的“贵族”学校就是通过无形差异化取得竞争优势的例子。这些学校满足了一部分学生家长无暇照顾子女，又“望子成龙”“望女成凤”的要求，而其教育效果又只有经过一段时间（至少是几年）才能体现出来。

3. 维持差异化优势

虽然传统上战略分析一直将取得成本领先地位作为建立相对竞争优势的基础，但实际上，维持成本领先地位比维持差异化优势更为困难。随着国际贸易和国际投资的增长，一些发达国家原来靠成本领先取得竞争优势的企业都已面临来自新兴工业化国家和地区的竞争对手所带来的严峻挑战。同样，我国沿海地区和国有大中型企业中原来靠成本优势占领市场的企业，现在不得不面对西部地区的乡镇企业和私有企业的严峻挑战，后者可以买到更廉价的原材料，节约大量的劳动成本。通过加大研究与开发的力度，潜心研究顾客消费需求的特点，维持企业创造独特产品的能力来维持差异化优势，可能是一种更有效的方法，在竞争不断加剧、人们的生活水平越来越高以及更加追求多样化和个性化的经济和社会环境下更是如此。

三、集中化战略

（一）集中化战略的概念

集中化战略又称集聚战略，是在产业内选择一个狭小的竞争范围，主攻某个特定的顾客群、某一产品系列的一个细分区段或某一个地区市场。集聚战略的实质是利用一个不同于产业内其他部分的特殊市场利基，通过量身定制，专注于这些细分市场而获得竞争优势。集聚战略同成本领先战略和差异化战略的不同之处在于其注意力集中于整体市场的一个狭窄的部分。目标细分市场或利基市场既可以按地域方面的独特性来界定，也可以按照使用产品的专业化要求来界定，还可以按照特殊的产品属性来界定。

集聚战略有两种形式：一种是成本集聚战略，指企业努力在其目标细分市场中创造出成本优势；另一种是差异集聚战略，指企业力图在其目标细分市场中实现差异化。以低成本为基础的集聚战略取决于是否存在一个这样的细分市场，在这个细分市场中，满足目标顾客的要求所付出的代价要比满足整体市场顾客的要求所付出的代价要小。以差异化为基础的集聚战略取决于是否存在这样一个购买者细分市场，他们想要得到更高品质的产品属性或服务。这两种集聚战略的优势取决于是否能够在目标细分市场中创造出比竞争者更优质的产品和服务。成本集聚利用了某些细分市场中成本方面的差异，而差异集聚则利用另一些细分市场中购买者的特殊需要。如果实施集聚战略的企业服务小市场的成本比竞争对手的成本低或能够给小市场的购买者提供他们认为更好的东西，那么，集聚战略就能给企业带来高于平均水平的经营业绩。

（二）实施集中化战略的途径

如果集中化战略选择差别化方法，那么差别化战略的主要工具都可以应用到集中化战略中来，所不同的是，集中化战略只服务于范围狭窄的细分市场，而差别化战略要同时服务于较多的细分市场。集中化战略的服务范围较小，因而集中化战略可以较之差别化战略能对所服务细分市场的变化做出更为迅速的反应；也可能由于对顾客的需要更了解，从而能够开发出更有针对性和更高质量的产品。

实际上，绝大部分的小企业都是从集中化战略开始起步的，只是他们并不一定都意识到了这一战略的意义，并采取更具战略导向的行动。对中国中小企业而言，面对世界经济一体化大趋势，提高对集中化战略的认识和运用能力具有非常重要的现实意义。

集中化战略的优势来源于集中资源聚焦于选定的细分市场，从而可以利用有限的资源为有限的顾客提供更为满意的服务，建立顾客忠诚。

四、通用战略的选择

（一）成本领先战略的实施条件及优缺点

1. 实施成本领先战略的条件

实施成本领先战略必须满足四个条件：

（1）该战略适用于大批量生产某种产品的企业。产量达到一定的规模，才会出现规模经济效益。所谓规模经济效益就是单位产品成本随生产规模扩大而下降。一般来说，企业规模经济来自七个方面：大量采购形成的节省；产品、规格的统一化和标准化；生产的内部化，获得在这一生产过程中可能获得的效益；大量销售的节省；管理人员和技术人员的专业化和节省；研究和开发工作的高效率；企业规模扩大使企业有可能经得起暂时的亏损而开发出更有前途的产品。

（2）能严格控制产品定价和初始亏损，以此来达到较高的市场占有率。

（3）使用先进的生产技术和生产设备。因为先进的生产技术和生产设备能使生产效率提高，进一步降低生产成本。

（4）要严格控制产品成本开支，竭尽所能地降低成本。这些成本不仅包括产品生产过程中原料、设备、辅料等费用开支，还包括研发、服务、推销、广告等其他一切费用。

这四个条件可以构成成本领先战略的循环：达到一定的经济规模，产品成本降低，可以获得较高的市场占有率；由于市场占有率高，就有可能获得较高的利润；获取了高利润后，就可以对生产设备进行投资，使用更先进的生产设备和生产技术，从而提高劳动生产率，进一步扩大经济规模。

2. 成本领先战略的优点

一旦企业在行业范围内取得成本领先地位，那么，它将拥有以下优势，或者说，成本领先战略将给企业带来相应的战略利益：

（1）即使行业内存在很多竞争对手，具有低成本地位的企业仍可获得高于行业平均水平的利润，这将进一步强化其资源基础，使其在战略选择上有更多的主动权。

（2）能有效地防御来自竞争对手的抗争，因为其较低的成本意味着当其他的竞争对手由于对抗而把自己的利润消耗殆尽以后，它仍能获得适当的收益。当消费者购买力下降，竞争对手增多，尤其是发生价格战时，成本领先地位可以起到保护企业的作用。

（3）企业的低成本地位能对抗强有力的买方，因为买方讨价还价能力只能迫使价格下降到价格最低的对手的水平，也就是说，购买者讨价还价的前提是行业内仍有其他企业向其提供产品或服务，一旦价格下降到下一个最有竞争力对手的水平，购买者也就失去了与企业讨价还价的能力。

（4）无论是在规模经济还是在其他成本优势方面，那些促成成本领先的因素往往同时也是潜在进入者需要克服的障碍。例如，在某些行业，大规模生产在降低了产品成本的同时，也提高了行业的进入屏障。

（5）具有成本领先地位的企业可以有效地应付来自替代品的竞争。这是因为替代品生产厂家在进入市场时或者强调替代产品的低价位，或者强调替代产品具有哪些现有产品所不具备的特性和用途，在后一种情况下，具有成本领先地位的企业仍可占领一部分对价格更敏感的细分市场，而在第一种情况下则可以通过进一步降价来抵御替代品对市场的侵蚀。

正是由于成本领先战略具有上述明显的优势，因而历史上的战略分析都将成本领先作为获得竞争优势的重要基础。对成本优势的这种强调，反映了人们将价格作为企业之间竞争的主要工具的倾向，这是因为价格竞争能力最终取决于成本效率，同时也反映了一些大公司在战略选择上的偏好。20 世纪后，许多大公司主要通过批量生产和大规模分销来实现规模经济，进而谋求成本领先地位；而到了 20 世纪 90 年代，一些大公司将其注意力转移到通过重构、削减规模等来取得成本效率上，在这一时期，这些大公司试图获得动态的而不是静态的成本优势。

3. 成本领先战略的缺点

成本领先战略也存在一些风险。这些风险包括以下几个方面：

（1）技术变化。技术上的变化可能会将公司过去的投资与学到的经验一笔勾销。技术上的突破可能为竞争对手打开降低成本的天地，使得一个低成本领导者过去的投资和效率方面的优势顷刻崩溃。公司为了降低成本而投入的大量资本可能会使公司陷入目前的技术之中，从而易于受到新技术的伤害。

（2）竞争者的模仿。成本优势的价值取决于它的持久性，而持久性又取决于公司取得这种成本优势的方式和途径是否易于被竞争对手所模仿。公司战略可能是由那些容易模仿的价值创造活动组成的，这使得成本优势缺乏专有性和持久性。

（3）缺乏差异化基础。实行成本领先战略的企业必须获得与竞争对手相同或接近的差异基础。相同的差异化基础可以使成本领先者将成本优势直接转化为高于竞争对手的利润。实行成本领先战略的企业必须关注一些至关重要的市场变化，如果购买者转向高质量、创造性的性能和更快的服务，那么低成本将缺乏吸引力。

（二）差异化战略的优点及缺点

1. 差异化战略的优点

（1）差异化的产品和服务能够满足某些消费群体的特定需要，而这种差异化是其他竞争对手所不能提供的，因而顾客将对这些差异化产品产生品牌忠诚，并降低对价格的敏感性，他们不大可能转而购买其他产品或服务。换句话说，差异化可以使企业缓冲竞争抗衡。

(2) 差异化本身可以给企业产品带来较高的溢价，这种溢价不仅足以补偿因差异化所增加的成本，而且可以给企业带来较高的利润，从而使企业不必去追求成本领先地位。产品的差异化程度越高，所具有的特性或功能越难以替代和模仿，顾客就越愿意为这种差异化支付较高的费用，企业获得的差异化优势也就越大。

(3) 差异化产品和服务是其他竞争对手不能以同样价格提供的，因而明显地削弱了顾客讨价还价的能力。很显然，由于顾客缺乏可比较的选择对象，所以不仅对价格的敏感性较低，而且更容易形成品牌忠诚。这是很多名牌产品售价虽很高却拥有稳定消费群体的重要原因。

(4) 采用差异化战略的企业在对付替代品竞争时比其他竞争对手处于更有利的地位。这同样是由于购买差异化产品的顾客对价格的敏感性较低，更注重品牌和形象，一般情况下不愿意接受替代品。而事实上，很多替代品生产企业也总是选择那些对价格比较敏感的消费群体作为自己的目标市场。例如，人造革代替皮革、人造蟹肉代替蟹肉等都是这方面的例子。

2. 差异化战略的缺点

差异化战略的缺点主要表现在以下几个方面：

(1) 差异化基础的丧失。虽然企业认为自己的产品和服务具有差异化，但顾客可能把它们视为一般商品。由于技术的成熟，在当今市场中，很多产品和服务都已被归入一般商品的范畴。在这种情况下，差异化就不再能笼络住顾客，顾客会拒绝差异化公司提供的某些特性、服务或形象的诱惑而转向低成本厂商。

(2) 过度差异化。如果一个企业不了解买方的购买标准和买方价值的作用机制，那就可能会过分追求差异化，使差异化属性超出了购买者需求。产品质量或服务水平超出买方需要，就会导致价格偏高，从而使企业与竞争者相比处于弱势，因为对方可以以较低价格提供质量适宜的产品。

(3) 溢价太高。顾客可能需要差异化产品，但与竞争者相比过高的价格会使他们望而却步。如果企业不能以一种合理价格与买方共同分享差异化的价值，那么买方可能会转向其他竞争者。适当的溢价不仅取决于企业差异化的价值，而且取决于企业的相对成本地位。如果一个企业不能把其成本保持在与竞争对手大体相近的水平，即使企业能够维持其差异化，不利的成本地位也可能会使价格偏离顾客可以接受的水平。

(三) 集中化战略的优点及缺点

1. 集中化战略的优点

(1) 经营目标集中，管理简单方便，可以集中使用企业的人、财、物等资源。

(2) 有条件深入钻研以至于精通有关的专门技术，熟悉产品市场、用户及同行业竞争方面的情况，因此有可能提高企业实力，赢得产品及市场优势。

(3) 由于生产的高度专业化，可以达到规模经济效益，降低成本，增加收益。

这种战略适用于中小企业，能使中小企业为国民经济做出重要贡献，即中小企业采用单一产品市场战略可以以小补大、以专补缺、以精取胜。

2. 集中化战略的缺点

集中化战略的风险主要体现在如下几个方面：

（1）细分市场之间的差异减弱。细分市场会随着时间的推移而变化，小市场上购买者的偏好和需求可能会转向大众购买者所喜好的属性。如果战略目标市场与整体市场之间对所期待的产品或服务的差距缩小，集中化战略将面临风险。

（2）成本优势被侵蚀。一般而言，为狭窄市场提供产品的单位成本比为宽广市场提供产品的单位成本高，因此，集中化战略即使能利用暂时的机会建立有利的成本结构，但这种优势往往比较脆弱。如果大范围提供产品或服务的竞争对手与目标集聚公司间的成本差距变大，就会使针对狭窄目标市场的产品或服务丧失成本优势，或使集中化战略产生的差异化优势被抵消。

（3）新进入者和模仿者的竞争。如果集中化战略获得成功，众多竞争者会蜂拥而入，仿效这一战略，瓜分细分市场的利润。由于多数实施集中化战略的企业并不具有独特的资源和能力，模仿往往非常容易。随着越来越多的竞争者进入这一利基市场，企业原有的优势可能消失，收入将会下降，利润将会被挤干。

第三节　新兴行业的竞争战略

新兴行业是指由于技术创新的成果、新的消费需要的推动，或者其他经济和技术变化使某种新产品或者新服务成为一种现实的发展机会，从而形成新的或重新形成某个行业。从某种战略角度看，如果一个老行业也面临类似的情况，则其处境可视同新兴行业。

新兴行业产品的购买者对其产品并不熟悉，高价格则是因为企业尚未获得明显的经济规模效益和构建畅通的销售渠道。该产业的进入障碍主要是如何取得关键技术的专业技能，而不是成本效益和品牌忠诚度。

一、新兴行业的特征

从战略角度看，新兴行业的基本特征是尚未形成“游戏规则”，企业缺乏可以作为凭据的相互交往和竞争规则。虽然不同类型的新产业各有其独特的表现，但是它们都具备一些相似的基本特征。

（一）不确定性

不确定性主要是指在信息约束和多种因素突变干扰下导致的企业决策困难和不稳定。企业的不确定性主要表现在以下四个方面。

1. 技术不确定性

新行业中有关产品的技术、工艺和操作都还不成熟，需要经常性地试验和调整，存在重大改进的可能。因此，技术的不确定性主要包括：创新者在新系统选择和其水平评估上的模糊和困难；企业现有技术水平状态与创新技术间可能存在多种矛盾冲突；由于技术在

不断地发展和创新，那么在创新活动进行的过程中就有可能产生技术水平贬值的问题。

2. 经济不确定性

在初始生产阶段，因为产出量低和生产经验不足，会造成较高的生产成本。再加上企业要形成市场优势的愿望及新市场广阔空间的诱惑，有许多不可测因素和漏测因素使企业在资源投入上超预算，使新产品投入时间滞后，企业最终实现收益呈离散型分布状况。

3. 组织不确定性

新产品的试制及生产必然引起企业内部组织状态的变动，其作用难以事先完全预料，企业内部利益分配格局的变化将受到各种复杂因素的干扰。

4. 策略不确定性

联系以上三种不确定性，加之企业对竞争状况、用户特点、行业结构和发展轨迹等方面缺乏足够的信息，因此企业在策略上具有更大的不确定性。在选定产品、市场、服务等方面在相当程度上要依赖于经营者的主观判断，从而使企业短期战略在很大程度上带有随机应变的性质。

(二) 缺乏统一的产业标准

在新兴产业的起步阶段，有关产业活动、产业关系、产业评判等方面的统一标准尚未形成。采取首先进入市场战略的企业，往往可以使自己企业的产品特征、经营方式、分销渠道组织方式或者销售组合方式成为行业标准的基础，从而形成特殊的"在位"优势。这种优势将成为阻碍其他潜在进入者进入市场时的有力障碍。从这一点来看，处于这个阶段的企业不仅有较大的发展余地和战略选择空间，而且企业在这个阶段所采取的战略选择，将在很长一段时间内影响企业在行业中的地位，甚至影响行业的构成特征。

(二) 缺乏完善的社会协作体系

新兴行业正处于产业进化的幼稚期，还未形成完善的产业协作系统。在此时进入该产业的企业，在发展自身核心业务的时候，很难得到产业分工体系的支持，企业需要自己形成核心业务服务的许多能力。这些服务能力的单独经济效益并不一定明显，有些甚至还是负效益，但是它们的存在支持了企业准备长期发展的核心业务。对这些因为缺乏产业协作体系而不得不开展的活动，企业也需要为它们确定战略前途。这时，是选择将这些服务性行业发展成为企业的核心业务，还是选择扶植社会协作体系以使企业资源得以集中在具有优势的核心业务上，就成了企业的战略重点。

二、新兴行业面临的问题

(一) 原料和零部件的供应能力较弱

新技术和新产品的出现，往往要求开辟新的原料供应来源，或要求现有的供应者扩大其规模并改进其供应产品的质量，以符合企业的要求。一般来讲，企业往往在取得原料及其零部件等方面遇到困难，从而导致供应不足或者价格上涨。

（二）基础工作薄弱

（1）企业由于刚刚进入一个行业，缺乏技术熟练的工人，有时还需要企业自己来培训工人。因此技术协作与服务设施、销售渠道等方面很难匹配好。

（2）由于缺乏产品及技术标准，所以原材料和零部件都难以达到标准化。

（3）新产品质量的不稳定可能对企业形象造成不利影响。

（三）产品销售困难

用户对于产品了解不多，在购买时往往持观望态度，有的用户要等到产品的技术更为成熟、产品基本定型、质量和性能更为稳定、价格下降以后才考虑购买。

在新产品开始生产时，由于产品成本较高，企业可能处于亏损状态。在新产品投入市场并要替代一部分老产品时，其也必然要面对与老产品的竞争。

三、新兴行业的战略选择

新兴行业战略制定的核心是在行业演变趋势不明确的前提下，处理好风险和不确定性的关系，在尚未形成完善规则的竞争中寻求有利于企业的战略措施和方向。在新兴行业中，企业战略选择一般应从以下几个方面考虑。

（一）选择要进入的新兴行业

新兴行业的选择是企业战略选择面临的第一个问题。在当前科技迅猛发展的背景下，新兴行业是非常多的，企业究竟应该进入哪一个新兴行业？首先，要根据企业内部的资源条件和外部环境初步确定企业有可能进入的几个新兴行业；其次，对每个新兴行业的技术、产品、市场及竞争状态做出预测分析；再次，根据企业自身条件，评价每一个方案的优劣；最后，确定企业应该进入的新兴行业。不能仅从新兴行业初始技术、产品、市场及竞争结构是否具有吸引力做出判断，而且主要根据充分发展后的行业结构能否为企业提供较好的发展机会和较高水平的收益出发。由于一个行业当前发展很迅速、盈利率很高、规模正在逐渐扩大，从而决定进入这一行业，这是常见的，而且是合理的，但是进入行业的决策最终必须以行业结构分析为基础，否则很容易误入歧途而导致失败。

（二）选择进入新兴行业领域的方式

企业内部发展和外部收购方式都是进入新兴行业方式的战略选择，如何选择依赖于由基本市场力量决定的经济性标准。

1. 通过内部发展方式进入新兴行业

通过内部发展方式进入新兴行业，首先是要在依据上述如何选择进入新兴行业的基础上，辨识内部进入的目标。产业的五种市场竞争力都会对企业的期望利润率产生影响。因此，企业可以从下述情况中选择一种目标来进入新行业，以保证获取较高的利润水平。这些目标有：进入不均衡行业、新兴行业、信息贫乏的冷门专业和进入壁垒易于提高的行

业，这些都属于不均衡的宜早期进入的行业；本企业有较低的进入成本；本企业有与众不同的能力去影响产业结构；可以在以后的行业竞争中形成高于进入壁垒的特殊竞争优势等。

2. 通过收购方式进入新兴行业

外部收购方式，包括资产重组、兼并等方式，也是企业迅速进入新兴行业的有效方式。它往往通过资本市场实现。采取收购等方式，关键在于被收购企业具有独特资产或者能力，收购后有利于加强收购者的战略地位，被收购企业的产业适合于收购者进入新兴行业的发展要求。

（三）选择进入市场的时间

早期进入新兴行业，特别是倡导做新兴行业的先驱者，其风险程度很高，但是其进入壁垒相对较低，甚至没有竞争者介入，一旦成功，可以获得很高的收益。如果企业核心能力较差，早期进入新兴行业也可能因力不从心，深陷泥潭而无法自拔。预测产业结构的演变，估计新兴行业产品和技术的未来发展变化，包括技术发展、产品性能和成本等，是决定是否早期进入的先决条件。当企业形象与声望已经确立，并且作为新兴行业的先驱者更有利于提高企业形象和声望时，当新兴行业产品的原材料和零部件供应良好时，宜早期进入该新兴行业市场。若新兴行业技术变化不稳、进入新兴行业产品转换成本过高、市场开拓代价太大且目标市场客户难以准确定位时，企业应慎选进入新兴行业的时机。

（四）选择新兴行业的企业战略

新兴行业的先进入者由于投入了较多的资源而在市场上占有领先地位，如何对待后进入者也是一个重要的决策问题。先进入者做出强烈反应是有可能的，但未必是最佳选择。容忍后进入者进入也是可以的，先进入者可能从后进入者的技术开发、市场开拓及分销渠道中得到好处，也可能使后进入者坐享现成果实而影响先进入者的市场地位。对此，先进入的企业应做好权衡，以寻求恰当的对策。当然，由于新兴行业具有不确定性，所以，先进入者也可以表示愿意接受其他竞争者并与其在技术、生产、市场划分等方面进行合作，同行业竞争者之间的互利合作，会使行业发展得更快，对每个企业的发展也更为有利。

第四节　成熟行业的竞争战略

当行业经历了成长期进入成熟期，企业的竞争环境会发生很大变化，要求企业在经营战略上做出相应反应，这是非常重要的，同时又是非常困难的。

一、成熟行业的特征

经过激烈的竞争和一些合并活动后，成熟行业常常由几个大型企业把持，虽然也包括一些中型企业和一些特殊的小型企业，但是大企业处于行业竞争的主导地位。成熟行业通常具有以下的特征。

（一）产品逐渐向多样化发展，形成了有特色的产品，甚至是名牌产品

企业经过长期经营，提高了自己的知名度和市场占有率。有些企业还创造了在全国或者全世界拥有很高知名度的名牌产品。与此同时，企业原有产品市场的竞争也越来越激烈，为了进一步发展自己和减少经营风险，企业产品逐步由单一化向多元化发展。

（二）发展速度减慢，效益提高

企业规模已经很大，企业发展逐步由外延式转变为内涵式，由粗放经营转变为集约经营。这种转变，虽然使企业的发展速度减慢了，但是效益却提高了。

（三）集团化发展

随着子公司数量的增加，母公司对它们所采取的集权式管理就越来越不利于发挥它们经营的积极性。企业只好将它们从总公司中分离出来，让它们成为独立的经营单位，而且公司在发展过程中也会兼并一些企业，公司逐步向集团化发展。有些企业还实施跨国经营，在国外设立生产经营性子公司，从而向跨国公司的方向发展。

（四）树立了良好的企业形象

经过多年经营，企业形成了自己的经营理念，培养出了具有本企业特点的企业精神和企业文化，创造出了为世人所知晓的名牌产品，企业在公众中树立了良好的形象。

二、成熟行业面临的问题

（一）行业增长速度缓慢

进入成熟期后，行业产量或者销售量的增长速度会下降，各企业若要保持原有的增长率，就必须扩大其市场占有率，从而使行业内企业的竞争加剧。

（二）买方市场形成

产品供大于求，许多企业只能向有经验的重复购买的用户销售产品，而用户在选购产品上越来越挑剔，经验和知识也更加丰富。由于行业的内在技术和产品都已经定型，所以企业竞争常常在成本、价格和服务方面展开。

（三）行业盈利能力下降

行业增长速度下降及买方市场的形成，使行业内企业的盈利能力下降，中间商的利润也受到影响。但此时企业在成长阶段实行的增加生产能力和增加人员的大发展战略尚未做出根本性的调整，这样将导致企业投资过量，出现生产能力和人员方面的冗余，生产设备闲置。

（四）企业各职能策略面临调整

当行业及产品都已经成熟定型时，新产品开发及产品新用途开发的难度将大大增加。

要使企业产品在技术性能、系列、款式、服务等方面不断有所变化，会使成本及风险增加，此时企业要认真调整自身的研究和开发策略。企业在产量上不可能再有急剧增长，因而要在节约成本、提高质量上下功夫。

（五）国际竞争激烈

由于国内企业处于成熟期，因此企业都想把自己的产品销往国际市场。国际竞争经常具有不同的成本结构，促使企业努力向其他国家出口并进行国际投资，使行业更加成熟化，从而使国际竞争更加激烈。

（六）创新精神减退，思想趋于保守

处于成熟期的大企业，中老年管理者较多，他们的知识全面、见多识广、经验丰富、老成持重，但是他们最明显的缺点是不如年轻人那样对新生事物较为敏感和有强烈的创新要求，而且往往只看到成绩而忽视缺点。同时，处于成熟期的大企业力量雄厚、竞争力强、压力较小，这也会导致大企业创新精神减退，思想趋于保守。

三、成熟行业的战略选择

企业在成熟行业中的战略选择主要有以几种。

（一）三种通用竞争战略的选择

在进行战略选择时，对不同产品的生产规模进行成本分析是十分必要的。如果是小批量生产，则采用差异化战略或者集中化战略是有利的；若是大批量生产，则成本领先战略较好。差异化战略和集中化战略是建立在小额或特小额的特定用户订货的基础上的，即对某一类用户或某一地区特定市场进行密集经营，使企业能控制一定的产品势力范围，这样企业的竞争地位比较稳定。在生产量较小的情况下采取成本领先战略显然是不合算的。

（二）产品结构的调整

行业进入成熟期后，产品的特色逐渐减少，价格也会逐渐下降，为此企业就要进行产品结构分析，对产品结构进行调整。具体来讲可采取以下两种做法。

1. 缩减产品系列

企业扩大产品系列的目的是寻找有利的差异化基础，以提高自己的市场识别度。这种战略在发展阶段和成熟阶段初期是有效的。但是到了成熟的后期阶段（对峙阶段），稳定的市场结构已经较难通过增加产品系列来打破，而增加产品系列不仅增加了企业成本支出，而且有可能使企业的特征淡化。所以，缩减产品系列，使资源集中在成功的产品上，是企业对付对峙竞争的一种方法。缩减产品系列的指导思想是让企业资源集中用于可以使企业脱离对峙状态的方面。

2. 基准产品创新

在成熟阶段后期，有关产品线的创新，如产品系列、产品规格、包装、功能上的创

新，已不足以为整个产业找到新的出路，于是需要在产业标准或者基准产品方面有所创新。例如计算机业作为一种计算或者计算延伸的工具很快就进入了成熟阶段。微软公司采用了最原始的竞争战略——大规模降低成本战略，使自己在基本上处于微利的行业中获得了巨大利益，而微软与其他各计算机生产商在机器中安装微软基本操作程序的做法已经成为该行业的新产品标准。

实际上，在行业成熟期，企业就应该把注意力转移到产品结构调整上，及时开发产品的新系列和新用途。只有这样，才能免除企业在行业成熟后期陷入被动。

（三）纳入新的结构

行业内的企业可以通过产业组织结构调整或根本重组来改变对峙状态。通过重组，在减少了一些竞争对手的同时，改变了过去已经形成的产业结构，使产业能够突破国家或地域限制，从而为产业发展带来生机。这一过程不仅有利于参与兼并的各方，也使行业内其他企业获得重新确立自己在产业内地位的机会。例如，在全球汽车业兼并重组浪潮中，中国汽车企业可以重新审视自己的发展战略，以确定是使自己成为未来几个全球巨型汽车集团之一，还是加入某个汽车集团。不管哪一种选择，中国汽车企业都必须改变自己在国内的做法。

（四）开发国际市场

实行国际化经营是从扩大市场范围的角度打破对峙的战略。当国内市场趋于饱和后，有条件的企业可以采用开拓国际市场的战略。虽然在国内这个产业已经进入成熟期，但是在其他国家该产业也许才刚进入幼稚期或者成长期，现有竞争者较少，而且那里潜在的竞争者也比较少，因而可以获得比较优势，极大地降低进入费用，获得较大的利润。值得注意的是，国际化经营固然可以使产业生命曲线在一段时期内得以延长，但这一时期并不久远。

（五）向相关行业转移

如果企业不能为成熟行业建立新标准，那么进行产业转移就是迟早要采取的战略。向相关行业转移有利于企业利用已有技术和其他核心专长。在这一转移过程中，企业可以采取的发展战略有以下几种。

1. 创新战略

以原有的成熟业务为新业务的发展提供稳定的资金来源，然后用新产品淘汰原有产品，提前结束产品的生命周期。

2. 一体化战略

这个战略适用于资本能力较强的企业。它可以利用市场内在化来降低成本，稳定经营过程，充分利用原有产品可提供的现金，为将来较早进入新兴行业或者生产新产品积累资本。

3. 多样化战略

以现有业务提供的资金支持对新行业的进入，同时分散资本风险。

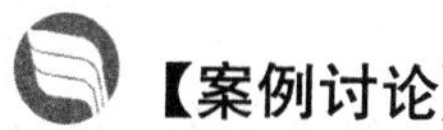

本章小结

企业战略具有指导性、全局性、长远性、竞争性、系统性和风险性的特征。企业的战略管理，是构筑在企业战略基础上的管理行为和管理科学，是企业在处理自身与环境关系过程中实现其宗旨的管理过程，是决定企业长期表现的一系列管理决策和行动，它包括企业战略的制定、分析、选择、评价、实施和控制。

成本领先战略、差异化战略和集中化战略是三种基本竞争战略。竞争战略的假设是企业已经在某个领域从事经营活动，竞争战略要解决的问题是如何在这个经营领域中比竞争者做得更好。我们可以将这一层次的战略看作是通用战略，它是企业赖以生存和与竞争对手争夺市场的基本工具。

从行业生命周期的角度来看，新兴行业充满了不确定性，缺乏统一的产业标准和完善的社会协作体系，所以新兴行业内的企业在战略决策时要慎重选择要进入的新兴行业，进入方式、进入时间及新兴行业内企业的战略都将影响到本企业的发展。成熟行业由于经过了长时间经营，企业增长速度缓慢，盈利能力下降，经营战略面临调整，此时企业可采取产品结构调整、纳入新的结构、国际化经营或是转移到相关行业等战略。

【案例讨论】

宜家 O2O 模式还有机会吗①

一段时间以来，宜家 O2O 的故事广受关注，在传统企业转型电商普遍不成功的时候，宜家以其“互联网只做宣传，不做交易”的做法而备受推崇。

宜家 O2O 模式的本质是坚守以门店体验为核心，对此普遍的解读是，宜家通过门店创造需求的模式没办法通过电商实现，而且这样可以保持宜家的品牌优势，避免电商常见的价格竞争。

一、宜家并不轻松

不管是沃尔玛、苏宁还是宜家，在电商冲击下都不轻松。中国百货商业协会《2013年中国百货行业发展报告》显示，2013 年，宜家家居收入 82 亿元，增长 17.3%，低于行业平均增长，受此影响，宜家家居在连锁百强中的排名从 64 位下降为 66 位。其实，这 17.3%的增长是在新增 2 家门店的情况下实现的，其单店收入增长几乎停滞。

对比一下苏宁和国美，在门店分别被撤掉 4.6%和 5.9%的背景下，2013 年收入分别增长 11.3%和 13.5%，单店收入增长 15%～19%。所以，单从规模和增长来看，宜家的

① 胡向华．宜家 O2O 模式还有机会吗．企业观察报，2014－10－02.

处境不会比苏宁和国美的线下门店更轻松。

从宜家全球的数据看，客流正在不可避免地流失，从 2012 年到 2013 年，虽然门店数量从 298 家增加到 303 家，访客数却从 6.90 亿下降到 6.84 亿，客均收入贡献从 39.1 欧元增长到 40.8 欧元，所以门店仍然有竞争力，但客流正被电商分流，这也能理解为什么宜家会把线上的功能定位为给门店聚客。

二、线下商业模式仍有效

虽然传统零售被电商替代的趋势不可避免，但在相当长时间内，线下零售仍然有电商不可替代之处，仍然可以获得稳定的增长。一方面，宜家目前的经营状况良好，有可持续的稳健增长、稳定的盈利水平，受电商的冲击在可忍受范围内，转型并不迫切；另一方面，家居电商的模式并不成型，还没到规模发展的时候。基于现实，宜家做出的选择也许是最好的。

著名战略管理专家迈克尔·波特对宜家战略的解读是，宜家满足了年轻人对家具的几乎全部需求。年轻人往往不富有，因此宜家以低成本为核心设计了“一组经营活动”，包括模块化设计、平板包装、顾客自己搬运组装、宜家自己设计、有限的店内服务、把店设在郊区等，也包括围绕这部分人群形成一系列的特色服务，比如专人照顾小孩、开店到很晚、有特色的餐饮等。不管互联网怎么改变生活，宜家经营活动的基础都是门店，离了门店，宜家的优势荡然无存。

首先，宜家选择了以 O2O 方式来强化门店体验的价值，这本质上是一种“守”的策略，其合理性在于线下商业模式仍将长期有效。在宜家顾客心中，逛宜家是一种生活方式、一种放松和休闲，所以宜家的门店越来越像一个商业综合体，而不是一个家具店。在宜家定义的这种生活方式中，互联网只是一个很小的影响因素。

但这种生活方式正在被别的方式替代。去感受一下宜家的人满为患、混乱不堪、用餐和收银排长队、找不到出口，就能明白为什么越来越多的人选择电商，尤其当你是“找东西”而不是“逛街”的时候，体验就会比较差。这也许是宜家客流下降的原因，虽然被替代的速度还很慢，但不可逆转。

其次，宜家选择以尝试而非转型的方式做电商，按照互联网规则来应对互联网威胁——不做规划，多尝试，在看明白之前不投入过多资源。从结果来看，消费者也更喜欢去宜家门店而非从宜家网站下单，既然消费者和宜家都愿意坚守传统，电商对宜家而言就只会是一个补充，而不会被作为新的业务核心去发展。

这里的风险在于，家居电商模式一旦被用户确认，规模开始爆发增长时，宜家不一定还有机会。传统商业企业做电商，全球都没有特别成功的案例。如沃尔玛，从 1996 年开始做网络销售，到 2013 年，其电商规模也只有 100 亿美元，占其总销售收入 5 000 亿美元的 2%，而同期亚马逊的收入是 678 亿美元。

三、宜家只做战略延伸

在互联网时代家居需求已经发生了变化，家居企业如果要战略转型，需要重新设计经营活动。这种需求的变化是确定的，不需要研究和洞察，在其他品类上已经被证实。比如：更简单地获取更完整的商品信息、更多的商品选择、依托互联网完成家居设计、足不出户完成购物体验等。

宜家的选择是战略延伸，不是战略转型。两者的差别在于，是否愿意面对“顾客价值

体系的变化”——人们评价产品和服务标准的变化。

宜家的互联网策略包括 O2O 与网络销售，都是其战略的延伸而非战略转型。称之为战略延伸，是因为宜家只把互联网当工具，主要用于宣传，所以宜家建立了一个官网，内容相对传统；宜家还采用微博、微信、App 等手段，但信息缺少整合。

宜家在北美和欧洲都在通过官网开展电商服务，不过宜家做电商不是很激进，它没有对电商寄予厚望，也不准备彻底转型。

宜家发展电商的难处还来自物流，国外消费者愿意为物流付费，在欧洲，宜家能按 9 欧元起、近距离 79 欧元不限重来收取送货费；中国则不同，淘宝和京东这么多年“培养”出来的规则：“免邮费”是卖家的基本责任，但家具配送难度大、损耗高，卖家很难低成本处理。

四、家居电商模式待观察

在电商中，家居电商发展较慢，目前是广泛探索期，看不出来什么模式更有前景。居然之家、东方家园等经营模式的有效性都有待观察；以“线上销售，线下体验”为特点的美乐乐，依托淘宝家居商城的中小品牌林氏木业、韩菲尔等，发展得风生水起，但规模受限；新居网等平台型家居电商也值得关注，但模式不成型。在这种背景下，对有资源优势的传统家居企业，更现实的安排也许是谨慎对待，先控制资源，待局势明朗再以资源来整合，追求后发优势。即使这样胜算不大，但毕竟能控制风险，并有机会以传统商业模式为核心谋求持续发展。

其实，考察互联网发展的全部历史，所有成功的电商都不是从传统商业中孕育出来的，传统商业企业做电商，从来没有“转型成功”的先例。传统商业做电商，一定要避免按传统商业的规则来做，而是要按照互联网规则。首先互联网规则不是试图把握不确定性，而是尊重不确定性，不猜、不赌，只做探索；其次是不以资源驱动，互联网规则下的资源投入节奏与传统商业根本不同，通常以最小资源启动，边做边评估、边调整。

宜家的做法中值得我们学习的就是保持战略一致性。宜家不去选择“是否要转型做电商”，而是思考“怎么应对电商可以强化现有的优势”。面对互联网颠覆性创新风险，不管“求变”还是“求稳”，保持战略一致性都是必要的，即使独立做电商也是各有各的做法，所以成功者的经验不一定能复制，传统商业转型尤其要避免的是简单模仿独立电商模式，但又必须理解互联网带来的用户需求和商业规则的改变，要把握这种平衡不易。

另外，在学习宜家坚持核心价值的做法时，要避免在传统门店与电商两种业务之间战略来回摇摆，或者不切实际地追求线上线下融合，否则只会左右为难，更快地陷入被动局面。既要坚持核心价值，又要扩展和调整“一组经营活动”；既要坚持战略一致性，也不忽略互联网已经发生的改变，并对战略执行提出新的要求。如果没看清楚，线上开放多尝试、线下稳健调整，线上线下融合的关键是核心价值一致，不必急于追求形式统一、流程整合和体系完整。

讨论题：

1. 宜家采用的是何种经营战略？

2. 请你评价一下宜家“互联网只做宣传，不做交易”的做法。

思考题

1. 企业战略包含几个层次？分别是什么？
2. 简述战略管理的过程。
3. 实施成本领先战略要满足哪些条件？
4. 实施差异化战略的途径有哪些？
5. 集中化战略有什么优点和缺点？
6. 新兴行业具有哪些特征？
7. 成熟行业怎样进行战略选择？

第四章

组织管理

【引例】

海尔的组织结构发展

1999 年 3 月，海尔提出了企业必须完成三种转变，即从职能型结构向流程网络型结构转变、由主要经营国内市场向国外市场转变（提出了“3 个 1/3”战略，即 1/3 国内生产国内销售、1/3 国内生产国外销售、1/3 国外生产国外销售），以及从制造业向服务业转变。

这三个目标，是与海尔国际化经营战略相联系的，其目标是成为一个国际化企业，进入世界 500 强。而当时海尔与世界 500 强企业的差距是比较大的，表现在员工素质、创新能力、品牌价值、经营规模、市场份额、全球化程度等多个方面。如果要追上，必须保持高增长速度，而保持高增长速度最重要的一条是要使员工的素质不断提高。所以，海尔集团认为，海尔的国际化首先要求员工具有国际化企业经营所需要的创新力和责任心。具体来讲，对内要使员工实现个人价值及发挥最大潜能，对外要满足用户需求及潜在需求。把顾客满意、“真诚到永远”的责任心和积极性在每一个员工身上建立并持续体现出来，这就需要从机制上寻找动力源，从源头上找活力。尤其是在以个性化需求为主旋律的新经济环境下，要及时满足顾客的个性化要求，谋求迅速发展，提升企业的竞争力，一个必然的选择就是把这种外部市场压力变成工作动力，最大限度地把每一个员工的创新力发挥出来，追求顾客满意度最大化，同时把企业发展的重任和生存的压力从过去的仅仅由企业领导人来承担转变成由全员分担，使每一个人都行动起来，激发出企业的整体活力，"市场链"就是基于这种管理背景提出来的。"市场链"的核心是解决员工的工作责任心和创新动力问题，即由被动执行任务的工作责任心转变为主动的创造型责任心。

海尔经营国际化面临的第二个问题就是如何回避"大企业病"的发生和流程效率与国际化企业接轨。发生"大企业病"的根本原因在于传统的组织结构所造就的业务流程已被过多过细的分工之间的边界协调所替代，而不可能根除的"小集团利益"使这种协调更为困难。因此，这种由于分工和专业化带来的业务单位信息交流不完全、迟缓和不流畅成为各大型企业的通病，企业由于自身的结构缺陷不可避免地步入衰退的境地。在中国，就有所谓的"200 亿现象"，就是用来比喻许多大企业发展到一定规模后，就原地踏步或逐步走向衰退，很难再往前发展的情形。海尔在 1998 年销售收入已达到 168 亿元，很快就接近 200 亿元。所以为了克服和避免海尔患上"大企业病"，同时整合新经济带来的电子商务的优势，就必须在管理上事先设计。按照大企业的规模和小企业速度的要求进行管理创新，在企业进一步发展、迫切要求提高组织管理效率的背景下，提出了在整个集团范围内的业务流程再造。其核心是从根本上解决大企业管理效率和适应市场需求的灵活性问题，预防和规避"大企业病"的发生。

一、"企业源头论"和 SST 观念

海尔的"企业源头论"认为，员工是企业的源头，源头的活力是企业活力之源。海尔认为，企业是大河，员工不是小河，而是大河的源头，源头喷涌大河就有水，小河应该是用户。如果员工对企业有忠诚度和责任心，就会不断喷涌，这条大河的水和别的企业相比就会特别多，就有竞争力；小河是用户，哪条大河里的水好喝，它就到哪条大河，同时它也给大河源头以回报，这种回报是对市场份额的一种肯定和扩大，这种肯定反馈给员工，使员工喷涌新的动力。因此最关键的是源头，也就是员工的责任心和积极性，要把他们的积极性充分调动起来，这条河才能永不枯竭。这就是海尔提出的"企业源头论"。既然源头的关键是员工的责任心和积极性，那么就必须建立起一种用户与源头相咬合的机制，才能使源头、大河、小河之间形成一种闭环的良性循环。

"企业源头论"的提出为"市场链"机制的产生奠定了思想基础，同时让全体员工确立 SST 观念，即索酬、索赔和跳闸观念。员工的报酬完全来源于市场，只有你的工作被市场认可和接受，才能获得报酬，如果用户不满意，不仅拿不到报酬，而且还要被用户索赔，那么有利益相关的第三方就出来解决问题，这就是跳闸。形成这样一种观念，每一个人都有一个市场，每一个人都与市场零距离，每一个人的收入都由市场来支付。

二、业务流程再造理论和新流程观念

传统的职能型结构是依据专业化分工设计所形成的，在这种组织结构中每个人都习惯"对内"向各自所承担的专业化工作负责，"对上"遵照上级的指标执行，没有人对整个工作过程负责，没有人"对外"向顾客负责，结果往往使流程处于"无人管理"的状态，并导致整个工作过程所需要的协调机构和人员大量增加，提高了企业运作成本，降低了市场应变能力，已不能适应新经济下企业发展的要求。而流程型结构强调以首尾相接、完整连贯的整合性业务流程来取代过去的被各种职能部门分割的、不易看见也难于管理的破碎性流程，每一个流程都有直接的"顾客"（是指内部顾客和外部顾客）为其提供最直接的服

务，流程的行为是“直接做”的，而不是等待向上级请示后再做。业务流程再造主要解决提高企业经营效率和响应市场速度的问题，使企业获得快速发展。依据业务流程再造的思想确立流程观念，即它是直接面对“顾客”、具有高度经营决策权的完整业务流程。具体讲，这种观念的确立经历了三个阶段，从传统的职能管理下的业务流程发展到矩阵型结构的项目流程，然后从解决基于矩阵结构所构建的业务流程运作过程中所存在的问题而发展到新流程的确立和业务流程再造。

三、负债经营理论和职能管理改变

美国管理学家德鲁克认为，管理工作越来越像“推销”工作，推销的时候我们不能说“我们要什么”，而是问对方要什么？价值在哪里？目标在哪里？所认定的绩效为何？因此从理论或实务的角度看，出发点是“管理成效”，而不是“管理人”，出发点应该放在结果的定义上；不是“管理”人而是“领导”人，目标是让每个人的长处和知识得到发挥。那么如何使每个人的长处和知识都得到发挥呢？海尔就此提出了负债经营理论，认为每一个人的工作都要占用企业的资源，因此企业可以把每一个员工管辖范围内的所有资源提供给员工作为其负债，在外部市场效应内部化后，每一个员工都应追求达到最好的效益，所以员工必须通过经营使资源增值。如果达不到，就等于浪费了企业给的资源，当然就应该自己掏钱赔偿，这就是负债经营的观念。因此，作为管理者首先必须明确自己的负债是多少，外部提供了多少资源，管理者就有多少负债，通过竞标的形式让更有能力的人上岗；其次利用资源和信息共享形成外部创新的空间，让负债人通过创新进行资源增值，他的收入是增值的一部分；最后用自己增值的资源作为完成更高目标的基础，自己为自己不断提供新的资源，激发自我创新的动力。负债经营观念的确立使海尔成为一个“赛马场”，每个员工都要通过“赛跑”来看是否有能力，来体现和追求自己的价值，才能达到经营自我、不断挑战自我、战胜满足感、实现不断超越自我的境界，从而使海尔永远处在创新的轨道上。

业务流程再造前后职能管理业务发生了一系列变化，职能部门过去主要以执行管理为主，行使职能管理权利，整合后职能部门变成独立核算的服务型公司，行使服务职能，只有被服务单位对服务效果认可了，才能从被服务单位获得报酬。

本章要点

◇ 组织的定义

◇ 组织理论的演进和发展

◇ 组织结构的基本模式

◇ 传统组织结构面临的挑战

◇ 组织文化的理论发展

第一节　组织与组织理论

管理是要在组织中进行的，如果不存在组织，也就不需要研究管理活动了，没有组织工作，管理活动也就无法开展。

一、组织的含义

组织是人类社会的普遍现象，虽然人们经常使用这个词，但管理学家提出过众多关于组织的理论，这些理论对组织的概念各有其解释。一般来说，组织有两种含义：一种是把组织理解为一个单位或团体，是名词；另一种是把组织理解为使某项活动正常进行下去所做的一切工作或安排，是动词。

名词意义上的组织有广义和狭义之分。从广义上说，组织是指由诸多要素按照一定方式相互联系起来的系统；从狭义上说，组织就是指人们为了实现一定的目标互相协作结合而成的集体或团体，如党团组织、工会组织、企业组织、军事组织等。狭义的组织专指人群，适用于社会管理。在现代社会生活中，人们已普遍认识到，组织是人们按照一定的目的、任务和形式编制起来的社会集团，组织不仅是社会的细胞、社会的基本单元，而且可以说是社会的基础。本书所要研究的组织是指狭义的组织。

二、正式组织与非正式组织

哈佛大学心理学教授梅奥在其人际关系学说中提出了非正式组织的概念，非正式组织是针对正式组织而言的。

（一）正式组织

正式组织是指组织设计中，为了实现组织总目标而成立的功能机构或部门，是组织的组成部分，并有明确的职能，例如学校、医院、部队，以及企业中的销售部门、生产部门、财务部门等都是正式组织。组织设计的主要任务就是规划正式组织，确定这些部门的功能及相互关系。正式组织的基本特征是设立的程序化、解散的程序化和运作的程序化。

（二）非正式组织

非正式组织是指因地理位置、兴趣爱好、工作、亲朋好友等关系而自然形成的群体。这种群体是不经过程序化而成立的，例如企业中的业余足球队、业余合唱团、同乡会、同学联谊会等都是非正式组织。非正式组织的作用具有两面性，它是现实中不可忽视的群体。其优点是参加非正式组织的个人有表达思想的机会，它不仅有利于成员间的沟通，减少紧张感，而且有利于提高成员的自信心，鼓舞士气，还可以促进成员间关系的稳定，如果利用得好，它可以为组织目标的实现发挥重要作用。但是，当组织中非正式组织的目标与组织总目标不一致或冲突时，它又会成为组织目标实现的障碍，甚至出现集体抵制上级的政策或目标的情况。

三、组织工作的含义

组织工作作为一项管理职能，是指在组织目标已确定的情况下，将实现组织目标所必需的各项业务活动加以分类组合，并根据管理宽度原理，划分出不同的管理层次和部门，将监督各类活动所必需的职权授予各层次、各部门的主管人员，并规定这些层次和部门间的相互配合关系。也即是说组织职能决定组织要完成的任务是什么、谁去完成这些任务、

这些任务怎么分类组合、谁向谁报告，以及各种决策应在哪一级制定。目的就是要通过创造一个适于组织成员相互合作并发挥各自才能的良好环境，从而避免由于工作或职责所引起的各种冲突，使组织成员都能在各自岗位上为组织目标的实现做出应有贡献。具体地说，组织工作职能的内容包括以下四个方面：

（1）根据组织目标设计和建立一套组织机构和职位系统；

（2）确定职权关系，从而把组织的上下左右联系起来；

（3）与管理的其他职能相结合，以保证所设计和建立的组织结构有效地运转；

（4）根据组织内外部要素的变化，适时地调整组织结构。

四、组织工作的特点

从组织工作的含义及具体内容来看，组织工作具有以下三个特点。

（一）组织工作是一个过程

设计、建立并维持一种科学的、合理的组织结构，是成功实现组织目标的一个连续活动过程，这个过程由一系列的逻辑步骤所组成，具体包括以下内容：

（1）确定组织目标；

（2）对目标进行分解，拟订派生目标；

（3）明确为了实现目标所必需的各项业务或活动；

（4）根据可利用的人力、物力及利用它们的最佳途径来划分各类业务工作或活动；

（5）授予执行有关各项业务工作或活动的各类职权和职责；

（6）通过职权关系和信息系统，把各层次、各部门联结成为一个有机整体。

（二）组织工作是动态的

通过组织工作建立起来的组织结构不是一成不变的，而是随着组织内外部要素的变化而变化。由于任何组织都是社会系统中的一个子系统，所以它在不断与外部环境进行能量、信息材料等的输入、输出，而这种输入和输出一般都会影响到组织目标。随着时间的推移，原来的目标由于环境变化可能不太适宜了，那么这时依据计划工作中的改变航道原理，就必须根据环境条件的变化，不断地修正目标。目标的变化自然又会影响到随同目标而产生的组织结构，为使组织结构能切实起到促进组织目标实现的作用，就必须对组织结构做出适应性的调整。此外，即使组织内外部要素的变化对组织目标影响不大，但随着社会进步和科学技术的发展，当原有组织结构已不能高效地适应目标实现的要求时，也需要进行组织结构的调整和变革。

（三）组织工作应重视非正式组织

在组织工作职能的实施过程中，随着组织结构的建立，一个正式组织就形成了，但是任何正式组织中都必然存在着非正式组织。了解一些非正式组织的特点，对管理人员来说是非常重要的。在组织工作中，应着重考虑非正式组织的两个特点：一是非正式组织在满足组织成员心理和感情需要上，比正式组织更有优越性，所以应发挥非正式组织具有较强凝聚力的作用；二是非正式组织形式灵活、稳定性弱、覆盖面广，几乎所有正式组织的成员都会介入某种类型的非正式组织。根据这两个特点，主管人员在组织工作中应有意识、有计划地促进具有积极意义的非正式组织的形成和发展，使其成为正式组织的辅助。在时机成熟和条件许可的情况下，也可将其中一些转化为正式组织，使其成为正式组织的有机组成部分。

五、组织工作的原则

设计、建立和调整组织结构，其目的都是更有效地实现组织目标。那么，怎样才能通过组织工作的设计、建立及维持来更好地促进组织目标的实现呢？长期以来，管理学者及管理工作者进行过有益的探索，综合国内外经验，我们认为，进行有效的组织工作应遵循以下基本原则。

（一）目标统一性原则

组织结构的设计和组织形式的选择必须有利于组织目标的实现。任何一个组织都与既定的组织目标有密切关系，否则它就没有存在的意义。例如，医院的目标是“治病救人，为人民服务”，那么它的组织机构——内科、外科、妇科、儿科等，就是围绕医院的目标而设置的。同样的道理，每一机构又有自己的分目标来支持总目标的实现，这些分目标又成为进一步细分的依据。为此，目标层层分解，机构层层建立。直到每一个人都了解自己在总目标实现中所要完成的任务，这样建立起来的组织机构才是一个有机整体，才能为保证组织目标的实现奠定基础。

（二）分工与协作原则

分工与协作是社会化大生产的客观要求。组织工作要坚持分工与协作的原则，是指分工要合理、协作要明确。对每个部门和每个职工的工作内容、工作范围、相互关系、协作方式都应有明确规定。具体来说，分工就是按照提高管理专业化程度和工作效率的要求，把组织的目标分成各级、各部门以至每个人的目标和任务，使组织的各个层次、各个部门、每个人都了解自己在实现组织目标过程中应承担的工作职责和拥有的职权。有分工就必须有协作，协作包括部门之间的协作和部门内的协作。

（三）集权与分权相结合原则

一般来说，随着社会生产力的发展和分工协作的深化，分权和集权都在发生变化。首先，技术进步使协作劳动更加紧密，分工更加细致，协调更加重要，集中统一指挥与管理的需要也就更为迫切，只有这样才能保证组织中各个部门的协调配合，最合理地利用组织的各种资源。由此看来，集权的要求不言而喻。另外，技术进步和环境变化同时要求组织具有更强的灵活性与适应性，要求组织的权力适当分散，以增强组织的应变能力，这就是分权的趋势。

究竟是集权还是分权，没有绝对的答案，因为集权与分权各有利弊。组织设计一定要将集权与分权有机地结合起来，这是一个管理艺术问题。一般来说，环境变化大，组织生存问题突出，在组织设计时应更多考虑集权；而当环境较为宽松，把组织的发展问题放在

首位上，则可以较多地考虑分权。

（四）责权对等原则

责权对等原则指的是在组织设计中，每一个职位的职权应当与职责相匹配，职权越大，其职责越大。组织中的每一部门和职位都是为完成一定的工作任务而设计的。要完成一定的任务，必须有权支配一定的资源，这就表现为职权。在组织中支配的资源越多，职权也就越大，自然对组织目标实现的影响也就越大。如果要保证资源合理、有效地利用，使每一件事情都能够做得最好，那么，每一个拥有职权的人就必须承担相应的责任，以便对资源的支配形成必要的约束。实践证明，没有责任的权力就是没有约束的权力，最终会导致权力的滥用。

（五）管理幅度原则

管理幅度原则指的是在进行组织设计时，要考虑每一位主管人员有效地监督、指挥其直接下属的人数。主管人员的管理幅度不同会导致管理层次的变化，从而影响组织结构的形式。因此，每一个主管人员都应依据影响自身管理幅度的因素来慎重地确定理想的幅度，设置合理的组织结构。

（六）命令统一原则

命令统一原则也叫统一指挥原则，指的是在管理工作中实行统一领导，建立严格的责任制，使组织的各级机构及个人必须服从一个上级的命令和指挥。只有这样，才能保证命令和指挥的统一，避免多头领导和多头指挥，使组织最高管理部门的决策得以贯彻执行。该原则在实践中可能会出现一些麻烦，如缺乏横向联系和必要的灵活性等。为弥补这一缺陷，在应用中往往还规定主管人员拥有必要的临时处置和事后汇报权，其依据的原则是“法约尔桥”。这个原则规定，根据统一指挥的原理，上级可授权下级相互之间进行直接的联系，但必须将行动结果报告各自的上级，这样才不至于削弱而是有助于统一指挥的实施。

（七）稳定性与适应性相结合原则

组织结构是实现组织目标的载体，为实现组织目标服务。组织目标会调整，组织本身也会发展，组织所处的环境也会发生变化，这都需要组织机构做出适当的调整，以便组织结构能够与之相适应。实践表明，相对稳定的环境有利于人们形成一个稳定预期，从而安心地工作。变动的环境则容易产生不确定的预期，使人们没有安全感，工作的积极性也会受到影响。所以，组织结构的设计要注意稳定性与适应性相结合，既让组织保持一定的灵活性，能够适应组织本身及环境的变化，又要保持相对稳定。

（八）精干高效原则

精干高效既是组织设计的原则，又是组织联系和运转的要求。无论哪一种组织结构形式，都必须将高效精干原则放在重要地位。精干高效原则可表述为：在服从由组织目标所决定的业务活动需要的前提下，力求减少管理层次，精简管理机构和人员，充分发挥组织成员的积极性，提高管理效率，更好地实现组织目标。但是精干不等于越少越好，而是保证需要的层次、机构和人员最少。队伍精干是提高效能的前提，效能包括工作效率和工作质量。一个组织只有机构精简、队伍精干，工作效率才会提高；如果一个组织层次过多，机构臃肿，人浮于事，则势必导致人力浪费，办事拖拉，效率低下。精干高效原则要求人人有事干、事事有人管，保质又保量。因此，一个组织是否具有精干高效的特点，是衡量其组织工作是否得力、组织结构是否合理的主要标准之一。

第二节　组织结构类型

一个组织的结构类型是根据其目标的需要和组织环境的特点而选定的，随着社会发展和组织环境的变化，组织结构也在不断更新和发展。下面介绍企业中常用的几种组织结构。

一、直线型组织结构

直线型组织结构是最早出现的，也可以说是最简单的一种组织结构形式，见图 4－1。其主要特点是：组织从决策到执行构成一个直线系统，组织最高领导人是组织的决策者；最低一级是执行者，从上至下执行着单一的命令，即“一个人，一个头”。

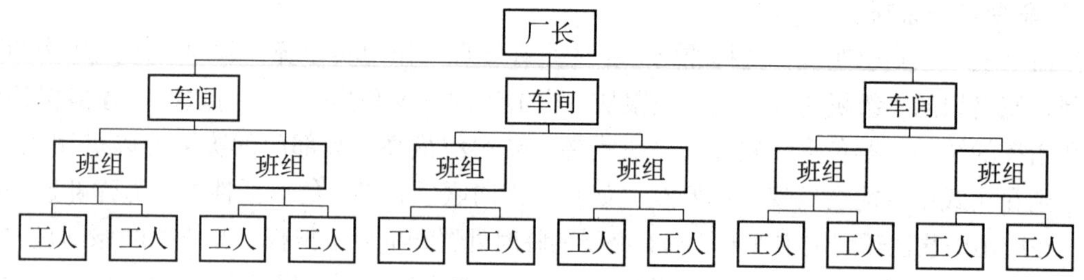

图 4－1　直线型组织结构

直线型组织结构的优点是结构简单，管理人员少，职责权利明确，上下级关系清楚；缺点是组织结构缺乏弹性，同一层次之间缺乏必要的联系，主要管理人员独揽大权，任务繁重，一旦决策失误将会给组织造成重大损失。这就要求管理人员了解并掌握多种专业管理知识，对组织周围的环境有必要的掌控，能较好地处理多种业务。因此，一般来说，这种组织结构形式只适用于那些技术较为简单、业务单纯、规模较小，没有必要按职能实行专业化管理的组织，或是现场的作业管理。

二、职能型组织结构

职能型组织结构又称为多线型组织结构，与直线型组织结构不同，它的特点是：采用按职能分工实行专业化管理的方式来代替直线型下管理者的全能管理，也就是把相似或相关职业的专家组合在一起来组建的结构。在上层主管下设立职能机构和人员，把相应的管理职责和权力交给这些机构，各职能机构在自己的业务范围内可以向下级下达命令和指示，直接指挥下属（见图 4－2）。

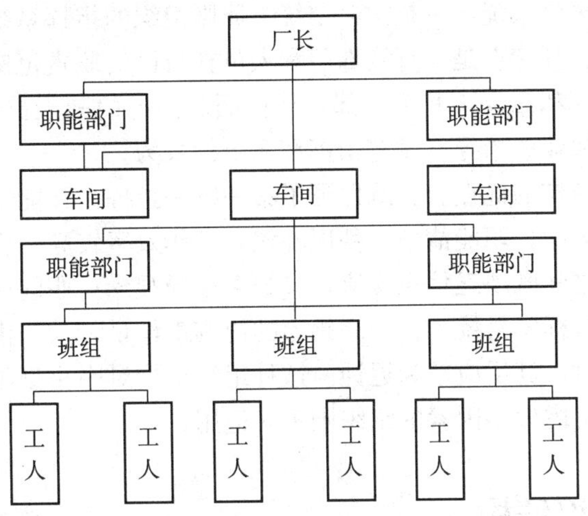

图 4-2 职能型组织结构

职能型组织结构的优点是能适应技术比较复杂和管理分工较细的组织环境，能够发挥职能机构的专业管理作用，因而可以发挥专家的作用，减轻上层主管人员的负担。但其缺点也比较明显，即这种结构形式妨碍了组织中必要的集中领导和统一指挥，形成了多头领导；各部门容易过分强调本部门的重要性，而忽视与其他部门的配合和组织的整体目标；不利于明确划分直线人员和职能科室的职责权限，容易造成管理混乱；加大了最高主管监督协调整个组织的工作量；对环境发展变化的适应性差，不够灵活；不能给未来的高层经理提供培训和提升的机会等。这种结构比较适用于中小型组织。

三、直线职能型组织结构

直线职能型组织结构是综合了直线型组织结构和职能型组织结构的优点而设计的一种组织结构。这种组织结构是当前国内各类组织中最常见的一种组织结构，是各级国家机关、学校、部队、企业、医院等组织最常用的结构形态（见图 4-3）。

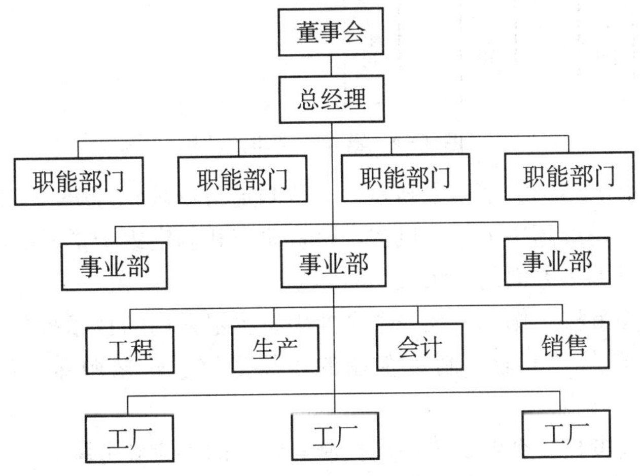

图 4-3 直线职能型组织结构

直线职能型组织结构是以直线型组织结构为基础，在各级直线主管之下，设置相应的主管部门，即设置了两套系统：一是按命令统一原则组织的指挥系统；二是按专业化原则组织的管理职能系统。其特点是：直线部门和人员在自己的职责范围内有决定权，对其所属下级的工作进行指挥和命令，并负全部责任；而职能部门和人员仅是直线主管的参谋，只能对下级提供建议和业务指导，没有指挥和命令的权力。

直线职能型组织结构的优点有：既保证了集中统一指挥，又能发挥各类专家的业务管理作用，其职权高度集中，职能清晰，秩序井然，工作效率较高，整个组织有较高的稳定性。缺点是横向部门之间既缺乏信息交流，又缺乏全局观念；职能机构之间、职能人员与直线指挥人员之间的目标不易统一；最高领导的协调工作量较大；由于分工较细，手续烦琐，当环境发生变化时，其反应较为迟钝。这种组织结构对中小型组织比较适用，对于规模较大、决策时需要考虑较多因素的组织则不太适用。

四、事业部制组织结构

事业部制组织结构大多见于企业，首创于美国的通用汽车公司，它是指大型公司按产品类型和地区、经营部门或顾客类别建立若干自主经营的单位和事业部。这种事业部具有三方面的特性：第一，具有独立的产品和市场，是产品责任单位或市场责任单位；第二，具有独立的利益，实行独立核算，是一个利润中心；第三，是一个分权单位，拥有足够的权力，能自主经营。所以，事业部制组织结构是一个企业内具有独立的产品和市场、独立的责任和利益的部门，实行分权管理的一种组织形态（见图 4－4）。

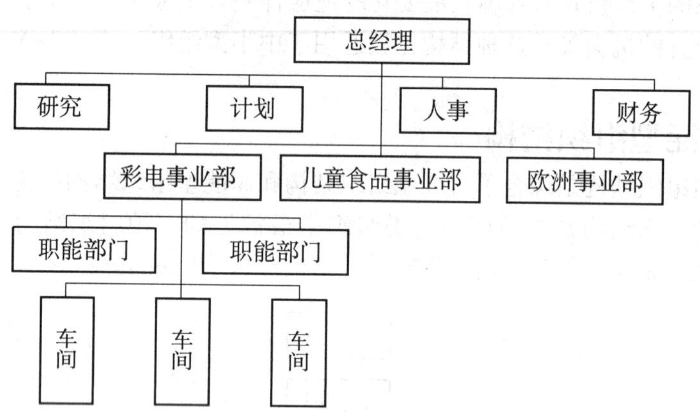

图 4－4　事业部制组织结构

组建事业部制组织结构的基本原则是：政策制定与行政管理分开，即集中政策、分散经营。组织的最高层是最高决策管理机构，负责研究和制定组织的总目标、总计划和各项方针政策，并掌握以下三方面的决策权：

（1）战略发展决策权。例如，在一个企业中，决定采用的技术种类、产品类型和发展方向、企业开辟和放弃的事业，制定企业的市场战略、价格政策、经营方针、竞争策略等。

（2）资金分配决策权。企业的最高层控制着资金的供应和分配。

（3）人事安排权。所有事业部制的干部和专业人员都是整个企业的资源，企业的用人政策和重要的人事安排都由总部的最高层决策。为了保持事业部的独立性，最高管理机构

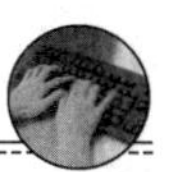

的人员一般不兼任事业部的经理。

企业总部控制以上三方面的决策权，既保证了各个事业部的分散经营，又维护了整个企业的完整性。

事业部制组织结构的优点有：它使企业最高层摆脱了日常的行政事务，能集中精力规划企业的战略发展问题；便于组织专业化生产、采用先进的组织形式和技术，提高企业管理的灵活性和适应性，有利于大公司开展多元化经营，从而提升企业的竞争力；通过管理各个事业部和在经营实践中锻炼，企业储备了宝贵的高级管理人才。事业部制的缺点有：增加了管理层次，使管理人员和管理费用大大增加；对事业部一级管理人员的业务和管理水平要求较高，只有熟悉全面的业务并拥有丰富的管理知识才能胜任工作；各事业部之间的相互交流和支援存在障碍，各事业部容易产生本位主义而忽略企业的总体利益，从而加大总体协调的难度。

采取事业部制组织结构的一个重要问题是确定划分事业部的标准。从当今跨国公司的情况来看，制造业类和金融业类的跨国公司一般都趋向于按地区划分事业部，而贸易型跨国公司则多按产品划分事业部。这种组织形式主要适用于产品多样化和从事多元化经营的组织，也适用于所面临的市场环境复杂多变或所处地理位置分散的大型企业和巨型企业。

五、矩阵型组织结构

严格地讲，矩阵型组织结构是一种非常规的组织结构，是一种把按职能划分部门同按产品、服务或工程项目划分部门结合起来的组织形式（见图 4－5）。在这种组织结构中，其成员在理论上一般要受两位主管的领导。当然，这种双重领导是针对不同的方面而言的，与管理原理所要求的统一指挥并不矛盾。

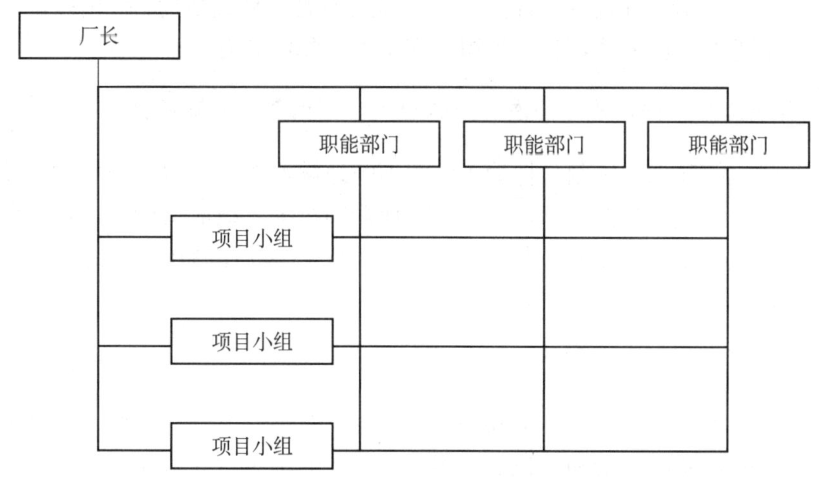

图 4－5　矩阵型组织结构

建立矩阵型组织结构的具体方法是：为了完成某一项任务，在项目的实施阶段，如研究、设计、试制、开发等过程中，由有关部门派人参加，组成项目攻关小组，任务完成之后，其成员仍然回到原来的部门工作。

这种组织结构的主要优点有：灵活性和适应性较强，有利于加强各职能部门之间的配合和协作，并且有利于开发新技术、新产品，激发组织成员的创造性。其主要缺点有：组织结构稳定性较差；条块发生矛盾时，处于双重领导下的项目组成员会面临两难困境；可能存在项目过程复杂、机构臃肿的弊端。这种组织结构主要适用于拥有创新性较强的科研、设计、规划等项目的工作或单位。

六、新型组织结构

在人类告别工业经济时代走向知识经济时代之际，企业组织结构调整成为一种必然的趋势。自 20 世纪 80 年代以来，新的组织结构纷纷涌现，如学习型组织结构、团队型组织结构、网络型组织结构、无边界组织结构、战略联盟组织结构等。在此简要介绍几种有代表性的新型组织结构。

（一）学习型组织结构

《财富》杂志曾经指出：最成功的公司将是那些建立学习型组织的公司。壳牌石油公司有关管理者曾说过，唯一持久的竞争优势或许是具备比竞争对手更快的学习能力。现代经济的特点使得越来越多的组织认识到：和人一样，组织也需要不断学习以适应市场的发展。

学习型组织就是把学习共享系统组合起来的组织，是一种适应未来发展需要的组织模式。学习型组织特有的内涵，决定了它不同于一般的组织，具有自己突出的特征。

1. 强调开放、团结、协调及和谐

学习型组织的核心是组织内部建立完善的多元回馈和开放的学习系统，为成员创造民主、平等、共享和互动的和谐氛围；成员拥有一个共同愿景，具有实现共同理想不断增长的学习力，学习多元化，方式方法现代化；管理上提倡扁平式结构，强调以基层为主，领导者与成员是平等的伙伴关系，整个组织充满学习力和创造力。

2. 是一种理念和信仰，不是静态的组织模式，强调智力的资源性

拥有终身学习的理念和机制，把善于持续不断地学习作为学习型组织的本质特征。强调组织成员的全员学习、合作学习，最大限度地调动每个组织成员的能动性；倡导工作与学习融为一体，成员把每项工作视为学习的机会，把工作过程当作学习过程，做到“工作学习化”“学习工作化”。

3. 注重经验学习与创新学习的统一

学习型组织的内核是学习、思考和创新，系统思考是学习型组织的关键特征。其“学习”绝不仅仅是对经验的接受和知识的积累，更重要的是对自我的超越，对认识和方法的创新及对知识的建构，是一种启迪智慧、开发悟性、培养能力及挖掘潜能的学习，使成员通过工作中的反思得到解决问题的新思路和新方法。

（二）团队型组织结构

丰田、沃尔沃等公司曾将团队引入生产过程中，效果很好。当管理人员动用团队作为协调组织活动的主要方式时，其组织结构即为团队结构。这种结构形式的主要特点是：打

破部门界限，并把决策权下放到工作团队的员工手中，这种结构要求员工知识面广、能力与素质高。

工作团队大致分为两种类型：综合性工作团队和自我管理式工作团队。在综合性工作团队中，一系列的任务被分配给一个小组，然后由小组给每个成员分派具体任务，并在任务需要时可在成员间轮换工作。综合性工作团队经常在诸如楼房建造和维修这类活动中采用。例如，在一幢办公大楼的清洁工作中，领班确定要完成的任务，然后让清洁工人作为一个团队，决定这些任务如何分配。自我管理式工作团队具有更强的纵向一体化特征。与综合性工作团队相比，它拥有更大的自主权。自我管理式工作团队确定了要完成的目标后，有权自主决定工作分派、工间休息和质量检验方法等。这种团队甚至可以挑选自己的成员，并让成员相互评价工作成绩。其结果是团队主管的职位变得不太重要，有时可能会被取消。

团队型组织所带来的积极影响有：提升组织运行效率，增强组织民主气氛，促进员工参与决策过程，使决策更科学、更正确。团队成员互补的经验和技能可以应对多方面的挑战。在多变的环境中，团队比传统的组织更灵活、反应更迅速。

（三）网络型组织结构

目前正在流行一种新的组织机构形式，即公司自己不拥有或只拥有少量的制造设施，仅配备几百名员工，每年就可以赚取可观的收益。这些公司的任务就是创设一个关系网络。它们与独立的设计者、制造商、代理销售商等密切联系，按照合同执行相应的职能。还有些大型组织进一步发展了网络结构，将某些职能活动外包出去。例如，很多美国公司将自己诸如软件设计、生产甚至财务等职能活动外包给印度等人工成本较低的国家的公司。这种结构使组织管理者对于新技术、时尚或来自海外的低成本竞争，具有更强的应变能力，这就是网络型组织结构。这种结构是一种规模很小的中心组织，依靠其他组织以合同为基础进行制造、分销、营销或其他关键业务的经营活动结构，也有学者将其称为虚拟结构（见图4－6）。

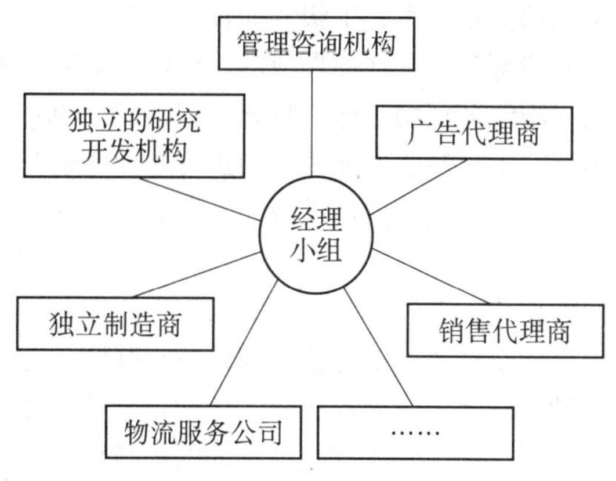

图4－6　网络型组织结构

网络型组织结构与事业部制组织结构形成鲜明对照，后者具有更多纵向管理层次。网络型组织结构也与那些试图通过所有权控制它们命运的组织不同，后者自己开展研究开发，生产是在公司所有的制造厂中进行，销售和营销也由自己的职员来做。为了支持这些活动，组织得雇用另外一些人员，包括会计、人力资源专家和律师等。而在网络型组织结构中，这些职能大部分从组织外“购买”，这样做的目的是追求最大的灵活性。管理人员如果认为别的公司在生产、配送、营销、服务方面比自己做得更好，或成本更低，就可以把有关业务外包给它们，让自己集中精力做最擅长的事。

网络型组织结构是小型组织的一种正确选择，也是大型企业在联结集团中松散的单位时通常采用的组织结构形式。网络型组织结构的核心任务就是创设关系网络，与独立的制造商、销售代理商及其他机构达成长期协作协议，使它们按照契约要求执行相应的生产经营功能。由于网络型组织的大部分活动都是外包的，所以公司管理机构就只是一个精干的管理班子，负责监督公司内部开展的活动，协调和控制与外部协作组织之间的关系。网络型组织结构的主要优点是企业可以利用社会资源使自己快速发展起来。其主要缺点是管理人员对公司的主要职能活动缺乏强有力的控制，供应品的质量难以控制。另外，网络型组织在设计上的创新成果很容易被别人窃取，因为创新一旦交由其他组织生产，就很难对创新成果进行管控，会使企业蒙受重大损失。

（四）无边界组织结构

通用电气公司总裁杰克·韦尔奇创造了“无边界组织”这个词，用来描述他理想中的通用电气公司的形象。它指的是一种边界灵活、没有局限性，能够使信息、资源、观念和思维自由而快速流动的组织形态，其目标是破除四种硬性的组织边界：纵向的等级权力边界；横向的职能、纪律、业务边界；企业与供应商、客户、政府的边界；国家、民族、文化差异和市场体制边界。简单地说就是减少命令链，对控制跨度不加限制，取消各种职能部门，代之以授权的团队。

管理人员通过取消组织纵向边界而使组织趋向扁平化，等级秩序作用降到了最低限度，个人身份与地位也一落千丈。组织看上去更像一个“粮仓”而不是“金字塔”，最上层的谷粒和最下层的谷粒差别不大。通用电气公司用来取消组织纵向边界的做法有：引入跨等级团队（由高级主管 、中级主管、基层主管和员工组成）；让员工参与决策；360 度绩效评估（员工的绩效由他的同事及上、下级共同评定）等。

组织的横向边界是由职能部门的存在而形成的，因此，消除这种边界的方法是：以多功能团队取代职能性部门，围绕公司的工作流程来组织活动。例如，美国电话电报公司的部分下属单位编制年度预算时不再基于职能或部门进行，而是建立在像提供世界性通信网络服务这样的过程上。管理人员通过横向调动或在不同职能领域进行工作轮换，有助于由专才变为全才。

充分发挥无边界组织的作用，有助于打破组织与客户之间的外在界限及地理障碍。取消外部界限的方法包括：经营全球化、实行公司间的战略联盟、建立顾客与组织之间的固定联系等，这些方式都有助于清除组织外部边界。例如，一些大型公司往往与几十家公司存在战略上的联盟或合伙关系，由于员工都是为共同的项目而工作，所以这些联盟也就模糊了各组织之间的边界。

使无边界组织能够得以正常运行的技术因素之一是计算机网络化，远程办公方式能模糊组织边界，这类工具使人们能够超越组织内外的边界进行交流。例如，电子邮件能够使成百上千的员工同时分享信息，并使公司普通员工也可以与高级主管进行交流；组织间的网络能使供应商可以及时查看自己经营商品的销售情况。

第三节　组织文化

组织具有自己的各种构成要素，把这些要素有机地整合起来除了要有一定的正式组织和非正式组织及规章制度之外，还要有一种协调力和黏合剂，它以无形的“软因素”力量构成组织有效运行的内在驱动力。这种力量就是被称为“管理之魂”的组织文化。

一、组织文化的概念及特征

（一）组织文化的概念

组织文化是一种反映组织特色、支配员工行为的价值观念体系。它是一个组织在长期生存与发展过程中，形成的一种具有特色的、为全体员工所认同并对员工的行为产生约束和激励的价值系统。

在组织文化中，核心内容是价值观。它为组织成员提供了一种共同意识，是其日常行为的指南。组织文化通过以价值观为核心的文化意识观念，说服、感染、诱导、约束组织成员，把全体组织成员凝聚在一起，最大限度地调动成员的积极性和创造性，为组织的发展提供源源不断的动力。

（二）组织文化的特征

1. 组织文化的无形性

组织文化是组织中一种群体意识现象，作为一种群体心理定式及氛围存在于组织成员中。在这种文化的熏陶和影响下，成员会自觉按组织的共同价值观和行为准则在工作、学习和生活中约束自己，是一种无法计算的无形资产。信念、道德和心理的力量共同汇集成组织文化这种无形的力量，来支配成员的行为方向，改变和提高成员的整体素质，控制和把握成员的心理状态，从而推动组织实现既定目标。

2. 组织文化的软约束性

组织文化对组织成员所起的管理作用，不是靠规章制度之类的硬约束，而是靠其核心价值观对成员的感染和诱导，使组织成员产生对组织目标、行为准则及价值观念的“认同感”，从而自觉地在组织共同价值观念的指导下工作。成员的行为如果符合组织文化的要求，就会被该组织的群体所认同和接受，反之会受到其他成员的排斥。

3. 组织文化的相对稳定性和连续性

组织文化的形成和重塑的过程都需要相当长的时间，具有一定的稳定性和连续性，能长期影响组织成员的行为，不会轻易发生变化。但是当组织内外环境发生变化时，组织文化也应及时变革，否则会导致组织失去活力。

4. 组织文化的可塑性

组织文化是可变的，受时代、组织内部结构、战略目标等因素的影响。因此，组织文化的塑造必须紧跟时代的步伐，适应组织的发展，充分发挥组织成员的创造性，不断塑造新型的组织文化。

5. 组织文化的实践性

每个组织的文化，都是在其长期实践的基础上，通过有目的的实践活动有意识地培养起来的。离开了组织的实践，就不可能产生组织文化，因而组织实践是组织文化产生发展及不断丰富的源泉。实践性的含义还在于组织文化不是空洞的口号，而是要付诸实践的价值观和信仰体系。不结合组织实际的文化，只是一种文化形式；不能指导组织实践的文化，只是一种文化理念，而这些都是没有现实意义的。

6. 组织文化的综合性

组织文化包括价值观念、经营准则、道德规范、传统作风等精神因素，这些因素不仅在组织内发挥作用，而且经过综合系统的分析、加工，融合成为一个整体，从而形成整体的文化意识。

二、组织文化的功能

组织文化具有很多独特的功能，其中突出的功能表现在以下几个方面。

（一）凝聚功能

组织文化是连接组织成员的情感纽带，是全体组织成员共同创造的群体意识，能把各方面、各层次的人都团结在组织周围，对组织产生一种凝聚力和向心力，从而使员工将个人的思想感情、利益与组织的荣辱安危结合在一起，对组织产生归属感与认同感，对组织的发展前途充满责任感和自信心。

（二）激励功能

优秀组织文化的形成，有助于职工获得心理满足。因为在这样的组织中工作，员工能感受到家庭般的温暖，能够进行深度的沟通。优秀的组织文化所树立的良好组织形象会使员工感到自豪，员工更愿意为这样的组织努力工作、贡献自己的力量。

（三）约束功能

组织文化的约束不是制度约束，而是深入组织的软约束，使组织共同的价值体系、基本理念和行为规范在组织成员的心灵深处形成一种定式，进而产生一种响应机制，使成员协调和控制自己的行为意向，诱导人们认同和自觉遵守组织的行为规则。

（四）辐射功能

组织文化不仅在组织内部发生作用，而且对组织的外部环境也会产生影响。组织文化

通过各种渠道向社会产生辐射作用，可以提高组织的知名度，并成为社会文化的组成部分。

（五）增值功能

组织文化形成以后就成为组织的无形资产，无形资产就会创造价值。优秀的组织文化可以调动员工的积极性和创造性，挖掘组织的潜能，树立良好的组织形象，得到社会的广泛支持，从而促进有形资产的增值。当有形资产受损时，作为无形资产的组织文化甚至可以补偿和替代有形资产，最大限度地减少组织的损失。

三、组织文化的四个层面

（一）理念层面的文化

组织文化的第一个层面是以什么理念做事的文化。这个层面反映出组织核心价值观的要求，共同的统一和规范员工的思想，达成组织的愿景规划。理论与实践都表明，那些能够持续成功的公司，都保持着稳定不变的核心价值观，尽管它们的经营战略和实践活动总是不断地适应变化着的外部世界。这种在“保持”和“变革”之间进行协调的能力是与构建愿景规划的能力密切相关的。

愿景规划包括两个主要部分：核心经营理念和生动的未来前景。

核心经营理念包括组织核心价值观和核心目的，它是组织在成长和变革过程中把组织聚合起来的黏合剂。核心价值观是一个组织重要的和永恒的信条。即使当这种核心价值观成为竞争劣势时，组织也会坚守它；核心目的是组织存在的根本理由。

生动的未来前景是组织首先确定的一个大胆的、可持续发展的目标；然后把它用明确、生动的语言表述出来。如果管理者掌握和确认了核心经营理念，就可以把远景描述与激励公司的基本动力结合起来，即那种在不断发展过程中能保持其核心不变的能力。真正优秀的公司知道哪些东西永远不应改变，哪些东西应自由改变；知道哪些可以慷慨牺牲，哪些需要永远珍视。愿景规划在应保留什么样的核心内容、应发展什么样的未来前景方面，给人们提供了指南。换句话说，文化在这一层次上为组织为什么存在提供了现实意义。

这一文化层面人格化的代表是组织高层管理者群体。从功能上来说，他们具有阐释组织存在目的和未来宏伟目标的功能，是激励组织成员为其创造性工作的动力源泉，犹如教会的传道士。正像彼得·圣吉在其名著《第五项修炼：学习型组织的艺术与实务》一书中所指出的那样：“如果有一项领导理念，几千年来一直能在组织中鼓舞人心，那就是拥有一种能够凝聚并坚持实现共同愿景的能力。一个缺少全体共有目标、价值观与使命的组织，必定难成大器。有了衷心渴望实现的目标，大家会努力学习、追求卓越，不是因为他们被要求这样做，而是因为衷心地想要如此。但是许多领导者从未尝试将个人的愿景转化为能够鼓舞组织中的共同愿景。组织所缺少的是将个人的愿景整合为共同愿景的修炼。”理念层面上的文化显现出文化的刚性，也就是说在理念层面上的文化是不允许存在异议的，要么遵守它，要么离开它，没有第三条道路可以选择。

（二）制度层面的文化

组织文化的第二个层面是关于如何做事的文化。制度是要规范和统一员工的行为，达成组织具体的目标。为了达成此目标，组织的每一项制度、每一条规范都必须经过某种意义的阐释才可能被群体所接受、所遵循。换言之，制度必须被赋予符合组织理念的某种内涵、体现某种要求、反映遵守这种规定后的收益；否则，缺乏意义阐释的制度条文就会因缺少自觉遵守的积极性而导致监督成本上升，要么形同虚设，要么规定与实际相脱离，因此文化在这一层面上为制度提供意义。这一文化层面的人格化代表是组织中各级、各类中层管理者和基层经理人员。尽管他们作为个人可能具有不同的个性、不同的追求，其目标也与组织目标有差异，但他们是组织各项制度的执行者和监督人，在阐释制度时他们也是制度的代言人，代表组织赋予制度以内涵，掌握制度执行的宽严，并对制度的执行结果负责。制度是组织统一和规范其成员行为、表明组织最期望何种行为和最不赞成何种行为的有力工具。一个企业的规范化管理，一般都是从建设必要的规章制度做起的。因此这个层面上的文化最关键的是要对每一项制度和要求进行有说服力的阐释。制度层面的文化显现出文化的一致性，是产生文化一致性压力的源泉。

（三）个性层面的文化

组织文化的第三个层面是组织中的每一个“个性”所代表的精神追求。这里所说的“个性”是指组织的成员及由这些成员所组成的非正式团体。不管组织如何建立自己的共性文化，如何强调规章制度的严肃性及愿景规划的宏伟与目标的远大，组织中的“个性”本能地会努力与组织共性层面的文化保持适当的距离。因为每一个组织成员都力图保持自己对精神的追求，期望在成为组织成员时保持自己的个性和追求个性的自由，以及作为个性影响组织行为的自由。这也是每一个社会自然人追求的东西，不论他是否是一个组织的长期固定成员，也不论他是在这个组织怎样的层级上、具有什么样的组织人格，都会具有这样的需求。

知识经济时代与工业经济时代相比是一个更加注重张扬个性与张扬多样化需求的时代，组织中的个体具有不同的出身和成长背景，受到的也会是相近或截然不同的道德教育，对周围已发生和正在发生的事物都会用个人独特的道德标准和价值标准去衡量、去评价，得出自己的结论。尽管有组织理念和宏伟目标，有规章制度和严格的要求，个性依然会保留自己的特色，伸张自己的“正义”，形成某些“集合”起来的统一观点和看法，这就是管理学中所定义的非正式组织。个性层面的文化表现出文化的柔性，是组织创新与变革的动力之源。

（四）背景层面的文化

组织文化的第四个层面是组织所在地区、国家的各种社会文化传统。它是经过社会长久发展所形成的，是已经深深印刻在每一个成员心中和血液中的文化积淀。组织的各种产权、合作、资本构成、人员来源等背景决定了组织文化能获得生存的基本条件，当组织所追求、倡导和要求的文化内涵违背或超越了背景文化的范畴，极大地冲击背景文化时，将会危及组织的生存。

本章小结

随着社会的发展，人本思想的深入，结合以往学者对组织的研究，本章所指的组织是以人为主体，为了达到某些特定目标，以相互作用、相互制约的资源为基础构成的开放性社会系统。组织存在的价值在于满足利益相关者需求，为了实现这一目标需要先进的理念作指导，设计科学合理的系统结构，并使其有序有效地运行。由此可见，组织与人具有共同特征。组织的构造同人体一样，也是由各个不同的系统所组成的，各分系统相互作用构成组织整体。对组织结构的认识，可以帮助人们分析不同企业的特点。

组织文化的每一个层面都反映了对组织生存与发展的某种要求，都必须经过某种意义上的阐释才可能被群体接受为行为规范，并在组织中具有人格化的代表。因而各级管理者的一个重要工作就是要像传道士那样对其成员不断地进行教化与培训，使组织文化深入组织成员的内心、落实在行动上，对某些基本要求，例如组织为什么生存，未来的发展愿景，品牌、质量、诚信、敬业、做人与做事的基本准则等形成刚性的文化内涵，在相当长的时期内坚持不变，甚至是永远不变，以此作为组织文化之魂。

【案例讨论】

从华为的自我批判看大公司组织管理

一、组织黑洞：惰怠、山头主义、腐败

第一个组织黑洞是惰怠。组织的病症源于人，源于人性。西方组织管理学认为，人天生是自私的、懒惰的、贪婪的。正因为个人与生俱来的自私、贪婪、惰怠，所以，当携带着同样病毒的一群人构成一个组织时，也同样构成了对组织从诞生、发展到终结的全部生命过程的挑战。

最大的挑战是什么呢？答案是疲劳。一个人保持阶段性的活力、激情是容易做到的，一个组织保持两年、三年、五年的活力也是相对容易的。但是，持久地保持激情与活力，大概是组织领袖们随时面临的难题。一方面是员工疲劳症。一个新员工刚进公司，开始是积极、向上的，但逐渐会缺乏活力与激情。当一匹马从战马变成懒马、病马时，这个马群一定会出现类似于传染病一般的普遍惰怠与散漫、不想作为。另一方面是领袖疲劳症。比员工疲劳症更可怕的是领袖疲劳症，也就是管理者的疲劳症。领袖是什么人？是永远富于妄想的冒险家。企业家精神中最重要的第一是冒险精神，第二是永不懈怠的持续冒险精神。也就是说领袖必须像永动机一般思考和行动。所以，组织的领袖是否能够保持持续的激情、活力与奋斗精神，是一个组织发展的关键，但是只有这个关键还不行，还必须点燃起整个组织参与者、追随者持续的梦想与激情。

第二个组织黑洞是山头主义。组织中的山头、体系、派别几乎是普遍存在的。组织变革的大多数是围绕着“铲山头”而进行的，“山头”是人类心理、生理现象的必然产物。这一问题在华为早期的十多年曾经是严重的，这跟华为的成长历史有很大关系。两万元人民币起家，不到十个人，做交换机的倒买倒卖，活下去是这个企业的唯一使命。怎么活下来呢？谁能为公司拿到合同、拿到救命钱，谁能为公司带来产品，谁就是公司的英雄。几乎所有的中国民营企业在原始积累阶段都是由个人英雄主义文化所主导的。

这种个人英雄主义主导的文化带来了企业的高速发展。从1988年成立到1998年这十年间，华为超越了对手，成为中国第一。但是，这种“中国第一”带给任正非的是什么呢？任正非在《一江春水向东流》这篇文章里讲到，华为当时山头林立，主义盛行，不知道该朝哪儿走。很多组织，包括很多企业，当大家一起共患难时，上下一心，有高度的凝聚力，但是当它稍稍有一点基础、有一些财富时，“英雄们”的欲望、野心和利益集团之间的贪婪诉求，常常会把这个组织撕裂，把这个组织的团队精神、凝聚力扭曲。

第三个组织黑洞是腐败。腐败问题也是人类组织与生俱来的问题，在以财富的增长为核心目标的功利性组织中，腐败现象更是普遍存在的。华为在历史上曾出现关联交易的问题。2006年，公司召开了一次高层会议，对所有跟华为有关联交易的公司高层的亲戚朋友的公司进行清理。在此基础上进行从上到下的干部廉政宣誓活动。同时华为通过制度建设解决腐败问题。华为的审计制度很严格，任正非有一次到日本去出差，被审计出把在酒店洗衣服的费用放在报销费用里面，审计部的领导就找任正非谈话，要求任正非把费用退回来，还得写检讨。华为所有的人都不能坐飞机头等舱，任正非到国外坐头等舱多出的钱也要自己出。

二、警惕意识与自我批判

一个企业、一个组织，如果总是背负成功与辉煌的包袱，则离死亡也不远了。所以，任正非说华为是没有历史的公司。在华为的任何角落看不到华为过去的历史，没有一处悬挂任正非的宣传画。华为也是一个没有功臣的公司，华为一位高管说，“华为是一个不承认功臣的公司，老板也是，也就是说当任正非退休以后，他也不会被供在华为的殿堂里”。任正非说过，“我从来不在乎媒体现在和以后怎么看我。我也不在乎接班人是否忠诚，接班人都是从底层打出来的，打出来的英雄能够进行自我否定、自我批判，同时有开放的胸怀，又有善于妥协的精神，在看人的问题上能够多元视角，而不是非黑即白，他就是自然而然成长的领袖。领袖不是选拔出来的，是打出来的”。

恐惧造就伟大，任何组织，包括个人，如果没有与你成长所相伴随的那种不安全感、那种始终追随着你的不安的影子，你可能就变得很放松、很悠闲。但是，这种放松跟悠闲可能的结果是：在一个猝不及防的打击面前，你的安逸、你对危险的麻木，会导致组织快速的崩溃。所以，战胜恐惧、战胜不安全感的过程，其实就是企业走向成功的过程。

华为今天是全球电信制造领域的领导者，但今天的华为恰恰可能是最脆弱的时候。为什么呢？成功容易让人变得惰怠和自大，让组织变得盲目骄傲和故步自封。精美的地毯下布满了细菌，一个国家如此，一个组织如此，一个企业同样如此，警惕这些细菌的滋生繁衍就是在为企业加固未来。

华为的自我批判有着非常清晰的方向，就是一切围绕着核心价值观去践行，这个核心价值观就是以客户为中心，以奋斗者为本，长期坚持艰苦奋斗。

华为三十多年来进行过几次在外部人士看来惊世骇俗的变革，但是这样一些在外部看来很激进的变革，华为却能风平浪静地渡过，而且还激起了整个组织广泛的正能量。原因

有很多，但相当重要的一点就是华为长期进行的自我批判活动，给这个组织的每一个人传导、奠定了一种心理基础、文化基础。当然，还有华为特殊的员工持股制度：15 万员工里有 7 万多人持股。企业里一半以上的人都是股东，都是老板或者准老板，那么，抗拒变革就在损害自身的利益。所以，支持变革、参与变革成为华为的习惯性文化。

民主生活会是华为三十多年来始终坚持的一个自我批判方式，每三个月或半年召开一次，所有中高层管理人员包括任正非都必须参加。华为的民主生活会包括自律宣言、整风大会等。

此外，华为建立了“心声社区”内部网站。在中国的企业内网中，很少有像华为“心声社区”这样开放的气氛，任何员工可以就公司的任何一项政策、决定在内网上“指手划脚”，有时批评很尖锐、很刺耳。真理会越辩越明，在员工的互相辩论中，公司不断吸收正确的、有益的营养，这样一种广泛参与的自我批判活动，对华为的很多重大政策调整起到了重要作用。

任正非有一个很重要的观点，叫作“从泥土里爬出来的人是圣人”。华为能够把 15 万知识分子凝聚在统一的旗帜下，形成统一的意志和共同的价值观，重要的一点就是“灰度理论”。任正非讲，“我们不是培养和尚、圣人，我们培养的是一支军队、一支商业部队。战斗力是军队的灵魂，活力是组织之魂，在为组织建功立业的过程中，对华为员工来说，只要坚守了公司的核心价值观，即使有万千种缺点，也都应该被包容。简单的黑与白、是与非，常常会使组织和个人变得狭隘”。

华为建立在“灰度理论”基础上的自我批判有这样几条规定：第一，不搞人人过关，不发动群众。第二，更多地批判自我，不要批判别人。第三，强调一个“真”字，要实事求是。第四，不无限上纲、无情打击，把握适度。第五，善意与建设性是大前提。

讨论题：

1. 华为是通过怎样的方式处理内部问题的？
2. 华为依据什么理论和原理完成自我批判？

思考题

1. 组织的定义是什么？
2. 简述组织理论的发展和演进过程。
3. 组织结构模式的发展和创新应注意哪些问题？
4. 传统组织结构存在哪些弊病？
5. 组织文化在组织管理中的作用有哪些？

第五章

人力资源管理

【引例】

海底捞的管理智慧①

海底捞已经成为餐饮界的一个热点现象，吸引了众多媒体的关注。北大光华管理学院两位教授对海底捞进行了一年多的深入研究，甚至派人“卧底”当服务员，总结出海底捞的管理经验。中国的企业，有很大一部分属于劳动密集型的中小企业，员工工时长、工作累、报酬低，劳资矛盾突出，经常为人诟病。海底捞却告诉我们：即使是在火锅这样技术含量不高的行业，一样可以创造出令人羡慕的高昂士气、充满激情的员工团队和出色的业绩。

1994年，还是四川拖拉机厂电焊工的张勇在家乡简阳支起了4张桌子，利用业余时间卖起了麻辣烫。二十几年过去，海底捞在全国开了100多家店，张勇成了近2万名员工的董事长。张勇认为，人是海底捞的生意基石。客人的需求五花八门，单是用流程和制度培训出来的服务员最多能达到及格的水平。制度与流程对保证产品和服务质量的作用毋庸置疑，但同时也压抑了人性，因为它们忽视了员工最有价值的部分——大脑。让雇员严格遵守制度和流程，等于只雇了他的双手。

大脑在什么情况下才有创造力？心理学家的研究证明，当人用心的时候，大脑的创造

① 黄铁鹰，梁钧平，潘洋．“海底捞”的管理智慧．哈佛商业评论，2009 (4)．

力最强。于是，服务员都能像自己一样用心就变成张勇的基本经营理念。怎么才能让员工把海底捞当成家？答案很简单：把员工当成家里人。海底捞的员工住的都是正规住宅，有空调和暖气，可以免费上网，步行 20 分钟到工作地点。不仅如此，海底捞还雇人给员工宿舍打扫卫生、换洗被单。海底捞在四川简阳建了海底捞寄宿学校，为员工解决子女的教育问题。海底捞还想到了员工的父母，公司会将优秀员工每月奖金的一部分直接寄给他们在家乡的父母。

要让员工的大脑起作用，除了让他们把心放在工作上，还必须给他们权力。200 万元以下的财务权都交给了各级经理，而海底捞的服务员都有免单权。不论什么原因，只要员工认为有必要，都可以给客人免费送一些菜，甚至免掉一餐的费用。聪明的管理者能让员工的大脑为他工作，当员工不仅仅是机械地执行上级的命令，他就是一个管理者了。按照这个定义，海底捞是一个由近 2 万名管理者组成的公司。

人是群居动物，天生追求公平。海底捞知道，要让员工感到幸福，不仅要提供好的物质待遇，还要让人感觉公平。海底捞不仅让员工得到了尊严，还给了他们希望。海底捞几乎所有的高管都是服务员出身，这些大孩子般的年轻人，独立管理着几百名员工，每年创造几千万元营业额。没有管理才能的员工，通过任劳任怨的苦干也可以得到认可，普通员工如果做到功勋员工，工资收入只比店长差一点。

海底捞把培养合格员工的工作称为“造人”。张勇将造人视为海底捞发展战略的基石。海底捞对每个店长的考核只有两个指标：一是客人的满意度，二是员工的工作积极性。同时要求每个店按照实际需要的 110%配备员工，为扩张提供人员保障。海底捞这种“以人为本、稳扎稳打”的发展战略值得不少中国企业借鉴。

本章要点

◇ 人力资源管理和引进

◇ 人力资源培养的形式、内容、原则和方法

◇ 人力资源使用的方式和原则

第一节　人力资源管理概述

一、人力资源管理的定义

“人力资源”一词较早见于管理大师彼得·德鲁克 1954 年出版的《管理的实践》一书。他将人和自然资源或物质资源区分开来，并将其视为具有“特殊资产”的资源。德鲁克认为人力资源拥有其他资源不具备的素质，包括协调能力、融合能力、判断力和想象力。自此以后，企业对人的管理由人事管理观念逐渐向人力资源管理观念转变。

人力资源管理的定义众多，归结起来可以分为六种主流观点，见表 5－1。

表 5－1　当代人力资源管理定义的主流观点

提出者	定义	来源
雷蒙德·A. 诺伊	人力资源管理是指影响雇员行为、态度，以及绩效的各种政策、管理实践及制度。	《人力资源管理：赢得竞争优势》
舒勒	人力资源管理是采用一系列管理活动来保证对人力资源进行有效的管理，其目的是实现个人、社会和企业的利益。	《管理人力资源》
加里·德勒斯	人力资源管理是为了完成管理工作中涉及人或人事方面的任务所需要掌握的各种概念和技术。	《人力资源管理》
迈克·比尔	人力资源管理包括会影响公司和雇员之间关系（人力资源）性质的所有管理决策和行为。	彭剑锋的《人力资源管理概论》
郑绍濂	人力资源是指能够推动整个经济和社会发展的具有智力劳动和体力劳动能力的人们的总和，包括数量和质量两个方面。	彭剑锋的《人力资源管理概论》
赵曙明	人力资源管理是对人力这一特殊的资源进行有效开发、合理利用和科学管理。	《人力资源管理研究》

资料来源：何筠，陈洪玮．人力资源管理理论、方法与案例分析．北京：科学出版社，2014：7.

由于本书的立足点是从企业人力资源管理的目的和过程来界定人力资源管理的相关内容，因此，本书采用国内学者赵曙明对人力资源管理的定义。

二、人力资源管理的内容与目标

（一）人力资源管理的内容

一般而言，人力资源管理内容包括八个板块，即人力资源战略、人力资源规划、岗位分析和职位评价、招聘与测评、员工培训、绩效管理、薪酬管理和劳动关系。

（1）人力资源战略是组织在分析了内外部环境后结合自身发展战略目标而制定的关于组织如何吸引、开发、激励和维持员工的纲领性长远规划。

（2）人力资源规划侧重对组织内部的员工需求和组织内外人力供给状况的科学预测。

（3）岗位分析是指全面收集和科学分析后得出的关于组织工作岗位的性质、任务、职责及胜任该岗位所需的知识和技能的过程；职位评价是根据工作分析结果对职位的价值和重要性进行评估，从而为企业拟订薪酬提供依据。

（4）招聘与测评分别解决获取求职者数量和挑选满足组织需要的人的问题。

（5）员工培训是组织对员工进行有目的、有计划的培养以满足组织当前或未来业务需要。

（6）绩效管理是为了确保员工的工作活动与产出与组织发展目标相一致。

（7）薪酬管理是组织在经营战略和发展规划的指导下，综合考虑内外部因素而确定的自身薪酬水平、薪酬结构和薪酬形式，并进行适当调整和控制的过程。

（8）劳动关系管理是通过合法的规范化、制度化管理，使劳动关系双方的行为得以规范、利益得以保障的管理举措。

如前所述，本书是从目的和过程的角度来定位人力资源管理。因此，本书将人力资源

管理的内容界定为人力资源引进、人力资源培养、人力资源使用和人力资源考核和薪酬管理五个方面。本章下面几节将对这五个方面进行详细阐述。

（二）人力资源管理的目标

当代人力资源管理的核心问题是探讨员工对组织的贡献，即如何使组织在市场竞争中取得竞争优势并获得成功。学者 Schuler 和 Huber 认为，人力资源管理活动会直接影响到组织目标的实现，因为人力资源管理目标必须与组织目标相一致并为组织目标的实现服务。两位学者还在其 1993 年出版的 *Personnel and Human Resource Management* 一书中将人力资源管理目标分为三个层次：直接目标、具体目标和最终目标。直接目标是指通过人力资源管理活动来吸引员工、培训员工、激励员工和留住员工；具体目标是指提高员工生产效率、改善工作质量、遵从法律要求、获取竞争优势、增强员工的灵活性；最终目标是指通过组织中有效的人力资源管理来维持组织的生存、促进组织发展和利润的增长、提高组织的竞争力和确保组织适应不断变化的外部环境。

三、人力资源管理的作用

人力资源管理在现代企业管理中的作用越来越重要。具体而言，人力资源管理的作用可以概括为对人的“选”“育”“励”“留”四个方面。

（一）“选”

“选”即吸引和获取企业发展所需的人才。企业主要通过规划、招聘、考试、测评、选拔等手段获取企业所需的人才，一方面保证企业经营活动的顺利进行，另一方面确保提高组织的竞争力。

（二）“育”

“育”即培养和开发。通过员工培训、工作丰富化、职业生涯规划与开发等手段，促进员工知识、技巧和其他方面素质的提升，增强其劳动能力，最大限度地实现员工个人价值，提高对企业的贡献率。

（三）“励”

“励”即激励员工，通过薪酬、考核和晋升等一系列管理活动，调动员工的积极性、主动性和创造性。

（四）“留”

“留”即留住对企业发展至关重要的优秀人才，从而保证企业生产经营的稳定。

人力资源管理四个方面的作用是相互联系的。“选”人是基础，“育”人是手段，“励”人是核心，“留”人是保障，最终都是为企业获取生存和发展的利润服务。从广义层面来讲，企业发展对于经济和社会发展都具有重要推动作用。

四、人力资源管理的发展趋势

由于经济全球化和互联网技术发展步伐加快，企业所处的外部环境已经发生或正在发生着变化，特别是政治、经济、法律、技术、社会结构等的变化，给企业发展提出了前所未有的挑战，尤其是企业人力资源管理方面。21 世纪以来，人力资源管理总体发展趋势呈现以下几方面的特点。

（一）人力资源管理与企业战略规划的一体化

现代企业经营战略的实质，就是在特定环境下，为实现预定的目标而有效运用包括人力资源在内的各种资源的策略。通过有效的人力资源管理，将促进员工积极参与企业经营目标和战略的制定与实施，并把它与个人目标结合起来，达到企业与员工“双赢”的目的。因此，人力资源管理将成为企业战略规划及战略管理不可分割的组成部分，而不再只是战略规划的执行过程。21 世纪的今天，如果一个企业想要获得并保持竞争优势，战略规划和人力资源管理对其发展都是很重要的，而且这两者必须紧密结合起来。因为战略规划的各个要素都包含人力资源因素，都必须得到人力资源的支持才能实现。这种变化趋势对人力资源管理来说也具有重要意义。人力资源规划是衡量和评价人力资源对企业效益贡献的基础；否则，人力资源规划就会变得毫无意义。因此，人力资源管理与企业战略规划的一体化，从根本上提供了人力资源管理对企业做出贡献的机会。

（二）企业与员工的关系出现根本性变化

在 21 世纪，企业与员工之间的关系需要靠新的规则来确定，这种新规则就是劳动契约和心理契约。企业与员工关系的新模式就是以劳动契约和心理契约为双重纽带的战略合作伙伴关系。一方面依据市场法则确定员工与企业双方的权利、义务关系；另一方面又要求企业与员工一起建立共同愿景，在共同愿景的基础上就核心价值观达成共识，培养员工的职业道德，实现员工的自我发展与管理。企业要关注员工对组织的心理期望，并使之与组织对员工的心理期望之间达成一种“默契”，在企业和员工之间建立信任和承诺关系。要建立企业与员工双赢的战略合作伙伴关系，企业就要以新的思维对待员工，要从营销的视角开发组织中的人力资源。从某种意义上说，人力资源管理也是一种营销工作，即企业要站在员工需求的角度，通过提供令顾客满意的人力资源产品和服务来吸纳、留住、激励和开发企业所需要的人才。企业向员工提供的产品与服务主要包括：

（1）共同愿景。通过提供共同愿景，将企业目标与员工的期望结合在一起，以满足员工的发展需求。

（2）价值分享。通过提供富有竞争力的薪酬体系及价值分享系统来满足员工的多元化需求，包括企业内部信息、知识和经验的分享。

（3）人力资本增值服务。通过提供持续的人力资源开发和培训，提升员工的人力资本价值。

（4）授权赋能。让员工参与管理，授权员工自主工作，并承担更多的责任。

（5）支持与援助。通过建立支持与求助工作系统，为员工完成个人与组织的发展目标提供条件。

（三）人力资源管理部门的角色从成本中心向利润中心转变

“成本中心”指的是不考核收入而着重考核成本费用的一类责任中心；“利润中心”指的是既要对成本负责，又要对收入负责的一类责任中心。二者的根本区别在于“利润中心”要更多地考虑企业利润，而不仅仅盯住成本费用。用这两个概念来说明人力资源管理部门的角色转变，就是要求企业要用“为企业创造价值”的思想来指导自己的全部工作。传统的人事管理观念将人事部门定位为一个成本集中的消耗中心，主张通过一切可行的措施尽量减少人力投资以控制企业的人工成本，把减少人事管理费用作为自己的核心任务。这种观念比较集中地反映了企业过于重视短期利润。在21世纪，企业降低成本的能力固然重要，但更应该注重的是企业创造利润的能力，为此，要把人力资源视为企业的首要资产。企业可以通过对人力资源的投资，实现利润增长的目标。著名经济学家舒尔茨的研究表明，企业对人的知识、能力、保健等人力资本方面的投资收益率远远高于其他一切形态资本的投资收益率。在具体工作中，人力资源管理部门为企业创造价值主要体现在以下几个方面：

（1）通过对员工职业生涯的设计与实施、全方位的培训、准确的考核、有效的激励，加强员工的团队协作，提高员工的满意度、参与度，降低员工的流动性，减少劳动争议。这样有利于提高员工的工作效率，强化企业的技术创新，增强企业核心竞争力。

（2）将人力资源战略与企业总体经营战略结合起来，积极推进组织结构的调整和优化，强化关键岗位设置，减少多余岗位和人员，为企业高层决策提供建议，促进企业成功实施整体战略。

（3）在对外的各项活动，如招聘活动、研讨会、缴纳保险与公积金等活动中，以一个良好的形象出现，积极、主动地宣传企业。

（四）人力资源管理的全球化、信息化

经济和组织的全球化，必然要求人力资源管理策略的全球化。其主要内容包括：

（1）人才流动的国际化、无国界。21世纪的企业要以全球视野来招聘和选拔人才，来看待人才的流动。

（2）人才市场竞争的国际化。国际化的人才交流市场与人才交流将出现，并成为一种主要形式。人才价值不仅在一个区域市场内体现，还要按照国际市场的要求看待人才价值。

（3）跨文化的人力资源管理成为重要内容。不同文化背景的人在一起，就构成了跨文化的环境。在跨文化背景下对不同层面的多样化人力资源进行有效管理，是人力资源管理的重要任务。

（4）人才网成为重要的人才市场形式。要利用网络优势加速人才的交流与流动，并为客户提供人力资源信息的增值服务。

（5）人才流动速率加快，流动交易成本与流动风险增加，人才流向高风险、高回报的知识创新型企业。面对这种情况，要求企业由筑坝防止人才跳槽流动转向整修“渠道”，即在企业内部创造良好的人力资源环境，对“流水”进行管理，控制好“河水”的流量和流速。

第二节　人力资源引进

一、人力资源引进概述

（一）人力资源引进的定义

人力资源引进，也即人力资源招聘，是指企业为了发展需要并在其战略规划的指导下，根据人力资源规划和岗位分析的要求，确定企业岗位空缺计划和人员补充计划，通过发布相关信息来吸引或寻找胜任企业岗位需要的潜在候选人，并对甄选合格的人员予以聘用的过程。它包括征召、筛选和录用三个阶段。

（二）人力资源引进的目的与作用

由于企业发展过程中，人力资源是动态变化的。因此，人力资源引进对于企业发展非常必要且非常关键。人力资源引进的目的与作用概括起来有如下三个方面。

1. 人力资源引进是企业人力资源管理工作的起点

人力资源引进直接关系到企业人力资源的形成，是确保企业正常运营的重要保障。特别是，在企业人才短缺或企业现有员工出现被调任、离职和退休的情况下，它的作用尤为突出。

2. 人力资源引进有助于减少不必要的人员流失

企业不仅要找到人，更要留住人。能否留住有用的员工，招聘工作的好坏是一个重要的因素。应该肯定的是，那些认可公司价值观，在企业中能找到适合自己兴趣、发挥自己能力的岗位的员工，在短期内离开公司的可能性比较小。而这有赖于招聘过程中双方信息的有效沟通和企业对应聘者的准确评价。

3. 人力资源引进有利于提升企业公众影响力和知名度

人力资源引进过程是企业代表与应聘者直接接触的过程，这个过程通常具有很大的社会影响力。一方面它可以向社会展示自己的实力，另一方面它帮助解决了就业问题。负责招聘人员对待应聘者的方式能间接反映企业对待顾客的方式，同时应聘者也会将自己在企业应聘的经历以各种方式向大众传播。因此，成功的人力资源引进既有助于提升企业在大众心中的形象，又有利于吸纳企业所需的人才。

二、人力资源引进的原则和程序

（一）人力资源引进的原则

由于人力资源引进事关重大，企业在做招聘决策时应遵循以下一些原则。

1. 领导高度重视原则

企业领导要把人力资源问题当作一种战略问题来谋划，因此，企业招聘过程必须有高层管理人员、资深技术专家、企业骨干等参与，根据企业发展需要，制定严格的评选标准，并由人力资源部门负责并严格执行。

2. 能岗匹配原则

能岗匹配原则是招聘中最基本的原则，它包含两方面含义：一是“人尽其才”，应聘者能够在岗位上发挥自己最大的价值；二是“职得其人”，就是应聘者完全胜任该岗位的要求。“匹配”二字强调的是恰到好处，不一定是最优，因为有时最优的不一定最合适。

3. “德才兼备”原则

人才的选拔需要对人进行全面综合的评估和衡量，包括人才的品德、能力、学历和经验等。一般而言，企业招聘过程中遵循能岗匹配原则的同时，还需要考虑应聘者的“德”，使企业招到有德又有才的人才。当然，现实中可能“鱼和熊掌不可兼得”，但是企业对于那些能力似乎很强，但价值观可塑性较差且投入不够人员的录用要慎重，确保“宁缺毋滥”。

4. 多渠道选拔原则

随着经济全球化的加剧和互联网技术的发展，使得企业的人才选拔渠道更加多样、空间更加广阔。使用多渠道方式更有可能获得企业发展所需的核心专业人才。

5. “三公”原则

企业想要找到所需的人才，在招聘过程中还需要遵循“公开、公正、公平”原则。通过公开的招聘渠道吸引到足够的应聘者，招聘过程中秉承公正和公平原则，不偏不倚，择优录取，获得企业真正需要的人才。

6. 高效原则

人力资源引进的每一步都需要企业投入，包括人力和财力，因此，招聘过程也要遵循高效原则。这就需要企业招聘人员把准备工作做好，并在招聘过程中某些环节或细节的处理上更加灵活。

（二）人力资源引进的程序

确定招聘结果有一个科学的过程，只有按照一定的程序来进行招聘，才可能招到合适的人选，才能实现组织目标。员工招聘的基本程序包括：招聘决策、发布招聘信息、招聘测试、确定录用结果。只有重要岗位才需要经过以上四大步骤，非重要岗位不需要经过以上步骤也可以完成招聘任务。

1. 招聘决策

招聘决策是指组织中最高决策层关于如何填补空缺岗位的决定过程。

在做招聘决策时，需遵循以下步骤：首先，由用人部门提出申请。需要增加人员的部门负责人向人力资源开发管理部门提出需要人员的数量、岗位、要求，并解释理由。其次，人力资源开发管理部门复核。人力资源开发管理部门到用人部门去复核申请，是否一定要这么多人员，减少一些人是否可以，并写出复核意见。最后，最高管理层做出决定。根据组织的不同情况，可以由总经理工作会议决定，也可以在部门经理工作会议上决定。决定应该在充分考虑申请和复核意见的基础上产生。

招聘决策的主要内容包括以下几点：(1) 什么岗位需要招聘？招聘多少人员？每个岗位的具体要求是什么？(2) 何时发布招聘信息？运用什么渠道发布招聘信息？(3) 委托哪个部门进行招聘测试？(4) 招聘预算是多少？(5) 何时结束招聘？(6) 新进员工何时到位？

2. 发布招聘信息

一旦决定招聘后，就应发布招聘信息。发布招聘信息是指向可能应聘的人群传递组织将要招聘的信息。这一环节是一项十分重要的工作，直接关系到招聘的质量。发布招聘信息时应遵循面广原则、及时原则和层次原则。

发布招聘信息的渠道有报纸、杂志、电视、电台、布告和新闻发布会等。此外，还有随意传播的发布形式，即有关部门或有关人员用口头的、非正式的方式发布招聘信息。其主要优点是：费用低，几乎不需要什么费用，可以进行双向交流，速度较快。其缺点则在于：覆盖面窄，一般在劳动力市场上明显供大于求、招聘层次不是很高时可以选择这种类型。

3. 招聘测试

招聘测试是指在招聘过程中，运用各种科学方法和经验方法对应聘者加以客观鉴定的各种方法的总称。人与人之间是存在差异的，这种差异可以通过各种方法加以鉴定，这为招聘测试奠定了基础。

招聘测试有很多种，比较常见的有四种：(1) 心理测试，是指通过一系列的心理方法来测试应聘者的智力水平和个性差异的一种科学方法；(2) 知识考试，是指通过书面测试的形式，了解应聘者的知识广度、知识深度和知识结构的一种方法；(3) 情景模拟，是指根据应聘者可能担任的职务，编制一套与该职务实际情况相似的测试项目，将应聘者安排在模拟的、逼真的工作环境中，要求应聘者处理遇到的各种实际问题，用多种方法来测试其心理素质、潜在能力的一系列方法；(4) 面试，是指一类要求应聘者用口头语言来回答面试者的提问，以便了解应聘者心理素质和潜在能力的测试方法。

4. 确定录用结果

这是招聘的最后一个环节，也是最重要的一环。如果前三个步骤都做得很好，但是最终录用的决策错了，组织仍然招不到理想的员工。

三、人力资源引进的渠道与方法

人力资源引进的渠道按照人员的来源方式不同，可以划分为内部招聘和外部招聘。

（一）内部招聘的形式与特点

1. 内部招聘的形式

内部招聘是指由内部晋升而实现人力资源补充的招聘形式。常见的内部招聘方式包括：推荐法、布告法和档案法。

（1）推荐法是指本企业成员（通常是被推荐者的直接主管）根据企业和职位的需要，向人力资源部门推荐其熟知的人员，供其参考的招聘方式。

（2）布告法是企业内部通过张贴“岗位布告”的方式展示企业空缺的职位、职责和岗位要求等信息，吸引具备资质的员工来竞聘。

（3）档案法是指企业人力资源部门通过查阅内部成员的档案来寻找空缺岗位合适人选的一种招聘方式。

2. 内部招聘的特点

内部招聘的优点是：（1）内部招聘可以使组织得到自己熟悉的员工，不必再花费力气去认识和了解新员工；（2）这些应聘者对组织的状况及空缺职位的性质都比较了解，同时也省去了很多适应岗位的麻烦；（3）成本较低；（4）透明度和公正性较高。因此，内部招聘成为一种既经济又快速的人力资源引进方式。

内部招聘的缺陷具体表现在：（1）容易造成“近亲繁殖”和裙带关系，某种程度上会抑制组织创新；（2）由于晋升的岗位有限，容易产生和激发内部矛盾；（3）内部成员的来源受限、水平有限，从长期来看，会削弱组织在市场中的竞争力；（4）容易产生涟漪效应，特别是在科层结构的企业，使一些不合适的人员占据高位。

（二）外部招聘的形式和特点

1. 外部招聘的形式

外部招聘是相对于内部招聘而言的，是企业从外部吸纳组织所需人才的一种招聘方式。常见的外部招聘方式有：自荐法、员工推荐法、广告招聘、职业中介机构招聘、高校招聘和网络招聘。

（1）自荐法是应聘者在未得到企业内部人员推荐的情况下，主动向企业招聘单位提出求职申请。

（2）员工推荐法是指企业内部人员在获悉组织岗位空缺信息后，向组织人力资源部门推荐自己熟悉并能胜任该岗位的外部人员。

（3）广告招聘是企业通过发布招聘广告的方式将企业所需的岗位信息和要求告知社会公众，从而吸引申请者应聘。

（4）职业中介机构招聘是指委托专门从事职业介绍和协调的专业机构进行人员招聘，包括带有官方性质的就业服务机构（也称为“人才交流中心”）和私营的职业中介机构（也称“猎头”）。

（5）高校招聘是指企业通过专场招聘、校园宣讲、实习招聘和管理培训生、夏令营等方式招聘各层次应届毕业生的招聘形式，包括直接派人员去校园公开招聘、有针对性地邀请部分毕业生去企业实习和校企联合培养三种类型。

(6) 网络招聘指通过互联网平台发布招聘信息，寻找潜在求职者的招聘形式。网络招聘主要有三种类型：企业在自己的网站上发布招聘信息、企业在门户网站上发布招聘信息、企业在职业招聘网站上发布招聘信息并进行招聘。

2. 外部招聘的特点

外部招聘具有如下优点：(1) 可以吸引更广泛的人才来源供企业甄选；(2) 外部人才能够给企业带来新思想和新方法，增强企业活力；(3) 可以有效避免“近亲繁殖”和内部晋升时的“涟漪效应”；(4) 从某种程度上讲，可以节省企业培训专业人才方面的开销。

当然，外部招聘也不是十全十美的，它同样也有缺陷：(1) 招聘者容易被应聘者身上的各种“光环”蒙蔽而招到能岗不符或眼高手低的人；(2) 某些外部招聘方式成本太高，例如猎头公司；(3) 外部招聘来的人员对企业的适应需要一个过程，很难立刻进入状态；(4) 当外部招聘规模太大时，会增加企业的甄选难度。

总而言之，无论是内部招聘渠道还是外部招聘渠道，都有各自的优缺点。因此，企业在人力资源引进时一定要选择最恰当的渠道和方式，有时需要多种方式并举，此时人力资源部门应做好充足准备，以确保企业招到所需的人才。

第三节　人力资源培养

管理学大师彼得·德鲁克曾说过：“知识只有通过有目的、有系统、有组织的学习才会变成力量。”可见，通过有目的、有系统、有组织的学习可以将知识转化为生产力。那么，在当前的知识经济时代，企业对人力资源的培养意义重大。

一、人力资源培养概述

人力资源培养指的是对企业员工进行培训与开发。它是人力资源管理的重要组成部分，是提高组织运转绩效、使组织获取和增强竞争优势、维持组织有效运转的重要手段。在一般意义上，所谓人力资源培养是指组织根据发展和业务需要，通过学习、培训等手段进行的旨在改变员工的价值观、工作态度和工作行为，提高员工的工作能力、知识水平、业务技能，并最终改善和提高组织绩效等的有计划、有组织的培养和训练活动或过程。美国学者克雷曼认为，培训与开发是“教会工人们怎样去有效地完成其目前或未来工作的有计划的学习经历”，“培训与开发的实践旨在通过提高雇员们的知识和技能去改进组织的绩效”。

人力资源培养包括培训和开发两方面内容。二者之间既有相似之处，又有区别。相似之处体现在：(1) 二者出发点一致，都是通过提升员工能力来提高组织整体绩效；(2) 二者实施的主体一致，都是企业或组织；(3) 二者在实施过程中的诸多方法一致。

二者的不同之处是内涵上略有区别，各有所侧重，具体表现在：(1) 二者的导向不同，培训是立足当前，而开发更多是面向未来；(2) 二者的内容不同，培训内容多集中于现在的工作，侧重于提高员工当前的工作绩效，而开发内容可能与当前工作联系并不紧

密；(3) 二者对员工的要求不同，有些培训带有很强的强制性，而开发更多是与员工的发展意愿有关。

二、人力资源培养的意义

从根本上说，人是生产力诸要素中最活跃、最重要的因素。一个组织大到国家，小到各企业事业单位，其命运如何归根结底取决于人员素质的高低。“市场竞争的实质在于人才的竞争”这一命题已广为人们所接受。因此，加强人力资源培养具有十分重要的意义。具体地说，人力资源培养的重要意义体现在以下几个方面。

(一) 人力资源培养是提高员工素质和职业能力的重要手段

员工作为企业人力资源的载体，是组织资源中弹性最大的因素，是企业生存与发展的根本。如果员工普遍具有较高的素质和较强的职业能力，他们将成为组织的宝贵财富；反之，如果员工素质低下，跟不上时代发展的要求和职业需要，那么他们将成为无用资源，甚至成为组织的负担。通过员工的选拔、录用等方式固然可以为企业招聘到素质较高和职业能力较强的员工，但现代社会发展的一个重要趋势就是新技术、新知识、新工艺层出不穷，特别是知识、技术的更新速度近年来明显加快，加之市场需求变化多端，市场竞争日趋激烈，这些都对员工素质和职业能力提出了更高的要求，而人力资源培养则是企业解决这一问题的有效途径。

(二) 人力资源培养是组织获取竞争优势以有效应对激烈市场竞争的重要途径

世界经济的知识化、全球化和网络化时代的到来，新技术革命的日新月异，市场竞争的日趋激烈和市场需求的日益复杂多变，对企业等各种组织提出了前所未有的挑战。任何一个企业如果不具备较强的综合素质或特有的核心专长，将很难获得竞争优势，甚至难以立足于市场。由于人力资源在企业各类资源中所具有的独特地位，包括员工培训与开发在内的人力资源培养就显得比以往任何时候都更加重要。而人力资源培养则是提高员工素质与能力，发现人才、快出人才、多出人才的重要途径。它可以使企业拥有更多高素质与能力的员工，进而拥有更多的人力资本，从而有效地应对市场竞争，获得竞争优势，并最终赢得胜利。

(三) 人力资源培养是提高企业工作质量的重要措施

企业的工作质量包括生产过程质量、产品质量、客户服务质量等，通过人力资源培养，可以使员工明确自己的工作职责、任务和目标，提高自己的知识和技能，并具备与实现组织目标相适应的自身素质和业务技能及人际交往、沟通协调、集体参与等能力，这样就可以有效地解决组织中“人”与“事”的矛盾，实现“人”与“事”的和谐发展；可以有效地提高员工的工作质量和工作效率；使员工适应新的工作环境和业务流程，顺利完成工作角色的转变，从而为整个组织工作质量的提高奠定坚实的人力基础。

(四) 人力资源培养是实现员工个人发展和自身价值的必要措施

与传统的人事管理不同，现代人力资源管理把员工视为一种资源。“以人为中心的管理”“人本管理”“尊重人关心人”等口号的提出和管理理念的确立就是明显的例证。以人为中心的管理或人本管理思想，其核心就是企业在谋求整体利益、追求最佳绩效的同时，把员工个人的成长、员工自身人力资本价值的增值和员工个人的职业发展放在与组织利益同等重要的地位。从员工角度来看，在现代组织中，员工为企业工作的目的已不再停留在满足低层次需要上，绝大多数员工工作的目的在于追求高层次的需要，即自尊的需求和自我实现的需要。而人力资源培养能给员工不断提供学习和掌握新知识、新技能的机会，使其能适应和接受新的工作岗位所提出的挑战和任务，能够跟上时代发展的步伐，实现自我成长和自我价值。这不仅能使员工得到物质上的满足，而且能使员工得到精神上的成就感。这就是所谓的人力资源培养的激励作用。

三、人力资源培养的形式和内容

人力资源培养是指一定组织为开展业务及培育人才的需要，采用各种方式对员工进行有目的、有计划的培养和训练的管理活动，其目标是使员工不断地更新知识、开拓技能，改进员工的动机、态度和行为，使其适应新的要求，更好地胜任现任工作或担负更高级别的职务，从而促进组织效率的提高和组织目标的实现。

（一）人力资源培养的形式

人力资源培养的形式包括入职培训、在职在岗培训、在职脱产培训和职业资格培训。

1. 入职培训

入职培训是指企业在新员工进入企业时所从事的提高其价值的人力资源管理活动。职前培训的主要目的是让员工尽快熟悉企业、适应环境和形势。入职培训的特点包括以下几个方面：

（1）基础性。入职培训的目的是使任职者具备一名合格员工的基本条件。作为企业的一员，任职者必须具有该企业的产品知识，熟悉企业的规章制度。因此，入职培训又被称为上岗引导活动。

（2）适应性。在被录用的员工中，有相关工作经验者一般占相当大的比重，许多企业只聘用有一定工作经验的求职者。这些人尽管有一定的工作经验，但由于企业和具体工作的特点，仍须接受培训，除了要了解企业的概况、规章制度外，还必须熟悉企业的产品和技术开发的管理制度。

（3）非个性化。入职培训的内容和目标是以企业的要求、岗位的任职条件为依据的。也就是说，这种培训是为了使新员工能够达到工作的基本要求，而较少考虑他们之间的具体差异。

2. 在职在岗培训

在职在岗培训是指工作中直接对员工进行培训，是通过聘请有经验的工人、管理人员或专职教师指导员工边学习边工作的培训方式。在职在岗培训是一种历史悠久、应用最普遍的培训方式，也是一种比较经济的方式。在职在岗培训不仅使员工获得完成工作所需要的技能，还可以传授给员工其他的技能，诸如如何解决问题、如何与其他员工沟通、学会

倾听、学习处理人际关系等。

在职在岗培训是人力资源培养的一种基本形式和工作重点，强调紧密结合职业，实行按需施教、急用先学的原则，按职务岗位需要进行培训，以确保劳动者上岗任职的资格和能力为出发点，使其达到本岗位要求，其实质是提高从业人员总体素质。

3. 在职脱产培训

在职脱产培训是指有选择地让部分员工在一段时间内离开原工作岗位，进行专门的业务学习与提高技能的培训方式。其形式有：举办技术训练班，开办员工业余学校，选送员工到正规院校或国外进修等。脱产培训的费用较高。随着企业人力资本投资比例的增加，组织对员工工作效率日益重视，在职脱产培训在一些实力雄厚的大型企业和组织严密的机关事业单位得到普遍采用。

4. 职业资格培训

职业资格培训是提高企业员工职业适应性和开放性的重要内容。企业性质决定了其培训活动首先要解决生产经营所面临的实际问题。许多职业或岗位需要通过考试取得相应资格证才能上岗，而且资格证一般几年内有效。资格证到期时，员工须接受培训并再次参加资格考试。

（二）人力资源培养的内容

人力资源培养的内容包括管理开发培训、专职职能培训、新员工导向培训和骨干员工技能培训。

1. 管理开发培训

管理开发培训是企业为了提高其生产力和盈利能力，确定和持续追踪高潜能员工，帮助企业内经理成长的项目。管理开发培训不仅是正式的培训项目和教育，它还包括与企业内部和经理人员有关的许多政策和惯例，如在职培训、绩效评估、工作轮换、职业轨迹、管理继任和高潜能人员确认系统、特别项目及职业发展咨询活动等。管理开发是一个持续不断的过程，它从上至下渗透到整个企业，对企业发展是一项战略性任务。

一项有效的管理开发项目可以不断地提供称职和经过良好训练的各级管理人才，并使新任经理人员接受组织的价值观和准则。具体地讲，其作用包括以下几个方面：

（1）通过帮助经理人员掌握技能和技术，增强他们的自信以及帮助下属提高的能力，改进他们在现任岗位上的生产力和效率。

（2）能为企业培养相当数量的经理人，以满足企业成长的需要。

（3）鼓励经理人员的自我成长，提升经理人员的能力，使他们能承担更多责任，发挥其所有潜能。

（4）为高级管理人员和经理提供可能对组织有影响的企业理论和实践方面的创新或新技术。

（5）努力营造一种参与管理的氛围，企业和个人可以共同建立业绩目标和评估方法。

2. 专职职能培训

专职职能培训是指对财务人员、工程技术人员等，围绕其业务范围进行的本专业的知识技能培训。在现代企业里，团队工作方式日益普遍，如果各类专业人员局限于自己的专业领域，彼此之间缺乏沟通与协调，必将妨碍团队的工作。培训的目的，首先是让他们了解他人的工作，使他们能从整体出发开展工作；其次是及时了解各自领域内的最新动态和最新技术，不断更新专业知识。

3. 新员工导向培训

新员工导向培训是指对刚招进企业、对内外情况不熟悉的新员工指引方向，使之对新的工作环境、工作条件、人际关系、应尽职责、规章制度、组织期望有所了解，使其尽快融入组织之中的一系列培训活动。

新员工导向培训的意义在于：首先，要让新员工感受到企业重视他们的到来；其次，要让他们对企业现状和即将从事的工作有较为详细的了解；最后，要让新员工对企业的发展与自己的成功机会产生深刻的认识。新员工导向培训的深层意义在于培养员工对企业的归属感，包括对组织从思想上、感情上及心理上产生认同感、依附感并投入其中，这些是培训员工对组织责任感的基础。

4. 骨干员工技能培训

骨干员工技能培训主要依据工作说明书和工作规范的要求，明确职业分工、操作规程、权责范围，掌握必要的工作技能，培养与组织相适应的工作态度与行为习惯，使之有效地完成本职工作。

骨干员工技能培训有三个要求：

（1）强调培训的专业性，即针对不同职能部门人员进行不同类型的知识、技能培训。

（2）强调专业知识和技能的层次，对同一职能部门相同专业的不同员工分别提出不同的专业技能要求，以适应不同职位不同岗位的需要。

（3）强调培训的适应性和前瞻性，即根据不断变化的外部环境和人员结构，以及预期未来企业发展状况，适时地开展某些专业培训，以调整组织内员工素质结构，适应外部形势，或为未来储备必要的人才。

四、人力资源培养的原则和方法

（一）人力资源培养的原则

人力资源培养的原则是企业在培训过程中应遵循的基本指导思想和应坚持的基本原则。它是提高培训绩效所必须把握的。具体而言，企业在人力资源培训时应遵循如下四项基本原则。

1. 理论和实际相统一的原则

培训必须强调理论与实际相统一。在培训中，要全面规划、学用一致，可采用“事例

法”、“演示法”和“专题法”，并强调在理论指导下注重实践及应用。

2. 技能培训与企业文化培训相统一的原则

要对全员实行技能培训与企业文化培训，既要对专业技能方面进行培训，又要对理想、信念、价值观和道德观等方面进行培训，使企业员工不但在技能上符合企业发展的需要，而且在思想上与企业文化相吻合。

3. 技术培训与管理培训相统一的原则

不仅要对员工进行在职技术培训，也要对员工进行管理知识培训，即一专多能培训，使企业员工不仅懂技术，而且善管理，这样才能为企业整体利益做出最大贡献。

4. 整体培训与重点培训相结合的原则

要对全体员工进行素质培训，在提高全体员工技能水平与管理水平的前提下，对为企业做出贡献，即业绩突出、潜质突出、有发展前途的后备接班人进行重点培训，使这批人前途更加光明，为他们开创更好的职业道路。此外，还要对培训效果进行严格考核。

（二）人力资源培养的方法

人力资源培养的方法多种多样，不同的培训类型往往需要采用不同的培训方法。主要有角色扮演法、案例培训法和讲授法。

1. 角色扮演法

角色扮演法是指设定一个最接近真实情况的培训环境，指定受训者扮演环境中的某一角色，借助所扮演角色的演练来增强其对所扮演角色的感受，并培养和训练其解决问题的能力，如人际交往技能、解决冲突技能及推销技巧等。

实际上，角色扮演法就是给受训者提供一种具体的情景，然后给每个受训者一定的任务和角色让其扮演，在扮演过程中培训者随时加以指导，并在扮演结束后组织大家讨论，对某一扮演角色的看法发表自己的意见，通过这样的过程来深化受训者对于角色的体会，进而达到培训的目的。对于受训者来说，做好角色扮演的训练需要非常投入，并且所扮演的应该是充满活力的、能使自信心迅速增强的角色。角色扮演可以直接改变受训者对某一个位置或工作一贯的看法，也可以让受训者了解自身的某种想法可能带来的影响和后果。

角色扮演法的主要优点有：它使受训者能够在一个比较安全的学习环境中学习某项工作技巧，教会他们如何在生活中交流自己的看法、经验和心得，并增进彼此之间的情感和合作精神。

2. 案例培训法

案例培训法是指围绕一定的培训目的，把实际中的情景进行典型化处理，用书面的方式形成供受训者思考分析和判断决策的案例，通过受训者的独立研究和相互讨论的方式，来提高受训者分析问题和解决问题能力的一种方法。

案例培训法要遵循三个原则：

（1）其内容是真实的，不允许虚构。为了保密，有关人名、地名、单位名可以改用假名，但基本情节不得虚构，有关数据可以乘以某掩饰系数加以放大或缩小，但相互之间比例不能改变。

（2）教学案例中应包含一定的管理问题，否则便没有学习研究的价值。

（3）教学案例必须有明确的教学目的，它的编写与使用都是为某些既定的教学目的服务的。

案例培训法的主要功能不在于了解一项独特的经验，而是在受训者自己探索及相互之间切磋怎样解决管理问题的过程中，总结出一套适合自己特点的思考与分析问题的思路和方法，学会如何独立地解决问题、做出决策。

案例培训法提供的情景是具体的、全方位的。人们的行为可以从多方面进行解释，很难存在一个最优答案。案例的培训者也不要对某种现实表现出自己的赞成或反对，以避免影响受训者的独立思考，降低培训效果。

3. 讲授法

讲授法是培训中应用最普遍的一种方法。它是教师通过语言表达，系统地向受训者传授知识，期望受训者能记住其中的特定知识和重点观点。目前讲授法中也有结合实物与道具、示范来进行的，同时组织课堂讨论，利用视听技术等各种方式来提高授课效果。

为了提高讲授法的效果，必须做到以下几点：

（1）内容具有科学性，这是保证讲授效果的前提。

（2）讲授具有系统性，条理清晰，重点突出。

（3）教师语言表达清楚、准确而生动。

（4）必要时要运用板书，这既有利于受训者加深对一些重点问题和难点问题的理解和印象，又有利于控制速度和节奏。

（5）受训者要与教师密切配合，形成互动，这样有利于调动双方的积极性。

第四节　人力资源使用

一、人力资源使用的内涵

企业引进和培养人才，最终是为企业服务。因此，正确合理地使用人力资源，既是企业招聘和培训的目的，也是人力资源管理的主要责任之一。

（一）人力资源使用的概念

人力资源使用有狭义和广义之分。狭义的人力资源使用是指人力资源主管按企业各岗位的要求，将招聘和培养的员工分配到具体的工作岗位，并对其责、权、利进行明确划分，使其进入工作角色，开始为实现企业目标发挥作用。而广义的人力资源使用还要考虑员工在不同岗位上的调整和组合。从某种意义上讲，人力资源使用是将内在人力资源外化为企业和社会的财富，将潜在的生产力转化为现实的生产力，将精神变为物质的过程。人力资源使用在具体的管理过程中是指如何科学并合理地解决人员和岗位的匹配问题。一方

面进行职位和工作分析，另一方面进行人员的测评，两方面结合使员工各尽其才。

（二）人力资源使用的意义

1. 人力资源使用是人力资源管理的核心环节

如果不能选择适当的人员担当适当的工作，无论其他管理方法如何，都不会有好的效果。人员使用不当，无论是大材小用，还是小材大用，都是人力资源的浪费。因此，人力资源的有效使用是影响整个管理全局的非常重要的一环。

2. 人力资源使用关系到企业人力资源开发的程度

人力资源在使用过程中会得到不断充实、丰富、改善和提高。如果不使用，人力资源中的智力资源就会陈旧老化，失去其价值。

3. 人力资源使用是组织生存和发展的根本保证

任何组织，大到国家，小到企业，要把工作做好，首先得用好人。公正合理地使用员工，不仅可以调动其积极性、主动性和创造性，而且还会产生效益，促进组织内部良好风气的形成，增强组织的凝聚力。如果用人不当，就会影响员工积极性的发挥，甚至造成人心涣散的局面，影响组织的生存和发展。

二、人力资源使用的条件与形式

（一）人力资源使用的条件

人力资源使用的条件是实施员工任免的基本依据。人力资源使用成功的关键在于企业实事求是、客观公正地制定并严格执行任免规章制度。

1. 胜任条件

现代企业员工胜任工作的条件概括起来为“健、德、能、绩”。“健”指员工身心健康、精力充沛、适应力强；“德”指员工具备品格高尚、志存高远、顽强进取等优良素质；“能”指员工具备岗位工作所需要的技能，包括知识技能、沟通与协调技能、领导与决策技能等；“绩”指员工能够创造出业绩，工作卓有成效。

2. 免职条件

免职条件是指员工因职务调动、任期已满、工作过失、自主辞呈等而被免去所任工作职务的规定。免职条件的制定过程一定要考虑周全，要遵循法制法规，做到科学严谨，不然就会给企业人力资源管理带来很多麻烦，特别是劳资纠纷问题。

（二）人力资源使用的形式

人力资源使用的形式是随着社会经济发展而不断变化的。企业对员工的任用形式多种多样，主要是为了适应企业发展需要。当前，我国对人力资源使用的形式主要包括委任制、选举制、聘任制和考任制四种。下面将具体介绍各种使用方式、优缺点及其适用范围。

1. 委任制

委任制是指由主管部门按管理权限直接确定任用人选，委派其担任一定职务的任用方式。

委任制的优点表现在：有较严格的考察审批程序，选拔和使用人员的手续完备；自上而下逐级考察任免，容易形成协调一致、指挥畅通的领导机制；有利于实现统一管理和调动，在大范围内进行交流，有利于在各部门之间进行人才的余缺调剂。然而，委任制的缺点也是客观存在的，主要表现为：主观随意性比较大，人治成分比较多，缺乏统一的客观标准和法定民主化的程序；缺少监督机制，人员的选拔过程处于封闭状态；缺乏公开和竞争，容易压抑和埋没人才。

委任制是我国现行的选拔任用各类人员的方式中，沿用时间最长、运用范围最广的一种形式和制度。对于委任制，既不可全盘否定，弃之不用，又不可完全肯定，固守陈规，应结合本企业的实际情况加以选用。一般而言，委任制适用于企业中、高级职务的选拔任用。

2. 选举制

选举制是指一定机构的全体人员或其代表通过选举使某人担任某个领导职务的任用方式。如企业的董事、工会主席通常都是通过选举产生的。

选举制的优点主要表现为：选举定期举行，从而废除了领导干部“终身制”，有利于克服官僚主义；有利于人才的选拔和使用，使年轻的优秀人才不断涌现出来；增强职工的参与意识、监督意识，以及被选任者对职工群众的责任感。同样，选举制也不是尽善尽美的，它也有缺点，主要表现在：任用范围只能局限在原有组织内，组织以外的人员没有被选举权；企业越大，选举人对被选举人的了解越少，因而大企业的领导人不宜通过选举产生；有才干的人可能因为一些小缺点而落选，“老好人”反而获得选票多。因此，选举制不适用于选拔专业管理人员和科技人员。

3. 聘任制

聘任制是指本着用人单位及员工双方自愿的原则，通过合同契约形式，由用人单位根据工作需要聘任员工担任某一职位的任用方式。

聘任制的优点表现为：打破用人终身制，为能官能民、能上能下的人才创造了社会环境；有利于人才成长，较好地体现了人尽其才、岗择其人的原则；有利于人员流动和实行人才的动态管理。聘任制也有制度尚不完善、比较复杂等缺点。

常见的聘任形式有两种：一是根据工作需要，对新进人员实行招聘，规定聘任期；二是对现有人员不再实行终身制，而实行公开考核，择优聘任。这种制度目前多用于企事业单位的行政管理人员和各类专业技术人员的聘用。

4. 考任制

考任制是通过公开考试，并以考试成绩作为主要依据录用各种人员的任用方式。

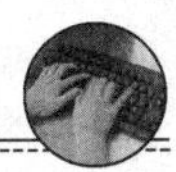

考任制的优点表现为：具有竞争性，考试为人才提供了充分表现才能的机会，使企业在人才竞争中能选拔出最优秀的人才；具有群众性，考试是公开的，所有的人都可以应试，可在群众中选拔优秀人才；具有科学性，它体现了量才录用的原则，使人才衡量有了比较合理、科学的客观标准。但是考任制也存在制度不完善、程序和内容不规范、相关法规不健全等缺点。

在当今社会，考任制通常在层次较高的职位中运用，如管理人员、专业技术人员等。

三、人力资源使用的原则

企业在使用人力资源时只有遵循一定的原则，才能最大限度地挖掘企业人力资源的潜力。需要遵循的原则包括因事择人原则、双向选择原则、充分信任原则、动态管理原则。

（一）因事择人原则

因事择人原则是企业用人的最基本原则，也是人力资源管理活动的重要原则。因事择人实际上就是根据职位需要来找人。因事择人包含两层含义：一是从数量上讲，企业发展需要多少人；二是从质量上讲，吸收录用什么样的人。因此，企业在因事择人时，还需要遵循配置优化、能职相称、最适合和任人唯贤的子原则。具体而言，配置优化就是要充分考虑员工数量、质量、比例和年龄的组合，采用最佳组合配置员工，提高工作效率。能职相称就是按每个员工才能的不同层次分配与之相应层次范围的工作，确保人尽其才、才尽其用。最适原则是指用人贵在及时，不要错过员工才能发挥的最佳时机，从而产生最大效益。任人唯贤是指不唯权势、地位、阶层，只要具备德和才，就应该放宽一切条件，不用条条框框去限制人才的选拔与任用。

（二）双向选择原则

双向选择是指用人单位有选择员工的权力，同时员工也有选择是否接受该岗位的权力。

人只有在做自己喜欢的事情时，才能产生最高的工作热情和获得最大的产出。因此，员工对岗位感兴趣的程度很重要，因为“有兴趣就等于成功的一半”。但是，长期以来由于体制、观念等原因，国内企业并没有对人的兴趣和工作意向给予足够的重视，而是用行政手段把人安排在某一岗位上，以此固定个人与组织之间的劳动关系，不允许员工根据自身条件和意愿选择职业。员工被安排在一个岗位上，就往往干一辈子，使人在知识、能力等各方面无法得到锻炼和提高，进而产生僵化、不思进取的惰性思想，最终导致人力资源使用效益下降。所以，人力资源使用要遵循双向选择原则，落实个人的择业自主权和企业用人的自主权。要允许员工特别是专业技术人员自由选择职业，允许单位根据发展需要自主选择和招聘人员。

（三）充分信任原则

充分信任原则就是用人不疑。即要对任用的人充分信任，不干涉其职权范围内的工作，放手让其行使自己的权力。信任可以使受任者感到受尊重、受鼓励。用人时首先要给人宽松的环境，形成相互信赖的氛围。这样可以增强受任者的自信心，使其充分发挥积极性和创造性。信赖使人感动，是充分让人发挥潜力的催化剂。

用人不疑，疑人不用。管理者要做到充分信任，就不要听信流言蜚语；要正确对待受任者的工作失误，人无完人，有错误在所难免；要有一个宽松环境、一种宽容态度。管理者要做到充分信任，就要对受任者加强管理，使用前要认真考察，确实不可信任，就不要任用。总之，要正确理解充分信任原则，真正用好这一原则。

（四）动态管理原则

人力资源的使用不是静态的，而是动态的。人和机器不同，人是发展的、变化的。员工使用和管理应在动态中进行，其原因有三点：

（1）由于边缘学科和综合性学科的不断出现和发展，与其相适应的新职业不断产生，旧的职业不断退出市场，这就要求人们在学科和职业中不断流动。

（2）由于种种原因，用非所学、学非所用等不对口的现象普遍存在。即使是现在对口了，由于科学技术的发展和生产的变化，也要求员工自身的素质不断提高，所以不对口的现象时有发生。因此，流动是必要的，实行动态管理也是必需的。

（3）人才分布不合理，员工比例失调、压制人才、闲置人才等不合理现象依然存在，这些都需要通过员工的流动来克服。

以上四条原则之间相互联系，因事择人是基础和依据、双向选择是需要、充分信任是关键、动态管理是要求。它们共同构成人力资源使用应遵循的原则体系，对企业成功使用人力资源具有重要的指导价值。

第五节　人力资源考核

一、人力资源考核的概念

人力资源使用的效果是通过绩效表现出来的。绩效即表现，是个体或群体的工作表现、直接成绩和最终效益的统一体。按照现行人力资源开发与管理工作的解释，绩效往往指员工在经济利益方面的具体贡献，如销售人员的销售业绩。“考核”的含义是评价、评估，是一定的管理人员对被考核对象的评价、打分。

人力资源考核是对员工在工作过程中表现出来的工作业绩（工作的数量、质量和社会效益等）、工作能力、工作态度及个人品德等进行评价，并用来判断员工与岗位的要求是否相称。人力资源考核是人力资源开发与管理操作系统的重要组成部分。人力资源考核的目的是确认员工的工作成果，改进员工的工作方式，提高工作效率和经营效益。

二、人力资源考核的作用及原则

（一）人力资源考核的作用

人力资源考核作为企业人力资源管理的重要一环，在人力资源管理中发挥着重要作用。具体而言，有以下几方面。

1. 为员工培训与员工未来发展方向提供依据

通过绩效考评，可以充分了解员工的长处与不足、优势与劣势。一方面，企业可以根据自身发展需要为员工制订有效的培训计划；另一方面，员工明确了自身不足，可以鞭策其不断完善自我，以及为其指明完善的方向。

2. 为薪酬管理提供依据

企业向员工支付报酬要遵循“按劳分配”的原则。薪酬制度是否公平合理直接影响员工的工作积极性。定期的、规范的人力资源考核可以为员工报酬的确定提供客观有效的依据，使工资、奖金等物质报酬的高低与员工的贡献大小相联系，从而使员工感到公平合理，以激励其为企业的发展多做贡献。

3. 为企业内部的员工流动提供依据

员工在企业内部的流动通常也要以员工的业绩和能力作为依据。在企业中，具备晋升要求的人数往往多于可能得到晋升的人数，因此，较为公平合理的做法是依据客观的人力资源考核结果择优晋升。同样，企业在做出员工工作调动（包括平级调动或降级调动）或辞退决策时，往往也要以人力资源考核的结果为依据。只有以人力资源考核的结果为依据，才能服众。

4. 为员工的奖惩提供依据

“奖励为主，惩罚为辅，奖惩结合”，这历来是企业管理中的激励原则。对于那些忠于职守、踏实工作、业绩优异的员工要给予物质或精神上的奖励，而对于那些不负责任、偷工减料、业绩低下的员工则要给予相应的惩罚。只有如此，才能鼓励员工向优秀者学习，防止不良行为在企业中蔓延。而这种对员工的奖惩同样要以人力资源考核结果为依据，只有奖惩与员工的工作状况挂钩，才能产生激励作用。

5. 促进上下级之间的沟通与交流

通过考核途径，主管人员可以了解员工的反应和潜力，员工也可以通过与主管人员的交谈，明确自身的不足及企业对自己的期望，并与主管人员一起商定下一步的努力方向及奋斗目标，从而增进上下级之间的沟通与交流，使管理人员与员工之间的工作关系得到改进。

（二）人力资源考核的原则

大量国内外企业实践表明，人力资源考核是人力资源管理领域最棘手的问题。企业往往投入巨大，却未必能达到预期效果。根据国内外企业人力资源考核的实践，可以总结如下几条企业在考核时需遵循的原则。

1. 客观性原则

这是人力资源考核最基本的原则，不仅要在考评方式设定和标准选取上做到客观，还要在考评结果的讨论上做到与实际考评结果应有的结论相一致。只有进行客观的考评，才能获得认可，才能服众，进而最大限度地调动员工工作的积极性和主动性。

2. “三公”原则

秉承“公开、公平、公正”原则，做到考核过程结果公开、被考评对象之间公平及考核人员公正，最大限度地降低考核的神秘感，并确保考评结果经得起检验。

3. 常态化原则

企业的人力资源考核不是一劳永逸的工程，随着企业发展和员工变更，要求企业定期考评，不断提升企业的竞争力。

4. 全面原则

全面原则是指考评过程中从多方面收集被考评者的信息，对其全面审视，进行综合考评。做到考评渠道多元、考评方式多样、考评结果全面，形成立体的考评体系。

5. 及时反馈原则

考评结果应及时对被考核者反馈，同时积极主动听取被考核者的意见及自我评价，为考核体系完善打好基础。

三、人力资源考核的基本内容

人力资源考核的内容不仅包括实际业绩，即员工的劳动成果，而且还将员工的工作态度和行为作为考核的重点内容。英美国家的考核制度一般包括“考勤”（工作态度）与“考绩”（工作成果）两方面。在国外大多数企业中，考核项目分为“个人特征”（包括技能、能力、需要和素质）、“工作行为”和“工作结果”三大方面。

我国从 20 世纪 80 年代开始对人力资源考核进行研究，尤其是对干部、公务员绩效考核的研究，将“德、能、勤、绩”四个方面确定为人员考核的内容。“德”和“能”是业绩的基础，“勤”和“绩”是工作成果的具体表现。也可以说，“绩”是“德”、“能”和“勤”的综合体现。这种思路与企业、事业单位的人力资源考核原理是完全相同的。下面将对“德、能、勤、绩”四方面的内容做具体分析。

（一）德

“德”是人的精神境界、道德品质和思想追求的综合体现。“德”决定了一个人的行为方向——为什么而做；行为的强弱——做的努力程度；行为的方式——采取何种手段达到目的。德的标准不是抽象的，也不是一成不变的，不同时代、不同行业或不同层级对德有不同的标准和要求。

（二）能

“能”是指人的能力素质，即认识世界和改造世界的能力。能力不是静态的，也不是孤立存在的。因此，对能力的评价应在素质考察的基础上，结合其在实际工作中的具体表现来判断。一般来说，一个人的能力包括动手操作能力、认知能力、思维能力、表达能

力、研究能力、组织指挥能力、协调能力和决策能力等。不同的职位对任职者能力的要求是不同的。

（三）勤

“勤”是指工作态度，它主要表现在员工日常的工作表现上，如工作的积极性、主动性、创造性、努力程度及出勤率等方面。对勤的考察不仅要有量的衡量，如出勤率，更要有质的评价，即是否以满腔热情、积极主动地投入到工作中去。

（四）绩

“绩”是指员工的工作业绩，包括完成工作的数量和质量、经济效益、影响和作用。在一个企业中，岗位、责任的不同，工作业绩的评价重点也应有所侧重。此外，在评价员工工作业绩时，不仅要考核员工的工作数量和质量，更要考核其工作为企业所带来的经济效益。对效益的考核是员工绩效评价的核心。

在人力资源考核中还有员工的个性，包括员工的性格、兴趣、爱好等。为了合理安排工作，使企业的整体效益最大化，有时必须考虑员工的性格、兴趣、习惯和爱好等是否与岗位相匹配。

四、人力资源考核的常用方法

人力资源考核的方法有很多种，企业可以根据自身的实际情况选择使用。常用的人力资源考核方法主要有以下几种。

（一）排序法

排序法（ranking method）是依据某一考核维度，如工作质量、工作态度，或依据员工的总体绩效，将被考核者从最好到最差依次进行排列。在实际操作中，可以进行简单排序，也可以进行交替排序。简单排序是依据某一标准由最好到最差依次对被考核者进行排序；交替排序法则是先将最好和最差的列出，再挑出次好的和次差的，以此类推，直至排完。交替排序法如表 5－2 所示。

表 5－2　交替排序法示例

考核所依据的要素：……	
说明：针对考核所依据的要素，将所有员工的姓名都列出来。将绩效评价最高的员工姓名列在第一格中；将绩效评价最低的员工姓名列在第 10 格中。然后将次最好的员工姓名列在第 2 格中，将次最差的员工姓名排列在第 9 格中。依次交替进行，直到所有的员工姓名都被列出。	
评价最高的员工	
1.	6.
2.	7.
3.	8.
4.	9.
5.	10.
评价最低的员工	

排序法最大的优点是简单易行，省时省力。但其不足也来源于此：首先，由于没有具

体的考核指标，只是被考核者之间进行对比排序，所以在两个人业绩相近时，很难确定其先后顺序；其次，由于主要依靠评价者的主观判断进行排序，而不同考核者之间又有不同的倾向性，所以会造成排序中的偏向；再次，由于缺乏具体标准，所以使用这种方法很难对同一企业中不同部门的员工进行比较；最后，被考核者仅知道自己的排序情况，而不能明确自身的优点和不足。

排序法通常适用于小型企业的员工考核，而且被考核对象最好是从事同一性质工作的员工。

（二）配对比较法

配对比较法（paired comparison method）也称两两比较法或对偶比较法，是较为细化和有效的一种排序方法。其具体做法是：将每一位被考核者按照所有评价要素，如工作质量、工作数量、工作态度等，与其他所有员工一一进行比较，优者记为“＋”或“1”，逊者记为“－”或“0”，然后计算被考核者所得正负号的数量或具体得分，排出次序。如在表 5－3 中，员工乙的工作态度是最好的，而员工甲的创造性是最强的。

表 5－3　配对比较法示例

就“工作态度”这一评价要素所做的比较						就“创造性”这一评价要素所做的比较					
被考核者	比较对象					被考核者	比较对象				
	甲	乙	丙	丁	戊		甲	乙	丙	丁	戊
甲		＋	＋	－	－	甲		－	－	－	－
乙	－		－	－	－	乙	＋		－	＋	＋
丙	－	＋		＋	－	丙	＋	＋		－	＋
丁	＋	＋	－		＋	丁	＋	－	＋		－
戊	＋	＋	＋	－		戊	＋	－	－	＋	

配对比较法实质上是将全体被考核者看作一个有机整体，其准确度较简单的排序考核法要高得多。但是，该方法在操作时较为复杂，因而其应用受到被考核者人数的限制。如果有 n 位被考核者，每一考核要素的对比次数是 $n(n-1)/2$ 次。也就是说，如果考核 10 个人，则针对每一考核要素进行对比的次数就是 45 次，如果有 6 个具体的考核要素，则一次完整的考核活动就需要进行 270 次对比。

（三）关键事件法

关键事件法（critical incident method）是以记录直接影响工作绩效优劣的关键性行为为基础的考核方法。所谓关键事件，是指员工在工作过程中做出的对其所在部门或企业有重大影响的行为。这种影响包括积极影响和消极影响。使用关键事件法对员工进行考核时，要求管理者将员工日常工作中非同寻常的好行为和坏行为记录下来，然后在一定的时期内，主管人员与下属见一次面，根据所做的记录讨论员工的工作绩效。

关键事件法通常可以作为其他评价方法的补充。首先，对关键事件的记录考核者向被考核者解释绩效考核结果提供了一些确切的实际依据。其次，它可以确保在对员工进行考核时，所依据的是员工整个考核周期内的工作表现，而不是员工在近期内的表现。也就是说，可以减少近因效应所带来的考核偏差。最后，通过对关键事件的记录，可以使管理人

员获得一份关于员工通过何种途径消除不良绩效的实际记录。

但是，关键事件法在实施过程中也存在不足之处。最突出的是管理人员可能漏记关键事件。在很多情况下，管理人员都是在工作前期忠实地记录每一个关键事件，到后来因为失去兴趣或工作繁忙等原因来不及记录，等到考核期限快结束时再去补充记录。这样就有可能夸大近期效应的偏差，员工也可能会误认为管理人员编造事实来支持其观点。

(四) 评级鉴定法

评级鉴定法（rating scale method）是应用最普遍的一种考核方法。这种方法主要是借助事先设计的等级量表对员工进行考核。使用评级鉴定法进行绩效考核的具体做法是：根据考核的目的和需要设计等级量表，表中列出有关的绩效考核项目，并说明每一项目的具体含义，然后将每一考评项目分成若干等级，并给出每一等级相应的分数，由考核者对员工每一考核项目的表现做出评价和记分，最后计算出总分，得出考核结果。表 5-4 给出了评级鉴定法的示例。

表 5-4　评级鉴定法示例

<table>
<tr><th>考核项目</th><th>考核要素</th><th>说明</th><th colspan="5">评定</th></tr>
<tr><td rowspan="2">基本能力</td><td rowspan="2">知识</td><td rowspan="2">是否充分具备现任职务所要求的基础理论知识和实际业务知识</td><td>A</td><td>B</td><td>C</td><td>D</td><td>E</td></tr>
<tr><td>10</td><td>8</td><td>6</td><td>4</td><td>2</td></tr>
<tr><td rowspan="8">业务能力</td><td rowspan="2">理解力</td><td rowspan="2">是否能充分理解上级指示，干脆利落地完成本职工作任务而不需要上级反复指示和指导</td><td>A</td><td>B</td><td>C</td><td>D</td><td>E</td></tr>
<tr><td>10</td><td>8</td><td>6</td><td>4</td><td>2</td></tr>
<tr><td rowspan="2">判断力</td><td rowspan="2">是否能充分理解上级指示，正确把握现状，随机应变，恰当处理</td><td>A</td><td>B</td><td>C</td><td>D</td><td>E</td></tr>
<tr><td>10</td><td>8</td><td>6</td><td>4</td><td>2</td></tr>
<tr><td rowspan="2">表达力</td><td rowspan="2">是否具有现任职务所要求的表达力（口头文字水平），能否进行一般的联络说明工作</td><td>A</td><td>B</td><td>C</td><td>D</td><td>E</td></tr>
<tr><td>10</td><td>8</td><td>6</td><td>4</td><td>2</td></tr>
<tr><td rowspan="2">交涉力</td><td rowspan="2">在与企业内外的对手交涉时，是否具有使双方诚服、接受、同意或达成协商的交涉力</td><td>A</td><td>B</td><td>C</td><td>D</td><td>E</td></tr>
<tr><td>10</td><td>8</td><td>6</td><td>4</td><td>2</td></tr>
<tr><td rowspan="6">工作态度</td><td rowspan="2">纪律性</td><td rowspan="2">是否严格遵守工作纪律和规定，有无早退、缺勤等情况，对待上下级、同级和企业外部人士是否有礼貌，是否严格遵守工作汇报制，是否按时提交工作报告</td><td>A</td><td>B</td><td>C</td><td>D</td><td>E</td></tr>
<tr><td>10</td><td>8</td><td>6</td><td>4</td><td>2</td></tr>
<tr><td rowspan="2">协调性</td><td rowspan="2">在工作中，是否充分考虑到别人的处境，是否主动协助上级、同级和企业外人员</td><td>A</td><td>B</td><td>C</td><td>D</td><td>E</td></tr>
<tr><td>10</td><td>8</td><td>6</td><td>4</td><td>2</td></tr>
<tr><td rowspan="2">积极性
责任感</td><td rowspan="2">对分配的任务是否不讲条件，主动积极，尽量多做工作，主动进行改良、改进，勇于挑战困难</td><td>A</td><td>B</td><td>C</td><td>D</td><td>E</td></tr>
<tr><td>10</td><td>8</td><td>6</td><td>4</td><td>2</td></tr>
<tr><td colspan="2" rowspan="3">评定标准：
A：非常优秀，理想状态
B：优秀，满足要求
C：略有不足
D：不满足要求
E：非常差，完全不满足要求</td><td rowspan="3">最后评定分数换算：
A：48 分及以上
B：24～47 分
C：23 分及以下</td><td colspan="2">合计分</td><td colspan="3"></td></tr>
<tr><td colspan="2">评语</td><td colspan="3"></td></tr>
<tr><td colspan="2">考核人签字</td><td colspan="3"></td></tr>
</table>

评级鉴定法的优点在于实用性强，相对易于操作且成本较低。但它也存在缺点，主要是评价内容深度不够。

（五）强制分布法

强制分布法（forced distribution method）也称为强制正态分布法。这种方法建立在一个假设的基础上，即假设企业所有部门都同样具有优秀、一般和较差的员工。因此，在运用强制分布法进行人力资源考核时，要求考核人员依据正态分布规律，即俗称“中间大、两头小”的分布规律，预先确定评价等级及各种等级在总数中所占的百分比，然后按照被考核者绩效的优劣程度将其列入其中某一等级。例如，把最好的10%的员工放在最高等级中，次之的20%的员工放在第二个等级中，再次之的40%的员工放在第三个等级中，接下来20%的员工放在倒数第二个等级中，余下的10%则放在最后一个等级中。当然，具体的比例也可以有所不同，但无论采用何种比例，其分布都要符合正态分布的规律。

强制分布法适用于被考核者人数较多的情况，操作起来比较简单。由于遵从正态分布规律，可以在一定程度上减少考核人员主观性所产生的偏差。此外，该方法也有利于管理控制，尤其是在引入员工淘汰机制的企业中，它能准确地筛选出被淘汰的对象。由于员工担心因多次落入绩效最低区而遭淘汰，因而这种方法具有强烈激励和鞭策功能。但是，由于该方法的核心是事先按正态分布规律确定各评价等级的比例，而在现实工作中，并非每一个部门的所有员工工作绩效都符合正态分布规律，这时，使用强制正态分布法进行人力资源考核所得到的结果就难以令人信服。

（六）360°绩效评估法

360°绩效评估法是通过不同评估主体反馈的信息，全方位地对企业员工（主要是管理人员）进行评估考核的一种方法。评估主体包括被考核者自己、上级、下级、同事、客户或供应商等。它们的关系如图5-1所示，即从上级监督者自上而下的反馈、下属自下而上的反馈、平级同事的反馈、被考核者本人的自我评价和企业外部客户和供应商的反馈，全面反映被考核者的努力程度、工作态度和行为结果。

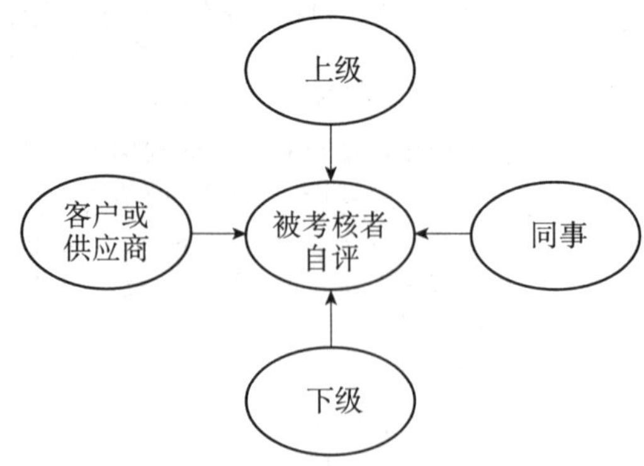

图5-1　360°绩效评估法

被考核者自评是指被考核者在正式的上级评价之前对自己的工作进行回顾，对自己的业绩、能力等方面做出初步的评价。上级评价是指被考核者的上级（尤其是其直接主管人

员）对员工工作绩效进行评价，它是大多数绩效考核制度的核心。通常，员工的主管人员处于最佳位置来观察员工的工作业绩，因而能够对员工各方面情况有较为充分的了解，从而可以较好地掌握考核的事实依据。然而，上级只能观察员工工作表现的一部分，在很多情况下，员工的同事更能全面了解员工的日常工作情况。尤其是在主要依靠团队的企业中，团队成员之间合作程度是工作成功的关键。因此，在做出评价的同事与被评价的员工之间很相似而且很熟悉的情况下，同事的评价可能具有更高的参考价值。在对管理人员的绩效考核过程中，下级的评价过程可以使企业高层管理者对企业的管理风格进行诊断，认识企业中潜在的问题。客户评价通常用来收集客户的抱怨和意见。尤其对于服务行业而言，客户意见对于员工绩效的提高和企业信誉的保持具有重要意义。供应商是企业的合作伙伴，对与供应商有直接接触的员工进行考核时，其意见有一定的参考价值。

由于360°绩效评估法具有全方位、客观性和基于员工胜任力的优点，可以避免传统考核中考核者极容易发生的“光环效应”“居中趋势”“偏紧或偏松”“个人偏见”“考核盲点”等现象，所以它已发展成为一种适应时代要求的新型评估方式。有调查显示，在《财富》杂志排名前1 000位的企业中，有高达90%的企业（如IBM等）在使用不同形式的360°考评系统。当然，这种绩效评估方法也不是完美无缺的，其不足在于：考核成本太高，考核培训难度较大，可能成为员工泄私愤的渠道。

（七）关键绩效指标法（KPI法）

关键绩效指标法（key performance indicator）是对企业运作过程中关键成功因素的提炼和归纳，是对部门和个人工作目标起导向作用的引导指标体系。该方法的基本思路是：企业在实施目标管理的过程中，将战略目标层层分解，形成可操作性强的指标，并对这些考评指标在绩效属性上的重要程度打分，形成绩效沟通和评估的量化或行为化标准体系。一般而言，KPI在指标数量上尽量做到“少而精”，在指标性质上要与企业战略目标和愿景相联系，在实施过程中具有较好的操作性和可控性。也就是说，KPI的确定要遵循SMART原则，即明确性原则（specific）、可衡量性原则（measurable）、可达成性原则（attainable）、相关性原则（relevant）和时效性原则（time-based）。

KPI是连接个体绩效与目标的桥梁。它的设定有三个来源：一是对企业中关键性工作职位责任的确认和描述；二是企业或部门总目标；三是业务流程最终目标。因此，确定KPI的一般操作程序分为三步：第一步是明确工作产出，即界定个体或团队的工作产出成果或状态是什么，通常是通过顾客需求来设定的；第二步是确定关键绩效指标和标准，通常从数量、质量、成本和时限几个角度去衡量各项工作的产出；第三步是审核指标，也就是要审核所确定的KPI是否能全面、客观地反映被考评者的工作绩效。一般从指标是否可以证明和观察、多个评价者结果的一致程度、指标的总和能否解释被评价者绝大多数工作绩效等方式来审查。

（八）平衡记分卡法（BSC法）

平衡记分卡（balanced score card）是由哈佛大学卡普兰教授和波士顿咨询公司顾问诺顿提出的一种新的绩效管理方法。它主要从财务、顾客、内部流程、学习与发展这四个角度来考察公司实现其愿景及战略目标的程度。

1. 财务视角

平衡记分卡立足于企业长期财务目标，将它同企业的财务过程、顾客、内部流程和成长过程相联系，最终实现企业的长期经营目标。财务视角的指标包括增长率、投资回报率等。

当然，处于生命周期不同阶段的企业，其财务衡量的侧重点也有所不同。当企业处于成长期，财务衡量应着重看销售额总体增长率和特定地区特定顾客群的销售增长率等；当企业处于发展期，则应注重获利能力，如营业收入和毛利、投资回报率、经济增加值；当企业处于成熟期，主要的财务衡量指标为现金流，企业必须力争实现现金流量最大化，并减少营运资金占用。

2. 顾客视角

顾客视角应处于最优先考虑的地位，特别是在当前顾客导向的营销理念指导下。顾客视角下的核心衡量指标包括市场份额、顾客重复购买率、顾客满意度和从顾客那里所获得的利润率。

3. 内部流程视角

企业只有制定并遵守有效的管理程序，才能保证提升企业的竞争力。内部流程关心的核心问题包括：内部经营过程的价值观念、确定顾客需求、提供售后保障。总之，对内部流程的评价应当以为顾客创造价值、提升顾客的评价为目标。通常，内部流程视角考虑的测评指标包括：相对竞争对手的生产率、成本报酬率、新产品引入的速度等。它遵循“市场调研—市场细分与定位—产品设计开发—生产制造—销售和售后服务”的运行轨迹。

4. 学习与发展视角

由于企业经营环境多变，唯有不断创新才能使企业立于不败之地。而人才是创新的源源不断的动力，所以要促进企业员工学习和发展，加强对其培训，并提升员工积极性、自主性和工作满意度。这方面的衡量指标主要包括培训支出、培训周期、员工满意度、员工建议数和被采纳数、团队成员间彼此的满意度等。

这四个视角之间是存在一定逻辑联系的。公司目标是为股东创造价值（财务视角），企业财务收入的增长取决于顾客的购买量和满意度（顾客视角），企业为了使顾客满意就必须具备一定的技能和能力（内部流程视角），企业的技能和能力归根结底取决于其管理制度和人力资本的不断提升（学习与发展视角）。

第六节　薪酬管理

企业要想在激烈的市场竞争中获得竞争优势，就必须为企业的员工（特别是核心员工）提供合理的、有竞争力的薪酬，从而达到吸引、维系和激励员工为企业生存与发展服务的目的。在21世纪这个“以人为本”的管理时代，需要企业设计科学合理的薪酬制度和不断完善薪酬管理方式。

薪酬（compensation）的本意是补偿、平衡。传统意义上，薪酬反映了企业对员工付出的知识、技能、经验、创新、努力和时间等补偿，是企业的一类成本支出。但是，随着人本管理理念的深化，现代薪酬的含义已发生了变化，主要包含两个方面：一方面是企业从人力资本投入和激励机制的角度出发为员工提供的有形与无形酬劳的总和；另一方面从员工角度讲，薪酬就是员工从企业获得物质和精神回报的过程。因此，薪酬有狭义和广义之分。狭义的薪酬主要指员工因被雇佣而获得各种形式的直接货币报酬（包括基本工资、奖金、津贴、加班费等）和间接货币报酬（包括“五险一金”、带薪休假等）。而广义的薪酬除了包含狭义薪酬的内容外，还包括非货币报酬，如弹性工作时间、优越的办公环境、学习培训的机会、参与决策等。

一、薪酬管理的理论基础

（一）利益分享理论

利益分享是指员工的工资不是按工作时间确定的固定工资，而是与雇主共同分享企业经营的利益，即员工工资占企业经营收入的一定比例。美国经济学家马丁·威茨曼（Matin Weitzman）主张，员工的报酬要采用“工资制”和“利益分享制”两种模式，就是要使员工的利益与企业的经营效益挂钩。

利益分享理论认为，在传统的工资制度中，工人的工资与厂商的经济活动、经济效益无关，是一种固定成本。在产品市场不景气时，厂商只能减少生产和缩减用工数量，而不能降低单位成本、降低产品价格以适应市场，因而导致市场收缩和人员失业。当社会为消除这些失业而采取扩张性财政政策和货币政策时，又导致通货膨胀。因此，工资问题成为造成整个宏观经济问题的根本性病因。要摆脱经济滞胀局面，须对其根源——工资制度采取措施，要将这种“员工劳动报酬”式的工资制度改变为“工人与雇主共同关心劳动成本节约”的制度，使单位产品的劳动成本随就业的增加而下降。当一个国家的全部或大多数企业都实行利益分享制时，经济就会平衡扩张、顺利发展。

利益分享理论为现代人力资源管理提供了重要的思想方法，它在一定程度上承认了员工的主人公地位，也提供了卓有成效的薪酬管理方法。经济学家的朴素语言将此描述为“馅饼做得大一些，大家就能分得多一点”。要想“大家分得多”，基础是把馅饼做大，而“馅饼”做大的动力在于员工自觉地努力工作。

（二）公平理论

美国学者斯达西·亚当斯（Stacy Adams）提出了公平理论。该理论指出，当一个人觉察到自己在工作上的努力（投入）与由此得到的报酬（所获得的结果）之比，与其他人的投入与结果之比相等时，就认为是公平的。这说明人们在判断分配是否公平时，并不是比较所获得绝对量的多少，而是比较付出与所得的比值。其公式为：

$$\frac{\text{自己所得}}{\text{自己付出}}=\frac{\text{他人所得}}{\text{他人付出}}$$

在确定一个单位的工资水平和工资政策时，公平性是重要的出发点。实际上，组织必须顾及两个方面的公平性，即内部公平性和外部公平性。内部公平性是指企业内部的职工感受公平，认为基本上做到了劳酬相符。进一步来说，内部公平是把薪酬基点建立在科学的职位分析和个人劳动得到了恰当承认以及补偿的“个人公平”上。外部公平性则是指企业的工资水平必须以市场工资率为基准，进一步来说是要在与同行业的竞争中有利于吸引和留住人才。

（三）激励理论

激励理论是非常重要的管理理论，也是非常重要的人力资源开发与管理理论。著名心理学家维克托·弗鲁姆（Victor Vroom）的期望理论在激励理论中占有重要地位，它着重研究目标与激励之间的联系。按照期望理论，人通过选择一定的目标，然后做出努力以实现这一目标，从而直接或间接地满足自身需要。人在行动之前的目标选择是由对行为结果的某种预期得到，这种预期本身就是一种力量，它能够激发人的动机，调动人的积极性。激励力量的大小取决于两个因素：一是效价，即所追求目标的价值；二是期望值，即所追求目标得以实现的可能性的大小。其公式为：

$$\text{激励力量} = \sum \text{效价} \times \text{期望值}$$

这个公式说明：目标价值和期望值的不同组合决定着不同的激励程度，要使被激励对象的激励力量达到最大，效价和期望值都必须高；只要效价与期望值中有一项的值很低，对被激励对象来说就缺乏激励力量。例如，对月薪数万元的高层管理人员来说，每月发放100元的某种津贴或奖金，其激励效果几乎为零；而几十元的津贴或奖金对月薪数百元的打工者来说，则具有较大的激励作用。

此外，影响激励水平的因素还有关联性、奖酬、能力和选择等因素。关联性是指工作绩效与所得报酬之间的关联程度。

运用期望理论调动员工积极性，需要处理好努力与成绩的关系、成绩与报酬的关系、报酬与个人需要的关系，这是组织制定薪酬政策时需要遵循的。

二、薪酬管理的意义

薪酬管理在人力资源开发与管理中居于非常重要的地位，它既是日常管理工作的主要内容，又是战略性的工作。一般情况下，企业薪酬管理的意义有以下几点。

（一）维系组织的发展

薪酬制度的设计与实行要保证企业生产经营活动的完成，要协调好企业内部的人际关系，提高员工的凝聚力，进而达到维系和促进组织发展的目的。这就要求企业的工资水平在社会比较中定位合理甚至较高，工资的内部分配结构合理，以达到薪酬的两个公平。

（二）强化激励作用

在组织的薪酬分配中，要注意薪酬制度设计对员工的激励作用，充分发挥员工的积极性和创造性，增强员工的责任感，促进经济效益的提高。管理者应加强工资核算，提高人力资源各环节的工作水平，精心研究和制定工资薪酬分配方案。

对经营单位而言，一般采用绩效工资模式，贯彻“业绩优先”的原则。为此，要在工资结构中加大效益工资的比重，加强其调节力度。

（三）开发和吸引人才

薪酬制度要有利于调动管理人员、技术人员的积极性，有利于开发和吸引人才。在许多现代组织中，人力资源被看作是最重要的财富；在人力资源中，人才是最珍贵、创造效益极大（因为人力投资回报极大）和非常稀缺的资源。这就要求用人单位更加仔细地研究管理人员、技术人员的工资方案，做到反馈及时、调整到位。

三、薪酬管理的内容

企业的薪酬管理内容主要包括四个方面，即薪酬水平管理、薪酬体系管理、薪酬结构管理和薪酬支付形式管理。

（一）薪酬水平管理

薪酬水平是指本企业员工一定时期的平均收入与同行业或本地区其他企业员工收入比较后而确定的水平状况。根据理性经济人假设，企业薪酬水平高低会直接影响员工的去留，从而影响企业的竞争力。因此，把握好薪酬水平的“度”至关重要，而这个“度”既不完全是雇主和雇员在劳动力市场交易的结果，也不是雇主在企业内部随心所欲的结果。影响薪酬水平既有外部因素，也有内部因素。其中外部因素包括：经济发展水平与劳动生产率、劳动力市场竞争状况、地区工资和物价水平、产品的市场竞争状况；内部因素包括：企业的战略与发展阶段、企业经营状况与盈利能力、企业管理理念与企业文化、企业工会的作用、岗位要求与员工能力。

（二）薪酬体系管理

当前，企业的薪酬体系主要分为五大类：以年资为基础的薪酬体系、以职位为基础的薪酬体系、以技术为基础的薪酬体系、以能力为基础的薪酬体系和以绩效为基础的薪酬体系。每种薪酬体系的侧重点各有不同。

（1）以年资为基础的薪酬体系偏重于员工工龄或资历，员工薪酬随着服务年限增长而增长，这种薪酬体系多见于终身雇佣制企业。这种薪酬体系有利于留住员工，但是不能很好调动员工学习和工作的热情。

（2）以职位为基础的薪酬体系侧重于员工所担任的职位，也就是“屁股的位置决定收入”。一般而言，“金字塔”式管理结构的企业多采用这种薪酬体系。这种薪酬体系容易激发员工进取心，但是灵活度较差。

（3）以技能为基础的薪酬体系偏重于员工具备的技能，也就是员工所取得的证书决定其薪酬，这种薪酬体系往往会导致企业用人成本过高。

（4）以能力为基础的薪酬体系着重看员工创造价值的潜力，重视员工潜质的发掘，关注的是未来。这种薪酬体系多见于有机管理方式的企业或创新导向的企业。但是，由于能力评价的外部性，因此该薪酬体系实施较难且实施过程复杂。

（5）以绩效为基础的薪酬体系。这是当前企业运用最广泛的薪酬管理体系，它将员工对企业的贡献与薪酬联系在一起，实用性和操作性都较强。

（三）薪酬结构管理

薪酬结构是指组织对薪酬所包含的要素及各要素所占比例的规定。一般而言，薪酬的构成要素主要包括基本工资、奖励工资、津贴、福利和服务及可变薪酬等。基本工资随员工的岗位、技能和资历的不同而异。奖励工资主要是员工超出既定工作量而获得的报酬。津贴包括劳动津贴、生活保障津贴和地区津贴。福利和服务主要包括“五险一金”、带薪假期、疗养计划等内容。可变薪酬通常以股票期权等形式，是一类具有延期支付性质的激励型报酬。

随着组织的不断变革，组织的薪酬结构也随之发生动态变化。特别是自 20 世纪 90 年代组织日趋扁平化后，宽带薪酬（broad banding）应运而生。宽带薪酬是指对多层级薪酬及薪酬变动范围进行重新组合，从而变成相对较少的薪酬等级和相应较宽的薪酬变动范围。这种薪酬结构具有很大弹性，能有效激励员工进行平行发展和从事跨职能工作，改善组织运作效力并增强组织适应动态环境的能力。

（四）薪酬支付形式管理

目前，比较常见的薪酬支付形式有两种：一种是计时工资，另一种是计件工资。

1. 计时工资

计时工资是按照员工工作时间多少支付薪酬的方式。它可以按小时、周、月等计算。计时工资多用于行政人员和管理人员的薪酬支付。其优点在于计算容易，但是不能很好反映员工劳动创造的效率和效益，因而对员工的激励作用不够，特别是容易造成员工“磨洋工”的现象。

2. 计件工资

计件工资是依据员工完成任务多少来支付薪酬的方式。通过这种薪酬支付方式，可以有效激励员工，因为员工可以多劳多得。但是计件工资最大的缺点就是员工容易产生“追求数量而忽视质量”“只注重生产不注重保养”的短视行为。所以，企业在实施计件工资制度时一定要讲科学性，并加强相关环节的监督。

四、薪酬制度设计的基本流程

制定科学、合理的薪酬制度是企业人力资源管理的难点，因此，很多企业都不惜重金聘请薪酬设计专家或咨询机构来帮助企业规范薪酬制度设计的基本流程。规范的薪酬制度设计的基本流程如下。

（一）制定薪酬原则和策略

企业薪酬策略是企业人力资源管理策略的重要组成部分，而企业人力资源策略是企业人力资源管理的落实。因此，制定企业的薪酬原则和策略要在企业各项战略的指导下进行，集中反映各项战略的要求。薪酬策略作为薪酬制度设计的纲领性文件，要对以下内容

做出明确规定：对员工本性的认识；对员工总体价值的认识；对管理骨干即高级管理人才、专业技术人员和营销人才的价值估计等；企业基本工资制度和分配原则；企业工资分配政策与策略，如拉开工资差距的分寸标准，工资、奖金、福利的分配依据等。

（二）岗位设置与职位分析

首先，要结合公司经营目标做好岗位设置；然后，公司管理层要在业务分析和人员分析的基础上，明确部门职能和职位关系，让人力资源部门和各部门主管合作编写职位说明书。进行薪酬制度设计的第一步是确定每个工作职位的具体职责。

职位分析是薪酬体系中的重要环节，反映了公司管理者和员工对某一职位的期望。只有使用职位分析，管理者才能在市场上与其他公司进行比较。一方面，明确该职位在市场上的职能地位；另一方面，确定市场对该职位的定价。

（三）职位评价

职位评价（职位评估）重在解决薪酬的对内公平性问题。它有两个目的：一是比较企业内部各个职位的相对重要性，得出职位等级序列；二是为进行薪酬调查建立统一的职位评估标准，消除不同公司间由于职位名称不同，或职位名称相同但实际工作要求和工作内容不同所导致的职位难度差异，使不同职位之间具有可比性，为确保工资的公平性奠定基础。它是职位分析的自然结果，同时又以职位说明书为依据。

（四）薪酬调查与薪酬定位

薪酬调查重在解决薪酬的对外竞争力问题。薪酬调查可以通过咨询公司，也可以自己组织力量开展薪酬调查。通过调查，了解和掌握本地区、本行业的薪酬水平状况，特别是对竞争对手的薪酬展开调查，同时要参照同行业同地区其他企业的薪酬水平，及时制定和调整本企业对应工作的薪酬水平，即企业的薪酬结构。

（五）薪酬结构设计

通过工作分析和薪酬调查可以确定企业每一项工作的理论价值，但是工作的理论工资率要转换成实际工资率还必须进行工作结构设计。工资结构是指一个企业的组织结构中各项工作的相对价值及其对应的实付工资之间保持何种关系。这种关系不是随意的，而是以某种原则为依据，具有一定规律性，这种关系的外在表现是“工资结构线”。“工资结构线”为人们分析和控制企业的工资结构提供了更清新、更直观的工具。

（六）薪酬体系的实施和修正

在制定和实施薪酬体系的过程中，及时地沟通、宣传或培训是保证薪酬改革成功的因素之一。从本质意义上讲，薪酬是在人力资源成本与员工需求之间进行权衡的结果。世界上不存在绝对公平的薪酬制度，只存在员工满意的薪酬制度。人力资源部门可以利用薪酬制度问答、员工座谈会、满意度调查、内部刊物及 BBS 论坛等形式，详细介绍公司制定薪酬制度的依据。

薪酬制度设计的时效性很强，方案一旦形成就要立即实施；否则，方案中涉及的数据发生变化，市场价格进行了调整，那么方案就失去意义了。因此，在保证薪酬制度相对稳定的前提下，要随着企业经营情况和市场薪酬水平的变化做相应的调整。

在确定薪酬调整比例时，要对总体薪酬水平做出准确的预算。目前，大多数企业是财务部门在做此预算。为准确起见，最好同时由人力资源部门做此预算。因为按照企业的惯例，财务部门并不清楚具体工资数据和人员变动情况。人力资源部门需要建立工资台账，并设计一套比较好的测算方法。

本章小结

本章从企业人力资源管理的基本概念入手，首先揭示了人力资源管理的目标和作用，并总结了人力资源管理的发展趋势。然后，对企业人力资源管理过程，分五个模块来系统介绍人力资源引进、人力资源培养、人力资源使用、人力资源考核、薪酬管理等方面的知识，其内容涉及各模块的意义与作用、原则与条件、内容与形式等。

【案例讨论】

KK 洗衣公司的薪酬计划①

KK 洗衣公司的创始人 Jak Ko 正在思考用什么样的薪酬计划更好，是小时制还是其他薪酬机制？

他的基本政策是小时制，只有店里的经理们是根据当年的公司运营情况给予年终奖。

但是，他在其中一家店内实验了激励计划，并得到了不同的结果。Jak 知道一个熨衣工每小时应该能够熨烫 25 件上装（夹克、女上衣、衬衫），尽管大部分熨衣工都达不到这个理想的水平。例如，一个叫作 Wan 的熨衣工每小时工资为 8 美元，Jak 注意到无论 Wan 每小时熨多少件衣服，他都是在下午 3 点下班回家，因此，他每周可以挣到 270 美元。如果某一周洗衣店特别繁忙，有很多衣服需要熨烫，在这种情况下，Wan 平均每小时熨烫 22～23 件上衣（其他人熨裤子），这样他仍然是每周挣到 270 美元，并且每天还是下午 3 点下班去接放学的孩子。但当洗衣店活儿少时，Wan 的生产力就会下降到每小时熨 12～15 件，这样他仍然能每周获得 250～260 美元的收入。

Jak 与 Wan 谈过几次话，每次 Wan 都保证一定尽力做得更好。但是，Jak 逐渐看出来，无论洗衣店的状况如何，Wan 照样每周挣 270 美元。虽然 Wan 没有直接说，Jak 也知道 Wan 需要供养一大家子人，无论洗衣店的生意是繁忙还是冷清，他每周都得至少挣到 250 美元。

问题是 Wan 熨烫衣物的时间越长，蒸汽熨斗保持运行状态的时间就越长，从而消耗的燃料也越多。每台机器每小时需要 6 美元的燃料，燃料费吞噬掉 Jak 的大部分利润，因此他必须解决这个问题。

① 加里·德斯勒，陈水华．人力资源管理．赵曙明，高素英，译．北京：机械工业出版社，2012：279.

Jak 的解决方案是：告诉 Wan 每小时 8 美元的工资制被计件工资所取代，即每熨烫一件衣物的工资为 0.35 美元。Jak 告诉 Wan，如果他以每件 0.35 美元、每小时熨烫 25 件的方式工作，他每周将获得超过 270 美元的收入。因此，Wan 每小时会熨烫更多的衣物，而蒸汽熨斗还可以提早关机。

总的来讲，Jak 的实验是成功的。现在，Wan 每小时可以熨烫 25～35 件衣物，他还可以更早下班，并且可以挣到比他目标薪酬更多的工资。但是也出现了两个新问题：一是 Wan 熨烫衣服的质量有点儿下降了；二是 Wan 的直线经理每小时都要花费 1～2 分钟的时间去计算 Wan 的每小时工作量。不管怎么说，Jak 对他的激励计划的结果还是相当满意的，并且他正在考虑是否把它推广到其他员工和其他洗衣店。

讨论题：

1. 该计划是否应该以现在的形式推广到其他连锁店内的熨烫技工身上？
2. 洗衣店的其他员工（如清洗工、柜台人员）是否也应该采用类似的薪酬计划？为什么？如果采用，如何具体操作？
3. 你还有没有其他更好的提高熨烫技工效率的薪酬方案？

思考题

1. 现代企业为什么越来越重视人力资源管理？
2. 请阐述企业从内外部引进人才的方式及其特点。
3. 人力资源培养的方式有哪些？请说明每一种方法的优缺点。
4. 请阐述人力资源使用应遵循的原则。
5. 人力资源考核的内容有哪些？
6. 请阐述薪酬制度设计的流程及每一个步骤的主要内容。

第六章

营销管理

【引例】

美宝莲："小价格、大品牌"策略

与大多数跨国品牌进入中国市场只走高档路线不同，欧莱雅将美宝莲引入中国，以便利的购买渠道、具有亲和力的价格延续了其大众品牌路线。根据欧莱雅的"金字塔式品牌战略"，美宝莲在中国被定位于大众消费品。

一、小价格

在2000年前，美宝莲可不是每个刚工作的年轻女孩都能够消费得起的化妆品。营销专家俞雷曾经为美宝莲服务过几年，他清楚地记得，在2000年前，不少消费者还把它当作一个中档，甚至是高档品牌看待，可是从2000年开始，这样的情况发生了变化。

在前欧莱雅全球CEO欧文·琼斯的"让每一个中国女性至少拥有一件美宝莲的产品"的号召下，美宝莲重新进行了产品定位。如何使"每个中国女性"都拥有它的产品？自然还是从她们年轻时开始。按照最新的统计数据，年轻消费群体已经成为美宝莲的绝对主力。满足这一群体的需求，就要满足她们对"价格"和"品牌"的双重要求。

产品重新定位的直接反应就是价格。美宝莲制定出了对中国普通消费者，尤其是针对年轻人具有亲和力的价格。美宝莲唇膏的价格基本上位于30～60元这个区间。"在它们的促销活动中，个别种类的口红价格甚至低至10元，比大部分国产品牌的价格还要低。"俞雷回忆，延续至今的这一价格大大刺激了对价格敏感但又追求名牌的消费者。

实际上，伴随产品定位和价格的改变，美宝莲在渠道上也发生了显著的变化，从百货柜台发展到超市及其他便利渠道的建设。“批发市场也曾经是我们关注的重点。”不过随着分销渠道的逐渐成熟，曾经的批发市场逐渐淡出了美宝莲的渠道。

美宝莲的价格很具有竞争力，“这对年轻人有很大的吸引力，她们对价格很敏感，但又不会直接表现出来。”俞雷说。

二、大品牌

虽然美宝莲的价格低廉，但为了迎合这些年轻消费者对品牌的追求，它采用了比较巧妙的做法，“它极力塑造自己的时尚、性感和国际化的品牌形象。”俞雷说。

在广告表现形式上，它丝毫没有任何低价方面的暗示，只是不断强调其品牌形象。但在专柜、卖场等终端价格却又很明显地被标出。俞雷认为，这其实比较符合年轻消费者的特点：“爱面子，但钱又不多”。

除此之外，为了传达出“小价格、大品牌”的特点，美宝莲更是深入高校，寻找各种机会与它的主力消费群体进行沟通。比如，由美宝莲品牌经理、首席化妆师、培训师向年轻的女大学生讲述有关美的故事等。

本章要点

◇ 营销管理的发展历程

◇ 市场营销战略的选择

◇ 市场营销组合的设计

◇ 市场营销活动的控制

第一节　营销管理概述

一、市场营销的内涵

（一）市场营销的定义

国外学者对市场营销下过上百种定义，企业界的理解也是多种多样。美国学者基恩·凯洛斯曾将各种市场营销定义分为三类：一是将市场营销看作是一种为消费者服务的理论；二是强调市场营销是对社会现象的一种认识；三是认为市场营销是通过销售渠道把生产企业同市场联系起来的过程。这些解释从一个侧面反映了市场营销的复杂性。

著名营销学家菲利普·科特勒教授将市场营销定义为：市场营销是个人和群体通过创造并同他人交换产品和价值以满足需求和欲望的一种社会和管理过程。从这个定义中，可以归纳出市场营销概念的三个要点：

（1）市场营销的最终目标是“满足需求和欲望”。

（2）市场营销的核心是“交换”，交换过程是一个主动、积极地寻找机会，满足双方需求和欲望的社会过程和管理过程。

（3）交换过程能否顺利进行，取决于企业创造的产品和价值满足顾客需求的程度和交换过程的管理水平。

（二）市场营销涉及的核心概念

菲利普·科特勒的市场营销定义涉及了一些核心概念，它们之间相互联系，并有着严密的先后逻辑关系，有必要对它们做简单的阐释。

1. 需要、欲望和需求

这一组市场营销核心概念是市场营销的最基本概念，也是市场营销活动的前提和依据。

市场营销最基本的概念就是需要。市场营销学中所讲的需要是指人类的需要。人类需要是指个人感到没有得到某些满足的状态，是人类与生俱来的。如人们为了生活对食品、衣服、住房、归属、安全、受人尊重等的需要。这些需要存在于人类自身生理和社会之中，企业可用不同方式去满足它，但不能凭空创造它。

欲望是指对上述基本需要具体满足的诉求，是个人受不同文化及社会环境影响表现出来的对基本需要的特定追求。企业无法创造需要，但可以影响欲望，开发及销售特定的产品和服务去满足欲望。

需求是指人们有能力并愿意购买某种产品的欲望。当一个人有能力且愿意购买他所期望的产品时，欲望就变成了需求。需求实际上是对某种特定产品及服务的市场需求。企业总是通过各种营销手段来影响需求，并根据对需求的预测结果决定是否进入某一产品或服务市场。

将需要、欲望、需求加以区分，其重要意义就在于阐述这样一个事实，即市场营销者并不能创造需要，需要早就存在于市场营销活动出现之前；市场营销者同社会上的其他因素，只能影响消费者的欲望，并试图向消费者指出何种特定的产品可以满足其特定需要，进而通过使产品富有吸引力、适应消费者支付能力且使之容易被消费者得到来影响需求。

2. 产品

市场营销学中所讲的产品，一般是指广义的产品。广义产品是指能够满足人们某种需要和欲望的任何东西。除了商品和服务外，还包括人员、地点、组织、事件或活动和观念等。例如，人们感到烦闷想要轻松解脱时，可以到剧院去观看演员表演节目（人员）、可以到风景区旅游（地点）、可以参加消费者假日俱乐部（组织）、可以参加公益行动（活动）、可以参加研讨会接受不同的价值观（观念）。就消费者的观点而言，这些都可以作为能够满足某种欲望和需求的替代品。企业必须清醒地认识到，其创造的产品，不管形态如何，如果不能满足人们的需要和欲望，就会导致营销的失败。

二、市场营销管理哲学

所谓市场营销管理哲学，是指企业在开展市场营销管理过程中，在处理企业、顾客、社会及其他利益相关者关系时所持的态度、原则和观念。了解市场营销管理哲学的演变，对于理解企业变革思想、加强市场营销管理，具有十分重要的意义。

现代企业的市场营销管理哲学可归纳为五种，即生产观念、产品观念、推销观念、市场营销观念和社会营销观念。

（一）生产观念

生产观念是指导企业营销行为的最古老观念之一。生产观念认为，消费者喜欢那些可以随处买到而且价格低廉的产品，企业应当以产品生产为中心，不断提高生产效率、增加产品产量、降低成本以扩大市场。

这种观念是在卖方市场条件下产生的。在物资短缺、需求旺盛、产品供不应求的市场环境中，或由于产品成本过高而导致产品市场价格居高不下时，这种观念是合理的和可行的。

（二）产品观念

产品观念认为，消费者喜欢高质量、性能好、功能齐全、有特色、价格合理的产品。只要注意提高产品质量，实现物美价廉，就一定能创造好的销售业绩。顾客会为了产品慕名而来，无须花大力气开展推销活动。

产品观念也是一种“以产定销”的观念，是以产品改进为中心，以提高产品质量和功能、不断改进产品为重点的营销观念。产品观念强调以“质”取胜，从本质上看，还是生产什么就销售什么，但它和生产观念相比，具有一定的进步性。生产观念下，企业只重视产品而不重视质量，容易让市场上充斥大量低劣的产品。产品观念关注产品质量的提高，对于改善企业形象也有一定的促进作用。

但是，产品观念容易导致企业的“市场营销近视症”，即把过多的注意力放在产品上，而忽视了真正的市场需求。企业在市场营销过程中缺乏长远目光，只关注自己的产品，看不到消费者需求的变化，致使企业经营陷入困境。

（三）推销观念

推销观念认为，消费者在购买中往往有一定的惰性和消极心理，没有足够的动力去购买产品，一般不会足量购买企业的产品。因此，积极进行推销和促销，能促进消费者的大量购买，从而提高企业的绩效，增加企业的市场份额。

推销观念是以产品的生产和销售为中心，运用推销手段和广告措施，刺激消费者购买，向市场大肆兜售产品，以期压倒竞争对手，提高市场占有率，取得丰厚的利润回报。在产品供过于求，或者推销那些非渴求商品的情况下，企业常常奉行推销观念。

推销观念虽然在关注产品生产的同时也关注产品的销售，但是本质上依然是生产什么销售什么，不注重市场需求的变化，也不注重消费者利益和社会利益的提升。强行的推销不仅会引起消费者的反感和不满，而且会导致消费者在非自愿条件下购买不需要的商品，从而损害消费者利益。

（四）市场营销观念

市场营销观念是作为对上述观念的挑战而出现的一种新型的企业经营哲学。市场营销观念强调以消费者需求为中心。消费者需要什么产品和服务，企业就应当生产、销售什么产品和服务，并且比竞争对手更有效、更有力地满足消费者的期望，以期通过满足消费者或用户的需求和欲望，实现企业利润。

很多人将推销观念和市场营销观念相混淆，其实两者有本质的差别。推销观念采用的是由内向外的视角，从企业自身出发，注重企业现有产品，并大力进行推销和促销活动，以实现短期内的销量和利润的增加。而市场营销观念则是营销指导思想的一次转折性变化，从“以产定销”的传统观念进入“以需定销”的现代营销观念。它和推销观念相反，采用由外向内的视角，从确定的买方市场出发，以顾客需求为中心，生产销售消费者想要的产品或服务，以实现顾客满意和维持稳定的顾客关系，并获得长期利润。

（五）社会营销观念

社会营销观念认为，企业的营销活动不仅要满足消费者的需要和欲望，还要符合消费者和全社会的长远利益，如具备社会生态保护意识等，变“以消费者为中心”为“以社会为中心”，将企业伦理、消费需要和社会效益三者结合起来确定企业经营方向和经营重点。

社会营销观念要求在营销活动中考虑社会和道德问题，它要求企业注重营销的社会效益分析，从全局考量，发展有利于社会效益和人民身心健康的业务，放弃高耗能、高污染等有损人民身心健康的业务，为促进经济社会发展、造福子孙后代做贡献。

第二节　市场营销战略

一、市场竞争战略

（一）市场主导者战略

市场主导者是指在相关产品市场上占有率最高的企业。一般来说，大多数行业都有一家企业被认为是市场主导者，它在价格变动、新产品开发、分销渠道的宽度和促销力量等方面处于主导地位，为同业者所公认。它是市场竞争的先导者，也是其他企业挑战、效仿或回避的对象，如美国搜索引擎行业的 Google 公司、牙膏行业的高露洁公司、软饮料行业的可口可乐公司、剃须刀行业的吉列公司及快餐行业的麦当劳公司等。这种主导者几乎各行各业都有，它们的地位是在竞争中自然形成的，但不是固定不变的。做市场主导者的优势包括：消费者对品牌的忠诚度高，营销渠道的建立及其高效运行，营销经验的迅速积累等。

市场主导者如果没有获得垄断地位，必然会面临竞争者的无情挑战，因此，必须保持高度的警惕并采取适当的战略，否则就很可能丧失领先地位而降到第二位或第三位。市场主导者为了维护自己的优势、保住自己的领先地位，通常可采取三种战略：一是扩大市场需求；二是保护市场占有率；三是提高市场占有率。

1. 扩大市场需求

当一种产品的市场需求总量扩大时，受益最大的是处于领先地位的企业。一般来说，市场主导者可从三个方面扩大市场需求量：一是发现新用户；二是开辟新用途；三是增加使用量。

2. 保护市场占有率

处于市场领先地位的企业必须时刻防备竞争者的挑战，保卫自己的市场阵地。防御战略的目标是减少受攻击的可能性，使攻击转移到危害较小的地方，并削弱其攻势。虽然任何攻势都可能造成利润上的损失，但防御者的防御措施、反应速度不同，造成的后果不也一样。

3. 提高市场占有率

市场主导者设法提高市场占有率，也是增加收益、保持领先地位的一个重要途径。市场占有率是与投资收益率有关的最重要的变量之一。市场占有率越高，投资收益率也越高。市场占有率高于40%的企业其平均投资收益率相当于市场占有率低于10%企业的3倍。因此，许多企业都以提高市场占有率为追求目标，力求在市场上占据第一位或第二位，否则便撤出该市场。

（二）市场挑战者战略

市场挑战者和市场跟随者是指那些在市场上处于次要地位（第二位、第三位甚至更低地位）的企业，如软饮料行业的百事可乐公司等。处于次要地位的企业可采取两种战略：一是争取市场领先地位，向竞争者挑战，即市场挑战者；二是安于次要地位，在“共处”的状态下求得尽可能多的收益，即市场跟随者。每个处于市场次要地位的企业，都要根据自己的实力和环境提供的机会与风险，决定自己的竞争战略是“挑战”还是“跟随”。

市场挑战者如果要向市场主导者和其他竞争者发起挑战，首先必须确定自己的战略目标和战略对象。一般来说，挑战者可在下列三种情况中进行选择：一是攻击市场主导者。这种进攻的风险很大，但吸引力也很大。挑战者需仔细调查研究领先企业的弱点和失误：有哪些未满足的需要、有哪些是顾客不满意的地方；找到主导者的弱点和失误，就可作为自己进攻的目标。二是攻击与自己实力相当者。挑战者对一些与自己势均力敌的企业，可选择其中经营不善、发生亏损者作为攻击对象，设法夺取它们的市场阵地。三是攻击敌对性小企业。对一些敌对性小企业中经营不善、财务困难者，可夺去它们的顾客，甚至这些小企业自身。

在确定了战略目标和进攻对象之后，挑战者还需要考虑采取什么进攻战略。在现实生活中，有五种进攻战略可供选择。

1. 正面进攻

正面进攻就是集中全力向对手的主要市场阵地发动进攻，即进攻对手的强项而不是弱点。在这种情况下，进攻者必须在产品、广告、价格等主要方面大大超过对手，才有可能获取成功，否则不可采取这种进攻战略。正面进攻的胜负取决于双方力量的对比。正面进攻的另一种措施是投入大量研究与开发经费，使产品成本降低，从而以降低价格的手段向对手发动进攻，这是持续实行正面进攻战略最可靠的基础之一。

2. 侧翼进攻

即集中优势力量攻击对手的弱点，有时可采取“声东击西”的战略，佯攻正面，实际攻击侧翼或背面。这又可分为两种情况：一是地理性侧翼进攻，即在全国或全世界寻找对手力量的薄弱地区，在这些地区发动进攻。二是细分性侧翼进攻，即寻找领先企业尚未为之服务的细分市场，在这些小市场上迅速填空补缺。

3. 包围进攻

它是一种全方位、大规模的进攻战略，挑战者拥有优于对手的资源，并确信借助围堵计划以打垮对手时，可采用这种战略。

4. 迂回进攻

它是一种间接的进攻战略，完全避开对手的现有阵地而迂回进攻，具体办法有三种：一是发展无关的产品，实现产品多元化；二是以现有产品进入新地区的市场，实行市场多元化；三是发展新技术、新产品，取代现有产品。

5. 游击进攻

它主要适用于规模较小、力量较弱的企业。游击进攻的目的在于以小型的、间断性的进攻干扰对手的士气，以占据长久性的立足点。因为小企业无力发动正面进攻或有效的侧翼进攻，只有向较强对手市场的某些角落发动游击式的促销或价格攻势，才能逐渐削弱对手的实力。

（三）市场跟随者战略

在很多情况下，做一个跟随者比做挑战者更具有优势：一是让市场主导者和挑战者承担新产品开发、信息收集和市场开发所需的大量经费，自己坐享其成，减少支出和风险；二是避免向市场主导者挑战可能带来的重大损失。许多居第二位及更次地位的公司往往选择跟随而不是挑战。

市场跟随者与挑战者不同，它不是向市场主导者发动进攻并图谋取而代之，而是跟随在主导者之后自觉地维持共处局面。这种自觉共处状态在资本密集且产品同质的行业中是很普遍的现象。

市场跟随者也不是被动地单纯追随主导者，它必须找到一条不致引起报复的发展道路。有三种可供选择的跟随战略。

1. 紧密跟随

紧密跟随战略是在各个细分市场和营销组合方面，尽可能仿效主导者。这种跟随者有时好像是挑战者，但只要它不从根本上侵犯到主导者的地位，就不会发生直接冲突，有些甚至被看成是靠拾取主导者的残余谋生的寄生者。

2. 距离跟随

距离跟随是在主要方面，如目标市场、产品创新、价格水平和分销渠道等方面都追随主导者，但仍与主导者保持一些差异。这种跟随者可通过兼并小企业而使自己发展壮大。

3. 选择跟随

选择跟随是在某些方面紧跟主导者，而在另一些方面又自行其是。也就是说，它不是盲目跟随，而是择优跟随，在跟随的同时还要发挥自己的独创性，但不进行直接的竞争。这类跟随者之中有些可能发展成为挑战者。比如宁波方太厨具，在吸油烟机行业从 1998 年开始一直稳坐"老二"交椅，紧密跟随"老大"帅康厨具，从不轻易发起对帅康厨具的攻击，而是与其一起维护行业的良性发展，结果产品越做越精、品牌越闯越响。

此外，还有一种"跟随者"在国际市场上十分猖獗，即名牌货的伪造者或仿制者，它们的存在对许多国际驰名大公司是一个巨大的威胁。例如，一件真正的名牌高级衬衣标价 350 美元，而在一些店铺里用几十美元就可买到同样商标的冒牌货。假冒伪劣产品泛滥，已成为新的国际公害。现在这种假冒活动的危害在我国也日益严重，对此，必须设法清除和击退。

（四）市场补缺者战略

在现代市场经济条件下，每个行业几乎都有些小企业，它们关注市场上被大企业忽略的某些细小部分，在这些小市场上通过专业化经营来获取最大限度的收益，也就是在大企业的夹缝中求得生存与发展。这种有利的市场位置在西方称为利基（niche），即补缺基点。例如，在亚洲的啤酒市场上，真正领先的是本地企业，如日本的麒麟公司、菲律宾的生力公司、新加坡的虎牌啤酒公司和韩国的东方公司，外国啤酒公司只得寻求适合自己的补缺市场。

所谓市场补缺者，就是指精心服务于市场的某些细小部分，而不与主要的企业竞争，只是通过专业化经营来占据有利市场位置的企业。这种市场位置（补缺基点）不仅对于小企业有意义，而且对某些大企业中的较小部门也有意义，它们也常设法寻找一个或几个这种既安全又有利的补缺基点。

一个好的补缺基点具有以下特征：有足够的市场潜量和购买力；利润有增长的潜力；对主要竞争者具有吸引力；企业具备占有此补缺基点所必要的资源和能力；企业既有的信誉足以对抗竞争者。

一个企业如何取得补缺基点呢？取得补缺基点的主要战略是专业化营销。企业为取得补缺基点可在市场、顾客、产品或渠道等方面实行专业化。下面是几种可供选择的专业化方案：

（1）最终用户专业化。专门致力于为某类最终用户服务，如在计算机行业，有些小企业专门针对一类用户（如诊疗所、银行等）进行营销。

（2）垂直层面专业化。专门致力于分销渠道中的某些层面，如制铝厂专门生产铝锭、铝制品或铝质零部件。

（3）顾客规模专业化。专门为某种规模（大、中、小）的客户服务，如有些小企业专门为那些被大企业忽略的小客户服务。

（4）特定顾客专业化。只对一个或几个主要客户提供服务，如美国有些企业专门为西尔斯公司或通用汽车公司供货。

（5）地理区域专业化。专为国内外某一地区或地点服务。

（6）产品或产品线专业化。只生产一大类产品，如美国的箭牌公司只生产口香糖等糖果，现已发展成为一家世界著名的跨国公司。

（7）客户订单专业化。专门按客户订单生产预订的产品。

（8）质量和价格专业化。专门生产经营某种质量和价格的产品，如专门生产高质高价的产品或低质低价产品。

（9）服务项目专业化。专门提供某一种或几种其他企业没有的服务项目，如美国有一家银行专门承办电话贷款业务，并为客户送款上门。

（10）分销渠道专业化。专门服务于某一类分销渠道，如专门生产适于超级市场销售的产品，或专门为航空公司的旅客提供食品。

作为市场补缺者要完成三个任务：创造补缺市场、扩大补缺市场、保持补缺市场。例如，著名的运动鞋生产商耐克公司，不断开发适合不同运动项目的特殊运动鞋，如登山鞋、旅游鞋、自行车鞋、冲浪鞋等，这样就开辟了很多补缺市场。每当开辟出这样的特殊市场后，耐克公司就继续为这种鞋开发出不同的款式和品牌，以扩大市场占有率。如果有新的竞争者闻声而来的话，耐克公司会全力以赴保住其在该市场的领先地位。

选择市场补缺基点时，多重补缺基点比单一补缺基点更能减少风险，增加保险系数。因此，企业通过选择两个或两个以上的补缺基点，以确保企业的生存和发展。总之，只要企业善于经营，小企业也有许多机会可以在获利的条件下周到地为顾客服务。

二、目标营销战略

目标营销战略是指通过市场细分，将整体市场划分为多个子市场，根据企业的具体目标和优势等情况选择目标市场，即首先确定企业准备为之提供产品和服务的目标顾客群，然后进行市场定位，即确定企业产品和经营的特色，尽可能将良好的市场机会与企业的自身优势有机结合起来，以赢得竞争优势。

（一）市场细分

市场细分又称为市场分割，是指企业根据顾客购买行为与购买习惯的差异性，将某一特定产品的整体市场分割为若干个消费者群体，以选择和确定目标市场的活动。

1. 市场细分的基础

市场细分的基础是对同一产品需求的差异性。顾客需求千差万别且不断变化，即顾客需要、欲望及购买行为呈现异质性，使得顾客需求的满足也呈现异质性。根据某一种产品市场上消费者需求差异的程度，可以分为三种不同偏好的细分市场。

（1）同质偏好。

在某冰激凌市场中，所有消费者对奶油和甜度具有大致相同的偏好，如图 6－1（a）所示，这时不存在自然形成的细分市场。

（2）分散偏好。

另一个极端情况是消费者的偏好散布在整个空间，如图 6－1（b）所示，这时消费者的偏好相差很大。

（3）集群偏好。

市场上可能会出现具有不同偏好的消费群体，称为自然细分市场，如图 6－1（c）所

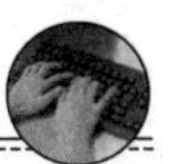

示。进入该市场的第一家公司将面临三种选择：一是定位于偏好中心来迎合所有的消费者，即无差异营销；二是定位于最大的细分市场，即集中性营销；三是同时开发几种品牌，分别定位于不同的细分市场，即差异性营销。

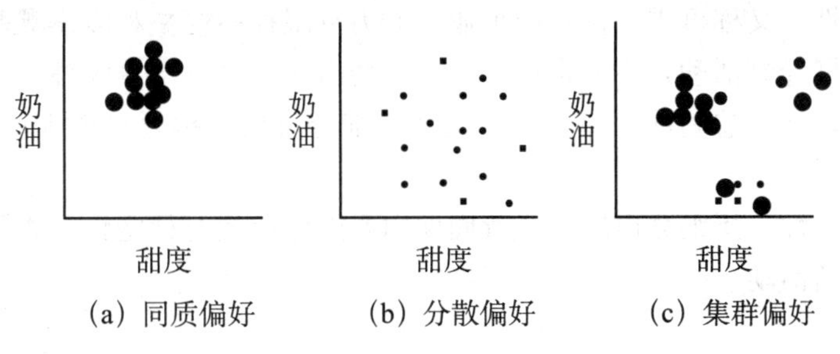

图 6-1　市场偏好的主要模式

2. 市场细分的标准

有效的市场细分，必须有适当的细分标准，这个标准就是导致顾客需求出现差异的那些因素。

（1）消费者市场的细分标准。

消费者市场的细分变量有人口统计变量、地理变量和消费者行为变量三大类。

1）人口统计学变量一直是企业进行市场细分的重要标准，主要包括性别、年龄、民族、种族、国籍、教育程度、职业背景、收入状况、宗教信仰、家庭结构、家庭生命周期等具体细分变量。

2）地理变量是指不同地理环境下的消费者，对同一类产品的需求偏好往往不同。因此，地理因素也是传统的市场细分标准，用于市场细分的地理因素主要包括地区、地理方位、城市规模、人口密度、气候条件等。

3）消费者行为变量是一种比消费者心理更容易判断的因素，所以行为因素可以说是更重要的细分市场标准。其主要包括购买者类型、对产品的态度、品牌忠诚度、进入市场的程度等。

（2）生产者市场的细分标准。

生产者市场最常用的细分变量有客户的经营规模、产品的最终用途、客户的采购政策和程序等。

1）客户的经营规模。在生产者市场中，有的客户购买量很大，而另外一些客户购买量很小。企业可以根据客户规模大小来细分市场，并根据规模不同而采取不同的营销组合策略。比如，对于大客户，宜于直接联系、直接供应，在价格、信用等方面给予更多优惠；而对于众多小客户，则宜于使商品进入商业渠道，由批发商或代理商去组织供应。

2）产品的最终用途。工业品用户购买产品，一般都是供再加工之用，对所购产品通常都有特定的要求。企业可根据用户要求，将要求大体相同的用户集合成群，并据此设计出不同的营销策略组合。

3）客户的采购政策和程序。工业品购买的主要方式包括直接重购、修正重购及新任务购买。不同购买方式的采购程度、决策过程等都不相同，因而可据此将整体市场细分为不同的小市场群。

3. 有效市场细分的标志

（1）可衡量性，指用于市场细分的标准必须是可以衡量的。

（2）可达到性，又称可进入性，即企业有能力克服种种壁垒和障碍顺利进入所选的细分市场，有效开展经营活动，占领市场，扩大市场份额，赢得竞争优势。

（3）价值性，又称盈利性，即企业所选择的细分市场规模要足够大、发展前景良好、盈利水平高。

（4）相对稳定性，指细分市场在经营周期内要能保持相对稳定性，否则，企业难以有效地组织生产经营活动。

（二）目标市场选择

1. 目标市场的概念

市场细分的最终目的是选择和确定目标市场，也就是根据市场细分标准选择一个或一个以上的细分市场（子市场）作为企业的营销对象。

所谓目标市场，是指企业进行市场细分后，拟进入并为之服务的市场。这个目标市场由具有相似需求的顾客群组成。因此，目标市场就是企业有针对性地选择一定的客户群，有重点地投入经营资源、开展市场营销活动的市场。

企业的规模不管多大，都不可能满足市场的所有需求。所以，企业营销部门首先应将市场细分，即将市场划分为若干部分，使每部分的需求情况、购买反应或其他特征较为相似，而各部分之间则差异较大，然后从中选出一个或几个最为有利的细分市场作为自己进入的市场，这就是目标市场的选择。

2. 目标市场营销战略

企业进入每一个细分市场后，都要根据市场规模和发展、市场结构的吸引力、企业的目标和资源三方面的分析，选择一个或几个细分部分作为自己的目标市场，并制定相应的营销策略活动。归纳起来，有三种不同的目标市场营销战略可供企业选择，分别是无差异营销、差异化营销和集中性营销。

（1）无差异营销。

企业把整体市场作为一个目标市场，着眼于客户的共同需求，不考虑客户需求的差异，并以多种市场营销组合方案推出一种或几种产品去吸引、满足所有的顾客。无差异营销策略除了适用于同质化市场的产品开发外，主要还适用于那些需求广泛，能大量生产、大量销售的产品。

（2）差异化营销。

企业把产品的整体市场划分为若干个细分市场，选择两个或两个以上的细分市场作为目标市场，按照不同子市场的不同需求分别制定不同的市场营销组合，分别开展不同的市场营销活动。实行差异化营销，能够分别满足不同消费者群的需求，有利于企业扩大销售。而且，如果一个企业在数个细分市场上都能取得良好的营销效果，就能树立良好的市场形象，提高消费者对该企业产品的信赖程度。但是此策略会产生一些负面效应，比如增加企业的营销成本，使企业资源配置难以集中。

(3) 集中性营销。

企业集中所有力量进入一个细分市场，或是对该市场进一步细分后的几个更小的市场部分，以期在这些子市场中占有较大的市场份额。集中性营销主要适用于资源有限的中小企业。这些企业无力在整体市场或多个细分市场上与大企业抗衡，于是就对大企业不予关注、自己又力所能及的某个细分市场上集中全力经营，这样可以大大提高成功的可能性。

(三) 市场定位

1. 市场定位的概念

企业选择了目标市场之后，首先要在目标市场上进行产品的市场定位。市场定位是企业发展战略中的一个重要组成部分。通过市场定位，企业可以明确自己产品的特征、与同类产品的区别及企业竞争对手的情况。

市场定位就是企业根据竞争对手现有产品在市场上所处的位置，针对消费者或用户对该产品某种特征或属性的重视程度，强有力地塑造出本企业产品与众不同的、给人印象鲜明的个性或形象，并把这种形象生动地传递给顾客。市场定位是塑造一种产品在市场上的位置，这种位置取决于消费者或用户怎样认识这种产品。企业还可以通过市场定位为自己的产品创立鲜明的特色或个性，从而塑造出独特的市场形象。

2. 市场定位战略

市场定位战略是一种竞争策略，它显示了企业与生产相同或类似产品的其他企业的竞争关系。定位战略不同，竞争态势也会不同。最基本的定位方式主要有以下几种类型：

(1) 补缺定位。

补缺定位战略是指企业定位于目前市场的“空白”地带或市场缺口。补缺定位的特点是企业能够迅速占领该未被注意的细分市场，并能在客户中迅速树立其自身的形象。由于这种定位战略的市场风险较小，一般成功的概率很高，是企业常用的定位战略。

(2) 对抗定位。

这是一种与在市场上占据支配地位的、最强的竞争对手“对着干”的定位战略，企业和竞争对手争夺同样的目标顾客，使用相同的营销组合策略。对抗定位有时风险很大，但也有很多企业认为这是一个能激励自己奋发向上的、可行的定位战略，一旦成功，就会取得巨大的市场优势。

(3) 侧翼定位。

侧翼定位是指企业选择与现有竞争者相近的市场位置，避实就虚，使用和竞争对手相异的营销组合战略，以突出自己的特色，不与竞争对手正面交锋。

(4) 重新定位。

重新定位通常是指对销量少、市场反应差的产品，或者产品本身很好但为了进一步扩大市场占有率以便能有效地与竞争对手相抗衡而进行的二次定位。企业变动产品特色，改变目标顾客对其原有的印象，使顾客对产品新形象有一个重新认识并认可的过程。

第三节　营销组合策略

一、产品策略

（一）产品的整体概念

传统意义上，产品是指具有某种特定物质形状和用途的物品，即有形产品。而从市场营销的观点理解，产品是向市场提供的能满足人们某种需要的一切物品和劳务，包括有形商品、服务、场所、主意和计谋等。它既包含有形产品，也包含无形产品。可用五个层次来表达产品的概念。

1. 核心产品

核心产品是指向购买者提供的基本效用或利益。人们购买某种产品，是为了满足某种需要，而不是为了获得产品本身。例如，人们购买电视机是为了满足其“信息和娱乐”的需要。

2. 基础产品

基础产品是指核心产品借以实现的形式，是企业向顾客提供的产品实体和服务的外观，在市场上表现为品质、特色、款式、品牌和包装五个方面。

3. 期望产品

期望产品是指顾客购买产品时期望的一整套属性和条件。例如，顾客在餐馆消费时，期望洁净的餐具和可口的饭菜。

4. 附加产品

附加产品是指产品包含的附加服务和利益，从而把一个公司的产品与另一个公司的产品区别开来。如产品说明书、免费安装、上门服务、送货、技术培训等。

5. 潜在产品

潜在产品是指产品最终可能的所有增加和改变，表明了现有产品可能的演变趋势。

（二）产品组合策略

所谓产品组合，是指某一企业所生产的全部产品大类、产品项目的组合。产品组合有四个维度：宽度、长度、深度和相关性。产品组合的宽度是指企业拥有的产品线的总数。产品组合的长度是指一个企业的产品组合中产品项目的总数。产品组合的深度是指一个企业产品线中每一产品项目有多少个品种。产品组合的相关性是指各条产品线在最终用途、生产条件、分配渠道或其他方面相互关联的程度。这四个维度，为企业选择产品组合决策

提供了依据，企业可以据此采取四种方法发展业务组合，增强其市场竞争力，赢得良好的声誉。

企业在调整和优化产品组合时，依据不同的情况，可选择如下策略。

1. 扩大产品组合策略

扩大产品组合就是拓宽产品组合的广度，增加产品线、扩大经营范围。扩大产品组合可以使企业充分地利用人、财、物等资源。一个企业相对稳定的资源状况是同一定的产品数量相适应的，随着企业技术水平的提高或原有市场的缩小，就形成了剩余的生产能力，开辟新的生产线就可以充分利用和发挥生产能力。扩大产品组合还有助于避免风险，增强企业的竞争能力。

2. 缩小产品组合策略

缩小产品组合就是根据市场的需求状况和企业的条件减少或淘汰一定的产品线，保留较少的生产线，集中力量开发和经营市场上的畅销品。

3. 产品线延伸策略

产品线延伸是企业把产品线延长，使其超出目前范围的一种行为。产品线延伸的目的在于：开拓新的市场，增加顾客；适应顾客需求的改变，配齐该产品线的所有规格、品种，使之成为完整的产品线。

产品线延伸有三种形式：向下延伸、向上延伸和双向延伸。向下延伸就是把企业原来定位于高档市场的产品向下延伸，在高档产品中增加低档产品项目。向上延伸是原来定位于低档产品市场的企业在原有产品线内增加高档产品项目，使企业进入高档产品市场的策略。双向延伸是在原定位于中档产品市场的企业获取了市场优势之后，决定向产品线的上下两个方向同时延伸，一方面增加高档产品，另一方面增加低档产品，以扩大市场占有率的策略。

（三）产品品牌策略

1. 品牌的内涵

品牌是制造商或经销商加在商品上的标志。它是指企业用以区别其他类似产品的名称、词句、符号、设计或它们的组合。它的基本功能在于使竞争者相互区别。品牌是一个笼统的名词，它包括品牌名称、品牌标志和商标。

（1）品牌名称。

品牌名称是指品牌中可以用语言称呼表达的部分，例如海尔、可口可乐等都属于可以用语言称呼的品牌名称。

（2）品牌标志。

品牌标志是指品牌中可以通过视觉识别，但不能用语言称呼的部分，如在符号、图像、色彩等方面与众不同的设计。

（3）商标。

品牌（包括品牌名称和品牌标志）经向政府有关部门注册登记后，获得专用权，受到法律保护就称为商标。注册商标是一个法律名词，用以保证企业的利益不受侵犯。在我国，商标与品牌常常被误认为是一回事。有时商标还被视为厂牌，其实，厂牌代表企业的特性，而商标是代表商品的特性，具有排他性。在我国将商标区分为注册商标和非注册商标。

2. 品牌策略

企业的品牌策略是指企业通过合理地使用品牌以达到一定的营销目的。企业在进行品牌决策时，一般可以做出以下几种选择：

（1）使用或不使用品牌。

使用品牌对绝大多数产品而言是必要的，能起积极作用。但不是所有产品都必须使用品牌。如：产品本身不因制造者不同而具有不同特点，像电力、煤炭等；消费者习惯不在意所购商品的商标，如水果等；生产简单，没有一定的技术标注，选择性不大的产品；临时性或一次性生产的产品。

（2）采用制造者品牌还是销售者品牌。

一般来说，企业要进入一个对其产品还不了解的新市场时，或生产制造企业的商誉远不及销售商的商誉时，宜采用销售商的品牌。在制造企业具有良好的市场声誉，拥有较大市场份额的情况下，多使用制造者的品牌。

制造企业决定使用自己的品牌，仍然面临进一步的选择，即对本企业的产品分别使用不同的品牌，还是使用一个统一的品牌或几个品牌，在这方面可供选择的策略有下列几种：

1）个别品牌，是指各种产品分别使用不同的品牌。采取个别品牌有利于产品各自发展，即使个别产品声誉不佳也不至于影响其他产品及整个企业的声誉。而且个别品牌决策有利于企业为每个新产品寻求最适合的品牌名称以吸引顾客。

2）统一品牌，是指所有产品统一使用一个品牌。采取这一策略的好处是节省品牌的设计和广告费用，有利于消除顾客对新产品的不信任感，加快新产品推广速度。当然，采取统一品牌也有风险，如果某个产品项目的质量水平不行，或市场声誉较差，就会危害企业其他产品的声誉，甚至危害到整个企业的声誉。

3）各产品线分别使用不同品牌。采用这一策略具有个别品牌和统一品牌两方面的好处。企业制造或销售不同类型的产品时，不宜使用统一品牌，因为不同类型的产品容易发生混淆。另一种情况是，虽然制造和销售同类型的产品，但由于治理水平和价格水平有差异，也应使用不同的品牌，以便于识别。这种策略，从各产品线来看是使用个别品牌，而从同一条生产线内的各产品项目来看又是使用统一品牌。

（四）产品包装策略

产品包装本身是产品整体概念的组成部分，反映了产品的效用质量，是形式产品的内容之一。产品包装是指产品在运输、存储和销售过程中，为保持其价值和使用价值、保护产品和美化产品，采用一种综合性技术经济措施的容器和包扎物。

企业为了充分发挥产品包装的促销作用，在包装设计上采取各种各样的措施，形成了不同的包装策略。通常采用的包装策略有以下几种。

1. 类似包装策略

类似包装策略是指一个企业所生产的各种不同产品，在包装上采用相同图案、色彩或其他共同特征，使顾客很容易发现是同一家企业的产品。类似包装节省包装设计费用，提升企业声誉，有利于推出新产品，迅速开辟新市场。但如果不同产品的质量相差悬殊，质量好的产品将受到不利影响。

2. 组合包装策略

组合包装策略是指把使用时相互关联的多种产品组合在一个包装容器内一起出售，如家用药箱、针线包等。这种包装策略的主要优点是便于消费者购买和使用，也有利于扩大相关商品的销路。

3. 再使用包装策略

再使用包装策略是指原包装的商品用完之后，空的包装容器可移作其他用途。这种包装策略在一定程度上能引导、启发和刺激消费者增加购买兴趣，并在商品用完后继续起广告宣传作用。但如果包装物占商品价格的比例过大，反而会对商品销售产生不利影响。

4. 附赠品包装策略

附赠品包装策略是指在包装物内附有赠券、物品或用包装本身可换礼品等，借以刺激消费者的购买或重复购买欲望，从而扩大销售。

5. 改进包装策略

改进包装策略是指当某种商品因为包装不善而影响销路，或商品的包装设计缺乏吸引力或已显得过时，通过改变包装以扩大销路，但如果是商品本身的问题，那么单纯地在包装上做文章也是无济于事的。

（五）新产品开发策略

在技术飞速发展的现代社会，产品的生命周期呈现出越来越短的趋势，企业如果不能不断开发适应市场需要的新产品，就很难保持企业的竞争能力和市场地位，甚至会被淘汰。因此，开发新产品对于企业来说是影响到生存发展的大事。

企业可以采取技术引进的方式、自行研制与技术引进相结合的方式、独立研制的方式等，作为新产品开发的有效途径。

新产品开发能力是企业竞争能力的重要组成部分，关系着企业经营活动的成败。同时，新产品开发又是一项艰巨而复杂的工作，它不仅要投入大量的资金，而且还要冒很大的风险。新产品开发一般要经过以下几个阶段：构思、筛选构思、具体产品概念的形成、可行性分析、产品研制、试销、正式投产等。

（六）产品生命周期策略

产品在市场上的销售状况及获利能力随着时间的推移而变化。这种变化的规律正像生物界的各种生命一样，有着从诞生、成长到成熟并走向衰亡的过程。这个过程在市场营销中是指产品从进入市场开始，直到最后在市场中被淘汰的过程，这一规律，我们称之为产品的生命周期。产品生命周期由四个阶段组成，即导入期、成长期、成熟期和衰退期。

在这里必须强调指出的是，产品生命周期不是指产品的使用寿命，而是指产品在市场上存在的时间，即市场寿命。在整个生命周期中，将销售额及利润额的变化作为产品生命周期的主要特征值，其变化表现曲线如图 6-2 所示。

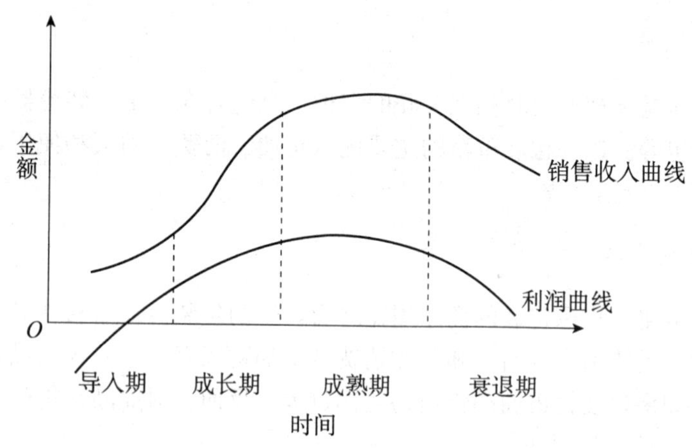

图 6-2 典型的产品生命周期曲线

产品处于不同的生命周期阶段，企业就必须考虑用不同的策略来开展相应的营销活动。

1. 导入期的策略

企业产品处于导入期时，一般要经过试销阶段，这时产品处于发展初期，还存在着各方面的不足，如产品的生产方法不够成熟、质量和性能不够稳定等，因此不能大批量生产，制造成本很高。同时，消费者对这类产品的性能还不了解，对产品还没有适应。从曲线图上面反映出来的是：销售收入极为有限、利润曲线为负值。因此在这一时期，企业在市场营销策略方面可采取以下四种策略：

（1）快速掠取策略。

即采用高价格、高促销费用迅速扩大销售量，取得较高市场占有率。采用这种策略，其市场环境要具备的条件是：大部分潜在消费者还不了解该种产品；已经知道这种产品的顾客急于购买，愿意出高价；企业面临潜在竞争者的威胁，需要迅速在购买者心目中树立产品的形象。

（2）缓慢掠取策略。

即采用高价格、低促销费用的办法，以求获得更多的利润。采用这种策略，其市场环境应具备的条件是：市场容量相对有限；大多数购买者已熟悉该产品；购买者愿出高价；企业面临的潜在竞争者威胁不大。

（3）快速渗透策略。

即采用低价格、高促销费用的策略，迅速打入市场，先发制人，取得尽可能高的市场占有率。采用这种策略，其市场环境应具备的条件是：市场容量有相当大的规模；消费者对该产品不熟悉；购买者对价格十分敏感；潜在竞争者的威胁比较弱；产品的单位成本随

生产批量的增大而降低，价格有下调的空间。

(4) 缓慢渗透策略。

即采用低价格、低促销费用的策略，鼓励消费者接受新产品。其市场环境应具备的条件是：市场容量大；市场对价格反应敏感；有相当多的潜在竞争者。

2. 成长期的策略

成长期是指新产品经过市场导入期后，经受住了市场的考验，已经到了需要打开销路并迅速扩大市场份额的阶段。这时产品已定型，开始大批量生产，销售渠道也已疏通，销售量迅速上升，成本降低，利润增加。但这时竞争者也开始大量加入，竞争加剧，新的产品特性开始出现，市场开始细分，产品寻找自己的合适定位。在成长期，企业在市场营销方面可以采取以下策略：

(1) 保证产品质量，并以美观的包装和优质的服务与之相配合，在创立品牌上下功夫，吸引更多的购买者。积极寻找新的细分市场，进入有利的新市场。

(2) 加强广告宣传。把广告宣传的重点由介绍产品转移到建立产品形象上来，为产品选择最有利的市场定位。分析市场同类产品的价格趋势和竞争者的价格策略，在适当的时机，努力降低价格，以吸引那些对价格比较敏感的购买者成为企业的顾客。

3. 成熟期的策略

产品经过成长期的迅速发展，便进入成熟期，这一时期的突出特点是：销售量和利润都比较高，但增长速度减慢，市场趋于饱和，有的产品甚至开始呈现下降趋势，市场竞争激烈，各种品牌、款式的同类产品不断出现，而且来自新产品或替代产品的竞争威胁也在加剧。在成熟期，企业可以采取如下策略：

(1) 开拓新市场。

采取进攻性策略，努力寻找和开拓新的目标市场，向市场的深度和广度发展。

(2) 改进产品。

改进产品性能或增加产品的使用性能，扩大产品的适应性，提高产品的质量，满足顾客的不同需要，吸引有不同需要的购买者。

(3) 改变营销组合。

为了延长产品的市场成长期和成熟期，最常用的对策是通过降低价格来吸引顾客，提高竞争能力，或加大促销力度，有效地利用广告等促销手段，来实现营销目的。

4. 衰退期的策略

一种产品如果对顾客已失去吸引力或被新产品所替代，就进入了产品生命周期的最后阶段——衰退期。在一般情况下，衰退期的产品销售量由缓慢下降变为急剧下降，利润减少，甚至会出现亏损；竞争对手开始退出，竞争减弱，顾客的需求已发生转变。在衰退期，企业应采取以下两种策略：

(1) 集中营销。

把人力、物力集中到最有利的细分市场和销售渠道上，从中获取利润。这样有利于缩短产品退出市场的时间，有利于企业获得更多的利润。

（2）收缩和放弃。

大幅度降低促销力度，尽量减少销售费用，增加当前的利润。对于迅速衰退的产品，应放弃经营，把产品转移出去或立即停止生产。

二、价格策略

（一）产品定价中的影响因素

在市场营销活动中，企业的定价工作受到各种因素的影响和制约，其中尤以定价目标、市场需求、竞争者行为、产品成本、公共政策、社会心理等因素对价格的确定具有十分明显的影响作用。

1. 定价目标

企业在定价时制定的目标不同，所定的价格就会不同，因此，定价目标是企业定价策略方针和方法的依据。定价目标有很多，这里仅介绍以下几种主要目标：

（1）以最大利润为目标。争取最大利润是许多企业定价的重要目标，它是指企业希望获取最大限度的销售利润或投资收益。这里的最大利润是指企业长期的、全部产品的最大利润，而不是指短期的行为目标。

（2）以合理利润为目标。有时企业为了保全自己，避免风险，会采取合理利润作为定价目标。所谓合理利润，或者叫满意利润，要根据具体需要来定。

（3）以市场占有率为目标。较高的市场占有率有时会给企业带来长期利益，因此企业有时也把获得较高的市场占有率作为定价目标。一般来说，较低的价格能取得较高的市场占有率。但扩大销售量、提高市场占有率有时会和盈利有一定的矛盾。因此，企业在考虑市场占有率时，也要兼顾企业的长期利润目标；否则，盲目追求市场占有率，不仅无利可图，有时还会导致企业亏损破产。

（4）以避免和应对竞争为目标。大多数企业都对竞争对手的价格策略很敏感，定价以前都需要多方面收集信息，把企业的产品与竞争对手的产品进行比较，然后决定本企业产品价格究竟应该高于、等于还是低于竞争者产品的价格。

2. 市场需求

市场供给关系是决定企业产品价格的基本因素之一。当供大于求时，价格会下降，反之则会上升。随着市场经济的发育完善，需求一般总是处于主导地位，在市场上表现为：价格上涨，需求减少；价格下降，需求增加。不同商品或在不同条件下，价格变动所引起的需求变化幅度是有差别的。反映这些差别，衡量需求变化对价格变动的敏感度，可以用需求价格弹性表示。因此，人们往往通过对需求价格弹性系数的变化来确定价格与市场需求的影响程度，以此来制定产品的价格。

3. 竞争者行为

同行业竞争者的行为是企业定价中最难把握的因素。行业中任何一个企业任何一次价格的制定与变动都会引起竞争者的关注，并导致竞争者采取相应的对策。在竞争中占优势

的企业有较大的定价自由，处于劣势的企业常常没有定价的主动权，只能被动跟随他人的定价水平。另外，竞争对手的定价行为也影响到本企业的定价，迫使企业做出相应的变动。

4. 产品成本

产品成本是企业在生产经营过程中各种费用的总和，是价格构成的基本要素和制定价格的基础。为了保证企业再生产的实现，通过市场营销活动，企业既要收回成本，又要形成一定的盈利。可见，产品成本是企业制定价格的最低界限。在市场竞争中，处于成本领先的企业，对价格制定有较大的灵活性，能获取较好的经济效益；反之，则往往处于被动的局面。

5. 公共政策

产品价格同政府的方针政策有着密切的关系。公共政策是指政府的方针政策，包括对市场价格的控制或管制、对产品的价格补贴等政策。同时，政府的经济政策也影响到货币价值的变化并引起价格的变动。

6. 社会心理

社会心理因素对商品定价的影响主要表现为三个方面：

(1) 期望价格。消费者对商品价格有一个期望值，这个期望值影响着企业的定价水平，当期望某一商品价格下降时，就会等待观望，而导致该商品的价格一再下跌；反之，就会抢购并过量购买，导致商品价格的上涨。

(2) 价值观念的变化。由于人们的价值观念在不断地变化发展，所以就会存在这样一种现象：经济水平高、发展迅速的地区，人们收入水平增长快，购买力强，对价格敏感性差，有利于企业较自由地定价；相反，对价格极其敏感的地区，企业就难以在宽松的范围内定价。

(3) 逆反购买心理，即消费者的需求不按照一般的需求规律变化，价格下降并不引起需求的增加，涨价也不引起需求量的减少。

(二) 常用的价格策略

企业要实现预定的营销目标，不仅要研究定价的方法，还要研究定价策略。价格策略包括制定价格和调整价格的策略，以下介绍几种常用的价格策略。

1. 折让策略

折让即折扣和让价，都是减少一部分价格以争取顾客的方式。常用的折让策略有以下几种：

(1) 数量折扣。企业为鼓励顾客大量购买自己的产品，根据购买数量或金额给予一定的折扣。购买数量越大，折扣越大。采用这种策略可以鼓励顾客大量购买，减少交易次数和时间，节省人力、物力，使企业增加盈利。

(2) 现金折扣。现金折扣是指当顾客以现金付款或在约定付款到期日之前若干天内付款时，给予一定比例的价格优待。这是加速企业流动资金周转的一种策略。

（3）交易折扣。交易折扣是指生产企业根据各类中间商在市场营销中所负担的不同功能给予不同的折扣，因此又称作功能性折扣。例如，企业给予批发商以较大的折扣，而给予零售商较小的折扣，可促使批发商大量经营该企业产品。

（4）季节性折扣。生产季节性商品的企业，在淡季给予购买其产品的顾客一定的价格优惠。采用这种策略，可以鼓励批发商和零售商在淡季购货，使生产企业减少仓储费用和加速资金周转，保证企业生产正常进行。

（5）推广让价。让价也叫津贴。生产企业给予那些为产品提供各种促销活动的中间商一定的津贴或让价作为报酬，或者企业开展以旧换新活动，收回同类旧产品，在新货价格上打折扣。这种策略对于推广新产品尤为适用。

2. 地理价格策略

企业在定价时，运费是要考量的重要因素，尤其是当运费在可变成本中所占比重较大时，更需要合理分摊运输成本。常用的地理价格策略有以下几种：

（1）生产地定价。即以产地价格或出厂价格为标准，运费由购买方全部承担。这种策略对卖方最为有利，适用于各地买主，因此使用最为广泛。

（2）统一交货定价。即无论买主所在地的远近，都收取相同的运费，由卖主将货物运送到买主所在地。这种方法类似于邮政服务，只有当运费在可变成本中所占比例较小时才使用。

（3）区域定价。企业将市场划分为几个大区域，在每个区域内实行统一定价，运费计算方法类似于邮寄包裹或长途电话的计费。

（4）津贴运送。企业对离得较远的中间商或用户补贴一部分运费或全部运费，以促进较远的用户购买。

3. 心理价格策略

心理价格策略是针对消费者心理采用的定价策略。运用心理学原理，根据不同类型的消费者在购买商品时的不同心理需求来定价，以诱导消费者增加购买量。心理定价策略包括以下几个方面：

（1）整数定价。整数定价策略即把商品的价格定成整数，不带零头。这种定价策略主要适用于高档消费品或消费者不太了解的产品。对这类产品，人们往往有“一分钱一分货”的心理。采用整数定价，使得把购买高价物品看作一种显示身份标志的顾客容易做出购买决定。这种定价策略对于一般消费品不宜采用。

（2）尾数定价。尾数定价策略就是在定价时，让产品的价格用零头结尾，如把 10 元的价格定为 9.99 元。尾数价格容易使顾客产生一种便宜的感觉，利用消费者求实惠的心理诱使他们购买。

（3）声望定价。声望定价是根据消费者对某些商品和商店的信任而制定的价格政策。有些商品和商店可采用比其他商品和商店稍高的价格。当然价格不宜高出很多，并且应以质量、服务和信誉作为保证，否则其声望会丧失。

（4）小计量单位定价。某些价格高的商品用一般的计量单位表示，会使消费者产生太

贵的感觉，抑制消费者的购买。这时，采用化整为零的方法，用小计量单位来计价，可以给消费者一种相对较便宜的感觉，其心理上比较容易接受。例如，黄金饰品每克 330 元、茶叶 150 元一两等。

（三）新产品定价策略

新产品定价策略就是对新产品所采取的定价方式。一种新产品刚上市，能否在市场上打开销路，并给企业带来预期的收益，定价因素起着重要的作用。常用的新产品定价方法有两种，即撇脂定价策略和渗透定价策略。

1. 撇脂定价策略

撇脂定价策略是指企业以高价将新产品投入市场销售，以期在短时间内获得高额利润，尽快收回成本。这种定价策略之所以能成功，是利用了消费者求新、猎奇和对价格不敏感的特点。采用这种方法的缺点是，由于高价带来的高额利润会很快吸引竞争对手，所以高价往往持续不了多久便要下降以抑制竞争者进入，因此说撇脂定价策略是一种在短期内采用的价格策略。

2. 渗透定价策略

渗透定价策略是指新产品投入市场时，企业将价格定得较低，以尽可能地快速打开销路，获得较大市场占有率的一种定价方法。采用这种定价策略，能使产品迅速打开局面，占领市场，可以阻止竞争对手的加入，有利于控制市场。尽管产品的价格较低，但从长远看，企业仍可获得相当多的利润，同时企业也可根据以后的市场情况，或稳定价格，或提高价格，获取更多的收益。这种策略一般适用于需求弹性较大，潜在市场也较大，且单位生产成本可随生产规模的扩大和经验的积累而降低的产品。

总之，在新产品的定价中，无论是撇脂定价还是渗透定价，企业都要综合考察分析各种因素，加以合理选择和组合，使它们在最有利的条件下达到最好的效果。

（四）价格变动策略

产品价格由于受各种因素的影响，特别是随着市场需求、资源供应、竞争和成本的变化而需要经常变动和调整。价格的变动和调整可分为两个方面：一方面是主动调整，即由于客观情况发生了变化，企业感到必须提高或降低自己产品的价格，这样才能有利于企业的经营活动；另一方面是被动调整，即由于市场环境变化，其他经营者改变了经营策略，企业不由自主地要调整自己产品的价格，以适应不断激化的市场竞争。价格变动策略通常有提价和降价两种情况。

1. 提高价格

提高价格会引起顾客和中间商的不满，增加他们的支出，但是企业为了减轻成本上涨的压力，或为了缓解因市场供不应求所带来的压力，或为了弥补通货膨胀、货币贬值所引起的产品价值的损失，就会采取提高价格的策略。企业提价时，应做好信息沟通工作，争取买方的理解，同时又要选择合适的时机和有效的方式，如公开真实成本、提高产品质量、增加单位价格产品实物数量等，使提价能顺利进行，又不影响产品在市场上的销售量。

2. 降低价格

降低价格会产生一些消极影响，容易使顾客或中间商对企业的产品质量和企业信誉产生疑虑。但是企业为了缓解由于生产能力过剩或市场收缩所造成产品积压的压力，或为了适应价格竞争、避免市场份额的减少，或为了体现成本降低后企业控制市场的努力等，就有必要降低价格。企业一般在市场营销活动中很少采用降低价格的策略，因为降低价格有损于企业的经营收益，而高新技术产业的产品一般经常采用降低产品价格的方法或者间接降价的方法。间接降价是指维持产品的价格表价格，但通过增加产品的附加价值、馈赠物品、提高产品质量和增大各种折扣的比例等手段降低了实际价格。企业在不宜采用直接降价方式或直接降价不能实现目的时，可选择适当的间接降价方式。

三、营销渠道策略

（一）营销渠道的概念

营销渠道也称为销售渠道、分配渠道或分销渠道，是指产品或服务的所有权顺利从生产者到消费者手中所经历的所有企业或个人。

产品从企业生产出来后，只有通过一定形式的流通渠道，才能进入流通领域，在市场上销售出去，成为消费者或用户满意的商品。在这个流通过程中，生产者是分销渠道的起点，消费者是分销渠道的终点，中间商，如批发商、零售商、代理商是营销渠道的中间环节。

（二）影响营销渠道选择的因素

影响营销渠道选择的因素可归结为产品因素、市场因素、企业自身条件因素、中间商因素、政府政策因素五个方面。

1. 产品因素

（1）产品的价格。一般来说，产品价格越低，销售渠道就越长，反之则短。

（2）产品的样式或款式。样式或款式变化快、时尚性较强的产品，应尽量缩短销售路径，由生产者直接供给零售商，或生产企业自己设立商业网点，快产快销，避免积压。

（3）产品的体积和重量。产品的体积和重量小，便于运输和储藏的，可选择较长的销售渠道，以求扩大销售范围；反之，体积和重量过大的产品，应选择较短的销售渠道。

（4）产品的技术性和服务。出售技术性强的耐用消费品和要求提供售前、售后服务的工业品时，宜多采用直接销售等较短的销售渠道，以便提供指导与维修。

（5）产品的易腐性。产品的有效使用期或保质期短的、易于腐烂变质的，如蔬菜、肉、水果等，或者易毁损的产品，如玻璃制品，宜缩短销售渠道，快速直接送到消费者或用户手中。

（6）定制品与标准品。定制品因为特殊的规格、要求，一般需要生产者与用户或消费

者直接打交道，不宜经过中间商销售。标准品则有统一的规格和技术要求，一般可经过中间商进行销售。

（7）产品的市场生命周期。产品处于不同的市场生命周期阶段，对渠道的选择也不同。产品处于投入期时，为尽快打开销路、占领市场，可以综合运用各种类型的渠道；产品处于成长期时，可以加强经过实践证明有效的渠道，淘汰一些费用高、见效小的渠道；产品处于成熟期和衰退期时则应开辟新的渠道，或压缩原有渠道。

2. 市场因素

（1）市场范围的大小。市场范围大的产品，一般需要采用销售辐射面广的长渠道，依靠较多的批发商和零售商。对市场范围较小的产品，则采用短渠道。

（2）销售批量大小。购买者订单数量的大小，往往影响销售渠道的选择。每次销售批量较大的商品，应采用短渠道；每次销售批量小的商品，则应采用长渠道。

（3）商品的季节性。有季节性的商品，常需批发商提供储存服务，宜选择较长的销售路线，发挥中间商的作用。在选择渠道时，应注意研究同类竞争产品的销售渠道，生产企业应尽量采用与竞争者同样的销售渠道推销商品，不宜随意开辟新渠道，因为新辟渠道可能没有顾客，而且营销费用高，弄不好会得不偿失。

3. 企业自身条件因素

（1）企业的声誉好，资金雄厚，则对销售渠道有较大的选择权，甚至可以建立自己的销售机构，完全不依赖中间商，反之则依靠中间商的程度就高。

（2）企业的管理水平与经验。企业如果在市场销售方面的能力较强，可以自己销售，否则，应考虑选择中间商进行销售。

（3）企业控制销售渠道的能力。对希望控制销售渠道的企业，应选择短渠道，因为较短的渠道更容易为生产企业所控制。

（4）企业所愿提供的服务。企业提供的服务越多，越能引起中间商销售其产品的兴趣。如果企业愿意为最终用户提供服务，可采用直接销售渠道；如果企业愿意为零售商或批发商等提供服务，则可采用间接销售渠道。

4. 中间商因素

批发商是介于生产者和零售商之间的中间商，是调节生产和消费之间在商品数量、品种上所存在差异的环节。绝大多数农产品和工业品需要经过批发商，以使分散生产的产品集零为整，然后再化整为零供应给零售商，最终卖给消费者和用户。因此，企业要根据产品特点和自身条件做出是否选择批发商的决策。

零售商是最终与消费者和用户直接接触的中间商。该环节在商品销售工作中，特别是消费品的销售中，具有极为重要的作用。零售商的优劣往往直接影响企业营销渠道选择的成败，也是影响渠道长短的重要因素。

5. 政府政策因素

产品的销售渠道和销售路线还受到企业所处环境的影响，特别是政府政策对渠道的影响，如对某些商品实行专营、销售渠道固定单一、禁止销售实行垄断等。

（三）常用营销渠道策略

在综合分析了营销渠道的结构和影响渠道选择的各种因素的基础上，就要进一步研究构建和选择营销渠道的基本策略。

对于所销售的商品，销售渠道越短，生产者保留的商业责任越多。但销售渠道短，企业容易控制产品的零售价格，有利于进行宣传和提供各种服务，提高企业的声誉；销售渠道、流通环节多，必然导致流通速度慢，流通成本费用高，因而价格也高，会影响企业的声誉和经济效益。因此，企业必须根据具体情况来决定采用长渠道策略还是短渠道策略；决定采用宽渠道还是窄渠道，即选择多少中间商。在这方面有以下三种策略可供选择。

1. 密集性营销渠道策略

这是指企业利用众多的中间商将商品分配到每一个合适的分销处的策略。这种渠道策略适用于廉价、易耗、挑选性低、易存储，且为每个家庭或个人必需的日常消费品。采用这种策略时，一般由生产企业承担促销费用。

2. 选择性营销渠道策略

这是指企业在市场上选择一部分中间商来经销自己产品的策略。这种策略适用于所有商品。但相对来说，对于选择性较强的消费品、专用性较强的零配件和技术服务要求较高的商品更为合适。选择性营销渠道的花费一般低于密集性营销渠道。

3. 专营性营销渠道策略

这是指生产企业在特定的市场内仅选一家批发商或零售商经销其产品的策略。采用这一渠道策略的产品，主要是具有特殊消费性能或可满足有特殊需要的消费群体的商品，或价格昂贵的商品和大部分工业品。对生产企业来说，采用这一策略的优点是容易控制市场和价格，降低流通费用；缺点是有时会因销售力量不足而失去许多顾客，影响销售量，同时只依赖一家经销商，万一因某种原因必须更换时，可能在短期内完全失去该区域市场。

（四）营销渠道的管理

营销渠道的管理包括对渠道成员的选择、激励和评估。

1. 选择渠道成员

渠道成员的选择不仅影响企业分销效率和分销成本，也影响企业在消费者心目中的品牌形象和产品定位。选择渠道成员一般要遵循实力优先、业态对路、形象吻合和文化认同的原则。

2. 激励渠道成员

中间商往往是独立的，生产企业为激励它们尽职尽责，必须采取必要的措施，如向中

间商提供物美价廉、适销对路的产品，通过对中间商进货数量、信誉、财力、管理等方面的考察，视不同情况给予适当的折扣和让利以对其渠道成员进行激励。

3. 评估渠道成员

对渠道成员的绩效评估是为了及时了解中间商的履约情况，肯定并鼓励先进的中间商，鞭策落后的中间商。通过检查，发现问题、分析原因并采取相应的改进措施。对渠道成员的绩效评估标准有：销售额和销售增长率、平均存货水平、交货速度、对顾客服务的表现等。

四、促销策略

（一）促销的内涵

1. 促销的概念

促销是促进销售的简称，是指企业运用各种手段，沟通生产者和消费者之间的生产和消费信息，掌握消费者的需求和偏好，激发其欲望和兴趣，满足消费者的需要，达到推销商品、劳务或品牌形象、促进消费者购买行为的一种营销活动。由促销概念可以发现其具有如下几个特点：

（1）促销是以满足顾客需要为前提，而不是简单地向顾客推销商品。

（2）促销实质是传递信息，在生产者、经营者和顾客之间沟通信息，从而掌握顾客的需求和偏好。

（3）促销的目的是激发顾客的欲望和兴趣，最后实现其购买行为。

2. 促销的组成因素

促销的组成因素主要是指促销方式，可分为两大类：一类是人员推销，是企业通过自己的推销人员或委托销售机构直接与消费者或用户接触和联系，进行推销商品、传递信息的活动；另一类是非人员推销，它包括广告、营业推广和公共关系三种形式。

广告是企业通过各种传播媒体向消费者或用户宣传商品、传递信息。营业推广是企业运用折扣、咨询、展示等特殊方式，促使顾客采取购买行为的短期活动。公共关系是企业有计划地加强企业与社会公众联系，通过制造舆论进行公开宣传的一种促销形式。它利用传播媒体的宣传树立企业及其产品的良好形象，为企业争取现在的、潜在的及那些不可能的消费者或用户。上述每一种促销手段，都能通过信息的沟通和传递，刺激和影响消费者或用户前来购买，只是作用时间和作用强度有所不同。企业在开展营销活动时，应注意它们的特点和作用，加以灵活地运用。

3. 促销组合和促销策略

促销组合就是企业把广告、营业推广、公共关系和人员推销四种促销方式，有目的、有计划地配合起来，综合运用。促销组合决策就是选择各种对企业有利的促销手段，或者在某种促销手段的组合中，确定更侧重于使用哪一种促销手段。

影响促销组合和促销策略的主要因素是促销目标、市场范围和类型、产品性质、产品生命周期和其他营销策略。

促销的基本策略有推式策略和拉式策略。企业实行推式策略，主要是运用人员推销和营业推广手段把产品推向市场，即从制造者推向批发商，从批发商推向零售商，直至推向消费者或用户。而拉式策略则是企业使用广告宣传和公共关系等手段，通过一系列的宣传报道，使消费者对产品或企业本身产生兴趣，吸引他们购买产品的非人员推销活动。这两种促销策略在促销活动中所起的作用虽然不同，但其促销目的是一致的，要根据具体情况决定实行哪一种策略，一般总是两者兼用，各有侧重。

（二）人员推销

人员推销是指企业派出推销人员或委派专门推销机构，直接与消费者或用户接触、洽谈、宣传介绍商品和劳务，以实现销售目的的活动过程。

推销人员的主要任务有：探寻市场，传递信息，销售产品，收集情报和开展售前、售中、售后服务。

推销人员的工作一般包括：寻找顾客、事前准备、约见、谈判、成交和售后跟踪。

（三）广告

1. 广告的含义

广告是由明确的发起者以付费和非人员的方式，通过各种媒体对企业、产品或服务等进行介绍。

广告的作用主要有：传播信息、促进销售、引导消费、活跃经济等。

2. 广告的目标

广告活动的总目标是刺激用户的兴趣和购买欲望，促进销售，增加盈利。任何广告都需要有具体的目标。广告的具体目标很多，归纳起来有以下几种：

（1）以介绍为目标。企业需要打开产品销路或开辟新市场时，其广告目标是介绍性质的，在广告内容中说明产品类型、性能、企业名称等，使潜在顾客了解本企业的产品。这种广告着重于扩大覆盖面，以使尽可能多的人接收到有关的信息。

（2）以提高产品和企业信誉为目标。企业如欲加强宣传、扩大销售，其广告经常以宣传本企业的信誉和产品的名称等方面的内容为主。这类广告属于竞争性的，目的在于使顾客建立起对品牌的偏好，维持老顾客，争取新用户。

（3）以提醒为目标。对于已在市场上畅销的商品和有季节性销售特征的商品，企业可以用广告提醒消费者和用户购买。

3. 广告媒体选择

广告媒体的种类很多，归纳起来主要有以下几种：报纸广告、书刊广告、广播广告、电视广告、户外广告、互联网广告等。各种媒体的特点如表 6-1 所示。

表 6-1 各种媒体的特点

媒体	优点	缺点
报纸	灵活、及时、广泛、可信	不易保存、表现力不强
书刊	针对性强、保存期长	传播有限、不及时
广播	速度快、传播广、成本低	只有声音、不易保存
电视	感染力强、触及面广	针对性不足、成本较高
互联网	信息量大、交互沟通、成本低	难以引起足够关注
直接邮寄	选择性强	可能造成滥寄、成本高
户外广告	展露时间长	缺乏创意
黄页	本地覆盖面大、成本低	高竞争、创意有限
新闻	选择性强	成本不易控制
广告册	灵活、全彩色	成本不易控制
电话	触及面广	用户可能不接受

（四）营业推广

1. 营业推广的概念

营业推广又称为销售促进或市场推广，是指除人员推销、广告和公共关系以外的，为了刺激需求而在一个较大的目标市场中采取的能够迅速产生刺激作用的促销措施。营业推广多用于一定时期、一定任务的短期特别推销。

2. 营业推广的形式

营业推广可分为对顾客的营业推广、对中间商的营业推广和对推销人员的营业推广三类形式。

（1）对顾客的营业推广的具体方法主要包括：赠送样品或试用样品、有奖销售、产品陈列和演示促销、开办“分期付款”业务、折扣和减价、附带廉价品等。

（2）对中间商的营业推广的具体方法主要包括：订货会、批量进货优惠、推广津贴、协助经营、销售竞赛等。

（3）对推销人员的营业推广是通过推销竞赛、工资奖金与销售额挂钩和精神奖励等方法，调动推销人员的积极性，促进产品销售。

（五）公共关系

1. 公共关系的概念

公共关系简称公关，是指企业通过各种传播媒体，提供有说服力的材料，沟通企业与公众之间的信息交流，达到相互了解、相互协调，树立起企业良好形象和声誉，唤起公众的好感、兴趣和信赖，从而为企业销售提供一个良好外部环境的促销活动过程。

2. 公共关系的方式

企业开展公共关系的活动方式与企业规模、活动范围、产品类别、市场性质等密切相关，常见的方式主要有以下几种：

（1）新闻报道。新闻媒介涉及范围广、影响大、说服力强，能引导舆论。企业应密切与新闻界的关系，及时提供有新闻价值的信息给新闻媒体，吸引公众对企业、产品或服务的关注。

（2）赞助和支持公益活动。如赞助相关活动、捐献资金等，企业可从中获得特殊利益。

（3）举办社会活动。企业可通过举办新闻发布会、展销会、看样订货会、博览会等社会活动，向公众进行市场宣传。

（4）编制宣传品。编制介绍企业历史、企业产品、企业领导及企业经营现状等内容的宣传品，传播信息，树立企业形象。

第四节　营销执行与控制

一、营销控制的概念

营销控制就是市场营销管理者根据营销目标和计划，考量企业营销活动过程中的每一个环节，确保其按期望目标进行而实施的一套工作程序或工作制度，以及为使运行结果与期望目标一致而采取的各种必要措施。也就是说，市场营销控制由标准、对比检查和纠偏三个要素所组成。

未来环境是未知的、多变的，在计划实施过程中，难免会遇到各种偶然事件，出现一些小偏差，而且随着时间的推移，小错误如果没有得到及时纠正，就可能逐渐积累成严重的问题。而要想预防这种严重事件的发生，就需要通过营销控制，对计划本身或计划的实施过程进行必要的调整。这样做有助于及早发现问题，避免企业在营销活动中的失误而招致重大损失；有助于寻找更好的管理方法和手段来充分控制企业尚未发挥的潜力；有助于激励企业员工的积极性，促使他们更好地实现营销目标和完成计划任务。

二、营销控制的步骤

营销控制实质上是为实现营销目标而进行的计划过程的延伸，它能将实施过程中的市场信息反馈给营销部门，从而使企业调整现有计划或编制出新的计划。为了使控制在实施的过程中具有可操作性，企业有必要建立一个控制系统，对企业的市场营销活动进行控制和调整。市场营销控制应遵循以下步骤。

（一）确定控制对象

这是指确定应对哪些市场营销活动进行控制，即控制的内容。最常见的控制内容包括：销售收入、销售成本和销售利润；营销目标、政策、方针、战略和策略；营销因素组合；新产品开发的试制、试销等。当然，控制的内容多、范围广，可获得较多的信息，使各项活动的实施与计划相协调，但任何控制本身都会引起费用开支，因此，在确定控制内容与范围时，应当注意使控制成本小于控制活动可能带来的收益，这样才能提高营销活动

的整体效果。

（二）设置控制目标

这是指对控制的对象设立各种控制活动的目标。它是将控制与计划联结起来的主要环节。一般可借用在计划中已确定了的目标作为控制目标；也可以就某项具体控制活动确定该活动的预期目标作为控制目标。

（三）建立衡量尺度

这是指衡量营销活动结果的优劣、好坏。在很多情况下，企业的营销目标就决定了控制的衡量尺度，如销售量、营销费用或利润率、市场占有率等，反映的是一定的数量和比率。但还有一些尺度就难以定量表示，如销售人员的工作能力大小、组织能力的强弱等，这就要在实际中规定一些必要的项目，如以销售人员的新客户年增长率和访问频率等来衡量。

（四）确定控制标准

这是指以某种衡量尺度来表示控制对象的预期活动范围或可接受的活动范围。一般用一组数量化指标表示。如企业需要开发一种新产品，目的是达到一定比例的市场占有率，这里的市场占有率是衡量尺度，而达到一定比例是控制标准；又如规定每个推销人员每年应增加新客户的数量等。控制标准一般有一定浮动许可范围。设立标准可参考外部企业的标准，并尽可能吸收企业内多方面人员的意见，以使其更切合实际，被营销部门的管理人员和各类人员所认可。确定控制标准要有合理的稳定性、普遍的适应性，还必须明确、具体。

（五）比较实际结果

这是指运用已建立的控制标准与实际执行结果进行比较。在比较时，需要决定比较的频率，即多长时间进行一次比较，这取决于控制对象是否经常变动。比较结果若是不能达到预期标准，就需要进行下一步工作。

（六）分析偏差的原因

这是指实际执行结果与出现远离计划目标偏差的原因。产生偏差的原因可能有两种：一是实施过程中的问题，这种偏差比较容易分析；二是营销计划本身的问题，这种偏差难以确定，原因往往又是交叉在一起的，这就使分析偏差的工作很可能成为控制过程中的主要难点。企业必须对市场营销活动的实施情况做深入全面的了解，尽量获得详细可靠的资料，以便寻找产生偏差的症结，检查计划制定时的各种假设条件，分析各类控制标准的可行性。如果某一部门的营销结果不佳，可能是由于销售人员能力不够，也可能是由于原定预期目标偏高，或可能是其他部门的配合出现了问题等。对这些问题，只有在进行仔细分析和研究后，才能找出偏差的真正原因。

（七）制定和执行修正措施

如果在明确了偏差的原因后，就要针对这些问题，迅速制定补救措施加以改进，或适当调整某些营销计划目标。

三、营销控制的方法

市场营销控制主要有年度计划控制、盈利率控制、效率控制和战略控制四种方法。

（一）年度计划控制

年度计划控制是指为了确保营销计划所确定的销售、利润和其他目标的实现，营销管理人员随时检查营业绩效与年度计划的差异，同时在必要时采取修正行动。营销管理人员可以通过销售分析、市场份额分析、销售费用率、财务分析及顾客态度分析等多种方法，检查营销目的是否实现、造成超额完成或未完成计划的原因是什么、计划目标的可行性是否存在问题等。

（二）盈利率控制

盈利率控制是指在市场营销活动中，定期按各种产品、销售地区、订单大小或市场规模等进行营销成本和利润的分析评估，衡量其获利的能力，并确定最佳改正方案和措施，从而使企业决定哪些营销活动应扩大、减少或取消。盈利率控制的目的是检查企业哪些产品能够盈利、在什么地方盈利、盈利程度如何、什么产品造成亏损、什么原因造成的等。营销管理人员可通过销售情况、产品经营情况、销售渠道的经营情况等来分析企业现有的营销与销售之间的关系和盈利率。

（三）效率控制

效率控制用于评价和提高经费开支效率及营销开支的效果。营销管理者和营销人员必须检查营销队伍的建设是否合理，营销人员的工作效率如何、怎样提高，广告和促销的分配比例是否合理等。

（四）战略控制

战略控制用于检查企业的基本战略是否与现有机会相适应，或者寻求新的战略发展机会。战略控制由企业高层领导来完成，确定营销目标和手段是否适合现阶段企业经营情况和战略发展目标。

本章小结

营销管理是指为创造达到个人和机构目标的交换而规划和实施理念、产品和服务的构思、定价、分销和促销的过程。营销管理理念的演进经历了生产观念、产品观念、推销观念、市场营销观念、社会营销观念这五种具有代表性的观念。

营销战略制定主要是STP战略，即通过市场细分将整体市场划分为多个子市场，根据企业的具体目标和优势等情况选择目标市场，然后进行市场定位，确定企业产品和经营的特色，尽可能将市场机会与企业优势有机结合，以赢得竞争优势。

市场营销组合战略是根据目标市场需求特征及市场定位和预期目标的要求，统筹选

择、设计和整合企业内外营销变量，使其有机结合，以形成最佳组合方案。一般来说，营销组合战略包括产品策略、价格策略、渠道策略和促销策略。

市场营销控制就是市场营销管理者根据营销目标和计划，考量企业营销活动过程中的每一个环节，确保其按期望目标运行而实施的一套工作程序或工作制度，以及为使运行结果与期望目标一致而采取的各种必要措施。

【案例讨论】

珀莱雅的营销管理

珀莱雅，这家创立于2003年的企业，仅用了不到10年的时间，就实现了销售额从零到40多亿元的跨越。珀莱雅成功的秘诀何在?

一、行业日益繁荣，国产品牌表现堪忧

化妆品、卷烟和奶粉被称为中国增长速度最快的消费品类。从统计数据来看，1978年中国化妆品企业只有几十家，品种只有蛤蜊油、凡士林油、雪花膏等几种；今天中国化妆品企业有4 000多家，品种有2 500多种。

一方面是行业日益繁荣，另一方面是这块蛋糕最丰美的部分始终在国际品牌手中。国内4 000多家化妆品企业，年销售超过1亿元的仅50多家。外资品牌虽然数量不多，仍占据中国化妆品市场主导地位，销售额达几亿、几十亿元。巴黎欧莱雅、玉兰油及玫琳凯分别是中国化妆品消费的前三大品牌。其中，欧莱雅是目前全球最大的化妆品企业，公司自1997年进入中国，在华业务一直稳定增长，截至2012年年底，公司在中国上市运营品牌达到20个，包含巴黎欧莱雅、美宝莲等国际知名品牌，全年在华实现销售额达120.5亿元，同比增长12.4%，其销售的零头——5 000万元，已经超过99%的国产品牌的年销售额。

2007年中国十大化妆品中只有大宝一个国产品牌；2008年，强生收购大宝，至此“十大”中的国产品牌全军覆没。

二、抓住机遇，乘势崛起

正如美国未来学家奈斯比特所说，成功不是因为解决了问题，而是因为抓住了机遇。

2003—2007年，是珀莱雅的“第一次创业”阶段，在市场、资金、人才和经验上都面临严峻考验情况之下，珀莱雅是如何抓住机遇，实现突围的呢?

思路决定出路，面对跨国公司深厚的品牌积淀和强大的体系优势，中国化妆品企业如果沿用跨国公司的策略去和跨国公司竞争，不啻为以卵击石；反之，避开强大的竞争对手，找到属于自己的那片“蓝海”，才会有与强者分庭抗礼的机会，甚至以弱胜强。那么又是什么样的优势让珀莱雅在一次创业中快速崭露头角呢?

1. 始终紧贴消费者需求

在化妆品行业，曾经有很多知名品牌红极一时却最终难以摆脱“一红就死”的命运。其中有多方面的原因，但最重要的原因还是企业营销偏离了消费需求。而珀莱雅从诞生之时起的一项优势就在于其能始终紧握并紧跟消费者脉象。

许多企业采用“正向”思维方式，先“盘点”自身拥有的资源，然后实现目标，这种思维方式通常带来一个问题：企业规模越来越大，离一线却越来越远。

为了随时洞察一线的脉搏，珀莱雅总是采用“倒过来思考”的方式，即首先考虑产品如何让消费者喜爱，零售商为什么会喜欢卖珀莱雅的产品，然后再考虑自身的组织和营销如何适应。

今天，珀莱雅虽然已经发展成为一家规模型企业，却始终保持着创业之初对市场的敏感及快速反应能力，随时保持对市场的敏感度；贴近一线，始终紧贴核心需求；从上到下，信息沟通渠道通畅。这些都确保了珀莱雅的快速决策力，保证了珀莱雅的营销方案总是独一无二的。

正是因为对一线和消费需求的准备把握，珀莱雅对产品质量非常重视。从一开始就高度重视产品的研发投入，从源头保证了产品的优良品质，再加上贴近市场的不同策略组合，让广大零售商非常愿意销售珀莱雅的产品。

2. 善于做“乘法”

不仅仅是产品，珀莱雅在渠道和终端的成功同样不可小觑。珀莱雅善于做“乘法”，通常先建立一套标准化的模式，然后再把这套标准模式进行快速复制，乘数效应使得企业保持着极高的发展速度。那么，珀莱雅到底是如何做“乘法”的呢？

在创业初期，公司挖掘出一整套系统的代理商培训方法：通过手把手教代理商这套“标准动作”，实现了营销模式的快速复制，代理商运作市场非常轻松，全国市场做得风生水起，珀莱雅代理商也由此赚到了第一桶金。

随后，企业进入全国布局阶段，大规模招商成为珀莱雅所做的第二次“乘法”。通过独树一帜的企业会议营销，首创行业内的零售商“创富大会”，掀起了一股崭新的浪潮，珀莱雅受到了零售商的热烈追捧，再一次实现了跨越式增长，进而在中国化妆品行业内引发了争相模仿的热潮，直接造就了后来国内化妆品行业的一批生力军企业。

在注重速度的同时，珀莱雅并未片面追求短期利益，一切都从长远利益出发。比如，珀莱雅建立健全了日化精品店的终端营销模式：在当时市场“生态链”还未完全形成时，珀莱雅旗帜鲜明地提出了零售价、经销价和代理商价的全国统一价格，同时采用严格的区域保护政策。这一模式的确立，从根本上提高了珀莱雅的市场竞争力，有利于公司的长远发展。

三、从渠道驱动到品牌驱动

2008—2011年，珀莱雅进入“第二次创业”阶段。

企业要想成为一家经营稳健、发展快速的卓越型企业，必须经过二次以上创业和多个产业周期的考验。通常，一次创业求生存，实现资金、人才和经验的积累；二次创业定目标、做格局，完善企业战略格局、经营格局和管理格局。二次创业，其实质是企业发展到一定阶段所进行的战略转型，在已有的基础上，解决人才、经营、管理系统的全面升级问题，打造全新的管理模式。

珀莱雅二次创业的核心是要实现“品牌化经营”。这一阶段，珀莱雅又是如何做的呢？

1. 从单一品牌向多品牌发展

为了满足消费者多元化需求，珀莱雅推出珀莱雅、优资莱、韩雅、悠雅、欧兰萱五大

品牌，共千余种产品。珀莱雅五大品牌定位区分清晰，特色鲜明：珀莱雅定位海洋护肤，优资莱定位植物护肤，韩雅定位韩国“高端”护肤品牌，悠雅定位动感炫变彩妆，欧兰萱则定位香薰精油添加型护肤品牌。

2. 从单一渠道向多渠道发展

从单一专卖店渠道进入商超渠道，销售渠道遍布中国大中小城市、乡镇市场，珀莱雅对中国市场实现完全渗透，形成“横向到边，纵向到底”的网络结构，网点更加科学、合理。

3. 整合营销塑造品牌形象

品牌是市场的最终决定力量。为了提升珀莱雅的品牌影响力，一方面，公司先后与陈好、高圆圆、朴恩惠、大S、马伊琍、佟丽娅、唐嫣、袁珊珊、朴敏英等大牌明星合作。另一方面，通过媒体的作用不断传播品牌的力量。经过长时间的媒体广告投放，珀莱雅已经确定了一套科学可行的媒体广告投放方法，与央视、湖南卫视、浙江卫视、安徽卫视等电视媒体，以及《时尚COSMO》《嘉人》《瑞丽》《都市丽人》等平面媒体进行了广泛的合作。

4. 强化研发能力，延揽人才

珀莱雅与国际一流的化妆品OEM、ODM研发机构——韩国科玛强强联手，广泛地在产品研发、设备引进、生产工艺等各层面加强合作，确保产品品质的稳定性与一流性。同时，在湖州建成占地数百亩、国际一流的花园式化妆品工业城，全力打造品牌发展的基础。

为加强团队建设，珀莱雅凭着自己强大的实力，吸引了一大批国内、国际行业优秀精英，这支数量庞大的销售和培训精英团队，为公司的发展提供持续力。

内外兼修，打造系统竞争力。一个企业或组织的核心能力不外乎两大支柱：一是外部能力，如对行业的选择、对外部机会与威胁的处理等；二是内部能力，如对内部资源的整合、变革与创新等。

2012年，珀莱雅的发展又到了一个新的分水岭。如果说在创立之初，公司的重心放在拓展市场和提升销售上，那么未来要做百年企业，仅靠销售是完全不够的。完善的管理制度、精益求精的产品质量、差异化的品牌诉求与文化成为推动珀莱雅发展的“三驾马车”。

管理变革方面分三个层面展开。组织系统层面，建立珀莱雅企业文化，以此形成强大的凝聚力；群体行为层面，完善内部制度，优化组织流程，建立标准化的ERP（企业资源计划）、EHR（电子人资系统）、CRM（客户关系管理系统）等系统帮助管理；个体行为层面，实现现代化企业管理。

质量方面，珀莱雅建立了技术管理中心（研发部、质量技术部）、生产管理中心、供应链管理中心（计划部、采购部）等部门，不断强化产品质量基础。

品牌方面，珀莱雅诞生之后，如果说销量和品牌知名度是最初决胜市场的关键因素的话，那么决定珀莱雅未来的则是品牌的个性化与差异化建设。珀莱雅从以下几个方面实现差异化：首先，品牌定位差异化，即创造品牌的核心价值；其次，产品差异化，即树立产品在目标市场上的地位，创造产品在竞争策略中的优势；再次，渠道模式差异化，即对既有模式的重组，发掘新的空白点；最后，市场策略差异化，即以政策市场为导向，进行会议模式创新，丰富促销形式和加强促销售力度。此外，还有品牌文化差异化，建立独一无二的品牌诉求和文化内涵。

从青涩走向成熟，从机遇走向挑战，珀莱雅不断实现升级与蜕变。如今的珀莱雅已跻身本土一流品牌行列，并于 2017 年在上海证券交易所上市。公司一如既往地保持着创业之初的激情，为了实现建立“百年企业”的战略目标不断努力。

讨论题：

1. 分析珀莱雅的营销战略、产品策略、广告策略、价格策略和渠道策略，其成功的关键因素是什么？

2. 珀莱雅的营销管理方法对其他企业有什么启示？

思考题

1. 一个完整的市场营销管理需要经过哪些过程？
2. 为什么要进行市场细分？如何衡量市场细分的有效性？
3. 怎样理解产品的整体概念？它包含的内容有哪些？
4. 试举例说明某产品品牌的内涵及重要性。
5. 试述产品生命周期各阶段的营销策略。
6. 试论影响产品定价的因素。
7. 企业选择分销渠道时要考虑哪些因素？
8. 什么是促销组合？简述各促销方式的优缺点。
9. 什么是营销控制？为什么要进行营销控制？

第七章

生产运作管理

【引例】

海尔的生产管理模式

海尔集团是我国著名的家电制造业企业，自 1984 年创立以来以年均增长 78%的速度持续稳定发展，其冰箱凭借高品质和优质服务在国内处于主导地位。数据显示，截至 2018 年 8 月，海尔冰箱以 17.7%的销售占有率高居第一位。这是海尔不断拓宽产品线、加大升级力度的成果。名牌的背后是质量。张瑞敏和他的海尔一直在努力，凭借卓越的生产和质量不仅为中国能够创立世界品牌树立了信心，也让国际社会对中国制造树立了信心。

一、海尔的柔性制造系统（FMS）

随着科学技术的发展，人类社会对产品的功能与质量的要求越来越高，产品更新换代的周期越来越短。为了同时提高制造工业的柔性和生产效率，使之在保证产品质量的前提下，缩短产品生产周期，降低产品成本，始终使中小批量生产能与传统的大批量生产抗衡，柔性制造系统应运而生。柔性制造系统，是使用公共的电子计算机控制系统和物料输送系统，使两者相互连接的加工设备体系。海尔冰箱的柔性制造系统主要采用柔性信息处理及柔性生产加工，从而提高冰箱制造的效用与效率，更好地满足消费者个性化的要求。

1. 订单驱动

海尔对生产线进行了改造，通过看板拉动式管理实现柔性生产，每天一条生产线可以生产上百种规格的产品，大大提高了订单的响应速度，达到了以速度制胜的目标。只要销售部门得到客户订单需求，那么该需求就会被分解，通过信息网络和信息应用平台传递到企业供应链上的设计部门、生产部门、采购部门，甚至供应商，不同部门将对订单进行不同的响应，如销售计划、生产计划、采购计划的变化。一方面企业内部实现信息集成，并行处理，使产品计划和采购计划通过 MRP（物料资源计划）实现计划的一体化运算，大大提高了计划调整的效率，同时其采购平台实现了企业与外部供应商之间的信息一体化，从而使整个供应链实现对订单变化进行响应。

2. "e 制造"

根据订单进行的大批量定制，堪称"e 制造"。海尔的"e 制造"是根据订单进行的大批量定制。海尔 ERP（企业资源规划）系统每天自动通过无线扫描、红外传输等现代物流技术的支持，实现定时、定量、定点的三定配送；另外，其独创的过站式物流，实现了从大批量生产到大批量定制的转化。在满足用户个性化需求的过程中，海尔采用计算机辅助设计与制造，建立计算机集成制造系统（CIMS）。在开发决策支持系统（DSS）的基础上，通过人机对话实施计划与控制，从物料资源规划发展到制造资源规划（MRPⅡ）。这些新的生产方式把信息技术革命和管理进步融为一体。海尔冰箱通过"柔性"战略，不仅可以将企业的新产品以最快的速度送到市场各个角落，而且成本的降低可大大提升其在市场上的竞争力。以定制冰箱为例，设计人员要根据消费者需求进行科学、合理搭配，模具要重新制作，生产线要重新调试，配送系统要送对型号，服务系统要清楚这种机型的配置等。

二、海尔的现场作业管理

现场管理是对现场活动进行计划和控制，对现场人员进行组织和领导，充分利用人员、物料、设备等资源，做到环境整洁、设备完好、及时生产、物流有序、成本领先和产品优质。海尔强化提高企业员工的现场区域责任意识，使人、机、物、法、环、资、能、信等生产要素处于最佳结合状态，以保证生产控制预定的企业经营目标，实现优质、高效、低耗、均衡、安全、文明的生产。

1. 海尔现场管理的"6S 大脚印"法

"6S 大脚印"是海尔在加强生产现场管理方面独创的一种方法。它由日本的 5S 发展而来。海尔在 5S 的基础上加了一个 S，即安全（safe），形成了独特的"6S 大脚印"法。所谓的 6S，即整理，留下必要的，其他都清除掉；整顿，有必要留下的，依规定摆整齐，加以标识；清扫，工作场所看得见和看不见的地方全清扫干净；清洁，维持整理、清扫的结果，保持干净亮丽；素养，每位员工养成良好习惯，遵守规则，有美誉度；安全，一切工作均以安全为前提。

"6S 大脚印"的位置在生产现场，方法是员工站在"6S 大脚印"上，对当天的工作进行小结。如果有突出成绩的可以站在"6S 大脚印"上，把自己的体会与大家分享；如果有失误的地方，也与大家沟通，以期得到同伴的帮助，更快地提高。"6S 大脚印"不仅是一种生产管理方法，更成为独特的海尔文化，因为它已经深入海尔每一个员工的血液中，员工会随时自觉修正自己的行为，直到完成 6S 的要求。

2. 现场管理中的全面质量管理——零缺陷管理法

菲利浦·克劳士比于 20 世纪 60 年代初提出"零缺陷"思想。该思想主张企业发挥人的主观能动性来进行经营管理，要求生产工作者从一开始就本着严肃认真的态度把工作做得准确无误，在生产中从产品的质量、成本与消耗、交货期等方面的要求来合理安排，而不是依靠事后的检验来纠正。张瑞敏结合海尔的产品情况提出了"高标准、零缺陷、精细

化”的质量管理理念。在海尔每一条流水线的终端，都有一个“特殊工人”。流水线上下来的产品，一般都有一些纸条，在海尔被称为“缺陷条”。这是在产品经过各个工序时，工人检查出来的上道工序留下的缺陷。这位特殊工人的任务，就是负责把这些缺陷维修好。他把维修每一个缺陷所用的时间记录下来，作为向缺陷责任人索赔的依据。同时，当产品合格率超过规定标准时，他还有一份奖金，合格率越高，奖金越高。这就是著名的“零缺陷”机制。这个特殊工人的存在，使零缺陷有了机制与制度上的保证。海尔通过这样做，质量就不再是一种口号，也不再仅仅是事后的处理，而是贯穿于生产的每一个环节，落实到每一个人。海尔生产方式的成功运用，加快了企业的发展，拉开了其他企业与之的距离，也促进了海尔全球化品牌战略的实施。

本章要点

◇ 生产运作的职能与类型

◇ 产品设计、流程设计、设施布置

◇ 总量计划、物料需求计划、详细进度计划

◇ 改进的原则与方法、精益生产、流程能力及其指数、缓冲和安全库存、供应链管理、牛鞭效应

第一节　生产运作管理概述

生产运作，传统上称之为生产，现简称为运作，是企业的基本职能之一，对其进行有效管理，对于实现企业使命、战略目标和经营计划，提高企业竞争力和保持长期的成功都有着至关重要的作用。

一、生产运作

（一）生产运作的职能

生产运作是指根据营销职能的结果将输入转化为输出的过程，即创造产品或服务的活动。因此，生产运作职能是一切企业的基础或主体，是企业实力的根本所在。

生产运作作为企业的一项基本职能，与营销、财务等职能并列，但又处于基础地位。由于生产运作同时与其他职能相联系，所以，在对生产运作职能进行研究和管理时，必须考虑其他职能的特殊要求和约束，这样才能取得实效。

过去，生产运作主要是指生产，即物质实体或有形产品的制造。但随着社会经济的发展，服务业在社会经济中的地位越来越高，人们对服务业也越来越重视。这样一来，将有形产品的制造过程仍叫作生产，而将无形产品——服务形成的过程称为运作。虽然生产和运作两者之间有许多不同，但基本形式是一样的，即“输入—转化—输出”。于是，传统的生产管理（PM）加上对服务过程的管理，便形成了生产运作管理（P/OM），当前更一般化地称为运作管理（OM）。

将“输入—转化—输出”过程视为一个有机整体，它是一个服从于特定目的的人造系

统——生产运作系统，生产或提供顾客需要的特定产品或服务，并实现增值。生产运作系统包括输入、转化、输出、反馈等主要组成单元，其基本框架如图7-1所示。

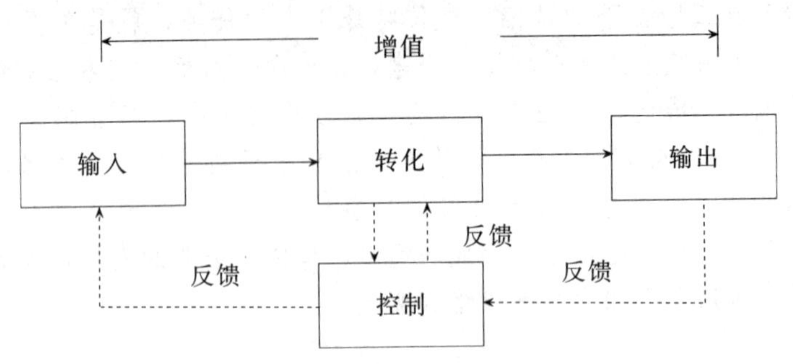

图7-1 生产运作系统框架

转化是生产运作系统的核心，决定生产运作系统的结果和绩效，因而是生产运作管理的重点。转化有多种形式：实物的，如制造厂；位置的，如运输公司；交换的，如零售商店；储藏的，如分配中心；生理的，如医院；信息的，如电信公司；智力的，如学校……反馈则意味着持续地改进生产运作，不断地提高其效果和效率。

（二）生产运作的类型

生产运作的类型，是指从对生产运作管理影响的角度，将生产运作系统分成类别。每种类别都有一些明显的共同特点，了解和掌握它们，对搞好生产运作管理有很重要的作用。

1. 按输出的性质分类

根据生产运作系统的输出是有形的还是无形的，可将生产运作分为制造和服务。

制造与服务的一个重要区别在于“生产”与“消费”是否同时进行。前者基本上是非同时性的，而后者则几乎是同时性的。这个重要区别又可派生一些具体区别。例如，顾客是否直接干预生产运作活动；生产运作环境对顾客有否直接影响，生产运作的结果是否可以储存、运输、修理、更换；生产运作能力的利用率是高还是低；生产运作效率是高还是低；生产运作人员的技能范围是宽还是窄。这些使得对制造和服务活动的管理有着明显的差别，如制造系统可远离顾客或市场，更关心成本因素、技术手段、自动化等；而服务系统则须靠近顾客，关心收益，考虑人的因素，要求更强的应变能力。

2. 按满足需求的方式分类

根据满足需求的方式，可将生产运作分为备货型生产运作、订货型生产运作和订装型生产运作。

（1）备货型（MTS）生产运作，是根据对需求的预测来安排生产运作的内容、数量和时间，将其产出置于仓库，通过库存来随时满足顾客需求。现在也常称此类系统为“推系统”，即将已有的产出“推”给市场或顾客，而无论他们的特殊需要是什么。

（2）订货型（MTO）生产运作，是根据已接到的顾客订单来安排特定的生产运作内容、数量和时间，以满足特定顾客的特定需求。现在也常称此类系统为“拉系统”，即生产运作由市场或顾客直接拉动，在未得到具体顾客的需求前，不生产或不提供最终产品或

服务，其实质是“定制”。

（3）订装型（ATO）生产运作，是根据已接到的顾客订单来安排特定的最终产品的装配内容、数量和时间，以满足特定顾客的特定需求，其物料采购或零部件生产是按对需求的预测进行的，发生在具体最终产品或服务的订单到达之前。此类生产运作为订货型生产运作和备货型生产运作的综合，即“前拉后推系统”，它在一定程度上克服了前两者的缺点。目前，新型的“大量定制”或“延迟制造”就采用此种生产运作方式。

二、生产运作管理

（一）生产运作管理的基本内容

生产运作管理，是指对生产运作进行的计划、组织、控制等活动，它是对生产运作系统的建立、运行、改进等活动所进行的管理。

生产运作管理包含两个层次的决策：战略决策与战术决策。

1. 战略决策

生产运作管理的战略决策，是确定企业如何开发自己的生产资源或能力，以支持和保证企业战略的实现。这类决策将关系到企业战略的实施效果或顾客需要的满足程度，因此，要以企业战略为前提或约束。生产运作战略的重点一旦确定，将对以下主要内容进行决策：

（1）将生产或提供什么产品或服务。

（2）将用什么样的方式进行生产或服务。

（3）生产或服务的设施位置将在何处。

（4）将需要多大的规模或能力，将在什么时候增加能力。

（5）生产或服务场所将如何布置。

（6）将采用什么样的作业方法。

2. 战术决策

生产运作管理的战术决策，是在战略决策的约束下，确定如何有效地对物料和人力进行计划或安排、如何有效地进行日常生产运作活动。其主要的决策内容有以下几个方面：

（1）在什么时候、需用多少人力。

（2）每天工作几个班次。

（3）是否需要加班、加班多少时间。

（4）何时交付物料、交付多少。

（5）是否需要库存、库存多少。

（6）某周或某天应做什么工作。

（7）安排谁、去做什么。

（8）先做什么、后做什么。

（二）生产运作管理的发展

从泰罗的科学管理开始至今，生产运作管理的历史也有100多年了。生产运作管理发展大致经历了四个阶段，对应着四种生产运作模式。

1. 手工生产

手工生产，是指具有较高和较全面技能的工人利用简单和通用型的简陋工具，生产单件或少量特殊产品的生产模式。其最大优点是能生产各种各样的定制产品，满足顾客的特定需要；其主要缺点是生产效率低、成本高。在使用机器体系进行生产以前的生产模式基本上都是手工生产模式。

2. 大量生产

大量生产，是指具有较低和较窄技能的工人利用专业化程度极高的设备，进行大规模生产，生产大量标准化产品的生产模式。其最大优点是生产效率高、成本低；其主要缺点是生产系统缺乏柔性，产品缺乏多样性，不能满足顾客特定需要。从泰罗时代开始直到20世纪80年代，这种生产模式是主流的生产模式，其典范是20世纪初的福特流水装配线。

3. 精益生产

精益生产，是指具有较高和较全面技能的工人利用先进的柔性设备，生产从少量到大量的多种产品的生产模式。它吸取手工生产和大量生产的优点，能以相当高的生产效率生产较多种类的产品。它不是通过增大生产规模的方式，而是通过强调质量、柔性、缩短时间、协同工作、改进生产系统等方式，以更少的制造资源生产同样多的产品。这一生产模式由日本丰田汽车公司的准时生产（JIT）模式演化而来，形成于20世纪90年代。

4. 大量定制

大量定制的主要特点是采用延迟差异的方式（产品的差异尽可能延迟到顾客需要时才形成）或模块化设计制造方式（有限种类的标准零部件、不同种类零部件的标准接口或相互兼容）进行产品的设计、制造和装配，在产品零部件层次上采用大量生产方式，而在装配层次上采用定制方式。这样，既有较高的生产效率、较低的成本、较短的反应时间，又有多样化的产品。这一生产模式始于20世纪90年代。

（三）生产运作管理的新特点与新趋势

随着社会、经济、技术等的发展，生产运作系统的环境及自身也在不断变化，因而，生产运作管理总是面临着一些新的问题和要求，总带着一些新的特征。特别是20世纪70年代以来，社会需求、市场条件和科学技术飞速发展，而且它们之间相互作用、相互促进，使得过去传统生产运作方式及其管理发生了根本性变化。这些变化还在进一步地发展，掌握目前和未来这些变化的特征和趋势，对搞好生产运作管理至关重要。

1. 生产运作系统环境的新特点

（1）需求越来越个性化，多品种小批量的需求成为主导性的需求模式。

(2) 市场对产品的质量、交货、服务等的要求越来越高。
(3) 产品更新换代越来越快，产品生命周期越来越短。
(4) 市场竞争越来越激烈，范围越来越广，手段越来越高级。
(5) 技术发展越来越快，技术寿命越来越短。
(6) 社会对生产运作的约束越来越强。
(7) 不确定性因素越来越多，不确定性程度越来越高。

2. 生产运作管理的新趋势

(1) 强调质量、反应时间、柔性、服务等。
(2) 强调生产运作战略的开发和应用。
(3) 强调生产运作系统的开放。
(4) 强调不同职能、环节的集成，管理、技术和人的集成。
(5) 强调员工参与和团队工作。
(6) 强调在世界范围内最佳地配置生产运作资源。
(7) 强调新技术的开发、利用。
(8) 强调实现绿色产品、绿色设计、绿色工艺和绿色制造。
(9) 强调对不确定性问题的管理。
(10) 强调生产运作系统的改进。

第二节 生产运作系统的设计

生产运作系统的设计，为进行日常的生产运作活动提供前提条件或物质基础，如制造产品得先建工厂，培养学生得先建校园，销售产品得先建商店……生产运作系统的设计具有战略意义，其具体内容包括产品设计、流程设计、设施布置等。

一、产品设计

产品设计是把顾客的具体需要转化成材料、产品和流程的技术规范，即确定产品及各个零部件的具体物料、形状和公差等的活动。产品设计包含两大内容：为顾客设计和为制造设计。

(一) 为顾客设计

为顾客设计，是指为产生顾客所需的特定功能和性能而进行的产品设计。

为将顾客的需要很好地体现在产品设计中，可以使用质量功能展开的方法辅助产品设计和开发。质量功能展开（QFD）是一种将“顾客的声音”转化为产品设计规范的系统方法，使用这种方法的主体是跨职能团队，其主要工具是“质量屋”。

构造“质量屋”的步骤是：

(1) 列出顾客对产品的要求及其重要性权数。
(2) 确定能满足顾客要求的产品技术特征。

（3）构建顾客要求与技术特征关联程度的矩阵——关系矩阵。

（4）相对于主要竞争对手，对顾客要求与技术特征进行竞争性评价。

（5）根据技术特征的重要性权数和竞争性评价的结论，确定产品的设计规范。

（二）为制造设计

为制造设计，是指在为顾客设计的基础上，为更经济地制造产品而进行的产品设计，常称之为制造性设计（DFM）。制造性设计的具体方法有以下几种。

1. 模块化设计

模块化设计是以企业的标准件、通用件为基础，设计出种类有限的若干模块，然后根据需要选用不同的模块组合成许多种类不同的产品的设计方法。这样在保证足够多的产品种类的前提条件下，可大量减少零部件的种类，从而减少采购、制造、装配、运输、维修等成本，同时还增强了对市场需求的快速反应性。

2. 回收设计

回收设计是为回收报废产品中的某种物料，实现物料的再利用而进行的产品设计。回收物料可以减少物料成本，还可以保护资源。

3. 拆卸设计

拆卸设计，是为回收报废产品中的某种零部件，实现零部件的再利用而进行的产品设计。方便的拆卸，一方面能降低零部件的回收成本，另一方面能避免或减少零部件受损。

4. 田口方法

日本专家田口玄一认为，不要总是依靠购置先进生产设备、严格选购材料、进行严格的流程控制等来保证质量，而应将产品设计得足够稳健，以至材料和生产或装配过程中的小变动不会损及产品质量。这样，不仅能取得更高的质量，而且还会大大降低采购、制造、检验和管理成本。

5. 价值工程

这里的“价值”是产品功能与成本的比率，即$V=F/C$。价值工程用于识别和消除不必需的功能和成本，简化产品和流程，将价值设计到产品里，其目的是要以尽可能低的成本提供顾客需要的功能。

二、流程设计

（一）流程类型及其选择

流程是将输入品转换成输出品的过程，包括人员、装备、技术、方法、步骤等。通常可将流程分为连续、线流、批流、零杂四大类型。

1. 连续流程

连续流程即高度重复地或连续地生产或提供一种或极少种类，但数量极多的产品或服务。这种类型的流程高度标准化，流动路线相同，不间断地进行。化工、胶片、造纸、炼油、供热、冷冻等流程就属于这种类型。

2. 线流流程

线流流程即重复程度较高地生产或提供种类很少，但数量很多的产品或服务。这种类型流程的标准化程度很高，流动路线基本相同，但是是可间断的。汽车、电器等装配线或流水生产线是其典型代表。

3. 批流流程

批流流程即中等重复程度地生产或提供种类较多、数量适中的产品或服务。这种类型流程的标准化程度较高，流动路线大致相同。食品、服装、涂料、机床等制造流程就属于这种类型。

4. 零杂流程

零杂流程即重复程度很低地生产或提供种类很多，但数量很少的产品或服务。这种类型流程的标准化程度很低，流动路线基本不同。修理、医院、缝纫、咨询等生产运作就属于这种类型。

不同类型流程需要不同的设备、人员和管理方式，适用于不同条件。因此，应根据企业内外条件选择适当类型的流程。

产品-流程矩阵（PPM）是一种流程选择工具，如图 7-2 所示。据此，在矩阵对角线上，流程是与产品匹配的，因此选择矩阵对角线上相应类型流程是合适的，而远离对角线区域是不合适的。

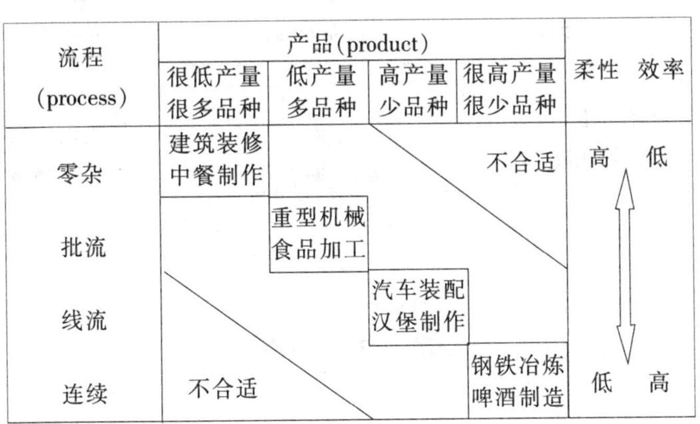

图 7-2 产品-流程矩阵

(二) 流程分析

流程设计或再设计的首要任务是对实现既定产品设计流程进行分析，确定实现产品设计所需的加工顺序、资源、产能等，即确定对象移动过程或被加工、处理、服务过程。一种产品或服务对应一种具体流程，一个流程由若干要素构成，即流程单位、活动、缓冲、顺序、资源等。

1. 流程单位

流程单位是指输入、加工或服务、输出一个对象，如一件产品、一位顾客等。

2. 活动

活动是指对流程单位所进行的某种加工或处理，如铸造、加工、装配、开票、手术等。

3. 缓冲

缓冲是指相邻两个活动之间可能存在一种特殊活动，用以缓解相邻活动之间的先后依赖关系，可以产品库存形式存在，也可以顾客排队形式存在。

4. 顺序

顺序是指不同活动之间的先后关系。有先后关系的活动是串行活动，可同时进行的活动是平行活动。

5. 资源

资源是指进行活动所需的人员、设备、工具等，由特定活动需要决定。资源的效率、数量决定了资源单位时间的能力，能力最小的资源是流程的瓶颈，瓶颈制约着系统产出能力。

流程分析的基本工具是流程图，图 7－3 所示的流程图表述了一个简单流程。

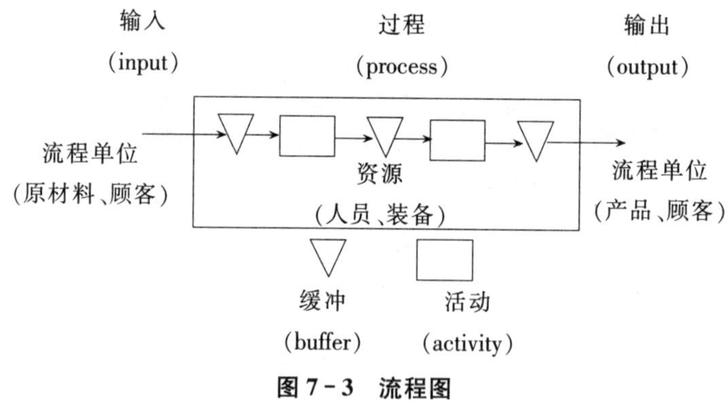

图 7－3　流程图

（三）流程设计的内容

1. 产品设计审查

对产品的结构、加工要求等在当前制造技术水平上能否实现、产品能否制造出来、是

否经济合理进行审查，通过反馈改进产品设计。

2. 流程方案拟订

流程方案是指导整个流程设计工作的总纲，是进行具体流程设计的指导性文件，它规定了各项活动和技术装备水平、加工路线、装备设计和制造等的原则，以及各种关键问题的解决方案。

3. 制造规程编制

制造规程包括产品及零部件的加工方法和顺序、所需装备、设备调整方法、加工和装配的技术条件等。它是指导具体加工和装配的最主要文件，也是以后编制生产计划、进行生产调度、原材料供应、工具供应和劳动组织的基本依据。

4. 装备设计

装备是进行特定活动所需的设备、刀具、模具、量具、夹具、工位器具等制造资源。装备分为专用装备和通用装备两大类。前者可自行设计制造，也可向外定制；后者一般是外购。

三、设施布置

设施布置，是指对既定的产品和流程所需的设施、设备等在一定的空间范围内进行合理分布和安置，主要是指对部门、加工中心和设备等空间分布的设计。这里介绍三种基本类型的布置：面向过程布置、面向产品布置和单元布置。

（一）面向过程布置

面向过程布置，是指按加工或服务性质分别设置相应的生产运作单位，使产品或顾客依次经过相应的各生产单位，接受所需的特殊加工处理或服务。一个生产运作单位是一种同性质的设备、员工等的集合体，进行一种性质的加工处理或服务。它能处理各种具有不同加工要求但加工性质相同的产品或服务。

该种布置以部门化或职能化为特征。图 7-4 描述了典型的面向过程布置的部门安排。

在这种布置中，各部门只有使用通用设备和具有高技能的熟练人员才能适应大范围加工处理要求。此种布置的最大优点是适应需求变化的能力强；最大缺点是部门间的运输量很大，生产运作效率很低。面向过程布置适合于品种多、产量低的批流和零杂型的生产运作流程。

（二）面向产品布置

面向产品布置，是指按产品或顾客性质分别设置相应的生产运作单位，使某种产品或顾客在一个生产运作单位里得到所需的几乎全部加工处理或服务。一个生产运作单位是多种性质设备、员工的集合体，进行规定的各种性质加工或处理。

面向产品布置借助于高度标准化的产品或服务、高度标准化的作业和高度专业化的设备实现生产运作高效率。在这种布置下，将所需的设备和工人按加工和处理顺序排列布置，形成一条如图 7-5 所示的生产线或装配线。此种布置的最大优点是生产运作高速度

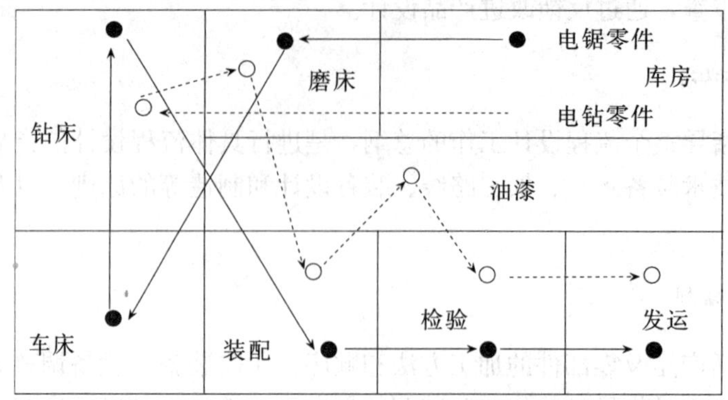

图7-4　面向过程布置示意图

或高效率；最大缺点是适应需求变化的能力很弱。面向产品布置对品种少、数量大的连续和线流型生产运作流程很有利。

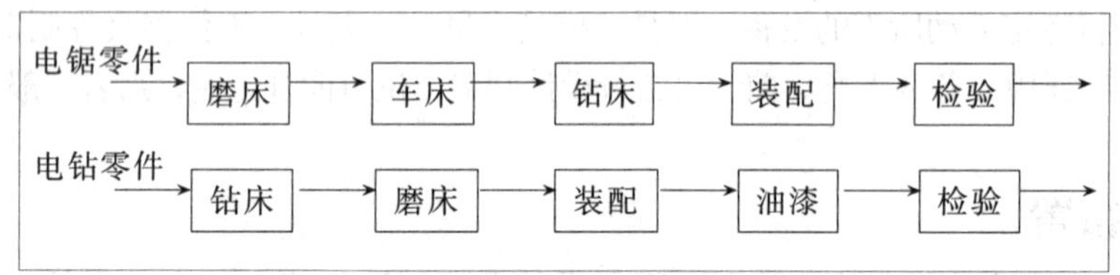

图7-5　面向产品布置示意图

（三）单元布置

单元布置是利用成组技术（GT），采用面向产品布置代替原来面向流程布置，如图7-6所示。先将加工处理不同但类似的产品或零件识别出来，再按族分别设置相应的生产运作单位，使一个族内不同产品或零件、顾客在一个生产运作单位里得到所需的多种类似的加工处理或服务。这种布置使生产运作既保持了原有柔性，又取得了更高效率。

第三节　生产运作系统的运行

已经设计好的生产运作系统必须根据实际需要有效地运行，才能实际地生产或提供顾客所需要的具体产品或服务。生产运作计划是生产运作系统运行的首要内容，也是生产运作控制的基础，因此，本节仅介绍生产运作计划的主要内容。

一、总量计划

（一）生产运作计划体系

1. 生产运作计划及其作用

生产运作计划是根据企业计划和一定时期的具体需求，在考虑现有可用生产能力约束

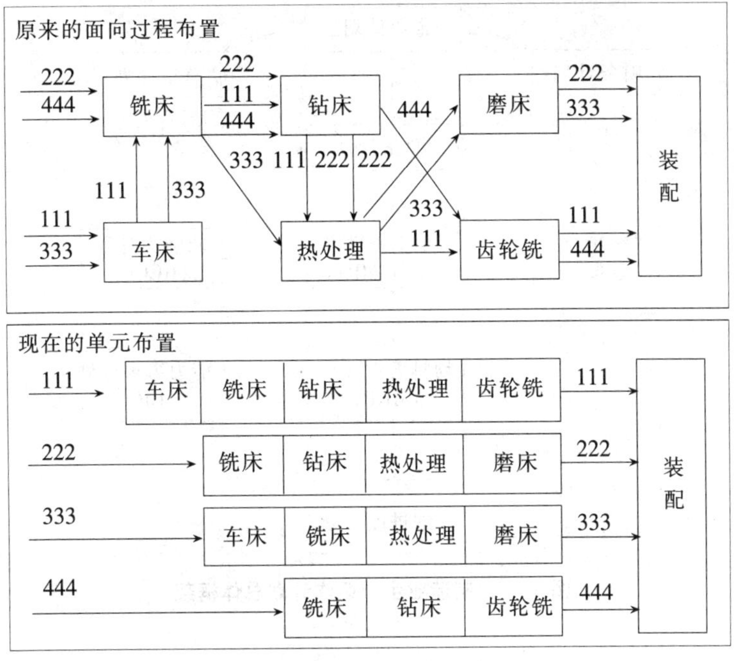

图 7-6 单元布置示意图

下编制而成的。其主要作用有以下几个方面：

(1) 决定着顾客需求的满足程度。

(2) 影响着企业计划、营销计划和财务计划的实现。

(3) 是制订采购供应、劳动人事、成本计划的重要依据之一。

(4) 决定着生产运作资源的利用程度和生产运作消耗水平。

2. 生产运作计划构成

生产运作计划的总体框架如图 7-7 所示。其中主要的计划内容包括：总量计划、主生产进度计划（MPS）、物料需求计划（MRP）、详细进度计划。

上述所有计划都要在需求与可用生产能力之间寻求平衡，既尽可能地满足需求，又尽量充分地利用现有生产能力，保证各项计划的可行性和有效性。因此，在编制以上计划的同时，还要确定相应的能力需求，编制相应的能力需求计划：粗能力计划（RCCP）和能力需求计划（CRP）。

（二）总量计划的特点

总量计划，是指在一定计划期限内，以现有生产设施为基础，根据预测的市场需求特点，确定各期产品大类或系列产出水平，以及所需的一般人力水平和库存水平等，并使它们达到最优组合。其主要特点有如下几个方面：

(1) 它以公共单位对所有不同产品进行计量，不涉及某种具体产品的数量。

(2) 它是中期综合生产和能力计划，不涉及具体产品种类和资源种类。

(3) 它以市场各期（月）需求预测为依据，不涉及所需要的具体产品种类。

(4) 它是一种序贯决策或动态决策方法，追求整个计划期内总生产运作成本最小。

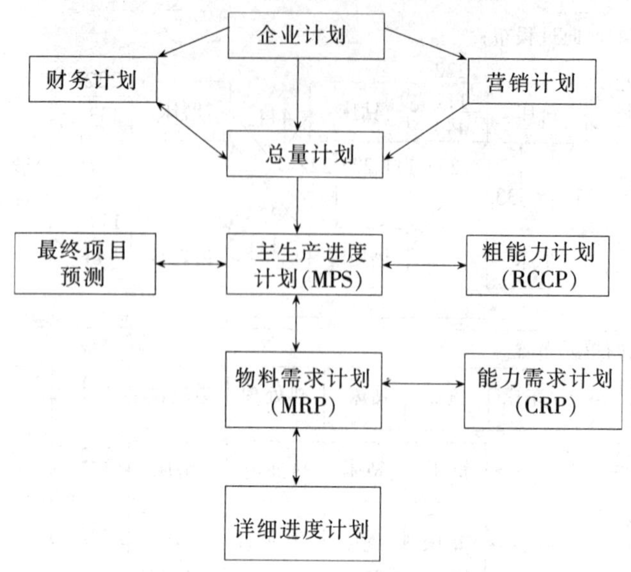

图 7－7　制造业生产运作计划总体框架

（三）总量计划的策略

总量计划策略，是指总量计划方案可用的措施或可控的因素。分为纯策略和混合策略两大类。纯策略仅考虑一种因素；混合策略同时考虑多种因素。现实中所用的基本上都是混合策略，但它们都是以下面的纯策略作为基础的。

1. 使用库存

按一个固定不变的生产率进行生产，在低需求期间建立库存，在高需求期间使用库存，库存量随需求变化而反向变化。这种策略适合于制造业。

2. 改变人力数量

根据需求高低确定所需人力数量，高需求时录用人力，低需求时辞退人力，总是使生产率与相应需求率保持一致。在对人力技能要求不高时可采用此策略。

3. 改变工作时间

在保持恒定的人力数量条件下，改变工作时间的长短，使生产率与需求率保持一致。需求高时加班生产，需求低时则按正常工作时间生产或暂停生产。因为加班或停工的时间非常有限，所以，该方案有时只能满足小部分需求变化。

4. 外包

在需求超过企业自有生产能力时，把部分生产任务外包给其他企业完成，以相对扩大生产能力，满足过大的需求。

5. 延迟交货

接受订单，但不按期提供订货或服务。延迟交货虽能从数量上满足用户需求，但在时间上却延迟了满足用户需求，可能要付出较多罚款，甚至在未来会失去原有用户。所以，使用这种策略时应相当谨慎。

（四）总量计划的拟订方法

拟订总量计划的方法很多，基本上可分为两类：图表法和数学法。

1. 图表法

图表法是一种手工试错的方法，它不能保证得到最优方案，但由于简单易懂、计算量不大且简便，而被广泛地应用。

2. 数学法

数学法是一种采用数学模型描述总量计划问题，通过求解，直接得到最优计划方案的方法。数学法虽能取得最优结果，但应用难度大、代价高，还可能因模型简化现实而导致结果失效，因而在实际应用中有一定的限制。

二、物料需求计划

（一）物料需求计划的指导思想

物料需求计划（MRP）是一个基于计算机的、用以处理相关需求项目的订货和生产进度的计划系统。

物料需求计划的基本指导思想是，按物料的实际需求准时进行生产和订购。编制企业内部生产和采购活动的计划方法通常是再订购点法，即对各种零部件和原材料需求进行预测，各自确定一个经济的生产或订购批量（EOQ）和再订购点（ROP），每当实际库存降至再订购点或以下，就按既定批量进行生产或订购。实际上，企业有两种不同性质的需求：

（1）独立需求：来自企业外部顾客对产品或服务的需求。

（2）相关需求：来自企业内部一种物料对另一种物料的需求。

独立需求与相关需求的主要区别如图 7－8 所示。

对于独立需求采用再订购点法安排生产或采购是经济的，但对于相关需求采用再订购点法安排生产或采购则不一定是经济的，这样就需要有一种新方法予以处理，这种处理相关需求的新方法就是物料需求计划。

（二）基本的 MRP 系统

从物质形态来看，MRP 包括硬件和软件两大部分，其核心是后者。从运行过程来看，MRP 一般包括输入、处理和输出三大部分。MRP 系统的主要输入包括以下方面。

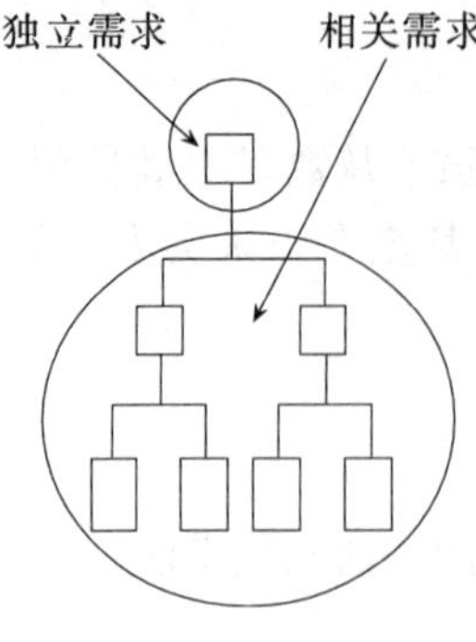

比较项	独立需求	相关需求
需求源	顾客	上一级物料
需求模式	随机，连续	确定，离散
确定需求的方法	预测	计算
物料类型	成品	原材料、在制品
计划方法	EOQ、ROP	MRP

图 7-8　独立需求与相关需求的区别

1. 主生产进度计划

主生产进度计划（MPS）是关于最终项目需求数量和时间的计划，它表明将要为销售提供哪些具体成品和零部件、何时需要、需要多少数量。主生产进度计划包含用于市场营销和生产的重要信息。MRP 直接由主生产进度计划来驱动。

2. 物料清单

物料清单（BOM）即产品结构文件，是一张包含生产单位某种成品所需的所有装配件、子装配件、零部件和原材料的列表。每种成品都有一份自己的物料清单。

3. 库存记录文件

库存记录文件是用于逐期存储关于每个项目状态信息的文件。它包括预期收到和预期可用库存，也包括每个项目的供应者、提前期及批量等其他详细情况。其中：

（1）预期收到，是指已计划的将要完成交付的数量；

（2）预期可用库存，是指计划期内直接可用于满足需求的数量，由现有库存、预期收到、安全库存、废品损失等因素决定；

（3）提前期，是指发出（或接到）生产或订购任务到任务完成所需用的时间，它主要由加工时间、排队规则、任务量大小等因素决定，难以准确确定，常根据过去的经验和未来的预计情况予以合理估计；

（4）批量，是指按一定方法或政策确定的经济合理的一次生产或订购的数量。

（三）MRP 的运行逻辑

MRP 的运行逻辑如图 7-9 所示。

MRP 由主生产进度计划驱动，其具体过程有以下几个方面：

（1）最终项目的总需求（数量和时间）直接来自主生产进度计划。

（2）净需求为总需求减去预期可用库存后的实际生产需求（数量和时间）。

（3）计划收到规定了实际生产应完成的数量和时间，其数量大小由净需求和既定批量决定，其时间即总需求的时间。

（4）计划发出规定了实际生产开始的时间和数量，其时间为计划完成时间减去提前

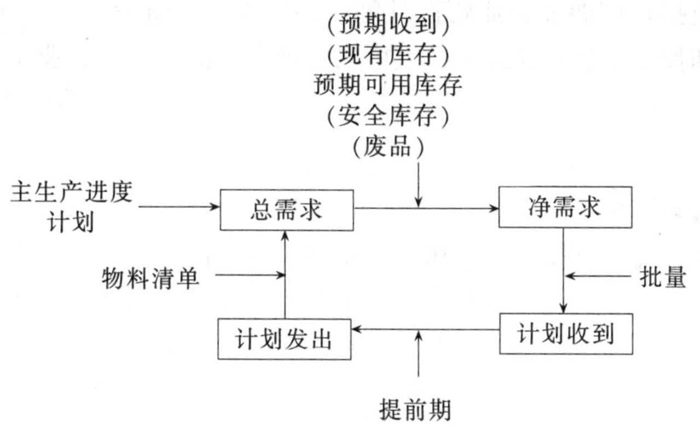

图 7-9 MRP 运行逻辑示意图

期，其数量即为计划完成数量。

(5) 按照开始进行生产的数量和时间，根据物料清单，计算出对其子项的总需求。

如此循环进行，直至最后一级外购的原材料和零部件。

(四) MRP 的扩展

前面所介绍的是基本的 MRP 系统，仅涉及物料需求，并未考虑对能力的需求或能力对其的约束，也没有考虑对其他资源的需求，对将来实际执行过程中的具体问题也不能做出适当反应。所以，基本的 MRP 系统是一种开环系统，它自身不能保证其计划的可行性和有效性，需要进一步扩展。

1. 闭环 MRP

在基本的 MRP 模块的基础上，再增加一个能力需求计划（CRP）模块，该模块将前者的结果转化成对生产能力（人力和机器等）的需求，并核实是否有足够的能力予以保证。如果没有，则向 MRP 模块反馈，进行修改，直到有足够能力保证为止。当生产指令下达到生产系统，在执行能力计划和物料计划中，需要对实际执行情况进行监控，生产、能力和物料的任何变化都要反馈到 MRP 系统，根据实际情况对计划做出必要和适当的调整。

2. 制造资源计划（MRPⅡ）

生产计划不仅受生产资源或能力的制约，而且还受市场营销、财务等资源的制约，因此，可行的生产计划必须同时满足这些资源的约束或要求。基本的 MRP 系统和闭环 MRP 都没有考虑这些资源约束。为克服此缺陷，MRP 必须进一步扩展。

另外，为取得整体的最佳效果，企业的所有职能领域必须面向一个共同目标，为减少不同职能部门之间的不一致或矛盾，原来的 MRP 也应向企业其他职能扩展。这种扩展后的系统就是制造资源计划。MRPⅡ是包含原来 MRP 在内的一种更广泛、功能更齐全的系统，它实现了计划过程中生产、市场营销、财务、人事、工程以及采购等职能的一体化或集成。

3. 企业资源计划（ERP）

在供应链管理要求下，通过公共和专用网络将 MRPⅡ进一步与企业外部的供应商、顾客等系统相互连接，扩展成企业资源计划。ERP 是一个范围更大、功能更强的信息交流和处理、计划和控制平台，在此平台上可以实现供应链上相关企业生产运作活动更高水平的协调。

三、详细进度计划

详细进度计划是关于具体生产运作活动安排计划，包括将具体生产运作任务分派到具体的工作中心，确定任务完成先后顺序，确定各种任务具体的开始和完成时间。其具体内容包括以下方面。

（一）负荷

负荷是向工作中心分派生产任务。工作中心是企业中生产资源的一种特定组合，用于进行某种特定工序、加工或处理。一个工作中心可以是一台机器、一组机器、一个人、一组人或一个工作地。

可用甘特图辅助任务的分派，通常有两种方法，如图 7－10 所示。

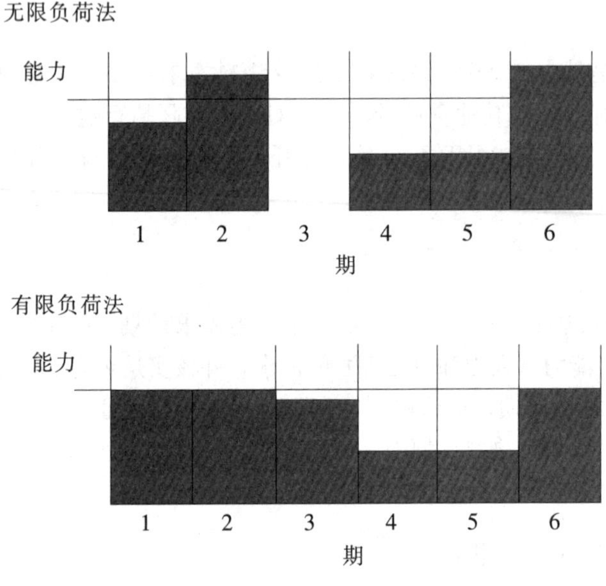

图 7－10　无限与有限负荷法示意图

1. 无限负荷法

直接将生产任务分配到各工作中心，而不考虑其能力大小。这种负荷方法的结果是可能超负荷或欠负荷，超负荷意味着不可行。这种方法时常要求积极地去探索其他可能的方法或措施（加班、外包、改进工作方法等），力求任务的完成。当加工中心有一定潜在能力或替代能力时可考虑采用此种方法。

2. 有限负荷法

在将生产任务分配到各工作中心前，考虑其能力的大小，使任务量不超出能力。这种

负荷方法的结果总是可行的。当工作中心的能力很特殊、极其有限、不可替代时可考虑采用此种方法。

（二）排序

排序是确定多个任务在某个工作中心加工或处理的顺序。负荷只是将任务分派到有关工作中心。一段时间内，一个工作中心可能分配有多个任务。对任务的不同排序将对满足顾客要求、完工时间、在制品库存、资源利用率等产生不同的影响。

1. 排序的目标

（1）平均流程时间最短。一项任务的流程时间等于其加工时间与等待时间之和。排序不同，各任务流程时间也就不同，因而要寻求的是使平均流程时间最短的排序。

（2）平均延误时间最短。一项任务的延误时间等于其规定的完工交付时间与流程时间之差。排序不同，各任务的延误时间也就可能不同，因而要寻求的是使平均延误时间最短的排序。

（3）平均在制品库存最少。在工作中心停留（等待和加工）的一项任务，对应一定的在制品库存。排序不同，各任务离开工作中心的时间就不同，一定时间内停留在工作中心的任务数也就不同，因而要寻求的是使平均在制品库存最少的排序。

（4）资源利用率最高。资源利用率是工作中心在完成所有任务的时间内，资源（设备或人员）实际工作时间的百分比。排序不同，前后进行加工的资源等待加工的闲置时间就可能不同，资源利用率也就可能不同，因而要寻求的是使资源利用率最高的排序。

2. 排序的方法

对于大规模复杂的排序问题至今没有统一的最优方法，常用一些启发式规则（优先规则）来产生排序方案，方案可能好也可能不好，可以比较多个方案，从中选取一个满意方案。常用的三个简单优先规则如下：

（1）先到先服务（FCFS）：先到达的任务先加工、处理。

（2）最早交货期（EDD）：要求最早交付的任务最先加工、处理。

（3）最短作业时间（SPT）：花费时间最少的任务最先加工、处理。

排序问题可根据其规模、复杂程度分为：$n/1$（n 个任务/1 个工作中心）、$n/2$（n 个任务/2 个工作中心）、n/m（n 个任务/m 个工作中心）。这些问题还会因为加工路线的异同再分为不同排序问题。

第四节　生产运作系统的改进

一、改进的原理

（一）改进的原则

改进是现代生产运作管理的一项重要内容。它首先是一种理念，其实质是对完美的永无止境的追求，进而追求对将输入转换为输出的流程作永不停止的改进，持续不断地增强满足顾客要求的能力。能力的提高意味着不断改进与流程有关的所有因素，包括设备、方法、材料及人员等。在改进的理念下，不坏并不意味着不能改进。

为正确地实现改进理念，有效地为进行改进实践提供指南，须遵循一定的原则。

1. 流程的改进

为提高顾客和社会的满意程度、提高企业自身运行的效果和效率，不仅要改进企业所提供的产品，更重要的是要改进企业提供产品的所有流程。因为所有工作都是通过流程来完成的，所以改进的根本是流程的改进。

2. 持续性的改进

改进的一个基本信条是总存在着改进机会或改进是无穷的。追求更高目标的活动必须是一种持续性活动，持续性改进是客观的要求。改进本身就有持续的含义，终止改进就意味着再没有改进，不断改进则意味着改进永在。

3. 积极的改进

改进的机会大都潜藏、混杂于纷乱的事物之中，常常是转瞬即逝，只有抓住了它们，改进才有可能发生。所以，积极或主动改进应是一种必要的主观态度。

4. 预防性的改进

流程改进的重点在于预防问题的发生和再发生，这样可从根本上避免或减少不必要的损失。对于已存在的问题，要采取纠正措施，但重点是要查明并消除或减少导致问题产生的原因，以防止其再发生。对于现在尚未出现但有可能出现的问题，也有必要予以研究，一旦确定其可能的原因，就要采取预防措施予以消除或减少，以防止问题的发生。

（二）改进的基本步骤

PDCA 循环，即计划（plan）、实施（do）、检查（check）、处理（act）循环，是用于持续进行改进的基本步骤，如图 7－11 所示。

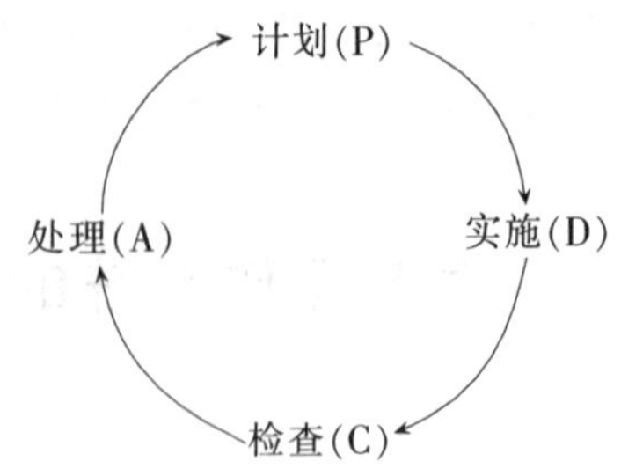

图 7－11　PDCA 循环

1. 计划（P）

以现存的问题或潜在问题为研究起点，然后收集识别问题所需要的数据，再分析数据，并形成一个改进计划，确定用以评价该计划的方法或度量。

2. 实施（D）

实施改进计划，记录所做的任何改变，并形成文件，为评价而系统地收集数据。

3. 检查（C）

对实施阶段中收集的数据进行评价，检查其结果是否与计划所确定的目标相一致。

4. 处理（A）

如果结果是成功的，则将新方法标准化，并将其传达给有关的所有人员，实施新方法的培训；如果不成功，则修改计划，重复以上过程，或停止该改进项目。

改进成功后，为了再次进行改进，则要在更高水平上重复该循环。如果改进不成功，又有意继续下去，则需退回到某个适当阶段，修改后重复该循环。

PDCA 循环不仅表明了持续改进的基本步骤，更重要的是它展示出改进永无止境的思想本质。

（三）改进的常用工具

改进需要使用相应的工具或方法，以保证改进的实现。下面介绍几种常用的改进工具。

1. 5W2H 方法

对当前的流程提问，有助于对当前流程的潜在问题及其原因进行深入探讨，以及对潜在改进方法进行探索。5W2H 方法是一种典型的提问方法，如表 7－1 所示。

表 7－1 5W2H 方法

范畴	5W2H	典型问题	目标
主题	what（是什么）？	正在做什么？	识别改进的项目
目的	why（为什么）？	为什么必须做？	消除不必要的活动
处所	where（什么地方）？	在何处做？ 为什么在那里做？ 在别的地方做是否更好？	改进位置
时序	when（什么时候）？	何时做？ 在其他时间做是否更好？	改进时序
人员	who（什么人）？	谁在做？ 其他人做是否更好？	选择合适的人员或设备
方法	how（如何）？	现在如何在做？ 是否有更好的方法？	简化作业，改进方法
费用	how much（多少）？	现在的花费是多少？ 新的花费是多少？	选择一种改进的措施

2. 流程图

流程图是一个流程主要步骤的可视描述，它能直观地、全面地表述一个流程的主要构成因素，如图 7－12 所示。借助于流程图，可方便地观察和分析可能的问题，为改进流程提供线索和途径。所描述的流程可以是一个实物流程，如流经某个生产作业的物料运动；也可是一个决策流程，决策的形成需经一系列的活动。

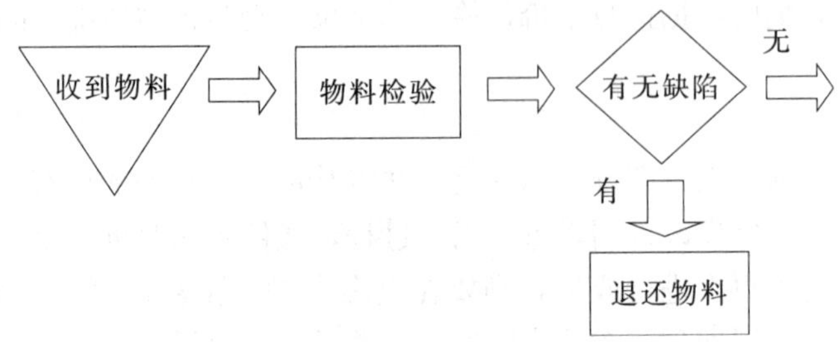

图 7－12　物料运动流程图

3. 调查表

调查表是为识别问题而记录数据的一种常用而又简单的工具，它能方便地收集、记录、组织和分析数据。调查表是便于使用者收集数据而特殊设计的。如表 7－2 所示的调查表就是缺陷类型调查表。

表 7－2　缺陷类型调查表

星期	时间	缺陷类型					合计
		缺口	孔洞	污物	擦痕	其他	
一	8:00—9:00	|	||	||	||||| ||||| |||		18
	9:00—10:00		|||		||||| ||||| |		14
	10:00—11:00	|	|||		||||| |		10
	11:00—12:00		|	|	|||||	|(变形)	8
	13:00—14:00		|		||||| ||||| ||||		15
	14:00—15:00	|||	||	|	|||||	|(破裂)	12
	合计	5	12	4	54	2	77

4. 帕累托分析

帕累托分析又称排列图分析或 ABC 分析，是一种按重要程度对问题进行分类并确定最重要问题或原因的技术。帕累托原理的实质是：关键的少数和次要的多数。其做法是按重要程度将问题进行分类和排列，集中力量解决最重要的问题。该原理常被称为“80－20 规则”，即大约 80％的问题来自 20％的项目。例如，80％的产品缺陷来自 20％的造成缺陷的原因。

通常按频数从大到小的顺序制作一张表明分类发生频数的图，即帕累托图或排列图。图 7－13 是根据表 7－2 制作的一张帕累托图。显然，“擦痕”是最重要的问题，需要集中力量解决该问题。一旦该问题被解决，缺陷将大幅度减少。

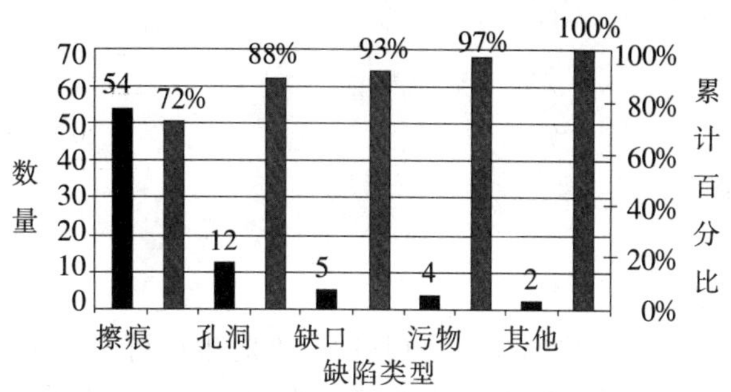

图 7-13　基于表 7-2 的帕累托图

5. 控制图

控制图是用于监视流程的一种统计工具。控制图可用以推断流程中是否有系统性变动或原因存在，或流程是否处于正常状态，如图 7-14 所示。

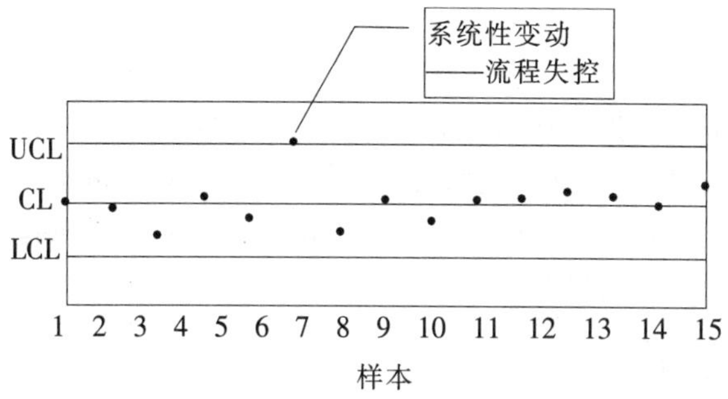

图 7-14　控制图

流程中往往有两种性质的变动存在：系统性变动（可消除）和偶然性变动（不可消除）。如果流程中仅有偶然性变动存在，流程则处于正常状态，即流程受控，这时流程可继续进行；如果还有系统性变动存在，流程则处于异常状态，即流程失控，这时需要中断流程，采取措施，使流程回到正常状态。

6. 因果图

因果图是一种用于识别潜在原因的工具。它提供了不同类别的、若干层次的可能导致问题的原因，是一种识别问题具体原因的结构性方法。因为它的形状像鱼刺，也被称为鱼刺图，如图 7-15 所示。

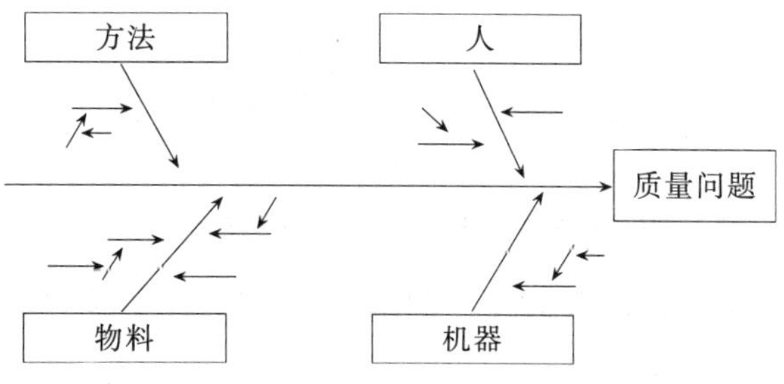

图 7-15　因果图

二、消除浪费

（一）精益生产的思想

1. 准时生产

“精益生产”（LP）来自“准时生产”（JIT）。准时生产可表述为：在需要的时候，按需要的量，生产所需要的产品。它对生产的基本要求是：既不提前，也不滞后；既不多，也不少；不生产现在不需要的产品，即使以后需要。准时生产方式由日本丰田汽车公司于20世纪50年代开发，因此常称其为“丰田生产方式”。

就其实质而言，准时生产是一种关于生产运作管理的新思想或理念：永无止境地改进生产运作系统，追求一种具有“零库存、零缺陷、零故障……”的尽善尽美的“理想生产”方式。由于这种生产方式追求零库存，所以也常被称为“零库存生产方式”。

2. 浪费及其种类

在精益生产中，浪费是指一切对顾客不带来任何附加价值的、仅使成本增加的因素。准时生产方式的创始人之一大野耐一曾列出七种浪费：（1）过量生产。（2）等待。（3）搬运。（4）无效的加工。（5）库存。（6）不必要的动作。（7）产品缺陷。除此之外，应还有一些其他的浪费，如检验、转换等。

3. 浪费、成本与价值

浪费、成本与价值三者之间有区别，也有联系。成本是为顾客提供产品或服务所产生的消耗；价值是为满足顾客一定需求而需要支付的费用；而浪费则是成本与价值之间的差，是为顾客提供价值以外的消耗。三者关系如图7-16所示。

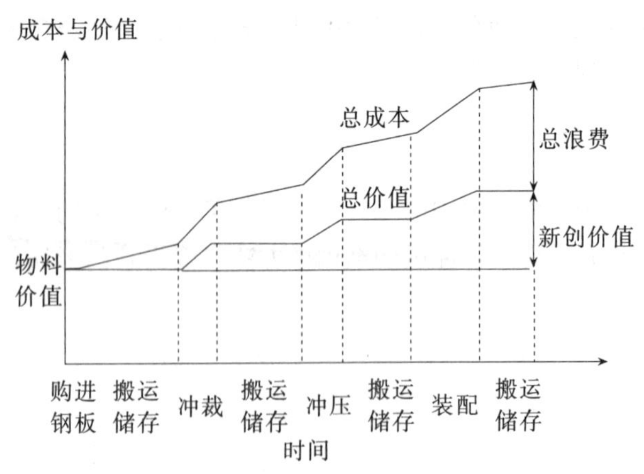

图7-16　浪费、成本与价值关系示意图

浪费的存在意味着可能的改进机会，不断地识别浪费并予以消除，就能持续地改进生产系统，逐步逼近“理想的生产方式”。

减少浪费的措施取决于浪费的性质和原因。按需生产可消除过量生产、周期库存和等

待；可靠的流程可减少安全库存；合理的流程和产品设计能减少无效的加工，良好的流程质量可减少产品的缺陷和检验；紧凑的布置可减少多余的搬运；良好的作业方法设计和合适的布置能减少不必要的动作；减少产品或零部件种类、使用成组技术可减少转换。

（二）减少库存

1. 库存的作用

库存为什么会存在？而且还经常是无处不在、无时没有？这是因为库存有许多特殊的功能或作用，其中有两个最主要的作用是：以防意外的短缺；获取规模经济性。

正因为如此，传统的生产运作管理认为，前者导致的“安全库存”和后者导致的“周期库存”的存在是理所当然的。

2. 库存的危害

（1）库存是一种浪费。

库存虽有其存在的理由，但库存占用资金，占用空间，妨碍工作，是一种闲置的资源，不创造任何价值。

（2）库存掩盖问题。

库存对生产运作具有一定的“缓冲”或“保护”作用，这将导致人们有意或无意地利用它，将产生库存的一些相关问题隐藏下来，而得不到解决。尤其是当各种问题经常出现时，将库存用作主要的“解决问题的方法”，不仅会导致库存量的剧增，而且还致使这些问题大量、长期地积累、掩藏起来。因而，现代生产运作管理认为：库存是生产运作的罪恶之源。

在积有大量问题时，只有减少库存，才能暴露问题，从而解决问题，改进系统，如图7-17所示。实际中，由于问题的存在是绝对的，所以库存总是或多或少地存在着，不可能达到“零库存”，但“零库存”始终是精益生产追求的理想。

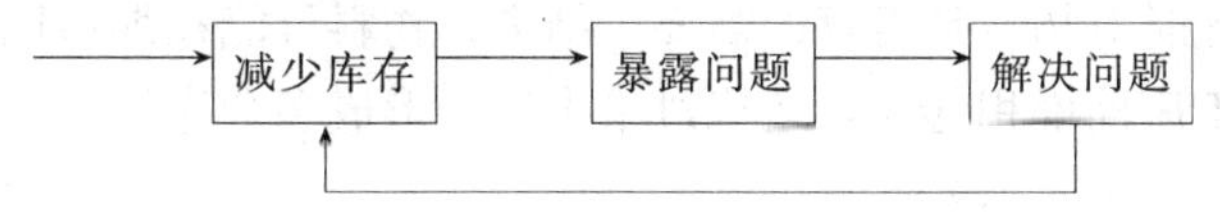

图7-17　减少库存改进系统

减少安全库存的措施详见本节中“减少流程不确定性”的内容，减少“周期库存”的措施主要在于减小生产批量、缩短转换时间。

（三）减少转换时间

1. 转换是一种浪费

转换是指每次进行特定加工或服务前的准备和调整工作。它不能直接用于产品的生产或服务，还会导致流程时间延长，对产品或服务也不增加任何价值，因而是一种浪费。

2. 小批量、单件生产的要求

实行准时生产，进行小批量、单件生产、移动和交付是非常必要的。但一定的转换时间要求一定的生产批量，一定的生产批量又对应着一定的周期库存。

在传统生产方式下，为了抵消一定的转换费用，通常每次较长时间地生产足够多的某种产品，即大批量生产，这样既增加了库存，又降低了系统的柔性。相反，为实现准时生产，则必须是小批量、频繁地转换生产多种产品。准时生产方式的理想批量是 1，即进行单件生产。但是，小批量、单件生产要求很短的转换时间或相当少的转换费用。

小批量生产、供应和搬运需要频繁转换活动。如果转换时间很长或转换费用很高，那么小批量生产或柔性生产将因此而严重地失去经济性。由经济订购批量公式（$EOQ=\sqrt{\frac{2DS}{H}}$）可知，一次转换的费用（S）越低，经济批量才能越小。因此，减少转换时间是持续改进生产运作系统的一个重要内容。

3. 减少转换时间的措施

（1）标准化、模块化产品设计，减少零部件的种类。

（2）应用成组技术（GT），将类似的零部件集中加工。

（3）对转换所用工具、设备、程序、方法等进行改进，使准备或调整工作简单化。

（4）对工人进行培训，提高工人转换的技能和熟练程度。

（四）看板系统

按实际需求进行生产，而非按计划要求进行生产，才能消除过量生产，才是实质上的准时生产。

1. “推”与“拉”

（1）推系统。

物料按计划加工、移动，随着加工的完成，物料就不断地被“推”到下一道工序，而不考虑下一道工序此时对物料是否真的需要。结果，物料可能在那些因设备故障或质量问题而落后于计划的工序前堆积起来，造成过量生产，形成多余库存。

（2）拉系统。

每道工序在需要加工时，就从前一道工序将所需的物料“拉”来。准时生产方式使用拉的方法来控制物流，使每道工序的产出与下一道工序的需求相匹配，物料因下一道工序的需要而准时移动和加工，因此，各工序之间的过量生产和多余库存得以避免。

2. 看板

拉系统的实质是：物流由下道工序的需要来启动。这种需要可以多种形式来传达，包括呼叫、亮灯、变换颜色、计算机终端显示、卡片、容器等，它们统称为“看板”。

看板，一般是指用以传达紧前工序对物料需要的卡片或装置，其含义是可视的、实际的“需求信号”。实质上，看板是移动或加工物料的指令。在看板系统中，任何一道工序，如果没有接受到任何这种性质的需求信号，就不能移动或加工任何物料。

看板数量控制着系统的紧松程度。看板量越大，相应的库存就越多，生产系统也就越松；反之，系统就越紧。有意识地适当减少看板数，从而减少库存，这样可以暴露、发现

生产过程中可能存在的问题，从而进行生产系统的改进。

三、减少流程不确定性

流程的不确定性一方面表现为产出特性值的不确定，这将导致一定数量的不合格品；另一方面表现为产出数量的不确定，这将导致流程产能的损失或库存的增加。流程的不确定性是造成浪费的一个极其重要的根源。减少不确定性，可有效地减少浪费。

（一）提高流程的能力水平

1. 流程能力

流程能力，是指对于某个给定特性，流程在受控情形下固有变动或偶然性变动的一种度量。流程能力常用 6σ 度量。σ 是流程产出特性值的标准差，即流程的不确定性程度。σ 越小，说明流程不确定性程度越小，即流程输出特性值越集中于一点，于是流程能力就越大；反之，就越小。

在受控情形下，流程仅有不能被完全消除的偶然性变动，所以偶然性变动是流程固有的或内在的变动。但偶然性变动的程度往往因流程的具体水平不同而有所不同，即处于不同状态或水平的流程有着不同的能力。

2. 流程能力指数

在对流程输出的特性值有一定要求时，流程能力大小就决定着其流程适合于该要求的程度。这时常用流程能力指数作为其适用程度的度量。流程能力指数，是指对于一定输出特性所规定的公差带宽除以流程能力的值，用 C_p 表示。常用的计算公式是：

$$C_p = T/(6\sigma)$$

其中：

$$T = U - L$$

式中，U 为公差上限；L 为公差下限。

流程能力指数的大小对应着该流程不合格品率的高低。指数越大，不合格品率就越低；反之，就越高，如表 7-3 所示。对于传统的 3σ 管理，流程能力指数为 1（$T=6\sigma$），对应着千分之三的不合格品率；而对于现代的 6σ 管理，流程能力指数为 2（$T=12\sigma$），对应着十亿分之二的不合格品率。6σ 管理水平的 σ 仅为 3σ 管理水平的 σ 的 1/2，6σ 管理的实质是追求流程的完美无缺。

表 7-3　流程能力指数与不合格品率

σ	C_p	p
1.5	0.5	0.133 614 403
1.8	0.6	0.071 860 638
2.1	0.7	0.035 728 841
2.4	0.8	0.016 395 072
2.7	0.9	0.006 933 948
3.0	1.0	0.002 699 796
3.3	1.1	0.000 966 848

续表

σ	C_p	p
3.6	1.2	0.000 318 217
3.9	1.3	0.000 096 193
4.2	1.4	0.000 026 691
4.5	1.5	0.000 006 795
4.8	1.6	0.000 001 587
5.1	1.7	0.000 000 340
5.4	1.8	0.000 000 067
5.7	1.9	0.000 000 012
6.0	2.0	0.000 000 002

注：C_p 表示流程能力指数；p 表示不合格品率。

3. 提高流程能力的措施

由上可见，减少流程的不确定性程度可以提高流程能力，进而提高流程能力指数，大幅度地降低不合格品率。所以，为提高顾客满意度、减少流程损失，最根本、最有效的措施就是降低流程的不确定性程度。其具体措施有以下几个方面：

（1）采用精密加工设备。

（2）提高员工的工作技能水平。

（3）作业方法标准化。

（4）提高物料的一致性。

（5）工作环境标准化。

（二）提高流程的产出水平

流程具有不确定性是由于流程存在不确定性因素。如时快时慢的设备，时好时坏的人员工作状态，或多或少、或早或晚的供应或需求等。

对于不确定性流程，要么失去部分产能，要么增加额外库存。这些都将导致企业的一些额外损失。这里，流程的不确定性可用流程实际产出率的标准差 σ 度量。

1. 产能损失

假设：一个由两道工序（O_1 和 O_2）构成的流程，不设置缓冲（I），如图 7－18 所示。两道工序的产出率均不确定，服从均匀分布，两工序平均产出率（工序产能）（R_1 和 R_2）均为 2 单位/天，那么，该流程的实际平均产出率（流程产能）（R）还为 2 单位/天吗？

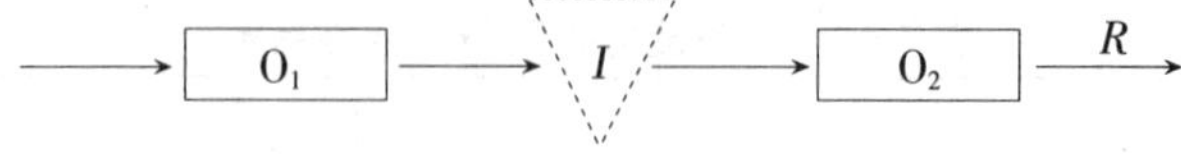

图 7－18　由两道工序构成的流程

通过模拟 1 000 天流程的实际情形，给出如表 7－4 所示的 3 种情形下的结果。可见，相比于确定性流程（第 1 种情形），不确定性导致流程实际产出的减少；而且，随着不确定性程度（标准差 σ）增大，流程的实际产出将急剧减少，产能损失率将急剧增高。

表 7-4 无缓冲时不确定性对流程实际产出的影响

情形	单位/天							产能损失率
	可能的产出			均值	标准差	生产能力	实际产出	
1	2	2	2	2	0.000 0	2.000 0	2.000 0	0.00%
2	1	2	3	2	0.816 5	2.000 0	1.537 0	23.15%
3	0	2	4	2	1.633 0	2.000 0	1.134 0	43.30%

2. 缓冲库存

假设：在前述流程的两道工序之间，增加缓冲（I）。缓冲的作用是：在某天前道工序的实际产出大于后道工序的实际产出时，可将多余产出置于缓冲之中；其后，在某天前道工序的实际产出小于后道工序的实际产出时，可将其从库存中提出使用。

表 7-5 给出 3 种情形下的平均缓冲库存、流程的实际平均产出和产能损失率的模拟结果。可见，缓冲有助于提高流程的实际产出、降低产能损失率，但这是以缓冲库存为代价的。相比于确定性流程（第 1 种情形），不确定性仍导致流程实际产出的减少；而且，随着不确定性程度（标准差 σ）增大，缓冲库存将急剧增多、产能损失率也将急剧增高。

表 7-5 有缓冲时不确定性对流程实际产出的影响

情形	单位/天								产能损失率
	随机数			均值	标准差	缓冲库存	生产能力	实际产出	
1	2	2	2	2	0.000 0	0.000 0	2.000 0	2.000 0	0.00%
2	1	2	3	2	0.816 5	10.000 0	2.000 0	1.970 0	1.50%
3	0	2	4	2	1.633 0	30.000 0	2.000 0	1.920 0	4.00%

3. 安全库存

如果流程是不确定性的，为防止一定程度的缺货或保持一定的服务水平（不缺货的概率），往往要预留一定数量的安全库存。安全库存仅在需求高于预期水平时使用，其缺额须在以后予以补足。安全库存的多少要依流程不确定性程度和要求的服务水平而定。在一定的随机需求和供应条件下，满足一定服务水平的安全库存量 ss 可由下式确定：

$$ss=z\times\sigma=z\times\sqrt{\overline{L}\times\sigma_d^2+\overline{d}^2\times\sigma_L^2}$$

式中：σ 为流程标准差；z 为一定服务水平下的标准差数，可由标准正态分布累计概率表查得；$\overline{d}$ 为需求均值；σ_d 为需求标准差；$\overline{L}$ 为供应提前期的均值；σ_L 为供应提前期的标准差。

对于一定的服务水平（对应 z），流程的不确定性程度（σ）越高，所需的安全库存（ss）就越多。在由两道工序构成的流程中，σ_L 代表前道工序的不确定性程度；σ_d 代表后道工序的不确定性程度，两者共同决定了所需的安全库存水平。

4. 提高流程实际产出水平或减少流程损失的措施

由上可知，产能损失、缓冲库存和安全库存的多少由流程的不确定性程度决定，而且当流程规模增大、工序增多时，不确定性导致的上述代价将急剧增大。因此，为提高流程实际产出水平或减少流程损失，须特别注重减少流程的不确定性，其具体措施如下：

（1）改进设备，提高设备可靠性。
（2）简化流程，使流程标准化。
（3）改进作业方法，使作业方法标准化。
（4）改进产品设计，减少产品或零部件种类。
（5）改进流程，延迟差异。
（6）提高效率，减少供应提前期。

（三）协调供应链运作

1. 供应链管理的兴起

一个企业的生产运作只完成了满足顾客需要的最终产品的一个部分或一个阶段的加工处理，因此与最终产品有关的所有企业构成一条链和一个复杂的网络，所有的局部流程构成一个庞大的完整流程。最终需求的满足不仅取决于某个特定企业的努力，还取决于所有相关企业的努力，而且局部的最优不能保证整体的最优。这就是现代供应链管理兴起的根本原因。

由于每个企业相互独立，又有自身的独立利益，因而传统企业都是根据自己的需要、自身条件决定如何进行生产运作。这样就可能对相关企业的生产运作产生不利影响，导致更多浪费和更高代价。如果相关企业进行沟通、合作，就有可能消除这些额外代价，实现共赢、多赢。在市场竞争日趋激烈、顾客要求日趋苛刻的背景下，企业之间的竞争逐步演变为供应链之间的竞争。这就是现代供应链管理兴起的现实原因。

2. 牛鞭效应

牛鞭效应是指尽管最终顾客需求的变动或不确定性程度并不大，但随着往供应链上游追溯，上游企业所面临需求的变动或不确定性程度会越来越大。牛鞭效应的具体表现如图7－19所示。供应链上游企业为满足同样的服务水平，被迫比下游企业提交更大的订单、持有更多的安全库存、维持更高的产能，从而花费更多的成本。

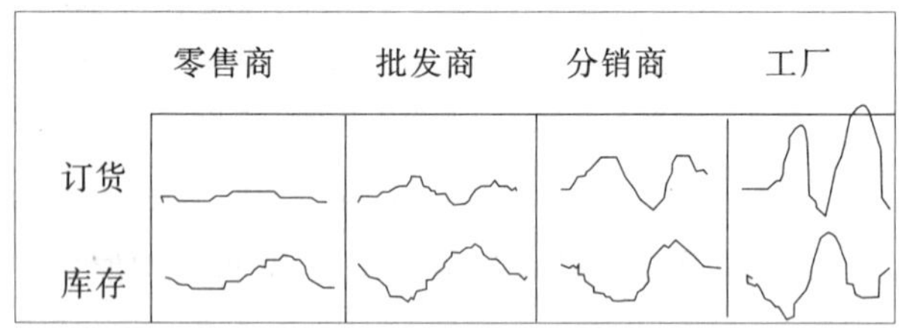

图7－19　牛鞭效应示意图

牛鞭效应形成的根本原因在于供应链上各企业互不沟通信息，各自按自己的条件和利益制定决策。其具体原因有以下几个方面：

（1）需求预测。

各企业都是通过预测来确定需求的平均值和方差，又通过这些预测数据来确定安全库存、订货量等。越是得不到准确信息的预测，势必导致越大的不确定性。

（2）提前期。

各企业生产运作、订单处理、运输等活动都需要一定的时间——提前期，提前期越

长，需求变动性就越大，而平均需求、安全库存等的决定都须考虑提前期。

(3) 批量订货。

各企业根据自己的订货成本、运输费用、季节性销售配额和折扣等因素决定订货量，导致批量订货，因而订单可能有时很大，有时又很小，大幅度波动。

(4) 价格波动。

下游企业设法在低价时储存商品、大量订货，而不定期的促销及数量折扣活动都会使需求变动程度提高。

(5) 订单膨胀。

下游企业在货物紧缺期间会因可能的缺货而扩大订货量，导致需求的歪曲和大幅变动。

牛鞭效应是供应链不协调的主要后果，尤其值得各企业关注，并设法予以缓解、消除。

3. 协调供应链运作的措施

协调供应链运作的具体措施很多，主要有以下几个方面：

(1) 建立信息平台，为供应链上的各企业适时提供实际顾客需求的全部信息。

(2) 利用“天天低价”(EDLP) 策略，以单一价格出售产品；消除降价促销，以产生更稳定、变动更小的需求模式。

(3) 采用快速生产系统，缩短制造提前期；采用直接转运方式，缩短运输提前期；使用电子数据交换 (EDI) 系统，缩短订单处理提前期。

(4) 建立战略伙伴关系，相互提供信息，采用卖方管理库存 (VMI)，实现信息共享；准时、按量、保质供应。

(5) 签订供应链合同，共同定价，回购产品，利益共享，避免双重定价等次优后果。

本章小结

本章首先讨论了生产运作的地位、生产运作管理的基本内容，这一部分的内容对正确理解生产运作管理的全貌和实质有非常重要的作用；其次，对建立生产运作系统的若干问题进行了讨论，包括产品设计、流程选择、设施布置等基本内容；再次，讨论了如何有效运行一个生产运作系统的一些基本问题，主要包括运作计划的构成，总量计划的特点，MRP 的功能、任务分派（负荷）和排序方法等；最后，对运作系统的改进问题和方法进行了介绍，包括改进的原理、浪费的消除、流程能力的提高、流程产出的提高和供应链运作协调等。生产运作管理的内容很广泛，有些内容也很有深度，在本教材中很难展示其全貌与细节，有兴趣或工作需要的话，可以学习和参考一些更专业的教材和文献。

【案例讨论】

反向 O2O 的成功案例：一家肉类企业的逆袭

有一家高端肉类企业，品牌知名度高，线下销售额已达数亿元，主要通过各地经销商销售，同时也有十几家专卖店，产品品质好，复购率高，达到40%左右。线上在天猫、京东等平台开设了自己的旗舰店，但销量不理想，一天只有十来笔订单。

这样的企业要通过新营销的突围提升销量，纯粹依靠online（线上）是不现实的，为什么？在天猫上做得最好的肉类企业电商，一年销售额也不过几百万元，显然，消费者网购肉品的习惯并未成熟。而通过online到offline（线下）的O2O模式，也很难走通。一方面，就online店铺的流量聚集来看，每天店铺的流量仅有三四百元，通过online往offline导流，无疑是杯水车薪。另一方面，也不可能通过聚划算等流量平台去导流，购买的流量成本高且转化低，这样的O2O要成为企业经营的常态，显然不现实。

一、反向O2O的常态方案：门店＋微商城＋会员管理

该企业有十几家线下门店，基本都在中高端社区周围，一直都有稳定的客流，每天的营业额为3 000～6 000元，买肉的客人平时以社区的保姆、老人为主，周末中青年客人会多很多。

显然，以微信为代表的移动互联网应用已经成熟，让这家企业建立微信商城，并让顾客通过扫码成为会员，利用复购率高的特点，实施顾客忠诚度管理。尤其是挖掘中青年客人的潜力——平日有需求但无时间，通过微信下单、门店送货的方式，有效地实现业务增长的解决方案，基本是这类O2O模式的常态方案。

按此方案运营两个月之后，线下门店客流明显增加，单店的销售额增长10%～20%。通过这样的方式，可以得出如下结论：

（1）利用线下门店资源，实现offline到online的模式，可以较低成本获取流量。

（2）利用产品复购率高的特点，可以有效实施顾客忠诚度管理，而顾客忠诚度管理的最有效方式就是积分制度。

（3）微信是实现反向O2O的重要渠道，企业官方微信的功能主要体现为品牌展示、微商城、会员管理及活动三大方向。

（4）反向O2O可以充分利用offline门店的资源陈列（肉品新鲜）、导购（吸引客人加微信，赠积分，且购买更方便）、广告（门店内微信扫码的利益点说明）、配送（微信下单后的服务）的资源，从而充分盘活offline资源。

（5）在对内管理方面，微信平台处理订单，依据配送区域将对应的订单划分到对应门店的业绩，微信团队根据整体业绩进行考核，也有效解决了内部人员激励的问题。

二、异业合作扩大线下流量导入

门店覆盖的区域有限，线下拉客通过O2O线上销售的增量还是有限。O2O要发挥更大的作用，必须有新的策略突破。

“门店＋微商城＋会员管理”反向O2O模式基本成熟，反向O2O的核心是可以充分依托线下资源（门店），低成本获取相对精准的流量，通过微商城进行交易和订单管理，利用产品和服务的优势有效地进行会员管理。因此，在微商城和会员管理相对成熟的情况下，尽可能多地拓展线下流量资源，是做大这一模式的唯一途径。

怎么拓展，多开门店吗？显然，一家线下门店的投资在四五十万元，涉及选址、装修、选品、招聘、培训、试运营、物流、仓储重新规划诸多事宜，且至少运营一年以上才有可能实现月度的盈亏平衡。因此，依靠多开门店来拓展反向O2O的流量，在O2O只占百分之十几增量的前提下是舍本逐末，投资大、见效慢的反向导流也是比较笨拙的方式。

异业合作拓展，扩大线下流量导入，是相对较轻松且能快速见效的方式。合作伙伴的选择与导入有多种思路，根据对客户资源盘整及分析，选择了有一定影响力的餐厅（连锁餐厅更好）作为主要的切入对象，经过反复优化，设计了如下操作流程。

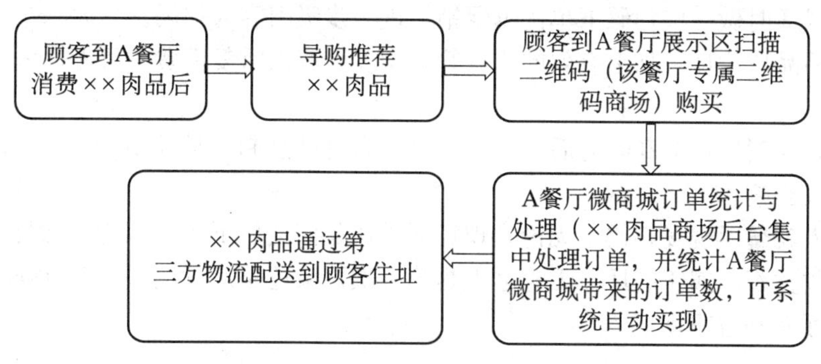

操作流程

异业合作的O2O业务场景，相对于专卖店O2O的业务场景更复杂，这样的业务场景涉及的要素有微商城系统、就餐的客人、餐厅、导购、品牌商。

1. 微商城系统

微商城系统是实现这一O2O模式的技术载体，和一般的微商城应用不同的是，利用了服务商既有成熟的电商系统（国内老牌的电商软件服务商），生成可扩展的微信移动商城，每一个微信商城都是独有的，因此微信商城的二维码也是唯一的。系统相对成熟、稳定，前端统一销售，后端集中处理订单，实现品牌商与合作伙伴的及时分账与会员管理，具体结构与功能如下图所示。

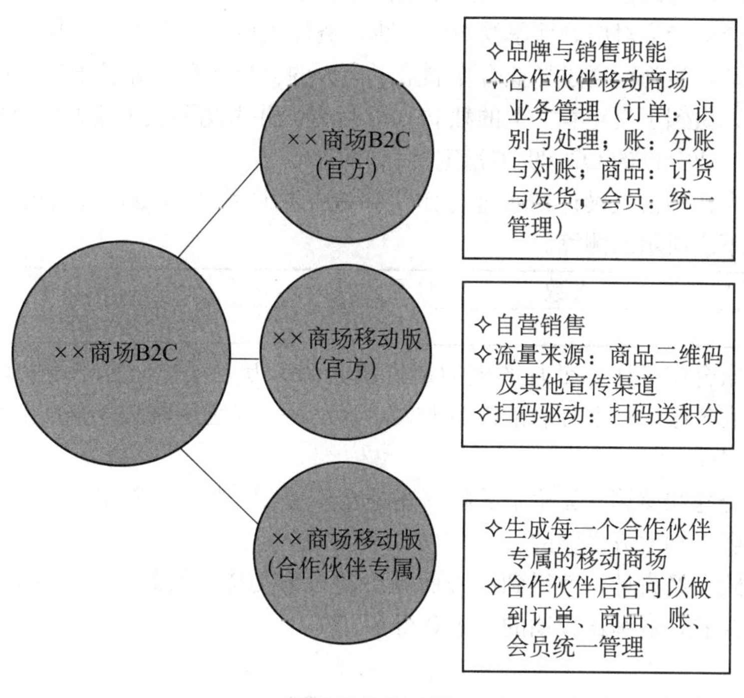

系统结构与功能

2. 就餐的客人

(1) 客人在餐厅吃饭，品尝过肉品之后，导购只要稍微引导，客人因为刚刚体验过，容易产生消费冲动，因此现场扫码下单的可能性较大。

(2) 可以适时做一些扫码下单优惠促销，进一步吸引客人扫码。

(3) 产品品质优良，加上有效的积分管理制度，客人重复消费的可能性大。

3. 餐厅

(1) 客人在餐厅点菜和吃完后下单买肉品回家自己烹制，是并不冲突的需求，不会对餐厅生意造成影响。

(2) 客人就餐后现场扫码，无论是现场下单还是回去后下单，因为是餐厅专属的微商城，下单的收益都归属于餐厅。无论客人是第一次购买还是后续购买，餐厅都有额外的销售收入，餐厅有利益驱动。

4. 导购

(1) 导购的角色很重要，有了导购的引导，加上本来设定的利益奖励机制，客人扫码的可能性很大。

(2) 品牌商不用专门的导购人员，就依靠餐厅的服务人员在客人消费肉品后做顺理成章的推荐即可，节省人工成本，同时又不让这样的推销显得生硬。

5. 品牌商

(1) 所付出的成本有限。付出的成本包括：餐厅 KT 板及丰富陈列的展架、一套 B2C 商城及可扩展移动端的套件。餐厅人员和餐厅成本都是根据销售分成，几乎没有成本风险。

(2) 统一制定有效的 CRM 制度，统一策划，制定会员维系的丰富化内容。

(3) 在品牌商的微信平台上，设立了指定合作的会员餐厅，所有该品牌商旗下的会员都可以凭微信会员卡去对应餐厅享受对应优惠，餐厅也可以针对品牌商指定会员，开展针对性的优惠活动，品牌商通过异业合作制造了庞大的会员平台，并且把这样的会员再反过来跟餐厅共享，做到了真正意义上的独立 B2C 运营，并由此形成了庞大的与餐厅互惠的生态体系，这样异业合作的 O2O 更加稳定且有价值。

有了异业合作的模式设计，通过合作伙伴快速拓展线下流量，吸纳的通道被快速打开，可做出如下表所示的测算。

客单价（元）	客人数	月经营（天）	月销售额（元）
300	3	30	27 000

这样，每家合作餐厅一个月产生的销售额为 2.7 万元（含老客户复购，保守估算）。如果复制 100 家餐厅，一个月的销售额为 270 万元。一年通过异业合作产生的销售额基本在3 200万元左右。

至于利润分配和核算，无论是品牌商还是合作餐厅、导购，按商品 40%的毛利来计，利润是足够让各个利益方受益的。

这样的模式一经设计，就得到品牌商高层的大力支持，因此，快速在各地拓展复制。从目前的销量来看，业绩比预期的要乐观得多。

讨论题：

1. 这家肉类企业的运作方式最突出的特点在哪里？

2. 对于这家肉类企业运作模式的快速复制和推广，你有什么建议？

思考题

1. 什么是生产运作？什么是生产运作管理？其对企业有何重要意义？
2. 什么是生产运作系统的设计？有何重要作用？主要包括哪些内容？
3. 什么是生产运作系统的运行？有何重要作用？主要包括哪些内容？
4. 什么是生产运作系统的改进？有何重要作用？怎样进行改进？

第八章

技术开发与创新管理

【引例】

苹果的创新关键词

PC业发生了天翻地覆的变化，从PC到消费电子，到互联网，再到移动互联网，苹果依靠技术导向，围绕体验、文化、娱乐、人性等方面进行产品开发与创新，取得了成功。

一、体验

乔布斯总是会考虑这样的问题：产品的用户体验是怎样？苹果公司每推出一款新产品的推介会，都会选择在充满神秘色彩的剧场进行，通过幕剧的形式对产品进行宣传，激起人们强烈的好奇心。

如何让用户体验？第一步是演示。乔布斯不会让观众有时间失去兴趣。他通常只花10分钟展示一个新产品或新功能，而且乐趣丛生。乔布斯在Macworld大会上推出iPhone的时候，他展示了谷歌地图是如何在iPhone上使用的。乔布斯通过iPhone查到了当地的星巴克门店清单，然后说："让我们打一个电话试试。"于是他拨通了其中一家星巴克门店的电话，乔布斯当着全场观众对电话另一端说："我要订4 000杯拿铁咖啡。不，只是开个玩笑。"只是一个玩笑，却让所有观众都有了想买一部iPhone体验一下的冲动。

二、文化

苹果电脑已经在消费者心目中有了一个鲜明的印记，那就是：优越的性能、特殊的外

形和完美的设计，苹果电脑意味着特立独行、意味着“酷”的工业设计、意味着时尚。乔布斯力图让创新产品都符合消费者心目中的苹果文化印记，几乎每款都让消费者欣喜若狂：“这就是我的苹果!”乔布斯让苹果在创新产品和创造文化上占据首位。苹果用精神和价值观来号召和统领消费者，超越了纯粹的产品层面，这正是品牌运营的至高境界。所不同的是，别人向消费者灌输，乔布斯是吸引，“愿者上钩”。

三、娱乐

当时微博正火，iPhone 充当了娱乐大众的时尚工具。微博上超高人气的企业家、明星都在用 iPhone 发着逗乐的信息，信息下方还会标注此信息来自 iPhone 用户，这让很多玩微博的人希望拥有这一标识。

还有哪个手机品牌像明星一样被追逐？恐怕只有苹果。“苹果迷”们追逐苹果的各种产品，常常忘我地向周围的人炫自己的爱机、亲自演示、交流使用心得，甚至走到哪里都捧着苹果手机。

四、人性

是什么让苹果如此迷人？这就是苹果公司的人性设计理念。比如 iPhone 有红外感应功能，打电话时自动关闭屏幕。当你将 iPhone 贴着脸部打电话时，iPhone 会自动关闭屏幕省电。这并不是多高明的技术，为什么不少标榜以人为本的公司没有发现？苹果与其说是卖产品，不如说是以产品吸引消费者，将“志同道合”者聚焦在一起。

乔布斯 1994 年在苹果电脑诞生 10 周年时有一段真情告白，可以作为他对“人性设计”的阐释：唯有深入问题的核心，才能明白其复杂性，也才能找出其根本的解决方案。大部分的人做到这一步，通常就会停下来。可是真正了不起的人却会继续探索，最后终能找出隐身于问题背后的症结之所在，进而提供一套漂亮而优雅的解决之道。这就是我们在设计苹果电脑时的野心。

本章要点

◇ 技术创新方向的选择、类型

◇ 技术生成方式的类型、影响因素和具体生成方式

◇ 技术资金筹措的类型、影响因素、原则及具体筹措方式

◇ 技术开发力量组合的类型、原则及在制定过程中需考虑的因素

第一节　技术创新方向选择

技术创新方向选择是一个战略问题，是导研发部门发展方向的纲领。面对技术的飞速发展和竞争日益激烈的外部环境，企业在所有技术的获取和应用方面都要做出技术决策，其中技术创新方向战略的制定和决策是必不可少的。所谓技术创新方向战略，是指企业为了实现目标而对技术获取、开发与利用的选择。它包括产品技术与过程技术的获取、管理和研发，这些产品和过程技术与企业的商业战略一起支持企业的总体战略，并能最终通过技术上的基础优势来增强企业的商业竞争力。随着企业采用先进技术和开发智能技术产品

的增加，企业对于有效技术创新方向战略的需求也在增长。

一、技术创新方向选择的类型

（一）根据技术范围的大小和领先程度分类

一些企业的技术创新选择可能是随机的，也可能是深思熟虑的，但都是有一定模式的。这些模式一般是按照两个维度进行分类，即范围和领先。

所谓范围，是指在纷繁复杂的技术环境中，为取得竞争优势，企业必须把自己有限的资源运用到一定的技术领域。一般应回答下面的问题：企业应当进入什么技术领域？

所谓领先，是指企业在技术开发中制定的领先目标。例如，微软在软件技术开发上的领先地位、柯达在影像产业上保持的领先地位等。其具体分类方法如图 8－1 所示。

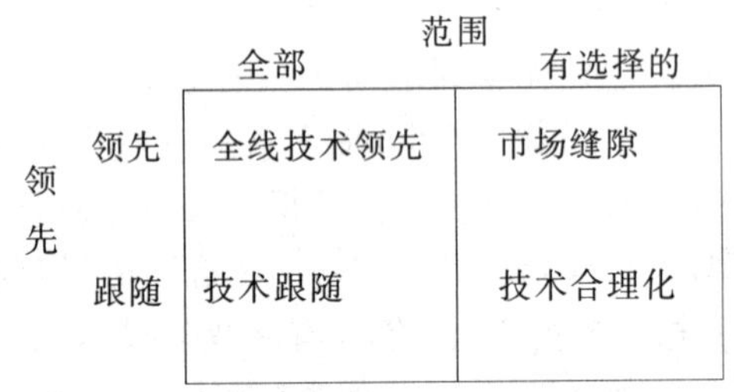

图 8－1　技术选择的两个维度

资料来源：V. K. 纳雷安安．技术战略与创新：竞争优势的源泉．程源，等译．北京：电子工业出版社，2002：210.

（1）全线技术领先战略是指通过技术开发和利用，建立和保持在所有技术竞争领域的主导市场地位。这里，技术是获得竞争优势的途径。

（2）市场缝隙战略是指通过抓住关键技术来获得领先。同样，技术也是获得竞争优势的途径，但这里的技术是有选择的。

（3）技术跟随战略是指保持较大范围技术的适用性。这里，技术不是获取竞争优势的主要方法。技术研究的重点是应用研究，不是基础研究。

（4）技术合理化战略是指保持选定范围技术的适用性。这里，技术根本不是获取竞争优势的途径。

（二）根据企业多元化经营的形式分类

上面对技术创新方向选择战略类型的讨论主要是研究单个产业的业务。在多元化经营企业中，也就是说，企业同时在几个产业或竞争领域中运作，其技术创新方向选择战略比在单个业务领域更为复杂。多元化经营企业的每种业务所执行的技术创新方向选择战略，都是根据该种业务所处竞争领域和战略地位而制定的。此外，多元化经营企业希望不同业务中的技术能互相促进。根据企业多元化经营形式不同，一般来说，企业技术创新方向选择战略可分为两种类型：

第一种类型是指在与技术相关的多元化经营中，不同业务的技术创新方向选择战略能

够相互促进。这些企业一般拥有核心技术能力，因此，每种业务都能从其他业务的技术开发和利用中获益。建立在大型复杂系统基础上的业务，如飞机、汽车或电信交换机制造等，能应用和集成各种不同技术。因此，通用电气能将军事研究中得到的高能数学分析技术应用于医疗设备部门的产品计算机开发。

第二种类型是指在市场相关或集团多元化经营中，不同业务的各种技术战略是不相关的。即使不同业务存在相互增强的可能性，集团中的业务也是各自独立运作，而不考虑相互促进问题。这种选择也是由企业战略决定的。

（三）根据技术的先进性分类

1. 传统技术战略

传统技术战略（technology strategy）是采取各种手段和方式对传统技术加以改进提高，这种改进提高可能是应用新的技术和设备，也可能是对原有技术加以改进，甚至有时可能仅仅是对原有技术组合方式加以调整。

2. 高新技术战略

高新技术主要是20世纪40年代以来出现的一系列新技术、新领域的总称，尤其是指信息技术和现代生物工程技术。所谓高新技术战略，是指用高新技术改造传统产业和其本身的产业化。

3. 混合型技术战略

混合型技术战略与前两种技术战略的区别在于，在这种技术创新方向战略中，高新技术与传统技术根本不分家，也不能把它简单地认为是高新技术改造传统产业，因为这是一个同时涵盖高新技术和传统产业的新产业，高新技术和传统产业是有机结合在一起的。

二、制定技术创新方向选择战略中应注意的问题

企业在制定技术创新方向选择战略中应注意的问题如图8－2所示。

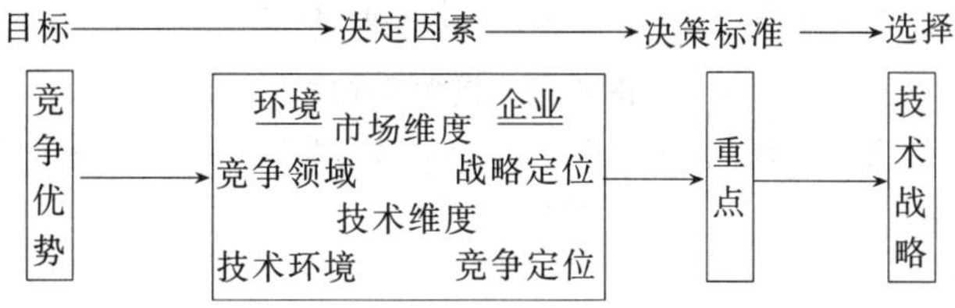

图8－2　技术方向选择过程

资料来源：V.K. 纳雷安安．技术战略与创新：竞争优势的源泉．程源，等译．北京：电子工业出版社，2002：207.

（一）目标

任何企业的基本目标都是通过为顾客创造有用价值，从而达到利润最大化。这个目标

是现代技术管理方法的基础。因此，技术获取、管理和开发作为技术战略管理的核心活动，其对利润最大化目标所做贡献是判断它是否有效的标准。

在许多情况下，技术管理和价值链之间不存在直接联系。但市场战略目标在于获取竞争优势，而竞争优势是利润最大化的主要来源。技术选择是企业追求竞争优势时可使用的一个工具。换句话说，只要技术获取、管理和开发所需投入的资源能给企业在市场上带来显著竞争优势，企业就应投入这些资源。

（二）决定因素

竞争优势是技术方向战略的主要目标，为了提升企业竞争优势，企业在制定技术方向战略时，需综合考虑企业内外部力量。下面将重点分析企业外部的技术机会和内部的技术能力。

1. 外部环境

（1）技术机会。

一个企业是否存在价值创造空间，首先应分析技术的演化阶段。而技术 S 曲线是分析技术演化阶段的核心工具。它是关于技术改进潜力的一种归纳性推论。它认为随着技术逐渐成熟，给定同样多的时间或同样的技术投入，产品或工艺的性能改进量是不一样的。具体内容如图 8－3 所示。首先，在技术发展初期，性能提高相对较慢；随着技术越来越好理解、控制和扩散，技术改进速度加快。但是该理论断定，在成熟阶段，技术会逐渐逼近自然或物理极限。这就是说，要获得性能改进，需要更长时间或更多技术投入。其次，根据产品生命周期理论，在产品导入期和成长期，企业还需要对产品性能和质量稳定性进行继续改进；而在产品成长期后期和成熟期，企业需要对产品制造技术进行深层次的研发，以降低生产成本；在成熟期后期和衰退期，企业应考虑研发新的产品和技术。

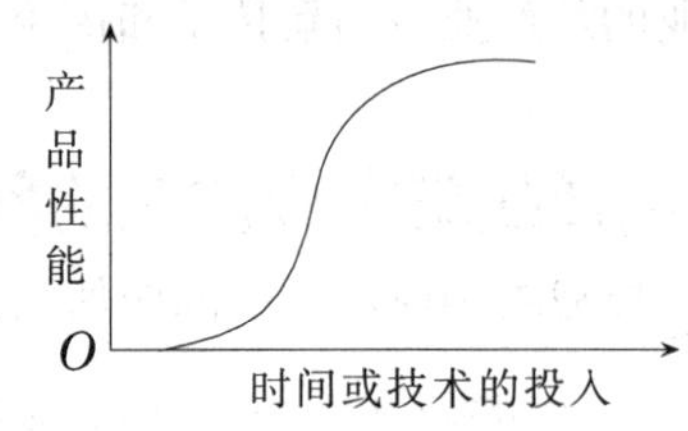

图 8－3　技术 S 曲线

资料来源：V.K. 纳雷安安．技术战略与创新：竞争优势的源泉．程源，等译．北京：电子工业出版社，2002：63.

（2）专有性。

为了提升自身竞争优势，企业在自身发展过程中须保持一定的技术专有性，而这种专有性取决于市场与技术两个因素。具体地说，企业为了使自己的新技术开发投资收益不会由于其他企业模仿而被分享，需要采取以下有力措施：第一，适时申请专利和领先开发新技术；第二，提升自身管理水平，防止掌握核心技术的研发人员自由流动；第三，提升使用新技术的成本和相关资产的稀缺性。

企业在准备向一条技术线投入资源时，除了要考虑以上两个因素外，重要的一点是还

需估计资源的投入是否能给企业带来利润。同时，在研发技术过程中还需根据自身优势进行技术开发定位。

2. 内部环境

当今科技发展日新月异，技术机会稍纵即逝。企业只有做好充分准备，才能在机会出现时将其抓住。那么，企业应做好哪些准备呢？

（1）要创造有利于技术创新的组织文化环境。

文化环境是企业在经营和发展中逐渐形成的。若一个组织的文化环境具有以下特点，如容忍模棱两可、接受风险、受条框限制少、强调开放系统等，那么该组织的技术创新活动必然频繁；反之，该企业就是一个保守的压抑创新的组织。

（2）要不断提高技术开发和应用能力。

一方面，企业要不断吸收外部知识信息，提升自身技术开发和应用能力，关键是创新能力；另一方面，企业在进行技术开发和应用中，要进行合理定位。在技术开发过程中，企业只有拥有比竞争对手更强大的技术能力，才会投入资源来开发该项技术；否则，会选择让竞争对手来开发。也就是说，企业要根据自身优势来确定开发何种技术。至于技术应用，只有满足以下三个条件时才会转化为企业竞争优势：第一，企业应具备开发技术应用所需的相关间接资产；第二，技术应用给顾客带来的价值能被企业占有，即技术应用带来的价值既不会被顾客通过讨价还价被其占有，也不会由于竞争对手的模仿被对手占有；第三，技术开发所需要的资源应与企业现有的资源相匹配。

（三）决策标准与选择

在对目标和决定因素进行分析后，企业就需要做出技术方向选择决策。在对各种备选方案进行选择时应遵循以下原则：

（1）成本最低。这一方面是指决策成本最低，另一方面是指企业应以最小的投入获得最优的技术。

（2）技术开发与内外部环境相匹配。根据比较优势原则，企业开发的技术应既能增强自身核心竞争力，又相对于竞争对手而言是自己的长处。

（3）效率原则。企业应把有限资源投入到能最快提升自己竞争优势的方案上去。

三、技术创新方向选择战略的形成和执行

（一）影响技术创新方向选择战略形成的因素

（1）受企业自身财务资源的限制。一般来说，越是顶尖的高新技术，越是需要投入很多资源，受财务资源限制程度也就越明显。

（2）受公司规模和业务集中程度的影响。在通常情况下，大规模公司的技术选择范围比较宽，因为其有高水平的管理能力、高素质的研发人员和良好的组织文化；相反，小规模公司的选择范围就比较窄。

（3）受最高决策者价值观和目标的影响。每个企业领导者的世界观和价值观都不相同，他们对于技术发展都有自己的看法，有的认为高新技术是未来发展的关键，有的认为

只要把传统技术利用好就行了。因此，在制定技术创新方向战略时，前者会把高新技术引进企业，后者就不会这样做。

（二）技术创新方向选择战略形成的步骤

技术创新方向选择战略的形成，在考虑以上问题的基础上，还必须按照科学的程序步骤，以保证技术创新方向选择战略的科学性和正确性。主要有以下步骤：

（1）辨识价值链中所有的不同技术及分支技术。每种价值活动都涉及一种或多种技术，制定技术创新方向选择战略要从辨识企业或其竞争对手采用的所有技术着手，无论这种技术多么普通。此外，企业还必须对供方和买方价值链中的技术有全面了解，因为这些技术往往与企业自身技术相互依赖。在我国现阶段，企业常常把注意力集中在产品技术或基本制造操作技术上，而忽略了在其他价值活动中的技术，并且很少注意用于技术开发的技术。这是值得引起注意的。

（2）辨识其他产业或科技发展中的潜在相关技术。技术突破常常来源于产业外部，它们可能成为产业突变和竞争分裂的根源。因而必须考察每一种价值活动，以明确是否存在可加以利用的外部技术。此外，企业还应当持续彻底地调查信息系统、原材料和电子学的情况，此三者对创造新技术或使新旧技术结合方面有着革命性的影响。

（3）确定关键技术变革的可能路径。企业必须对自身每一个价值活动，以及买方和供方价值链中技术变革的可能方向做出估计，其中包括那些与产业无关的技术。不应当假设任何技术是已成熟的，因为该技术的分支可能正在变化中，或者成熟仅仅是在技术创新上很少下功夫的标志。

（4）确定哪些技术和潜在技术变革对竞争优势和产业结构影响最大。实践表明，并非价值链中所有技术都对竞争发生重大影响，只有那些重大技术变革才对企业竞争力产生影响。一般来说，重要的技术变革应满足以下条件：第一，自身创造了可持续的竞争优势。第二，产生了率先行动者优势，即企业可以确定标准；企业可以抢先占领有利地位；企业可以获得稀有资源，如设施、投入品等；企业可以获得丰厚利润。第三，改善整体产业结构。

（5）评价企业在重要技术和改进成本上的相对能力。企业必须明了其在关键技术上的相对优势，同时还应对自己适应技术变革能力做出现实评价。

（6）确定技术创新方向选择战略。技术创新方向选择战略必须能对企业正在寻求或维持的竞争战略起加强作用。对竞争战略起作用的最重要技术是那些能使企业保持其领先地位，或将转变为率先行动者优势的技术。企业技术创新方向选择战略应包括以下内容：一是按研究和开发项目对竞争优势的重要性排序。如果企业所选技术项目影响产品成本和差异化，则应批准该项目；反之，则不应批准该项目。二是选择在重要技术中是处于技术领导地位还是追随地位。

（三）技术创新方向选择战略的执行

在执行技术创新方向选择战略时，应注意以下几方面的问题：

（1）要慎重选择执行技术创新方向选择战略的领导团队。

（2）在战略执行者和关键业务功能执行者之间需要建立密切联系。

(3) 要注意监督、评估战略的执行状况，并根据客观实际情况及时修正战略，使战略更加适合公司情况。

(4) 要监测外部环境变化，尤其是技术环境变化。

(5) 技术创新方向选择战略的执行需要合理的组织结构。内部研究开发、产品开发或价值链重构，其战略执行所需的组织结构与组织运作是不同的。因此，组织结构经常需要一定的调适，这样才能与新技术运作过程相适应。在实施新技术之前，还应该在类似于旧技术环境下对新结构进行一定的试验。

第二节　技术生成方式选择

一、技术生成方式的影响因素和类型

(一) 技术生成方式的影响因素

所谓技术生成方式，是指技术是采取怎样的途径生成的。企业技术生成方式有两种模式，即外包 (outsource) 和内部研发。外包和内部研发都能够拓展企业技术能力和水平。外包行为作为一种内部研发替代形式，在相同技术水平要求下，外包部分研发工作可以加快技术研发速度。那么，到底是外包好呢，还是内部研发好呢？这要取决于以下两个因素。

1. 竞争地位

首先，企业须了解自身技术水平与研发能力；其次，用标杆法与本行业同类技术水平最高的企业进行比较；最后，可以确立在该技术领域内自身的竞争地位。

2. 战略重要性

技术的重要性是相对于一个企业总体战略而言的。也就是说，企业或许能够研发出一项独一无二有市场开发潜力的技术，但与企业战略方向背道而驰，那么，这项技术是无战略重要性的。另一种情况是，一项技术相对于战略来说是非常重要的，但企业无能力研发出该技术。

(二) 技术生成方式的类型

上述两种因素的相互关系及构成的技术生成方式类型如图 8-4 所示。

战略重要性 \ 竞争地位	高	低
高	内部研发	外包
低	负投资	谨慎投资

图 8-4　技术生成方式类型

资料来源：V.K. 纳雷安安．技术战略与创新：竞争优势的源泉．程源，等译．北京：电子工业出版社，2002：271.

1. 内部研发

如果某项技术在企业具有强大竞争优势的技术领域内，并且其研发对于企业战略发展方向来说有着重要意义，那么这项技术就代表了企业核心竞争能力。对于这一类项目，应由企业自己的研发部门来开发。

2. 外包

对企业战略方向有着重大影响，但企业自身没有足够能力进行独立研发的项目，就适合通过外包来完成。

3. 负投资

对于某类项目，企业自身有足够的能力独立研发，但是其研发对企业长远发展没有什么意义，则应通过市场手段让其他企业进行研发。

4. 谨慎投资

对任何一家企业来说，都没有理由去投资一项自己毫无竞争优势且没有任何战略重要性的技术项目。

总之，通过以上分析可以得出两个结论：第一，当一家企业在某项技术领域中占有绝对统治地位，且这项技术对企业发展有重大战略意义时，企业应该继续深化和提高自己的内部研发能力。这样，不但能够使企业具备更快开发基础技术的能力，而且其所消耗的成本也将远远低于外包所需费用。第二，当企业不擅长某一项技术时，通常应该通过外包方式得到相应技术。对这类技术来说，外包通常会提供相对较低的成本和较快地获取专有知识的途径。

一般来说，由于负投资项目和谨慎投资项目与企业战略目标不相符合，所以，企业是不会涉足这些技术领域的。下面就重点分析一下内部研发和外包项目。内部研发项目又可分为合作研发和自行研发。

二、内部研发

（一）合作研发

1. 合作研发的原因

企业与其他组织包括竞争对手结成合作伙伴，可以归结为以下几方面的原因：

（1）企业开发新技术需要规模巨大的资源，单个企业无法承担，而且通过合作还可以降低开发风险。

（2）当一个企业进入一个新市场时，要冒很大风险，与其他企业合作可以降低市场进入的风险和成本。如富士通公司最初利用其与国际计算机有限公司的联盟打开欧洲市场；本田和罗弗公司联盟的目的也是打开欧洲市场。

（3）不同企业在不同的技术项目上有不同特长，合作开发可以降低技术开发失败的风险和缩短商业化周期。

(4) 不同企业合作还可以取得规模经济效益，降低生产成本。

2. 合作研发的动机

在任何具体情况下，企业合作研发可能有多重动机。我们可以把合作研发的动机归纳为技术动机和组织动机。

技术动机包括创新开发的成本、时间和复杂性。在当今竞争激烈的商业环境中，研发部门和企业其他部门一样，一方面必须提高资金利用效率，另一方面也须考虑内部研发是否是最有效的方式。另外，如果一家企业的外围技术正是另一家企业的核心技术，在这种情况下，技术合作开发能够降低企业开发风险和开发成本，还能够缩短开发时间。面对现代技术复杂性不断提高的事实，现今很少有企业能够单独凭借自身力量在相关技术领域进行研发。因此，越来越多的技术研发经理认识到，即使是跨国企业，也无法在技术孤岛中生存。

与外部组织进行技术合作还能为企业带来重要的组织利益。主要表现在：第一，能够让企业内部研发部门了解同行企业技术发展水平，从而认识到自身不足，并且新的技术与想法也能给内部研发人员带来新的观念。第二，与其他组织合作研发，有利于自身掌握建立技术标准的主动权。

3. 合作研发的方式

(1) 研发联盟。

面对日益激烈的全球性竞争，许多企业为了提高其所在产业的竞争优势，纷纷建立研发联盟（research alliance)。研发联盟是指合作开发专业项目的几个组织所形成的联合体。加入一个研发联盟的基础是分担研究成本和风险、集中稀缺技术和设备、进行竞争前和非竞争性研究，并设立标准。研发联盟的形式多种多样，其中集中程度最高的形式就是将投资集中起来，建立共同的研究机构或新企业，而集中程度最低的形式是在各个成员间展开协同研究。在通常情况下，研发联盟可分为两种情况，即竞争前研发和非竞争性研发。竞争前研发是指企业在竞争之前通过成立研发联盟，以增强其技术基础，提高企业生产率和国际竞争力。非竞争性研发是指基础研究、教育、健康、安全和技术知识的发布。例如，美国 1990 年颁布了《空气清洁法案》，该法案促使竞争性的石油公司和汽车制造商成立了汽车/汽油研发联盟，共同研究空气改进方法。这种研发联盟就是非竞争性研发。

一般而言，研发联盟具有以下特点：

1) 研发联盟的活动范围包括从基础研究到实验和测试，但以基础研究为主。

2) 研发联盟的研究设施包括：联盟组织自身的硬件设施，联盟成员的设施，非营利机构和政府部门的相关设施。

3) 研发联盟与政府部门有很多联系。一方面政府可以提供独一无二的研究设施；另一方面研发联盟可以得到政府财政支持。

综上所述，研发联盟由于其自身特色在促进企业技术和研发能力提高方面具有重要作用，它可以通过行业协会、大学研究中心、研究型公司等多种多样的形式实现自己的目标。但是，即使是在非竞争性研发联盟中，也会由于既定利益的存在而给合作带来很多困难。例如，1990 年，美国汽车制造商和汽油公司为降低汽车尾气排放量而结成的联盟中，两个利益集团在研究应该是主要针对改善发动机效率还是改善汽油配方方面存在争议。这就是说，在合作中存在很大的合作风险。

（2）战略联盟。

企业常常会与其他企业合作去共同努力实现技术的获取、运用和营销，这种合作模式称为战略联盟（strategic alliance）。企业通过结成战略联盟可以获得以下几种优势：

1）共同规避风险，建立临界竞争力。实践表明，企业通过与竞争者、顾客或拥有互补性技术、产品或服务的企业结成暂时的联盟，可以获得临界竞争力。

2）进入更广泛的市场，提高自身市场占有率。

3）通过彼此间的学习获得新能力。合作伙伴通过联盟形成互补，彼此学习对方的长处，以增强各自的竞争优势。

一般来说，战略联盟可分为三种类型：

1）合作风险投资。这种类型一般适合于大公司与小公司之间的合作。大公司向小公司提供风险资本或营销渠道来获得小公司的合作。而小公司由于其创新能力比较强，可以向大公司提供相关技术。大公司一般通过兼并或收购形式来实现风险投资（risk investment）。例如，3M公司在全世界进行风险投资，收购了Paribas、Advent、Genevest等小公司。

2）联合技术开发。这种联盟形式是指两个或两个以上公司在一定时间里联合起来进行技术项目研究，项目收益也与合作伙伴共同所有。具体的实现形式有：R&D项目、技术团队协议、技术交换契约等。

3）合资企业。合资企业有两种基本形式：一种是由两个或两个以上独立的组织建立新企业，这些组织按各自所占股份分配所有者权益；另一种较为简单，只是在契约基础上进行合作。这两种合资企业最根本的区别在于，前者具有独立法人实体地位。在这种情况下，合资各方需要委派代表共同管理合资企业，这是与其他合作方式不同的地方。

4. 合作研发的风险

从战略角度看，当采取合作模式比企业完全依靠自己能带来更大利益时，企业就会采取合作模式。因此，合作模式的选择，表明企业做了许多自制-外购决策，由自己来执行一项活动或制造一个部件，而不是寻求合同供应商。但是，合作从本质上说是一个充满风险的过程，在所有合作案例中，只有不到一半的企业能达到预期目标。在通常情况下，合作研发面临着以下风险：

（1）知识产权风险。

知识产权（intellectual property）可分为三种形式：私有产权、公共产权、外泄产权。私有产权是指一个私人团体实际或合法占有的知识产权，且可以按照所有者的意愿进行转移；公共产权一般由公共基金资助的大学和非营利研究组织产生，可以被发明者在短期内占有；外泄产权是指可以通过模仿、观察或获取研究人员来占有的知识产权。

这三种产权形式中，外泄产权最容易导致产权风险，因为它的组织形式是合作安排的，不像私有产权属于营利组织，公共产权属于政府、非营利教育机构。

（2）信息泄露。

在多种技术生成方式中，合作方式使各成员面临额外风险，尤其是在与潜在竞争对手

合作的时候，信息泄露问题最为严重。因为每个合作成员都有自己的信息库，而合作使各成员之间的关系非常密切。这样，就不可避免地使合作者能够进入其他成员的信息库，获得其他成员的知识和技能。因此，合作成员就可以模仿其他成员的技术，并在利益最大化驱动下与合作伙伴展开激烈竞争。尤其对中小企业来说，信息泄露是相当危险的，因为中小企业一方面缺少保护知识产权的经验和资源；另一方面其竞争优势相对于大企业来说非常有限。所以说，若中小企业无意或有意泄露了商业机密，就有可能遭受灭顶之灾。

(3) 组织风险。

组织风险是指合作管理所面临的问题。这种风险起因于四个因素：

1) 合作成员的不同优先权。即谁先获得技术研究成果，谁就可以最早进入市场获取经济效益，尤其是在大企业与小企业合作时，小企业往往不能有效地从大企业获得自己所需的信息与技术，从而失去占领市场的先机。

2) 企业行为风格。合作需要双方建立在平等与信任基础之上。若一方凌驾于另一方之上，则这种合作是短期的，不会产生丰硕的合作成果。

3) 缺少行为。若一项技术在未来应用中充满了不确定性，合作成员的不作为是开发活动面临的另一种风险，即合作双方应共同承担风险，努力解决面临的问题，不能让一方单独承担。

4) 合作成员的私人关系。个人关系不仅仅是合作的结果，也是合作获得成功的关键因素。例如，通用与韩国现代结成战略联盟，既是以前接触了解的结果，也是今后进一步深化合作的基础。

5. 合作研发风险的规避方法

风险是合作过程中不可避免的，关键是要采取措施规避风险，促成合作的完成。为了规避合作风险，企业一般应采取以下措施：

(1) 在企业建立合作关系之前必须仔细选择合作伙伴。在选择合作伙伴时，可以从文化、规模实力、双方期望等方面进行衡量。一般来说，实力越接近，合作成功的可能性就越大。

(2) 合作之初双方要有合理规划，须对各自的权利和义务有明确界定。

(3) 双方要选定合适的合作组织形式，最好是合资企业。因为它的成功率是其他形式的两倍多。

(4) 在合作过程中，双方要建立定期和不定期的交流机制，及时发现问题和解决问题。

(5) 从合作一开始，双方高层管理人员就必须为合作成功而努力，将最好的管理人员投入到合资公司。

(二) 自行研发

自行研发其实就是一个创新过程。一个企业若没有创新能力，就不可能有研发能力，也就没有自己的技术竞争优势。所以说，创新是自行研发的生命之源。

1. 创新与创新的类型

创新活动是任何一个将技术从思想转化为商业的组织行为系统。根据不同的角度，创新可以分为不同的类型。这里我们重点介绍以下几种类型：

（1）技术创新和管理创新。

技术创新又分为产品创新和过程创新。产品创新包括新产品或改进的产品、新材料等；过程创新包括新的制造技术、新的分销模式等。管理创新包括整体质量的管理、时间的调整等。

（2）基础创新、增量创新、系统创新。

基础创新表现为技术不连续性的新功能；增量创新是改进现有功能，增强一些特性，如质量和可靠性，或者降低成本；系统创新是指重新组合现有技术以提供新功能的基础创新。例如，汽车就是将已经存在的车架技术与自行车技术和汽缸引擎等技术组合在一起。

2. 企业学习能力的培养

创新不是空中楼阁，而是对现有知识和技术的创新。也就是说，一个企业要想创新，就必须与外部的技术知识资源建立一个桥梁，使组织内部的成员能够及时地了解和吸收外部的信息资源。

一个企业能够创新，并不在于它收购了几家技术领先的公司，而在于它对于外部技术的吸收消化能力。那么，如何建立和培养良好的吸收能力呢？可以采取以下措施：

（1）广泛观察。

因为有着无数渠道可提供各种各样的技术知识，所以企业必须不断地进行广泛观察，以使自己能够最终把握最有价值的技术。

（2）与外界资源不断交互。

擅长技术吸收的企业所具有的一个共同特点是，它们都与外界资源不断进行交互。有关信息流的研究表明，这种连续不断的交互活动有助于技术项目成功率的提高。

（3）培养企业技术守门人（technology gatekeeper）。

技术守门人是自愿原则产生的。他们必须满足三个标准：一是他们是优秀技术人员；二是他们比其他人员拥有更多与外界交流的机会；三是他们有责任不断向公司其他技术人员通报自己所负责领域最新技术的发展动态。

（4）培养外部联络员。

外部联络员就是企业外部资源的了解者和接受者。他们还可以进行知识转化和传播。

（5）克服技术抵制。

所谓“非本地发明”综合征，就是指企业内部人员对外来知识和技术的抵制。而克服它的最有效方式就是建立新型企业文化，鼓励与外界知识技术资源的交流。

3. 影响企业创新能力的因素

有三类因素可以用来增强企业组织的创新能力，它们是组织结构、文化和人力资源因素。

（1）组织结构因素。

有关研究成果表明，有两种组织结构因素对创新有影响作用：1）有机式结构对创新的影响。由于有机结构具有纵向变异、正规化和集权度低等特点，所以，它可以提高组织灵活性、应变力和跨职能工作能力，进而使创新更易于被接受。2）单位之间密切沟通有

利于克服潜在障碍。像委员会、任务小组及其他机制都可以促使部门间相互交流，从而得到创新组织的广泛使用。

(2) 文化因素。

在创新领域做得好的公司，一般具有以下组织文化特征：1）接受模棱两可。过于强调目的性和专一性会限制人的创造性。2）外部控制少。组织将规则、条例、政策这类控制减少到最低限度。3）接受风险。组织鼓励员工大胆实验，即使犯了错误也被看作提供了学习机会。4）容忍冲突。组织行为学认为，个人或部门间的一致和认同不一定能实现很高的经营绩效，因而应鼓励职工和管理人员发表不同意见。5）注重结果甚于手段。注重结果意味着员工可以用不同方法解决某一问题，从而达到提倡创新的目的。6）强调开放系统。组织时刻监控外部环境变化并做出快速反应。

(3) 人力资源因素。

在这一因素中，组织主要通过以下方法支持员工创新：1）积极对员工开展培训，以使其保持知识更新。2）给员工提供高工作保障，以减少他们担心犯错误而遭到解雇的担忧。3）鼓励员工成为革新能手。

三、外包

外包是指企业将其一种或多种技术活动委托给其他企业。随着全球化趋势越来越深化，许多企业已经把外包作为技术生成战略的重要组成部分。例如：1989 年柯达公司决定外包公司急需的大型计算机、通信技术和现场维修中心（CPS）；在美国制药行业中，临床实验通常由制药公司委托外部来完成。

外包的风险主要包括以下几方面：

首先，外包会导致知识产权流失。这主要表现在：一是企业只专注自己的核心技术，未意识到外围技术会转化为核心技术，所以未及时根据外部环境变化扩大自己的核心技术范围，从而严重依赖外包。二是企业低估了一项技术在其他产品应用中的潜在价值，合作者就能从它那里学习。例如，在通用电气公司和日本西铁城公司的早期合作中，通用电气公司认为手表上的音叉技术在其他电子产品上用处不大，而西铁城公司则把这项技术应用到其他电子领域。

其次，外包会导致竞争风险。例如，在 20 世纪 70 年代晚期，意大利菲亚特汽车公司由于在苏联和波兰进行了许可证转让，结果导致在西欧汽车市场上面临激烈竞争。

最后，在外包中也存在行为风险。这种风险会导致一方对另一方技术的严重依赖，尤其是中小企业，这样容易丧失主动权，成为另一方的附属组织。

第三节　技术资金筹措

一、技术资金筹措的基本原则

资本的筹集是一项重要而复杂的工作，企业为了能够有效地筹资，就必须遵循一些基本原则，以保证达到筹资的一般要求。

（一）适应性原则

所谓适应性，首先是指数量上的适应性。企业应当明确筹资的目的是投资，因此，一定时期的投资规模毫无疑问将决定筹资规模。同时，任何企业投资决策都是建立在对现金流量预测基础上的，因而不可避免地带有不同程度的不确定性，对资本需求量也带有不确定性。在筹资过程中，应考虑到这些因素并结合筹资的环境和条件，留有余地，保持一定弹性。

其次，适应性还指时间上的适应性，即筹集资本的时间要尽量与投资实际支出时间相衔接。这包括两层含义：一方面是指企业所筹集的资本到期日应与投资所需占用时间相衔接；另一方面是指企业应根据资本需求具体情况，合理安排资本的筹集时间，适时获取所需投资资本，以避免过早筹集资本造成资本投放前的闲置，又防止取得资本时间滞后，影响投资实施甚至错过投资机会。

最后，适应性是指企业筹资规模应与企业管理能力和研发能力相适应。企业不应频繁地更换筹资方式。筹资方式的选择应与企业所熟悉的筹资对象、投资者、资本市场、融资工具以及企业以往的历史惯例相适应。

（二）经济性原则

经济性是指企业筹集资本成本的最小化以及筹资效率的最大化。资本来源渠道为企业提供了资本的源泉和筹资场所及各种融资工具，它们反映了资本分布状况和供求关系，决定着资本成本和筹资难易程度，不同性质的资本对企业财务风险的影响也各不相同。因此，企业在筹集研发资本时，应充分考虑资本成本问题、风险问题，以及通过不同渠道、方式筹集资本的效率问题。

（三）合法性原则

合法性是指企业在筹集研发资本时，必须遵守国家有关法律、法规，必须严格履行筹资时所承诺的各项责任与义务，维护筹资各方的经济利益。这一原则要求企业在筹集研发资本时，一方面必须了解国家有关法律、法规及相应的金融政策，在法律、法规及政策允许范围内筹集资本；另一方面要善于依据和利用国家对企业筹资的相关优惠政策，适时、适度地在合法的前提下，力求实现筹资的经济性。

二、影响技术资金筹措的因素

（一）战略的重要性

即从战略上考虑该项技术对企业未来发展的重要性。若一项技术的研究成败关乎企业未来竞争优势的形成，那么，企业最好用自己内部资金，以保证拥有将来对该项技术的控制权。

（二）企业自身财务能力

即企业自己的财务资源是否足够开发一项新技术。若财务资源够用，则可以考虑用自

有资金；反之，企业可以考虑从外部筹措所需资金。

（三）技术本身的性质

这是指技术研究是基础研究、应用研究还是技术改造。若是基础研究，企业可以利用外部资金。因为基础研究开发周期长、成功率低。若是技术改造，企业完全可以自己承担，特别是一些关于核心竞争力的技术改造。

（四）控制力度

即企业是否应该对某项技术拥有支配权。若是一项应由企业专有的重要技术，那么就应尽量用自己的资金来开发这项技术，即使需要利用外部资金，也要保持相应的控制力。

三、技术资金筹措的类型

在一般情况下，企业经营受到季节性或周期性波动的影响，技术研发资金需求也会因此而发生变化。在经济繁荣时期，不同行业的企业对技术研发资金都有大量需求，而当经济萧条时期，对研发资金的需求会相应下降。但对于持续经营的企业来说，即使其处于经营活动水平的最低点，也需要一定规模的科研资金来维持企业技术的发展，这部分研发资金被称为永久性流动资金；而随着经济周期或季节波动的那部分流动资金被称为波动性流动资金。对于永久性及波动性流动资金的筹集有三种战略，即保守型、中庸型和冒进型筹资。

（一）保守型筹资

保守型筹资的特点是：企业对于全部永久性流动资金需求及部分或全部波动性流动资金需求，全部以长期资金来满足。这是一种低风险、重安全性的保守筹资方式。

（二）中庸型筹资

中庸型筹资的特点是：企业采用短期筹资方式为波动性流动资金筹集资金，而对永久性流动资金均采用长期资金方式来筹措，以使资产和负债到期时间能相互配合。因此，这种筹资方案通过匹配资产和负债的期限，减少了企业无力支付到期债务的风险。

（三）冒进型筹资

冒进型筹资的特点是：企业以长期资金来融通永久性流动资金的一部分，而余下的永久性流动资金和波动性流动资金则用到期资金来融通。企业若使用这种方式，不但要承担贷款不能延期与筹资困难的风险，而且还要面临贷款利率上升而导致更多利息支出的风险。采用这种战略的企业一旦成功，会获取很高的超额收益，但实践证明，愿意冒如此之大风险来换取高额收益的企业实不多见。

上述三种筹资方式的区别在于短期资金在技术研发资金中的比重。采用保守型筹资时，短期融资比例最少；采用冒进型筹资时，短期融资比例最大；而中庸型筹资的短期融资比例介于前述两者之间。

四、技术资金筹措渠道分析

一般来说，企业技术资金筹措渠道有两个来源：一是内部资本积累；二是外部货币市场与资本市场。企业开发新技术面临着高成本、自身能力有限、开发失败等威胁。因此，企业一般情况下会两种渠道兼用。而第二种渠道又可分为直接筹资和间接筹资。所谓直接筹资是指通过股票和债券市场来筹集资金；所谓间接筹资是通过银行等中介机构筹措资金。下面就对各种渠道的利弊进行分析。

（一）企业内部积累

这种渠道就是通过自身利润的积累来筹措开发新技术所需资金。采用这种方式筹措资金的优点是可以保证企业对新开发技术成果的专有，能提升自身技术研发能力。其缺点是不利于降低筹资开发风险；筹资成本过高，速度过慢；有时会受企业规模的局限；不符合当今技术资金筹集的潮流。

（二）吸引投资

1. 吸引投资的类型

根据投资主体不同，吸引投资的类型可分为以下三种：

（1）吸引国家直接投资，是指吸收有权代表国家投资的政府部门或机构以国有资产的形式投入企业。在目前阶段，这主要是指国有企业的技术资金筹集方式，私营企业很少有这种待遇。

（2）吸引法人投资，是指吸收法人单位以其依法可以支配的资产投入企业，由此所形成的资本金称为法人资本金。目前，在我国主要是指上下游企业间的技术合作与指导。

（3）吸引外资，是指吸引外国投资者把资本投入企业。一般指中外合资或合作企业。

2. 利弊分析

吸引投资的优点在于：所筹集资金属于企业的权益资本，有利于增强企业自身的规模和实力；企业无固定财务负担，财务风险较小；有利于学习投资者的技术。

吸引投资的缺点在于：在筹资过程中，双方要进行大量的考察、谈判，花费了大量人力、物力、财力；容易分散企业对技术成果的控制力；同时，磨合期延长了技术开发周期。

（三）股票筹资

若企业是股份公司，可以通过发行股票方式来筹资。股票又分为普通股和优先股。优先股相对于普通股来说，股息是确定的，且对公司收益及资产有优先受偿权，但他们没有投票权。而持有普通股的人享有表决权，并通过选举董事会对公司拥有控制权。同时，这种控制权涉及其应履行的责任和义务。此外，持有人还享有收益权，而收益权包含着损失的风险。

股票筹资的优点在于：它没有固定到期日，是一种永久性资本，无须偿还，企业在一定阶段内支付股息即可；能够有效地增强公司借款能力与信用价值；相对于债券，它是资

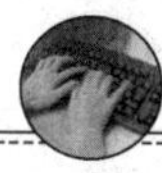

本而非债务，因而有利于降低财务风险。

股票筹资的缺点在于：它可能会分散公司对新技术的控制力，因为大型企业可以通过收购股票来控制公司，进而控制它想要的技术；发行股票成本过高且有较多限制；企业每隔一段时间就得支付一定的股息，这加重了企业财务负担，尤其是优先股。

（四）长期负债

1. 长期负债的类型

企业长期负债（long-term debt）包括长期债券（long-term securities）和长期借款（long-term loan）两种。前者是指向投资人（包括个人和组织）出具的债权债务凭证；后者是指向金融机构借入的，期限在一年以上的借款。企业债券包括抵押债券、担保债券、无担保债券（信用债券）等。

2. 利弊分析

长期负债的优点是：筹资速度快且较灵活，因为无须经过证券管理机构审批，借贷行为直接在贷款者与借款者间进行；债券成本固定；有利于企业对技术成果专有；当利息税前收益增加时，可以增加企业资本所有者的税后利润，因为债权人不参加盈余分配；筹资成本与发行股票相比要低。

长期负债的缺点是：由于要还本付息，若企业收益减少可能无法还本付息，引起企业破产；对于债权人来说，长期借贷增加了他们的风险，因而他们会制定严格的合同条款；筹资数量会受到企业自身负债率的影响，一般都有限度。

（五）技术开发项目融资

1. 技术开发项目融资的特点

技术开发项目融资主要有以下特点：贷款人对项目发起人无完全追偿权，主要依赖于项目资产和现金流量，贷款人需自己对发起人的状况、项目状况进行评估，并在技术研发过程中对项目进行监控；贷款人因承担风险而有较高的收益率。

2. 技术开发项目融资的利弊分析

技术开发项目融资的主要优点是：（1）风险共担。当项目贷款人完全或部分丧失对借款人和发起人的追索权时，贷款人必须全部或部分承担项目不能产生足够的现金流量时所产生的风险。如项目失败，不至于造成借款人或项目发起人破产。（2）财务待遇。与项目融资特别是无追索权融资相比，一般借款可能对借款人或项目发起人的资产负债表有不利影响。但在项目融资情况下，项目发起人在或取或付协议（take-or-pay）、收费（tolling）、项目使用（throughput）合同中承担的责任（甚至是担保责任），并不总是显示在资产负债表或会计附录中。（3）税收待遇。若项目发起人采用项目融资方式，政府会减免其一定的税收。

技术开发项目融资的缺点在于：双方须进行长期评估和讨论，因而提升了合作成本；

在项目执行中，需额外成本来监控项目的进展、资金的使用；技术开发成果并不能专有，有可能成果外泄。

（六）风险投资

企业吸收风险投资的主要方式是接受专门的风险投资机构的资金，用于新技术开发或产业化，从而实现技术快速开发和产品迅速推广。对于投资者来说，待将来时机成熟时，可以通过将增值后的企业股权以上市、并购等形式出售，并获取高额投资回报。

吸收风险投资对处于创建期或成长期的高技术企业具有很强的启示意义。对于这类企业来说，一般都有了某一项成型技术，但是将这种技术转化为产品并推向市场仍需大量后期研发资金和市场开拓资金，企业处于严重资金饥渴状态。同时，由于新技术和新产品开发中的高风险，所以很难得到银行贷款或直接合作者，只能依靠风险投资机构提供巨额资金。目前，我国风险投资业发展尚不成熟，这也使企业吸收风险投资的机会大为减少。

五、初创企业的技术资金筹措方式

在世界范围内，规模问题是一个不容忽视的问题。它可以为企业带来一些意想不到的东西，在筹资领域也不例外。通常来说，在企业发展初期，其规模较小，融资方式和渠道就比较少；随着企业规模扩大，技术资金的融资方式和渠道就会越来越多。因此，下面着重分析初创企业的筹资渠道选择。

（一）筹资中的基本问题

在为技术项目融资时，不同企业在筹措资金时，一般都面临着两个问题：逆向选择和道德风险。

逆向选择存在两种情况：一种情况是，只有那些缺乏创新能力的企业才会进行外部融资；另一种情况是，企业从外部筹集资金主要是因为它们知道把自有资金投在一项技术研发上的风险太大，所以希望利用外部资金进行技术开发。

道德风险是在委托代理关系中出现的问题。出资人雇佣代理人或经理来负责技术项目，但是该代理人往往按照对自己有利的方式来工作，但对出资人也许并不是最好的。

之所以会出现逆向选择和道德风险，是信息不确定性和信息不对称所造成的。简而言之，由以下三种情况导致信息不对称：第一，技术项目充满了不确定性。负责该项目的代理人不可能了解足够的信息，从而出资人也就不能获得充分的信息。第二，随着项目的进展，信息会发生变化，涌现出新的信息，而项目经理人可能未能及时了解到变化的信息，导致不能将变化的新信息传递给出资人。第三，项目经理人可能为了自身利益最大化，不想把相关信息传递给出资人。

（二）初创企业的技术资金筹措方式

1. 初创企业的融资模型

每个企业在发展初期都没有什么实力，具有很大不确定性。因此，在技术资金筹措过程中，无论是道德风险还是逆向选择的概率都非常高，外部资金是很难流向初创企业的。

下面我们就重点分析一下，面临这种状况，初创企业应如何应对。一般来说，初创企业所需资金的发展过程如图 8－5 所示。

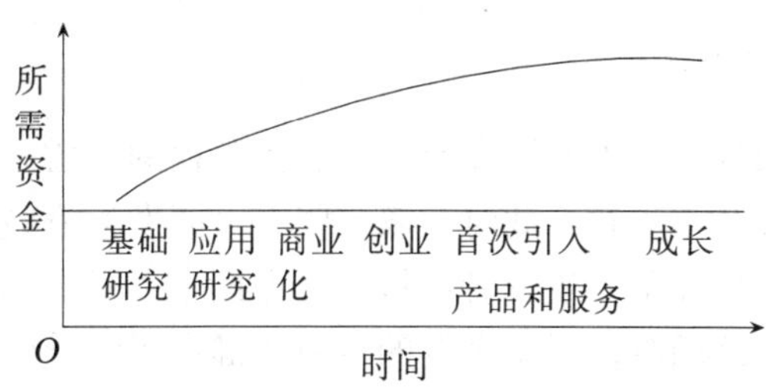

图 8－5　初创企业所需资金的发展过程

资料来源：V. K. 纳雷安安．技术战略与创新：竞争优势的源泉．程源，等译．北京：电子工业出版社，2002：408.

具体来说，初创企业发展要经过以下阶段：

（1）基础研究阶段，是指初创企业对其要开发的项目进行测试。

（2）应用研究阶段，是指把技术转化成新产品所进行的生产活动或服务。

（3）商业化阶段，是指将产品投向市场的所有活动——开发市场、评价市场、制订商业计划等活动。

（4）创业阶段，是指以经营方式表现出来的各种具体活动。

（5）首次引入产品和服务阶段，是指企业开始生产并在选定的目标市场上销售产品或服务。

（6）成长阶段，包括企业销售的增长，是指企业为了提高销售额在制造和销售能力上进行的持续投资。

从图 8－5 可以看出，初创企业运作所需的资金是不断增长的。具体来说，前三个阶段所用资金比后三个阶段所用资金要少得多。在基础研究阶段，研发活动通常是在个人实验室和大学实验室中完成的，所需资金与一个成熟企业相比是非常少的。应用研究阶段需要建立一个模型，所以需要额外资金来购买原料和制造设备。商业化阶段需要制订一个可行的商业计划，因此，需要估计市场潜力、制造能力以及企业运行所需要的行政管理和员工成本。而在初创阶段、首次引入产品和服务阶段、成长阶段所需要的资金比前面阶段要高得多。

并非所有企业都要经历每个发展阶段，如一些经营互联网的企业并不需要基础研究，但它们需要较多的应用研究。

从图 8－5 还可以看出，企业在不同阶段也可以从不同渠道进行融资：

（1）在基础研究阶段和应用研究阶段，企业受到技术在未来不确定性的困扰，很难从外部资本市场上获得资金。在这些阶段主要是从政府和企业自身来获得资金。

（2）在商业化阶段，政府资金仍起着重要作用。但是，创业者可以利用私人或公共投资者提供的设施。此外，私人募集也是商业化阶段的辅助资金来源。

（3）在后三个阶段，企业可以在资本市场上筹集资金或依靠创业投资基金。

上述模型是建立在发达市场经济基础之上的，在市场经济尚未成熟的发展中国家运用仍有一些局限。例如，在我国，由于受到企业性质和融资环境的影响，私人性质的小企业一般很难从外部获得发展技术所需要的资金。但是，上述模型对我国初创企业的发展和宏观融资环境的改善有一定借鉴意义。

2. 吸引技术投资的方法

对外部融资来源的依赖，会引发潜在所有权和控制权的矛盾。有时候，私有权益供给者的目标与创业者的目标并不一致，此时，双方就有可能发生分歧。因此，投资者会慎重地选择投资对象。在一般情况下，投资者可从四个方面来考察中小企业：

（1）分析创业者的管理团队。一个企业的成败关键在于领导团队的素质。高素质的领导团队可以把失败的企业引向成功；相反，低素质的领导团队可以把成功的企业引向失败之路。因此，投资者一般会把资金投向那些具有高素质领导团队的企业。

（2）目标分析。投资者一般会投资那些拥有增长潜力的目标市场的企业。所谓有增长潜力的目标市场分为两种：一种是高速增长的细分市场。在此市场上，企业可以得到丰厚利润和较高市场份额。另一种是没有强大竞争对手的目标市场，在这种情况下，企业可以建立无人可以挑战的市场地位。另外，投资者不喜欢向生产仿制品的企业投资。

（3）产品性质。企业的产品必须比市场上同类产品有更大改进。

（4）技术分析。投资者会考虑企业的技术是否有市场，是否有进一步研发的潜力。

第四节　技术开发力量组合

一个企业的整体技术成果如何，不仅要受个体素质的影响，而且还要受技术开发力量组合结构的影响。所谓技术开发力量组合结构，是指企业各种不同类型研发人员的配置及其相互关系。企业研发技术人员组合结构的合理化是在其专业结构、知识结构、智能结构、年龄结构及生理结构的基础上形成的。

一、技术开发力量组合合理化的原则

（一）能级原则

所谓能级原则，就是把具有不同能级的人按能力高低为序合理地组合在一起。按能级原则配置科研人员，有利于充分利用科技资源，并且能够使他们的能力在这种合理的组合中得到发展。例如，在一个职能科室中，科长能力应该最强，副科长次之，科员比副科长更低一些。这样的能级结构，既有利于他们在工作中相互协调，又有利于学习进取。人才过于集中并不是好事，因为它必然会使一部分人的能力得不到充分发挥，从而影响工作效率和劳动生产效率的提高。

（二）互补原则

人的能力不仅有高低之分，而且个人的知识、专长、性格也各不相同，具有质的差别。因此，在科研人员配置中，应遵循互补原则，就是要把具有不同技术特点、心理素质、生理素质的人科学地组合在一起。

1. 专业互补

所谓专业互补，是指一个系统内各专业人员应有一个合理的比例结构。由于科学技术的进步，知识迅速更新，生产工艺越来越复杂，学科越分越细，不可能依赖一种专业完成一种较复杂的生产工艺；同时，任何人都不可能掌握各种知识、精通各种专业。这就要求将不同专业人员按一定比例合理配置，形成一个互补的专业结构。

2. 知识互补

所谓知识互补，是指一个系统内各种不同知识或不同知识水平的人的合理组合。通常情况下，合理的知识结构应表现为不同知识水平的人员按高、中、低三个层次呈梯形分布。

3. 年龄互补

所谓年龄互补，是指一个系统内应由不同年龄的人按一定比例进行组合。合理的年龄结构应表现为老、中、青结合的有机整体。

4. 智能互补

所谓智能互补，是指一个系统内各种不同智能类型的人的有机组合。人的智能有各种各样的表现形式，如开拓型、创造型、组织型、实干型等。只有将不同智能类型的人合理地组合在一起，才能充分发挥研发部门的智能水平。

5. 生理心理素质互补

所谓生理心理素质互补，是指一个系统内应由不同体质、性格、气质、志趣的人按一定比例构成，从而使个体之间相互协调，从而发挥更大的群体效能。

（三）效益原则

把企业研发人员进行合理组合的出发点和落脚点，就是要提高研发部门的效益，保证目标的实现。为此，在研发人员配置中，不仅要坚持个人与岗位之间的相互匹配，而且要使研发部门的群体结构处于合理状态，这样才有可能使个人能力得到充分发挥，从而获得较理想的研发成果。

二、影响技术开发力量组合的因素

（一）年龄因素

技术研发力量应建立在老、中、青梯形年龄结构上。这是因为：一方面，不同年龄段的技术人员各有不同的优点，能够取长补短，更好地发挥技术开发小组的整体效能。例如，老年技术人员经过长期锻炼，有丰富的开发经验，善于处理复杂问题；中年技术人员精力旺盛，经过长期技术研发的锤炼，各方面已趋成熟，兼有老、青技术人员的优点，往往起着承上启下的作用；青年技术人员刚刚进入技术研发领域，创新能力强，易于接受新事物，能够为技术小组带来新思想。另一方面，只有这种梯形搭配才不会出现技术人员的断层。

（二）性格因素

在企业的研发队伍中，由于研发人员的气质各异，所以应把不同气质的人员结合在一起，组成一个合理的技术开发团队。根据现代心理学的研究成果，一般把人的气质分为以下几种类型。

1. 胆汁质

这种气质的人一般表现为情绪易兴奋，自我控制力差，爱冲动，心境变化幅度大。这种人对环境反应迅速且强烈，但不灵活。

2. 多血质

这种气质的人情绪兴奋性高，对外部环境反应迅速且灵活，但情绪不稳定、多变。这种人反应敏捷、活泼好动、对人亲切热情，但是粗心浮躁，注意力和情绪都易转移或变化。

3. 黏液质

这种气质的人性格内向，不外露，反应慢且稳定。一般情况下，这种人情绪稳定，心平气和，不易激动，言语不多，处世踏实冷静，自制力强；不足之处是过于固执、拘谨。

4. 抑郁质

这种气质的人不易兴奋，对事物的体验深，反应速度慢且不灵活，具有明显的内向性，而且这种人对人和事物观察细致，十分敏感，情绪体验深刻并且稳定，不外露也不活泼。其缺点是容易多虑、办事不果断和缺乏信心，常常有孤独、胆怯的表现。

性格会支配人的行为和思想，甚至决定人的命运。但并不是说人的性格有好坏之分，每一种性格都有自己的优缺点。技术开发人员的性格应该以内向型为主，但外向型也不可缺少。因为外向型性格的人能很好地调节气氛，激发其他人的灵感并充当知识与信息的传递人。

（三）技能因素

技能包括技术技能、人际技能和概念技能。技术技能是使用某一个专业领域内的有关工作程序、技术和知识，从而完成组织任务的能力；人际技能是处理人与人之间关系的技能；概念技能是指纵观全局，对影响组织生存与发展的重大因素做出正确判断，并在此基础上做出正确决策，引导组织发展方向的能力。

一般来讲，全能型的技术人员是比较少见的，在某个方面比较突出的技术人员比较多。就研发汽车来说，有的人擅长外观设计，有的人擅长机械制造，有的人擅长汽车制造技术。也许有人会提出，技术研发人员是开发新技术的，只要具有足够的相关知识即可，何必拥有概念技能与人际技能呢？这种认识是不正确的，因为在一个研发部门里面，一方

面，须有专门与外界联络的人员，以了解相关技术的发展前沿，同时向内部人员传播；另一方面，还需要有专门人员对企业总体技术发展有一个宏观的把握，以保证技术研发符合企业的发展战略。另外，还需要有人把技术人员团结起来完成技术研发任务。这些都需要概念技能与人际技能。

（四）专业知识结构因素

每一个技术工作者都必须拥有专门的知识，但是合理的技术开发结构中每一个成员所具有的知识在内容上应有所区别。知识从内容上可分为社会科学知识和自然科学知识两大类，每一大类又含有许多具体的学科知识。从性质上可分为直接经验知识和间接经验知识。企业领导成员，当然需要既有理论知识又有实践经验知识；但是就专业人才而言，不可能全面掌握各种各样的知识，只需要较好地掌握某方面的专门知识，兼具别的相关知识即可。就公司整个研发部门而言，不能由仅具有同类同种知识的成员组成，公司研发需要多种多样的知识，因而必须根据公司任务和目标的需要，由掌握不同类别、不同知识内容的各类人员组成，这样才能相辅相成，作用互补，圆满完成研发任务。

三、技术开发力量组合的类型

企业研发队伍不是孤立封闭的，而总是与外界保持着各种信息沟通和技术合作的联系。在企业研发力量中，既包括企业内部技术人员，也包括企业外部的一些松散或紧密的科研人员。这些科研人员可能属于政府科研机构、高等院校或其他企业。企业在进行技术研发活动中，就要根据具体研发项目的特点，选择利用不同的技术力量组合战略。一般来说，主要有以下几种技术开发力量组合类型。

（一）自我开发模式

这种模式适用于技术力量雄厚、处于世界技术领先地位的大型企业。这些企业大多具有人数众多的技术人员队伍、国际一流的实验设备、充足的技术研发资金和完善的技术研发机制，通过自我开发可以形成具有自主知识产权的技术，并最大可能地保护自己的技术机密。

（二）社会力量开发模式

不具备自我开发条件的一些中小企业可以使用这种模式。社会技术开发力量包括政府科研机构、大专院校、其他企业等。利用社会技术开发力量进行技术开发具有很多优点：首先是成本低，企业不用供养庞大的技术人员队伍和购买昂贵的实验设备；其次是技术水平高，很多科研机构的技术水平都很高，甚至处于国际领先水平。但是，这种模式的缺点也很突出：企业往往不具有自主知识产权，技术保密性差；所获得的技术与最终推出的产品可能存在一定差距。

（三）综合开发模式

综合开发模式就是上述两种开发模式的有机组合。在这种开发模式中，企业保留了较强的自主研发能力，同时又能够最大可能地利用社会开发力量。一般来说，它具有以下几方面的优点：首先，能产生科学技术的积聚效应，即技术、资金等资源可以更为集中，更易于达到技术开发项目所需的临界水平，从而使单一企业难以开发成功的项目在合作条件下得以实现；其次，有利于新技术转化为新产品，创造良好的经济效益。

综合开发模式主要包括三种形式，即企业与政府合作、企业与高等院校合作和企业与企业合作。具体方式往往由企业根据自身特点和实际需要而定，具有很大的灵活性。

本章小结

技术创新方向的选择是一个战略问题，是指导研发部门发展方向的纲领。技术创新方向的选择可以根据技术范围大小和领先程度、企业多元化经营形式和技术先进性等不同类型来确定。在制定技术方向选择战略时应注意企业目标和内外部环境。技术生成方式的选择取决于两个因素：竞争地位和战略重要性，包括内部研发、外包、负投资和谨慎投资四种类型。技术创新资金筹措，应遵循适应性、经济性、合法性的基本原则，可以通过企业内部积累、吸引其他组织投资、股票筹资、长期负债、技术开发项目融资和风险投资等渠道筹集。企业技术开发力量组合要实现组合结构合理化，根据企业具体情况在自我开发、社会力量开发、综合开发三种模式中进行选择。

思考题

1. 何为技术创新方向选择?
2. 技术创新方向选择的类型有哪些?
3. 战略联盟与研发联盟有何区别和联系?
4. 影响技术开发力量组合的因素有哪些?

第九章

跨国经营管理

【引例】

企业跨国经营的“中兴模式”

1985年，中兴通讯成立，即当时的深圳中兴半导体有限公司，其原始积累主要依靠开展来料加工业来获取，后来又组装过电话机、电子琴、冷暖风机等产品。到1993年12月，ZXJ2000交换机的全年装机量占全国新增容量（包括进口机型）的18%，居国产同类产品首位。1996年，中兴提出了战略“三个转变”：产品结构从单一的交换机设备向多元化产品转变；目标市场从农话市场向本地网、市话网开展；由国内市场向国际市场拓展。至此，中兴正式确定了其国际化的战略，避开锋芒，抢占新兴市场。

中兴通讯先从南亚开始拓展，重点是巴基斯坦、孟加拉国，还有非洲一些国家，如刚果（金）、赞比亚。之后，发展到印度、印度尼西亚以及东欧、非洲和南美的一些国家。中兴通讯在德国、法国也取得了重大突破。

中兴通讯的海外客户大多分布在发展中国家，主要是非洲、南美和东南亚三块。中兴通讯在非洲市场的营销网络相对完善，从运营商的角度来看，后期跟进的2期、3期扩张比较多，未来增长空间比较大。在东南亚，尤其是印度和巴基斯坦两个国家，电信投资年增长率近年来都在40%以上，由于产品的性价比有明显优势，中兴通讯的市场增长很快。特别在印度，那里的技术水平较低，总的电话用户只有约1亿人。考虑到未来的增长潜力巨大，中兴通讯和华为都在印度设厂和建立研发中心。

“按照电信行业发展的规律，现在亚非拉等众多国家极低的电信普及水平，为中兴通讯国际业务快速增长提供了坚实的市场基础。而且，发展中国家的国情，包括农村和城市的网络建设状况等都与国内情况类似，这样便于中兴通讯将中国的经验移植到国外。”东方证券分析师吴飞强调说。

一个令人振奋的迹象是，羽翼渐丰的中兴通讯也转向发达国家市场，渴望与爱立信、朗讯等跨国公司直接竞争。它一直在与英国电信（BT）和沃达丰（Vodafone）等运营商洽谈。2005年以来，中兴通讯已经与阿尔卡特、希腊电信、葡萄牙电信等多家全球著名的电信厂商建立了全球战略合作伙伴关系。

总结中兴通讯国际化的经验，有以下几点：

第一，未雨绸缪、循序渐进的国际化战略是中兴成功走向海外的基石。

中兴通讯的国际化战略，最早是在开拓中国国内市场，由农话市场进军市话市场的时期确定的。当时中兴通讯之所以做出这样的决定，是基于两方面考虑：其一是认识到中兴通讯面对的都是北电、朗讯这些国际巨头，如果中兴通讯仅仅局限于国内市场，就不能和竞争对手一样在全球范围配置资源，取得全面竞争优势。其二是中兴通讯在当时就认识到国际化是中国企业的必由之路，晚走出去不如早走出去。事实也证明，在中国IT和通信企业中率先“走出去”，为中兴通讯最大限度缩小与跨国厂商的差距，在国际市场的竞争中掌握主动权，赢得了先机。特别是最近几年，国内通信业在历经多年高速发展后，增长速度放缓，中兴通讯及时将市场重心转向国际，在全球IT企业的低迷期仍然实现了令全球IT产业所瞩目的、持续的高速发展，很大程度上受益于公司当年主动“走出去”的策略。

此外，中兴通讯在海外拓展中坚持量力而行、循序渐进的原则。国际市场是一个需要高投入和风险巨大的市场，在国际化进程中必须把财务风险和市场风险的有效控制作为头等重要的问题来考虑。所以，在国际化模式上，中兴通讯主要选择“稳步积累式”的发展模式。之所以如此，一方面是出于稳健的考虑，另一方面是考虑到中兴通讯目前的规模、实力及国际化程度、管理经验等都需要一定时期的积累。

中兴通讯一直强调企业要“健康”发展。这意味着，在任何时候，规模都不是中兴通讯决策时考虑的首要问题。在今后一个相对较长的时间，中兴通讯仍然会把现金流、利润列为优于规模发展的重要因素予以考虑。

第二，坚定不移地坚持自主创新、打造自主品牌是中兴通讯国际化的灵魂。

长期以来，中国企业在技术、标准上没有太大作为，而中国也一直都没能摘去“世界工厂”的帽子。对这一问题需要辩证看待：一方面，在一些基础产业、低技术含量的行业，在一定历史时期，中国作为“世界工厂”有其必然性。但一个国家、一个民族，要想在世界上真正立足并赢得国际社会的尊敬，必须在高科技领域占据一席之地。中兴通讯很早就意识到了这一点，并在企业创立之初，就将自主创新作为立身之本。三十多年来，通过逐步投入、逐步积累，中兴通讯逐步形成了以企业为主体的自主创新机制和具有高度创新精神的研发团队。中兴通讯在3G（包括WCDMA、CDMA2000、TD-SCDMA）、NGN、数字集群、核心路由器、宽带数据、光传输等技术领域均已达到国际先进水平。同时，在技术与市场的结合能力及应用方面，中兴通讯甚至已经超越了部分欧美厂商。

在自主创新的基础上，中兴通讯已开始和国际上掌握核心技术的厂商，如英特尔、高通、爱立信、阿尔卡特等开展多层次、互补式的平等合作，并在中国通信制造领域率先开

辟了向国外企业进行专利授权的“先河”。同时，在技术上的自主创新，也开始为中兴通讯在国际市场带来历史性机遇，比如对于GoTa数字集群、CDMA等中兴通讯确实有技术优势的产品，国外客户甚至可以接受中兴通讯的价格高于其他跨国厂商的现实。

第三，国际化是一个系统工程，必须创造多种竞争优势，整体推进。

从一个本土的企业到国际化的企业，其实是一种质的变化。对于一个企业的成长来说，“国际化”应该是全面的进步。因此，中兴通讯把国际化定义为是系统工程：从2000年开始，中兴通讯就明确提出了“三个国际化”——市场国际化、人才国际化、资本国际化。

从市场角度看，中兴通讯已成功巩固了在亚非拉多个发展中国家的市场基础。同时，在这些地区具备了较高的品牌影响力，成为很多国家主流的电信设备供应商。中兴通讯下一步的目标主要是扩大在发达国家的市场份额和品牌影响力，并提升中兴通讯的品牌价值。

人才是企业发展的根本。早在创立初期，中兴通讯就把“以人为本”作为企业文化的核心，并围绕这个核心制定相关的人事管理制度。在“走出去”的过程中，中兴通讯培养了一批熟悉国际市场规则、具备开拓精神的来自国内的人才队伍。同时，随着国际化进程的推进，海外员工“本地化”工作也在稳步推进。在公司的国际市场员工中，外籍员工的比例已达到60%，今后的比例要更高。

在利用资本市场方面，中兴通讯继1997年在国内上市后，2004年成功在香港联交所上市。资本市场的支持成为中兴通讯国际化的有力保障。中兴通讯认为，对企业而言，资本市场的功能，仅仅是融资，更重要的是能够使企业按照现今国际上最科学、最通行的治理规范、财务制度运行，可以最大限度减少企业的短期行为，接受股东和社会各方面的监督，从而促进企业长远、健康发展。

本章要点

◇ 跨国经营与跨国公司的概念

◇ 跨国公司的经营管理

◇ 跨国经营方式的选择

◇ 跨国经营的风险类型与管理

第一节 跨国经营概述

随着全球经济一体化时代的到来，国与国之间的经济联系更加紧密。无论是资本、技术、商品还是人力资源等要素的流动都具备了国际化特征，导致全球经营环境的急速变化，这就要求企业管理者要改变及调整其传统管理视野与技能，以适应经济全球化与经营国际化的要求。

一、跨国经营的概念

理论上，跨国经营是一个非常广泛而抽象的概念，是指企业积极参与国际分工，由国内企业发展成为跨国公司的过程。跨国经营主要表现为资本、制造、技术和人力等资源要素的国际转移及利用，以此来提升企业创造价值的能力。它包括两种地理导向：内向型（inward）和外向型（outward）。内向跨国经营是外向跨国经营的基础和条件。

内向型跨国经营是指以母国为基础，采取进口、作为许可证交易的受约人、在母国与外国公司建立合资企业、成立国外企业全资子公司（或被国外企业并购）等方式参与国际竞争。外向型跨国经营是指以东道国为导向，通过出口、向外国公司发放许可证、在国外与外国企业建立合资企业或建立与收购外国企业等方式参与全球竞争。两种经营方式的主要特征见表 9-1。

表 9-1　外向型和内向型跨国经营的主要特征

	外向型	内向型
贸易形式	出口	进口
技术转让形式	技术出让	购买技术专利
合资合营	国外合营公司	国内合营公司
独立跨国投资	在国外建立子公司、分公司或兼并国外企业	成为国外跨国公司的分支机构

从总体上来说，技术、管理比较先进的西方企业遇到的主要是外向型跨国经营的种种问题，也是跨国经营研究的重点；发展中国家主要进行的是内向型跨国经营：引进国外的资金和技术，参与国际经济大循环。我国企业跨国经营总体思路可概括为：引进来—走出去—全球优化。

为了便于研究和探讨，本章对跨国经营不做内向和外向细分，只研究外向跨国经营。

二、跨国经营的主要力量——跨国公司

（一）跨国公司的定义

在经济全球化条件下，跨国公司使传统的以国内生产、对外交换为特征的贸易导向型国际分工向以国际生产、跨国经营为特征的投资导向型国际分工转移，是跨国经营的主力军。同时，跨国公司也是推进经济全球化的主要力量。这些跨国公司集生产、贸易、金融和技术开发于一身，通过全球性经营战略，推动资源的全球性配置，其生产、销售、投资等活动构成了经济全球化的主要内容。

尽管跨国公司在全球经济中扮演着举足轻重的角色，但是关于跨国公司的理论研究并不是很完善，而且其定义也非常不统一。在欧美一些国家，人们通常把跨越国界从事经营活动的企业称为多国公司（multinational corporations），也有人把这种企业称为国际公司或环球公司。直到 1974 年，联合国经济及社会理事会第 57 次会议的有关决议中，才正式采用了“跨国公司”这一名称。此后，联合国正式文件中均使用“跨国公司”，这一名称也就逐渐成为国际社会普遍接受的专用名称。但定义仍然是见仁见智、众说纷纭，而通常定义跨国公司或者一个企业的跨国经营，需要考虑下列标准。

1. 结构性标准

凡采用“企业的跨国程度”“企业的所有权”“经理人员的国籍”“企业的组织形式”

等作为划分跨国经营的标准与尺度，都属于结构性标准。

（1）企业的跨国程度。一个企业必须在两个以上国家进行制造和销售业务才能算跨国公司。

（2）企业的所有权。“所有权”衡量尺度有两个不同的含义：一是指资产的所有权形式；二是企业母国所在地属于哪个或哪些国家，以及企业拥有者和高层主管的国籍。经济合作与发展组织认为，跨国公司“通常包括所有权属于私人的、国营的或公私合营的公司或其他的实体”①。

（3）企业高级管理人员的国籍。跨国公司企业高级管理人员必须是来自一国以上的国民。合资经营的企业所有权和控制权自然会分散到各个不同国籍人士手里。

（4）企业的组织形式。一个跨国企业的组织形式以全球性地区和全球性产品为基础。其实体的法律形式可以是合资、有限、无限、合作社、公私合营等。在制造业中，海外企业最流行的形式是在当地组建子公司。

2. 跨国度标准

普遍观点认为，跨国公司需要有一定的跨国经营度。企业跨国经营度是由跨国指数决定的，跨国指数是三个比率的平均数，即国外资产/总资产、国外销售额/总销售额、国外雇员/雇员总数。

3. 跨国经营价值取向标准

任何一个跨国公司，都应有全球战略目标和动机。公司按照全球目标公平处置世界各地所出现的机遇与挑战，公司经营活动由一国走向多国，直至定位于全球化目标，一般需要经历三个阶段：民族中心主义、多元中心主义和全球中心。

具体来说，构成一个跨国公司的基本条件是：它是由两个或两个以上国家的经济实体所组成，在一个统一的决策体系下，拥有共同战略和配套政策，各个经济实体通过股权或其他方式相互联系，它的一个或多个经济实体能够对其他实体施加有效影响。特别是各个经济实体之间能够共享知识、资源、信息，并且需要共同承担责任和风险。

（二）跨国公司的构成

目前，绝大多数跨国公司都包含三种基本单位，即母公司、子公司、分公司。

1. 母公司

母公司是指负责对外直接投资，并对接受投资的经济实体进行控制的公司，一般而言，母公司就是跨国公司总部，它的所在国称为母国。母公司是在母国政府机构注册的法人组织，有权并负责组织和管理跨国公司海内外机构的全部生产经营活动。

2. 子公司

子公司是经母公司直接投资而在母国内外设立的经济实体。如果子公司在母国外，它

① 秦辉．跨国经营与跨国公司．杭州：浙江人民出版社，2005：15.

的所在国就是东道国。子公司一般是在东道国政府机构注册的法人组织，在法律上独立于母公司，在公司名称、章程、组织结构与资金组成等方面，表面上与母公司没有明显的联系，但实际上是受母公司控制和管理的。

3. 分公司

分公司就是母公司的分部，它利用母公司的名称和章程，在公司直接控制下开展经营活动，财产所有权属于母公司，资产和负债要直接反映到母公司的资产负债表上，而且通常不是法律上独立的法人组织。

（三）跨国公司的特征

跨国公司为了争夺国际市场，获取国外资源，获得高额利润，通过对外直接投资设立分支机构或子公司，从而形成从国内到国外、从生产到销售的超国家的独特生产经营体系。不同的跨国公司都有其自身的发展历史，行业不同，经营方式也不同，但就现在跨国公司整体而言，一般具有如下特征。

1. 跨国公司是“国际化”的企业

“国际化”不仅是指跨国公司在世界各地进行直接投资，设立分支机构或子公司，从事国际生产，在世界范围内通过各种渠道进行销售活动，同时也表明它们的组织机制、管理体制、决策程序及人员配备都要适应在多国从事生产贸易活动的要求。它们面向世界，在世界范围内获取利润，从而使它们自身积累也具有世界性的意义。跨国公司制定全球战略，把世界视为它们的目标，并以世界经济发展为基础来衡量自身成就，注视着全球市场。如我们经常发现某些跨国公司在发展中国家组织产品制造，又将这些产品运输到较发达国家去销售，其内在动机即是发展中国家通常拥有廉价劳动力和原材料等生产要素，这些国家对外来投资又给予了不少政策优惠，大大降低了跨国公司的生产成本。

2. 对外直接投资是跨国公司经营跨国化的基本手段

对外直接投资是一国企业在外国进行的伴有经营控制权的投资，它有多种具体形式，包括在东道国开办独资、合资与合作经营企业，或购买、兼并现有企业等。对外直接投资历来是跨国公司对外扩张、实现跨国经营的基本手段。跨国公司通过对外直接投资，在国外建立子公司和分支机构，并对其加以控制，为实现跨国公司的经营目标服务。

3. 全球战略和内部一体化

实行全球战略，是指跨国公司有全球性战略目标和战略部署。跨国经营的主要内容是商品贸易、直接投资和技术转让。为了获得最大限度的利润，要合理安排生产，要从世界范围考虑原料来源、劳动力雇用、产品销售和资金运用，要讲究规模经营，要充分利用在东道国和各地区的有利条件，还要应付世界市场上同行业的竞争，这就必须把商品贸易、直接投资、技术转让三者结合起来，从公司整体利益及未来发展着眼，做出全面安排。跨国公司一般实行集中决策、分散经营的管理体制，但为了实现跨国公司的全球目标，就需要实现内部一体化，即在公司内部实行统一指挥，彼此密切配合、相互合

作，形成一个整体，以符合公司整体利益。同时，为了适应东道国投资环境及各行业的市场结构、行情变化，则需要附属机构“灵活反应”。一方面，通过分级计划管理落实公司全球战略；另一方面，通过互通情报、内部贸易，实现共担风险、共负盈亏。这样，跨国公司虽然在世界各地拥有形式多样的附属机构和子公司，但由于实行了内部一体化，它们就像一个被严密控制的单一企业那样，置身于被国界分开的许多市场，在不同国家和地区从事经营。

4. 技术内部化

跨国公司在新的国际分工中要保持优势，或从一种优势转向另一种优势，就必须在研究与开发新技术、新工艺、新产品中始终保持领先地位。因此，跨国公司对外投资时，往往也以开发新技术作为其主要经营手段之一。跨国公司为了保持其技术优势，必须依赖于巨额的研究开发投资及技术战略。跨国公司在研究与开发技术密集型产品过程中，往往是从销售收入中拨出大量资金，用于研究与开发工作，并在全球范围内有组织地安排科研机构。一般做法是把主要的、全能的研究机构设在母公司所在国，使研究成果牢牢掌握在公司总部手中，并且首先在公司内部使用，推迟扩散，以尽可能地保持自己较长时间的领先地位。技术是一种信息资产，具有公共资产性质，在外部市场上转让极易扩散，因此，跨国公司一般不愿通过外部市场公开出售技术商品，而更偏重于通过内部市场把那些不愿或不能公开出售的技术、技能、诀窍和先进管理经验在公司内部进行有偿转让。

三、跨国经营与国内经营的关系

（一）跨国经营是国内经营的必然发展

从社会经济发展角度来看，跨国经营体现了商品经济国际化的内在必然性。商品生产的基本特征表现为价值生产，因而具有内在扩张趋势，物质生产过程和市场是这种扩张的两个基础条件。

社会生产发展是伴随着社会分工而发展的，在分工基础上产生的交换既服务于分工，又促进了分工的进一步发展，其结果必然形成分工国际化。一定的生产力发展水平，决定着分工的内容、范围和形式，决定着国际分工的深度。一方面，早期国际分工主要表现为国际贸易，后来逐渐演变为世界范围内的工业分工，产业部门内部的分工逐渐深入，进而发展到以专业化为基础的分工，各国技术水平的差异日益取代自然资源在国际分工中的基础地位。另一方面，国际分工向纵深发展，促进了世界市场的形成，将世界各国社会再生产各阶段和各环节紧密地联系在一起，从本质上消除了经济发展的国家局限。

在商品经济条件下，物质生产过程突破国家传统疆界的表现是在世界范围内组织商品生产和流通，世界市场的形成为之提供了客观条件，并促进了商品经济国际化进程。铁路、公路、水路、航空、电子计算机、电信等所构成的立体交通网络和信息高速公路的迅猛发展和完善，已将各国市场紧密联系在了一起。企业作为商品经济中的资源转化体，要生存，就必须越来越直接或间接地依赖世界市场；要发展，实现内在扩张趋势，就更需要以世界市场为舞台来展开经营活动。

（二）跨国经营的特殊性

从跨国经营与国内经营的横向比较来看，跨国经营主要有以下特殊性：

（1）跨国经营不仅涉及在国内经营中必须面临的国内环境因素，而且还面临国际环境因素和东道国环境因素。在国内经营中，即便经营面涉及全国，管理者也不必对环境因素过分在意，因为这些因素对他们来讲是既定的、内在的和“不变的”。同一语言、单一货币、同类文化，管理者又是在其中成长和生活的，因而十分熟悉和了解，他们能本能地对这些因素加以预见和接受。

相反，在跨国经营中，管理者不仅要面对自己熟悉的国内环境，而且要面对不熟悉的国际环境和东道国环境。对于管理者，尤其是缺乏跨国经营知识和阅历的管理者，后两方面因素完全是作为一种外赋力量而起作用，且往往国内行之有效的管理思想和方法在跨国管理中可能行不通。结果是这些外赋力量使得参与跨国经营的企业从策略、政策、组织直到具体经营过程都必须做相应调整和改变。

（2）虽然跨国经营并不要求改变管理所包含的基本职能，但从广度和深度上大大扩展了每一项职能的内容，管理操作的每一阶段都必须对付外在因素的各种变化和跨国经营全球性特征所带来的内部差异。因此，跨国经营管理的最重要特征并不在于职能上具有决定性的做法和观念上的明确实体，而在于跨国经营须据以进行的文化、经济、社会和政治环境中必须加以对付的各种外在变量。

（3）跨国经营涉及外赋的东道国环境因素和国际环境因素，特别是跨国经营涉及不同的主权国家，处于大为相异的各种经济条件下，与价值体系和机构不同的人打交道，涉及更大的地理空间和产业序列，市场容量、人口与面积差异很大，因而挖掘企业经营活动潜力、提高企业经济效益、加速企业成长的潜力很大。相应的，企业所承受的风险比单纯的国内经营要高得多，这对管理者提出了更高的要求。

第二节　跨国公司的经营管理

跨国公司与生产经营活动全部局限于一国的国内企业相比有许多不同之处，这些不同之处可以从它们各自所处的政治、社会和经济环境中体现出来。国内企业处于一国政治体系中，文化、经济结构、商业惯例和政府政策较为一致。跨国公司经营在战略、组织结构、人力资源管理、财务结算等管理方面有别于国内公司。本节主要介绍跨国经营在战略管理、组织结构管理及人力资源管理方面的特点。

一、跨国经营战略管理

跨国公司战略以整个全球市场为目标，总公司对整个公司的投资计划、生产安排、价格体系、市场分布、利润分配、制定方向及重大决策，实行高度集中统一管理。跨国公司在做出决策时，所考虑的不是一时一地的局部得失，而是整个公司在全球的最大利益。

(一) 跨国经营中的战略构成

跨国经营中战略构成可分三个层次：

(1) 公司战略的构成要素，主要从经营范围和资源配置两个方面展开。对于跨国公司而言，东道国市场的进入与开发（如东道国市场选择、进入东道国市场方式等）、国际化战略定位（多国本土化还是全球化）、经营业务定位（公司的业务布局、归核化与多元化选择等）、全球资源寻求（价值链整合，研究开发、生产制造与市场营销的协调，供应链管理等）等，都是跨国公司战略的重要内容。

(2) 竞争战略的构成要素，主要考虑竞争优势定位和业务单位资源配置。跨国公司子公司、事业部、战略经营单位的竞争战略包括基本竞争战略定位（总成本领先战略、差异化战略、目标集聚战略）、定价战略（价格歧视、转移价格等）等。

(3) 职能战略的构成要素，着重于资源配置与协同作用两个方面，包括技术创新与技术转让、财务与融资、人力资源管理、市场营销、生产运作、组织结构等。

三个层次战略之间是相互渗透的，也很难简单地将它们割裂开来。例如，定价战略是竞争战略的主要手段，而它又是营销战略的重要组成部分。又如，生产运作战略可以看作是职能战略，而它又与价值链整合密不可分。再如，组织结构是公司职能战略的一部分，而国际化战略的不同定位又涉及不同组织结构形式的选择等。

(二) 跨国经营战略管理的特征

1. 集权与分权的均衡点运动更加灵活与频繁

跨国公司规模巨大，跨越国界程度宽广，分支机构地域分散，公司内部层次、部门众多，控制幅度大，组织结构相当复杂。如何既能保证公司战略成为公司各项工作贯穿如的中心线索，又能使公司在全球日趋激烈竞争中保持足够的灵活性，成为跨国公司战略管理的重点课题。过度集权管理可能导致跨国公司本土化战略受到削弱，使东道国子公司或分公司对地区具体情况与问题的反应能力下降，丧失灵活性；但过度分权管理，又极易导致公司战略无法有效实施。近年来跨国公司广泛流行“在思想上集权，在行动上分权”的做法，即总公司通过强化战略思想与战略目标来“教育”公司各机构、各部门的人员，同时又赋予这些机构和人员相当大的自主权，以决定如何在公司战略框架内解决自己所面临的问题。这种做法较好地将集权与分权在战略框架内结合起来，也使集权与分权均衡点的上下浮动更频繁。

2. 战略控制手段由资本、人事过渡到信息

在传统跨国公司中，对一个组织的控制是通过人事或资本控制来完成的，在有些企业还可能是关键性技术。在现代信息时代，这一情况发生了相当大的变化，在相当多跨国公司中，首席执行官（CEO）是通过掌握信息来实施战略控制。战略控制手段的变迁同时也反映出信息技术在现代社会中的扩散。互联网发展为地域宽广的跨国公司带来了前所未有的机遇。各大跨国公司纷纷“上网”，制定并实施网络战略。

3. 战略绩效的评估标准范围大大拓宽

跨国公司各业务单位分散在不同国家和地区，经营业务千差万别，各分支机构功能水平可能相差甚远。这就要求跨国公司将战略控制的重要手段——战略绩效的评价标准大大拓宽。传统绩效指标大多局限于财务性数据，现在跨国公司认识到，销售额与利润只是战略实施的某种结果，过分强调它们的重要性只会增加企业组织的短视行为。于是很多非财务指标被开发出来并且付诸应用，这些指标包括企业成长、商业信誉、原定目标的实现程度、战略优势的建立与维持、现金流量的大小、在东道国公众中所树立的形象、某权威排名中的名次等。跨国公司绩效评价标准是与各时期的战略目标相联系的。

4. 冲突管理、利益协调、跨文化管理是战略实施中的重要保障

跨国公司在多种经济、社会、政治、文化环境下运行，各国相异的社会形态、发展模式、价值观等都使跨国公司所面临的外部约束明显不同于国内企业。跨国公司往往被视为东道国本体之外的一种异质，从而可能发生冲突的数量和程度也远非国内企业所能比拟的。再者，与国内企业相比，跨国公司内外部利益相关者也复杂得多，多方的股东、经理、员工在同一企业中共事，加上形形色色的外部利益相关者，如果不能很好地协调各方利益相关者的利益关系，公司战略也难以付诸实施。此外，文化多元性不仅影响跨国公司的内部管理，也同样制约和影响公司在东道国的经营。对文化的敏感性可以穿越文化界限将产品营销到特定市场。总之，冲突管理、利益协调、跨文化管理等协调职能在战略实施中发挥着重要的作用。

二、跨国经营组织结构管理

为了有效地进行跨国经营活动，保证跨国经营战略目标的实现，跨国公司必须建立一套与其跨国经营战略相一致的组织结构。跨国公司组织结构的演变大体经历了三个阶段，即出口部阶段、国际部阶段、跨国性组织结构阶段。组织结构随着企业采取的跨国经营战略不同，以及跨国经营业务的发展而不断变化和完善。随着公司战略的国际化，它们通常从采用出口部、自主子公司结构和国际业务部演变成更为复杂的组织结构。如针对公司在全球不同区域营销运作的差异性而设置地区组织结构；按产品来建立部门或下属单位的产品组织结构；按生产、营销、技术、财务、行政管理等职能分设的职能组织结构；将以上两种或三种组织结构结合起来设置分部而形成的混合组织结构；同时按照产品、地区和职能这三种组织要素中的两个或三个组织起一种多维结构——矩阵组织结构；代表着具有对当地反应能力，并且利用全球规模经济寻找地方优势的新型网络组织结构。

在不同发展阶段，随着内外部环境、战略等的变化，跨国公司对其组织结构应当做出相应的选择和调整。在选择和设计适当的组织结构时，应充分考虑其跨国经营战略、企业跨国经营程度、公司管理传统和以前组织结构的选择及管理人员的能力因素，保证组织的灵活性、可塑性、创新性和网络化。

三、跨国经营人力资源管理

跨国公司人力资源管理的主要任务是要为跨国公司的子公司及海外分支机构获取和保

持所需的人力资源，制定适合于来自不同国家、具有不同文化背景的企业成员的人事政策，以利于有效地实现企业既定的战略目标。人力资源的发掘和利用，是企业实施跨国经营战略、开展跨国经营活动的根本保证，没有足够的、素质较高的、具有丰富跨国经营经验的管理人员和技术专家，企业很难保证跨国经营计划、组织、控制、经营和财务管理等职能正常发挥作用。与国内企业人力资源管理相比，跨国公司人力资源管理内容更广泛、复杂，难度也更大。企业跨国经营所涉及的国家在政治、经济、文化等各方面的差异，都会对跨国公司人力资源管理产生影响。

与国内人力资源管理相比，跨国经营人力资源管理的主要特点表现为以下几个方面：

（1）跨国经营人力资源管理必须面对更为复杂多样的人事决策环境。跨国公司在进行人事决策时，一方面要受不同国家的政治和法律等因素的制约；另一方面要考虑不同国家文化的差异，其表现为不同国家员工的价值观、经验、行为方式及个人需要的差异。跨国公司人力资源管理必须适应这种跨国界和跨文化环境。

（2）跨国公司与国内企业选聘管理人员的途径不同。对于国内企业来说，管理人员选聘的途径主要有两个，即企业内部提升和企业外部招聘；而对于跨国公司而言，管理人员主要来自本国人、东道国人和第三国人。本国人是指具有跨国公司母国国籍外派到海外工作的居民，也称为外派人员；东道国人是指跨国公司在东道国选聘的当地人；第三国人则是指跨国公司选聘的有第三国国籍的人员。

（3）外派管理人员管理是跨国公司人力资源管理的重要组成部分。跨国界的人力资源配备要求企业向国外子公司外派管理人员，而外派管理人员管理有着一系列的特殊性。例如，在选聘标准方面，国际人力资源管理除了考虑管理人员的技术和管理能力以外，还要考虑他们的个人特性和家庭状况等因素；在人员培训方面，对外派人员的培训不再限于专业技能和管理技能，通常还要进行外语知识、派遣国相关知识的培训；此外，外派人员还存在着回国安置问题。

（4）国际劳资关系管理也是跨国公司人力资源管理的重要任务之一。国际劳资关系管理是指对国外子公司及分支机构员工的管理，它主要包括对工会、工资差异与劳动待遇及参与管理等问题的研究。国内企业劳资关系管理面对的是相同的文化背景、相同的劳动关系；而跨国公司由于国家之间在劳资关系及劳工文化背景等方面存在差异，所以要求管理人员具有处理国际劳资关系的能力，根据不同国家的具体情况，形成各自的管理方法及模式。

第三节　跨国经营方式的选择

跨国公司经营方式是指跨国公司对生产要素及其生产成果所采取的运营方式，以及处理各种经济关系的运营方式，也就是谋划、组织管理公司经营活动的基本方法和形式。跨国公司经营方式随其所处环境、本身的战略目标、能力及时间不同而不同，即使是同一个公司，其采取的经营方式也常常多样化。

跨国公司经营方式可以分为股权经营、非股权经营及跨国战略联盟三类。每种经营方式都有自身的特点，跨国公司需要根据不同情况加以选择，灵活运用，以利于公司的经营。

一、跨国公司的股权经营方式

股权经营是指跨国公司通过向国外输出资本、经营企业，并获得该国外企业经营管理权的经营方式。它可以分为四种类型：

（1）独资经营方式，即母公司拥有海外子公司的全部股权或股权在95%以上。

（2）多数股经营方式，即母公司拥有海外子公司51%～94%的股权。

（3）少数股经营方式，即母公司拥有海外子公司49%以下的股权。

（4）对等股经营方式，即双方各拥有50%的股权。

多数股、少数股、对等股经营方式三者又称为合资经营方式。

（一）独资经营方式

1. 独资经营方式的含义

独资经营是跨国公司按照东道国的法律和政策，并且经过东道国政府批准，在其境内单独投资建立全部控权的子公司，独立经营、自负盈亏的一种海外经营方式。一般来说，发达国家的跨国公司拥有较强的资本实力和技术优势，因而独资经营方式曾一度成为它们的主要选项。20世纪90年代以后，由于一些发展中国家开展国有化运动，或者对外国企业的股权参与采取种种限制和管理措施，所以跨国公司在发展中国家设立独资企业的增长势头有所减弱，转向较多地采取与当地资本合营的方式。当然，这中间也有特例，例如中国这些年一直坚持改革开放的政策，欢迎外商投资，给外资创造了良好的投资环境。在这种情况下，外国公司对中国的政策、市场环境不断地了解，反而更青睐独资经营方式。

2. 独资经营方式的优点

（1）拥有海外子公司的全部股权，因而母公司就可以对子公司实行高度自立的控制，能掌握子公司的经营决策权。于是就可以将子公司完全置于全球战略部署中，使之为创造跨国公司的整体经营优势和赢得利润增添一分力量。

（2）采取独资经营方式便于保守专有技术和管理技能秘密。跨国公司要充分取得内部化优势，在国外子公司中充分利用其垄断优势，就要向国外子公司提供专利技术、专有技术及管理职能。然而，如果国外子公司不是独资企业，其他企业就有机会接触和了解这些专利技术、专有技术和管理技能，从而难以避免泄露。当国外子公司是独资企业时，跨国公司在转移和利用其作为垄断优势的技术与管理技能的过程中，保密安全程度较高。

（3）采用独资经营方式，由母公司对海外子公司加以完全控制，可以减少母公司与子公司之间可能出现的矛盾与分歧，从而可以提高跨国公司的运行效率。

采取独资经营的企业主要考虑的因素：一是技术的有效控制，确保核心技术的垄断地位，保证技术转移的有序性；二是经营过程易于控制，避免因股东代表的利益不同而导致扯皮和冲突现象发生。

3. 独资经营方式的类型

独资经营方式有两种类型：绿地投资和跨国并购，这也是企业对外直接投资的两种基本进入方式。

（1）绿地投资。

跨国公司等投资主体在东道国境内依照东道国法律的规定设立部分或全部资产所有权归跨国投资者所有的企业，这种方式称为绿地投资。创建投资会直接导致东道国生产能力、产出和就业的增长。跨国企业可在东道国新建投资一个拥有全部控制权的企业，也可以是由跨国企业与东道国的投资者共同出资，在东道国设立一个合资企业，但是它们是在原来没有的基础上新建的企业。

绿地投资的优点：1）有利于选择符合跨国公司全球战略目标的生产规模和投资区位。例如，海尔选择在美国的南卡罗来纳州的汉姆顿建立生产基地是因为其独特的地理位置优势，汉姆顿生产基地是海尔独资企业，电冰箱厂设计能力为年产 20 万台，以后逐渐扩大到年产 40 万～50 万台。2）投资者可在较大程度上把握风险，掌握项目策划各个方面的主动权。例如，在利润分配上和营销策略上，母公司可以根据自己的需要进行内部调整，这些都使新建企业在很大程度上掌握着主动权。3）创建新的企业不易受东道国法律和政策上的限制。因为新建企业可以为当地带来很多就业机会，并且增加税收，所以一般会得到地方政府的支持。

绿地投资的缺点：1）绿地投资方式需要大量的筹建工作，因而建设周期长、速度慢、缺乏灵活性，对跨国公司的资金实力、经营经验等有较高要求，不利于跨国企业的快速发展。2）创建企业过程当中，跨国企业完全承担其风险，不确定性较大。3）新企业创建后，跨国公司需要在东道国自己开拓目标市场，且常常面临管理方式与东道国惯例不相适应、管理人员和技术人员匮乏等问题。

（2）跨国并购。

跨国并购是国际直接投资的一种方式。其基本含义是：一国企业为了实现某种目的，通过一定渠道和支付手段，将另一国企业的整个资产或足以行使经营控制权的股份收买下来，从而对另一国企业的经营管理实施实际的或完全的控制行为。跨国并购是国内企业并购的延伸，是企业间跨越国界的并购活动，涉及两个或两个以上国家的企业。其中“一国企业”是并购企业，可称为并购方或进攻企业，“另一国企业”是被并购企业，也叫目标企业。这里所说的“渠道”，包括并购企业直接向目标企业投资，或通过目标国所在地的子公司进行并购两种形式。这里所指的“支付手段”，包括支付现金、从金融机构贷款、以股换股和以股票换资产等方式。

跨国并购的优点：1）可以利用目标企业现有生产设备、技术人员和熟练工人；可以获得对并购企业发展非常有用的技术、专利和商标等无形资产；可以大大缩短项目的建设周期。2）可以利用目标企业原有销售渠道，较快地进入当地及他国市场，不必经过艰难的市场开拓阶段。3）通过跨行业的并购活动，可以迅速扩大经营范围和经营地点，增加经营方式，促进产品多样化和生产规模的扩大。4）可以减少市场上的竞争对手。

跨国并购的缺点：1）东道国反托拉斯法的存在，以及对外来资本股权和被并购企业行业的限制，是并购行为在法律和政策上的限制因素。2）当对一国企业的并购数量和并购金额较大时，常会受到当地舆论的抵制。3）被并购企业原有契约或传统关系的存在，会成为对其进行改造的障碍，如被并购企业剩余人员的安置问题。

（3）绿地投资和跨国并购的比较分析。

1）投资回收期的差异。绿地投资建设周期长，进入目标市场相对缓慢，从而使投资回收期相应延长，这一点在投资某些市场供求及价格波动幅度巨大且频繁的产品时表现尤为明显；而并购投资可以利用被收购企业原有销售渠道与客户资源，迅速进入市场，而且由于并购基本不涉及当地市场的重新分配问题，所以进入阻力较小，投资回收期较短，风险较小。

2）对资产存量和结构调整的影响差异。在其他条件（动机和能力）不变的情况下，绿地投资不仅可带来一揽子资源的资产，同时还可创造新的生产能力和就业，但不能使存量资产结构得到优化重整。跨国并购在短期内可能只是企业所有权的转移，不会使生产能力立即增加，而且某些类型的跨国并购在进入时涉及诸多风险，包括减少就业、剥离资产、降低国内技术能力的提升速度等。不过这类投资往往伴随对技术和人力资本的投资，倘若项目运转顺利，可能会产生较大数额的后续投资，能盘活现有某些存量资产，缓解东道国国内结构性矛盾。

3）投资者风险控制主动性的差异。绿地投资的投资者一般直接参与新项目运作，能在较大程度上把握其风险性；并购投资因存在对被并购企业真实情况评估欠充分的风险，以及并购后企业内部协调发展的不确定性，所以往往使得投资者在控制风险时处于被动。

（二）合资经营方式

合资经营方式是跨国公司与国外企业共同投资、共同经营、共担风险、共负盈亏的经营方式。它与合作经营方式不同。合资是股权经营，按股分配利益；合作经营是合伙关系，按协议分配利益。合资经营企业有两种选择：一种是在东道国建立合营企业；另一种是与国外联合，在第三国建立合营企业。

1. 合资经营的优点

（1）合资经营方式是跨国公司在东道国进行直接投资最为普遍的形式之一，从跨国公司的角度看，合资经营方式较独资经营方式有以下优点：

1）可以减少或避免政治风险。由于内外合营，可减少东道国政策变化或被征收的风险。

2）合资企业不仅可以享受东道国对外资的优惠，还可获得东道国对本国企业的优惠待遇。

3）可以利用当地合伙者与东道国政府的关系，了解所在国政治、经济、社会、文化等情况，保证取得企业经营所需的信息资源，以便增强其竞争能力；而且通过与当地合伙者的关系，便于取得当地财政贷款、资金融通、物资供应、产品销售等优惠，从而提高企业经济效益。

4）如果跨国公司以机器设备、工厂产权、专有技术、管理知识作为股本投资，实际上是输出了“产品”；如果合资企业生产中适用的原材料需要进口，则跨国公司又可获得原料商品优先供应权。

5）合资企业产品往往是东道国需要进口的产品或当地市场紧俏的产品，这就有了一个稳定的销售市场。

（2）从东道国尤其是发展中国家来看，采用合资经营方式引进外资会得到以下好处：

1）合资经营是利用外资弥补本国建设资金不足的一种较好的办法。这种方式有别于从国外借款，无须还本付息，不增加国家债务负担，而且吸引的外资数额一般比其他方式大，使用期限也更长。

2）可以引进先进技术设备，填补东道国国内技术空白，发展短线产业部门，促进企业技术改造和产品更新换代。因为合资企业与双方利益密切相关，外国投资者从自身利益出发，会在提供先进技术、设备安装、生产工艺等方面起指导作用。

3）合资企业产品可以利用外国公司的销售渠道打入国际市场，扩大出口，增加外汇收入。

4）可以获得先进的管理方法，提高现有熟练劳动力的技术水平和设备的有效使用率；提高生产率以增加利润。

5）有利于扩大当地人员的劳动就业和原材料供应，带动国内有关配套协作企业的发展，增加税收。

2. 合资经营的缺点

由于目前发展中国家的技术、管理等比较落后，在多数股合资企业中，很大程度上要受西方国家跨国公司的控制。另外，由于背景、兴趣与动机不完全一致，合资各方易产生一定的心理障碍，而且在企业经营管理上也易产生分歧，很难衡量双方在管理上所做的贡献。所以，选择好合资伙伴至关重要。

合资经营方式适合于那些所有权限制较严格的国家。一般来说，跨国公司对境外子公司都愿意掌握控制权，但是所有权也是东道国政府的敏感问题，会采取各种手段进行限制、干预。对于所有权限制较严格的国家，合资经营时虽不能对所有权进行绝对控制，但为了谋求资源的拥有和长远利益，跨国公司往往采取权宜之计，实施股份渗透战略，与目的国公司参股共建公司，以换取某项资源的开采权或某项产品在东道国的销售权。

二、跨国公司的非股权经营方式

非股权经营方式，是指跨国公司在东道国中不拥有股权，而是通过为东道国公司提供与股权没有直接联系的资金、技术、管理、销售渠道等，与其保持密切联系并从中获取各种利益的一种经营方式。

非股权经营方式与股权经营方式相比，有以下几个特点：

（1）跨国公司以转让技术、提供服务、合作生产获取利润。

（2）对东道国来说，可以更多地拥有企业控制权并获得现金、技术、管理经验和产品，而且又不必在境内建立长驻的外贸所有权实体，因而乐意接受。

（3）可以为跨国公司今后的直接投资做准备。

（4）跨国公司需要拥有技术、管理、生产上的优势和能力，凭借这些能力加强对东道国企业的控制。

跨国公司非股权经营的具体形式很多，常见的有：合作经营、许可协议、合同安排和技术咨询等。

(一) 合作经营

合作经营是指两个或两个以上国家的投资者通过协商签订合同或契约，规定各方的权利和义务，联合开展生产经营活动的经营方式。合作经营可分为两种具体形式：有实体的合作经营和无实体的合作经营。有实体的合作经营是指根据东道国的有关法律，通过签订合同而建立的经济实体，在东道国具有法人地位，受法律保护，合作期限一般较短，合作经营各方的投入和服务等不计算股份或股权，权利与义务由合同或契约规定。无实体的合作经营是一种以合同为基础组成的松散型合作经营方式，没有统一的经济实体，不具有法人地位。

(二) 许可协议

许可协议（licensing agreements）是许可人将无形资产的使用权授予被许可人，并允许被许可人根据协议使用一段特定的时间。被许可人以经济上使用的效果（通常按销售额）作为提成基数，以一定比例按期连续向许可人支付许可权使用费。无形资产通常包括专利权、商标、配方、工艺、设计和版权等资产。

(三) 合同安排

合同安排又称非股权安排，是跨国公司在股权投资和人事参与之外所采取的另一种手段。跨国公司以承包商、代理商、经销商、经营管理和技术人员的身份，通过承包工程、经营管理等形式取得利润和产品，开辟新的市场。这种方式不需要股份投资，财务风险较小。合同安排的性质基本上是“直接投资的替代物”。

1. 管理合同

管理合同（management contract）是一个企业通过合同的形式在一些或全部管理职能领域，向另一个企业提供管理诀窍，并按照销售额的一定比率收取费用的劳务活动。这种活动的展开往往需要人员的参与，如提供服务的企业需要派出一定人员到需要服务的企业中去，通过具体的管理工作，向需求方提供管理的经验和诀窍。

2. 启钥工程

启钥工程是工程技术劳务常采用的一种形式。在启钥工程中，承包人按技术输入方的要求拟订方案，承包全部工程，培训技术输入方所需的管理人员、技术人员和操作人员，直到工厂建成，验收合格后才交给技术输入方。由于在合同完成后，技术输入方可以获得随时启动和运行整个设施的“钥匙”，启钥工程的名字也就由此而来。

3. 制造合同

制造合同是跨国公司与当地企业订立产品供应合同的一种方式。具体地说，是由跨国公司提供必要的订单、机器、原料、生产方法及技术等，由当地企业负责员工的招聘、管理、支薪及实际生产等活动。

4. 工程项目合同

跨国公司为外国政府或厂商从事道路、交通等工程建设，在提供机器、设备及原料的同时，还提供设计、工程管理等多项服务，因而是出口货物和劳务的混合体。在工程建设期间，承建公司在外国境内负责管理。工程完工后，管理权即移交当地。

5. 国际分包合同

通常是指发达国家的总承包商向发展中国家的分包商订货，后者负责生产部件或组装成品的合同，最终产品由总承包商在其国内市场或第三国市场出售。

（四）技术咨询

技术咨询服务是东道国把要解决的技术问题、技术经济方案论证等向跨国公司提请咨询，跨国公司则为之提供有效服务，包括收集信息、预测趋势、拟订计划、制定方案、帮助决策、承包任务、组织实施等，并相应取得报酬。咨询业务主要包括政策咨询、工程咨询、方案讨论、人员培训、企业诊断和技术服务。

上述非股权经营方式并非单独运营，跨国公司往往根据需要和可能，与股权经营方式结合在一起，形成组合型经营方式。

三、跨国战略联盟

从交易费用经济学的角度看跨国公司直接投资的两种途径得知，跨国并购方式实质是运用"统一规则"方式实现企业一体化，即以企业组织形态取代市场组织形态；而绿地投资方式的实质是运用"市场规制"实现企业市场交易，即以市场组织形态取代企业组织形态。事实上，这两种组织形态中存在一种中间形态，即企业战略联盟。

（一）企业合作竞争的发展与战略联盟的兴起

企业战略被认为是企业对付来自竞争对手、买方与卖方及其他相关竞争势力的总体计划与安排。企业要在各种竞争势力中获取有利的市场地位和获得利润。因此，企业要对资源进行配置，利用竞争对手的弱点来开展竞争。然而面对越来越强大的市场竞争压力，企业原来的这种战略思路有了一定变化。企业更多考虑的是"共赢"，考虑的是如何更多地获得多种来源的竞争优势。为此，企业不仅要在内部建立起整合内部组织结构，而且要考虑与政府、竞争对手、用户、供应商及其他社会性竞争力量建立合作互补的外部关系，以充分利用各种外部资源。这种观念变化导致了在跨国经营中强强合作、强弱联合的战略联盟行为。战略联盟的经营方式使得跨国公司倾向于在竞争中建立起相互信赖与相互依赖的合作关系，并从中获得竞争优势的提升。

跨国战略联盟是指在两个或两个以上国家中，两个或更多跨国公司为实现某一战略目标而建立的互为补充、互相衔接的合作关系。战略联盟已广泛地用于各种不同企业间的合作协定，包括较正式的合资合营企业、技术合作与联盟、共同研发、国际外包等形式。建立战略联盟是开拓新市场、新空间的一种新形式，也是竞争的一种新方式。大多数战略联盟建立的目的是整合现有资源，共享资源，并通过努力来实现任何一方单独行为都难以实现的目标。

尽管战略联盟中合资经营、契约合作等仍然是重要的形式，但 20 世纪 80 年代中后期以来的发展趋势显示出联盟的关系特点与传统的外商投资合资企业等有较大的差异。在传统的合资企业中，非常常见的是发达国家的跨国公司投资于发展中国家进行合资经营，外商投入资金、技术、设备等，东道国则投入土地、厂房、劳动力或当地营销技能等。这种合作方式对双方都是有利的。跨国公司进入了新的市场，而东道国企业亦可从中获得技术、资金、管理经验等，也为市场提供了新的产品。但是从发展趋势来看，跨国公司战略联盟还有更广泛的内容与领域。首先，重大的战略联盟多发生在发达国家之间；其次，当前战略联盟的重点不再是销售现有产品，而是着重于创新产品、研发和应用新技术；最后，战略联盟不仅发生在产业内部竞争对手之间，而且经常在产业之间多元化经营中产生。由此，随着跨国战略联盟与合作的发展，跨国公司在结构上逐步演变为“全球网络公司”。跨国公司的全球性经营扩张主要表现为两个相互交错网络的拓展与延伸：一是由跨国公司通过海外直接投资在世界各国或地区建立的海外子公司所组成的公司内部网络；二是跨国公司通过全球性战略联盟与合作而与其他竞争伙伴建立的公司外围网络。当今世界众多著名公司都推崇采用战略联盟作为新时期的竞争手段。由于联盟形式日益普及，目前的竞争趋势也从公司之间的单打独斗发展成为联盟之间的大战。战略联盟的兴起与迅速发展推动了管理实践的进步，从而在管理界逐步形成了由新的以合作加竞争为特征的战略管理模式取代过去单纯强调竞争的狭隘思路。

（二）跨国战略联盟的基本特征

（1）从经济组织形式来看，战略联盟是介于企业与市场之间的一种“中间组织”。联盟内交易既非企业的，因为交易的组织不完全依赖于某一企业的治理结构；亦非市场的，因为交易的进行也并不完全依赖于市场价格机制。战略联盟经营方式模糊了企业和市场之间的具体界限。

（2）从企业关系看，组建战略联盟的企业各方是在资源共享、优势互补、相互信任、相互独立的基础上通过事先达成协议而结成的一种平等的合作伙伴关系。联盟企业之间的协议关系主要表现为：相互往来的平等性、合作关系的长期性、整体利益的互补性及组织形式的开放性。

（3）从企业行为看，联盟行为是一种战略性的合作行为。它并不是对瞬间变化所做出的应急反应，而是着眼于优化企业未来竞争环境的长远谋划。因此，联盟行为注重从战略高度改善联盟共有的经营环境和经营条件。特别是在竞争激烈的高科技行业中，没有哪个企业的技术能在所有方面都居于领先水平，通过战略联盟可把各个企业独有的优势结合起来，建立一个“全优”的组织体系，这样的组织体系所具有的实力是任何单个企业都望尘莫及的。借助战略联盟，企业可以实现技术上的优势互补，加快技术创新速度并降低相关风险。在高科技领域，企业组建战略联盟取代“孤军奋战”已成为世界潮流。

（三）跨国战略联盟的主要动因

促使跨国公司建立战略联盟的动因有很多。一般来说，其主要的动机有以下几个方面。

1. 技术合作

许多研究表明，近年来几乎半数以上战略联盟的主要动因都是促进技术创新。全球企业竞争已进入高科技竞争时期，分享技术资源的需要已成为战略联盟所有动机因素中最强有力的出发点。尤其是在高科技项目的开发活动中，各种尖端技术相互融合、相互交叉，高新技术产品正朝着综合性方向发展。单个企业往往很难拥有足够技术力量去开发每一项高科技项目，而在产业日益分散化的今天，已经没有哪一个企业能够长期垄断某项技术，企业期望依靠自身力量掌握竞争主动权的难度正变得越来越大。因此，需要通过跨国界的企业合作获得互补性技术。技术合作在一些技术密集的产业发展很快，如信息产业、计算机产业、医药、特殊化学品产业等，广泛存在着重要的合作关系，以战略伙伴关系来进行研究与开发活动。

2. 避免经营风险

跨国公司通过战略联盟，可以避免跨国经营中存在的政治风险、市场风险、技术创新风险等。在现代市场经济条件下，单个企业要想进入新的市场，不仅需要巨额投资，还可能遇到许多风险。企业如果依赖于内部的增值链体系，则要承受越来越大的经营风险。因为其所有的新增值都要在产品的最后一次销售上实现，一旦受阻则全盘皆输。除此之外，当多元化经营普遍成为企业发展的一种有效战略时，由于新业务对某一企业来说往往是一个陌生领域，而且存在行业进入壁垒，所以需要企业承担相当大的市场风险。采用战略联盟降低风险的原因在于：一是其价值实现是分段进行的，联盟实现了优势互补，从而拓展了经营范围，分散了经营风险；二是能够利用更为广泛的网络掌握更多的市场渠道，平抑市场风险。

3. 全球竞争

通过建立跨国战略联盟，有利于企业的全球竞争。企业通过建立国际战略联盟，加强合作，可以减少应付激烈竞争的高昂费用，避免恶性竞争或过度竞争，减少竞争中的成本，同时可以共同理顺市场，维护竞争秩序。建立战略联盟还可促使联盟伙伴共同开拓市场，从而提高各自的销售额。如中国国际航空公司与美国西北航空公司结成联盟伙伴，实行代码共享、旅客资源共享、计算机网络信息共享，合作经营太平洋中美航线。

4. 资源互补

资源在企业之间的配置总是不均衡的。在资源方面或拥有某种优势，或存在某种不足，通过战略联盟便可达到资源共享、优劣势互补的效果。如福特与马自达汽车公司通过建立战略联盟，使福特公司得以借助马自达的营销网络更便捷地进入亚洲市场，并依靠马自达的生产能力在日本建立起了小型车供应基地；马自达汽车公司也在福特公司的联盟合作中进一步提高了其汽车发动机制造技术。

四、影响跨国经营方式选择的因素

（一）母公司状况

跨国公司母公司自身的状况是影响其选择经营方式的基本因素之一，其中包括技术状况、资金状况、经营管理能力与要求、母公司的文化背景等方面的状况。

1. 技术状况

技术状况在公司的对外投资、跨国经营活动中具有特别重要的地位。如果母公司技术先进，具有单独开发能力，既可选择技术授权方式或建立独资企业，又可将技术契约转化为股权走合资之路；如果技术能力较薄弱，则可选择跨国战略联盟之路。

2. 资金状况

跨国公司若有巨额资金，可以选择独资经营方式；若只有技术而无资金，则只好走技术授权或跨国战略联盟之路。

3. 经营管理能力与要求

企业制订长期计划而又考虑自身力量不足，可以选择跨国战略联盟方式。若想接近市场或顾客，可选择合资或独资的途径；反之，可选择技术授权途径。企业若能独自承担经营风险，可选独资经营方式；反之，则选择合资途径。企业若在管理上要求高度统一，掌握决策权，则要选择多数股合资或独资；反之，则选择少数股合资或其他途径。企业若不愿派遣主管人员去不同文化背景的国家，即使技术、资金、管理等条件优越，也不宜选择独资或多数股合资的途径。若企业技术、资金条件优越，但缺少管理子公司的能力，最好选用少数股合资、技术授权等方式。

4. 母公司的文化背景

不同的文化背景和价值观差异，必然影响经营方式的选择。

根据以上条件和要求，跨国公司必须对自身技术、资金和管理做通盘考虑，然后才能正确选择经营方式。

（二）东道国状况

东道国的状况是影响跨国经营方式选择的又一基本要素，其中包括对跨国公司的税收政策、法律规定及其政治、经济状况等。

1. 东道国对投资比例的规定

不同国家对注册资本有不同规定，跨国公司去投资，必须按照规定执行。有的国家为了保护国家安全及经济利益，对投资部门、出资比例等有一定的限制。

2. 东道国对跨国公司税收方面的规定

若东道国政府在税收上对合资、独资企业有不同规定时，跨国公司须根据税收政策考虑经营方式。

3. 东道国的经济状况

东道国经济发展状况，包括基础设施的完善程度、市场容量、消费者的消费习惯等都

是影响跨国经营方式的重要因素。

（三）行业因素

不同国家从国家主权、产业优化的角度出发，对不同行业制定了具体的外资投资规定。从跨国公司自身的行业特点看，若是采掘业，一般可采取非股权经营方式；若是高技术制造业，则可采取股权经营方式，其原因是技术、资本、管理有紧密联系，同时，也可避免给自己树立竞争对手。

第四节　跨国经营风险管理

一、跨国经营风险的含义与类型

跨国经营风险是指企业在东道国特定环境、特定时期从事跨国经营活动时，因国际政治、经济因素、自身管理等原因造成事前难以确定，导致经济损失的可能性。总体来说，跨国经营中的风险可以包括两大类：一类为政治风险，另一类为市场风险。政治风险一般多发生在作为新兴市场的不发达国家，其发生概率一般小于市场风险，但后果往往较市场风险要严重得多；市场风险则在所有国家都有可能发生，对公司经营的影响程度也不尽相同。

（一）政治风险

政治风险主要是指东道国政权变动、政策变化、民族对抗情绪、政府干预、冲突事件、叛乱战争、突发事件及官僚主义等。

政权变动往往导致所在国政府的重大人事及相关政策变动，尤其是在一些法制不健全的国家，将可能推翻前政府对跨国公司在其投资前的各种承诺，极端情况下甚至会没收跨国公司在该国的全部财产，而不予任何补偿。即使所在国政权不发生更迭，也往往会出现与跨国公司相关的重大政策变化。

政策变化同样会对跨国公司在该国的生产和经营造成重大影响。这些政策包括法律、经济及技术等诸多方面，如合资企业的股比规定、对外资企业的优惠税率及鼓励和限制发展的产品（服务）种类等。政策变化带来的风险虽不如政权更迭严重，但也会给跨国公司生产和经营带来重大损失，如公司正在生产的产品由于东道国产业政策的变化被终止生产，将会给该项投资带来灾难性的后果。

民族对抗情绪也是跨国公司经常面临的一种风险。由于跨国公司母国和东道国之间关系紧张或其他原因，致使东道国消费者民族主义情绪激化，进而抵制跨国公司产品。严重时，东道国当局不能控制局面，甚至使跨国公司在该国的生产及服务设施遭到毁坏。这些都会给跨国公司带来重大损失。

在很多情况下，政治风险主要是东道国政府介入跨国公司运营过程的可能性，而跨国公司非常担心会失去对东道国经营活动的控制权。这种介入有时过激，如全面没收公司资产；不过更多情况下采取比较缓和的介入形式，如原料采购的调整性限制、政府对经营执照的控制及贸易许可证的限制等。政府干预可分两种：一种是直接控制跨国企业的业务活动，如没收、征用及国有化等；另一种是通过政府部门的压力，即法律、法规干预间接影响它们的经济决策。如东道国采取外汇管制、标准控制和价格控制等手段；政府在某些产品或企业领域中实行特殊的配额、税率、进口规则和处罚措施，其目的是保护国内的相关产业；各国政府制定并执行了本地含量标准，要求东道国必须占有产成品的零件、成本和生产过程的一定比率；几乎所有国家都会对重要产品和服务实行各种形式的价格控制，如食品、卫生保健、社会服务、本国原料、林业产品、港口设施、航空设施及其他产品和服务，都在不同程度上进行价格控制，而跨国公司经常会面对各种价格歧视。东道国的政府干预还可能影响到跨国企业在其他国家的相关经营。

此外，所在国境内的战争、动乱、频繁的罢工，甚至政府的官僚主义都是跨国公司在经营中所面临的风险。这些风险大都由政治因素所造成，一旦发生，跨国公司很难靠自身力量来扭转不利局面，只能在预防上多下功夫。

（二）市场风险

同政治风险一样，市场风险也是跨国公司在生产经营中应该注意防范的重大风险。导致市场风险的因素包括有关国家及地区的金融形势、东道国的经济状况、供货商及客户的财务状况等。

（1）有关国家及地区的金融形势恶化将会给跨国经营带来较大的风险，主要表现形式包括目标市场消费能力的下降导致对公司产品和服务的需求大幅降低、业务合作伙伴财务状况恶化导致的履约问题、有关国家和地区政府临时应对措施所造成的正常经营秩序瘫痪等。1997 年的东南亚金融危机就曾给许多跨国公司在该地区子公司的经营带来很大影响。

（2）东道国的经济状况对跨国公司在该国的子公司有着更直接的影响，具体影响因素包括利率、汇率、通货紧缩和通货膨胀等。所在国如果提高利率，将会减慢该国的经济增长速度，从而降低对商品的需求量，影响跨国公司在该国的销售额；汇率的变化将影响所在国产品的出口竞争力，所在国货币汇率的提高将会给跨国公司在该国生产的产品带来出口竞争力下降的风险；通货紧缩和通货膨胀都会给所在国消费者的购买能力带来不利影响，从而降低对跨国公司产品和服务的需求。

（3）供货商及客户的财务状况也是跨国公司经营风险的重要成因。供货商经营或财务状况恶化，将导致其生产不能正常进行，不能按时提供跨国公司生产所需的原材料，从而造成生产的中断，不能对客户正常履约，连带出一系列的风险。客户的财务状况恶化，会导致跨国公司的货款不能及时回收，将带来公司资金不能正常周转等问题。

除上述客观因素带来的各种风险之外，公司自身经营失误也会给公司带来较大风险，包括企业在对外直接投资过程中，企业内部组织构造、财务管理、人力资源、跨文化管理等管理环节存在不确定性对企业经营活动所产生的影响；生产事故、资金流动性恶化及环保问题等。

二、跨国经营风险的判断及监控

风险的判断与监控是跨国企业进行有效风险管理的基础和前提，因此，及早发现风险是制定有效应对措施、将风险造成的损失降到最低程度的重要前提。

（一）政治风险的监控

同市场风险相比，政治风险的突发性往往要大一些，但仍有一些迹象和信息可用来判断是否存在政治风险。

1. 东道国与跨国公司母国的关系

一般来讲，如果两国关系密切，或者东道国对母国在政治、军事或经济上有较强的依赖关系，则东道国政策变化导致风险发生的可能性就较小；反之，则可能性较大。

2. 跨国公司子公司所在东道国政权的稳定程度

如果东道国政权稳固，则因政权更迭带来的风险较小。如果东道国现政权面临被反对派取代的风险，特别是该国又是法制不健全的国家，则跨国公司的子公司面临的投资风险是较大的。

3. 东道国政治体制和经济体制所处阶段

如果东道国政治体制和经济体制都已进入稳定阶段，则因该国政府相关政策变化而导致的风险较小；如果东道国体制处于非稳定期的转型阶段，因政策变化导致的风险就相对较大。

（二）市场风险的监控

市场风险同政治风险相比，监控的手段要多一些，而且在大多数情况下变化较为缓慢，可以从以下几个方面进行观察和预测。

1. 东道国和地区的宏观经济指标

同市场风险相关的宏观经济指标包括 GDP 增长速度、通货膨胀趋势、政府预算水平（政府预算中赤字水平）、利率水平、失业水平、对外贸易收入依存度、进出口贸易额的平衡程度及对外汇的控制能力等。这些宏观经济指标都能从侧面反映出东道国和地区的经济和市场健康程度，从而推断出跨国公司在这些国家和地区的经营所面临的风险。

2. 来自银行方面的信息

宏观经济指标可作为判断风险程度的重要依据，但由于这些指标一般只能在政府官方文件和一些经济期刊中得到，时效性较差，所以，企业可从银行方面搜集更为及时的信息进行防范。

（1）东道国私营企业的投资效益。私营企业的投资效益是衡量一个国家和地区市场风险的重要指标之一。一般而言，在地区或国家发生经济危机的前一段时间，该地区或国家的私营企业投资收益率都低于其资金成本，如果一个地区或国家的这种状况已经持续了一段时间，则存在较大的市场风险。

（2）利息备付率。利息备付率是指企业在一个时期内产生的现金流量与同一时期应付利息的比值。当一个地区或国家多数企业的利息备付率降到 2%以下时，说明这些企业的流动性风险较大，有可能出现大面积的破产。

（3）银行的盈利情况。如果一个地区或国家多数银行的资产收益率降到1%以下，或银行间拆借额度大幅上升时，说明银行的盈利情况恶化，预示着该地区或国家存在着较大的金融风险。

（4）资产的泡沫成分。如果一个国家的资产价格连续几年的年增长幅度都在20%以上，说明该国的经济泡沫成分过大，存在着较大的市场金融风险。投资者可关注房地产和股票市场，因为这些资产一般都作为银行的抵押资产，一旦出现问题，对其他行业影响较大。

（5）银行的存款规模。如果一个国家的金融形势恶化，即将出现大规模的金融危机，本国居民一般都会比外国投资者先感受到其征兆，往往会停止向银行存款，严重时会大规模提取存款，发生挤兑。如果多数银行的存款规模连续两个季度下降，就说明该国的金融形势存在问题。21世纪初阿根廷金融危机发生之前，其整个国家的银行存款大约有22%转移到了国外。①

三、跨国经营风险的管理

跨国经营风险的管理战略应该成为跨国公司制定其全球经营战略的一个不可分割的组成部分。跨国企业可以通过两种方式进行管理，即防御战略和一体化战略。

（一）防御战略

防御型风险管理战略要求跨国公司最大限度降低企业对东道国的依赖程度。如果跨国企业海外运营的重新部署成本较低，该企业面临特定地区管理失控的风险就较小；如果可以从其他地区采购原料或依靠更多的销售市场，跨国企业就可以避免受限于单一的原料供应渠道或销售渠道；如果企业可以扩张其财务资源，就可以避免各种通货问题或东道国政府的直接干预。限定财务或市场管理可以帮助企业最大限度控制住风险。防御战略要素包括以下几个方面。

1. 管理控制

为保证经营管理的效率，跨国企业可能要始终控制子公司中战略管理职位，以便最大限度减少当地管理人员在决策中的参与程度。这种预防措施保证了母公司的决策控制权，同时，企业将培训运作系统中职位较低的管理人员，以便提高东道国内业务活动及其他相关国外业务的一致性。

2. 营销控制

跨国企业母公司与其他子公司进行联合营销来控制当地的营销业务。此外，企业还可以控制配送和运输系统，以避免因工人罢工或国内市场不稳定事件所造成的影响。

---

① 刘明霞．国际企业管理．北京：中国金融出版社，2007：195.

3. 运营控制

跨国企业可以派遣总部管理人员牢牢掌握东道国运营业务的控制权，也可以通过建立独资子公司来实现，如 IBM 在进入其他国家的市场之前，首先要通过独资子公司建立起运营控制。在风险水平较低的环境中，企业可以通过聘用当地管理人员来负责子公司的运营工作，也可以建立合资企业共同承担管理职责，由此放松对企业运营的直接控制。很多跨国企业通过向较多的供应商购买原材料，以减少某条输入源泉中断所带来的风险。此外，通过在母国进行产品研发工作，或者把研发中心建立在风险水平较低的国家，这样企业就可以控制国外的处理技术。①

4. 财务控制

跨国企业可以适当减少在风险不稳定国家的产权投资数量，同时提高资本构成中的债务比率，降低因外国政府干预或两国间关系变化所造成的财务损失风险。作为一种防御措施，首先，企业可以在东道国进行债务融资。企业管理层应该从当地银行、政府、当地客户、供应商或者国际发展机构来获得更多的融资渠道。不论企业主要是通过债务还是产权来融资，该企业都可以通过资金来源组合降低财务损失的风险。其次，跨国企业可尽量减少在风险水平较高国家的留存收益，尽快将子公司的利润转移回国，或是建立起成本转移系统来利用这些额外的库存现金。最后，跨国企业通过贷款抵押、国库券或购买保险，可以减少币值波动、不履行责任和外汇限制时的财务损失。

（二）一体化战略

一体化风险管理战略的最终目标是把国外业务活动转化为当地的企业。

1. 管理因素

为了把东道国外的经营业务转化为当地企业的需要，跨国企业应聘用和培训东道国的管理人员，如果可能的话，企业总部应该把当地的运营控制权完全赋予东道国的主管人员。在很多情况下，当地管理人员在母公司总部接受培训，他们可能会担任较高的地区性职位或在总公司任职。此外，母公司还要重点在东道国的文化环境中培训驻外管理人员。例如，可口可乐公司的中国运营业务是由一名驻外管理人员和一名中国管理人员共同负责的，而且每周要雇用 100 多名员工。所有的业务经理和重要职员都是中国人，总公司每年要花费 200 万美元来进行管理培训，并且在上海建立了专门的培训基地，向子公司的管理人员和新聘用员工提供职业教育服务。

2. 运营因素

一体化风险管理要求企业在营销、生产和物流方面采取相应措施，但是这样做经常会与防御战略产生矛盾，因为上述措施主要是强调从当地购买原材料、零件、部件或相

① 刘明霞．国际企业管理．北京：中国金融出版社，2007：227.

关服务。在很多情况下，跨国企业通过与政府采购部门签订合同来购买原材料，由此改进了二者之间的政治关系，并把税收流入转移给了东道国。这些决策虽然增强了企业对当地供应商和劳动力的依赖程度，但同时减少了政府干预或限制性政策引起的政治风险。

3. 政府关系

防御战略可以鼓励企业与东道国政府保持一定距离，而一体化战略要求企业努力发展与政府间的关系，企业管理人员应积极与政界人士建立联系，但必须谨慎地避免形成政治操纵的企业形象，通过非政治活动可以达到这种目的，其中包括企业支持卫生、教育、交通运输或住房等方面的社会发展计划。

（三）风险管理战略的执行

为了提高企业抵御跨国经营风险的效率，跨国公司应使用一体化战略。每种环境都需要详细地审查其政治风险与市场风险，并结合一国的政治、经济、文化习惯等采取相应的行为。但是，即使一个国家的风险等级较低，如果跨国企业难以融入当地文化，就最好不要执行一体化战略，实际上，东道国也可能不欢迎这样的企业战略。

防御战略带有一定程度的孤立主义倾向，而全球性的综合企业很难在世界开放经济体系中执行这种战略，它们只能接受企业结构引起的风险，实行选择性的风险管理战略，把一体化战略的某些方面和可以看作是防御战略的某些行动结合起来，以便充分利用其所处的经济环境。

本章小结

跨国经营是一种复杂的经济现象，因此，其内容涉及广泛，要准确、全面地认识它不是一件容易的事情。本章通过分析跨国经营与国内经营的关系，辨别了其基本特征，并简要阐述了作为跨国经营的主要力量——跨国公司的概念与特征，揭示出跨国经营管理是企业所进行的资源转化活动超越一国主权范围，包括商品、劳务、资本等形式经济资源的国际传递与转化时所涉及的一系列管理活动。

跨国经营管理相对国内企业管理而言，其战略、组织结构、人力资源、财务管理等方面都存在较大差异，体现出跨国经营活动的复杂性和跨国经营管理的挑战性。

跨国公司在全球范围开展经营活动可以采用多种多样的经营方式，常见的方式有股权经营、非股权经营及跨国战略联盟。当代跨国公司在对外扩张时，更多地采用并购手段，通过并购建立合资或独资企业以实现股权经营。除此之外，20 世纪 90 年代以来，跨国战略联盟也呈蓬勃发展之势。

跨国经营必然伴随着各种风险，总体而言，可归结为两大类：政治风险与市场风险，有些风险是可以采取适当措施予以防范的，这需要跨国经营管理者制定相应的风险管理战略。跨国企业可以通过两种方式进行管理，即防御战略和一体化战略。

【案例讨论】

联想跨国经营①

一、联想的国际化历程

联想集团的前身是中科院计算机所公司，像那个年代起家的所有小企业一样，依靠几十万元资金代理国外电脑开始创业，后来有了自己的过渡性产品——联想汉卡等业务。经过三十多年的发展，如今的联想已占据了中国电脑市场的霸主地位，其产品曾连续十年在中国市场占有率稳居第一，主流产品曾一度在国内市场达到35%的市场占有率。

联想真正迈开国际化的步伐是在20世纪90年代。1990年上半年，联想在美国洛杉矶设立公司，下半年在法国的德斯多夫设公司。1991年，联想德国公司成立。2001年，联想提出了“高科技的联想、服务的联想、国际化的联想”的企业远景，开始全面扩张，四面出击，实施其多元化战略。目前联想在国外已拥有7家子公司、1家物流中心和100多家海外营销渠道。

按照普遍认可的标准，一家国际化公司总收入的20%以上应该来自国外，而联想海外分公司的收入在总收入中所占的比重仅为3%左右，而且主要是一些零部件，还不是品牌产品、最终产品。显然，这样的国际化程度离其远大的目标还相差甚远。

2003年4月，联想正式启动使用品牌新标识Lenovo，替代了之前的Legend，继续为其国际化做准备。2004年，联想的多元化战略以失败而告终，联想又开始全面收缩战线，重新回归PC业务之举。

2004年3月26日，联想以不菲的代价正式跻身于国际奥委会全球合作伙伴（简称TOP），希望利用奥运会的资源来率先实现品牌影响的国际化。2004年12月8日，联想宣布以总价12.5亿美元收购IBM的全球PC业务，所收购的资产包括IBM所有笔记本、台式电脑业务及相关业务，以及客户、分销、经销和直销渠道；Think品牌及相关专利、IBM深圳合资公司（不含X系列生产线）；还有位于日本和美国北卡罗来纳州的研发中，心，以及美国、墨西哥、巴西、苏格兰、匈牙利、印度、马来西亚、日本和澳大利亚等地的生产基地。由此，联想国际化战略迈出了实质性的第一步。2005年5月，联想正式完成对IBM的PC业务的收购。

二、左冲右突的尝试

联想的国际化之旅是被“逼”出来的。在成为国内PC龙头企业之后，联想在多元化还是国际化的踌躇中，起初选择的是打上国际化印记的多元化战略——“服务的、技术的、国际化的联想”，其实这是半心半意的多元化。换言之，联想彼时已处于探索国际化突围的躁动之中。在纳斯达克的热潮诱惑下，联想以AOL为坐标进入互联网领域，双方建立了合资网站；以IBM的成功转型为模板，试图成为国内IT服务业的重量级企业。事后证明，简单的战略模仿和跟随并没有让联想走得更远。联想一直都没有放弃走国际化企业发展之路，只是想先学习国外成功经验，在国内实现转型后，再寻找国际化战略启动的

① 郑磊．海外鏖兵：中国企业跨国经营的实践案例与行动指南．南京：南京大学出版社，2009.

战机。

早在 1990 年，联想就在美国和法国设立了公司。1992 年初又在硅谷设立研发实验室，以便及时获取电脑行业最新的技术与信息。1993 年年底，联想基本形成技术开发方面由美国硅谷和中国北京、深圳、香港组成的体系；生产方面拥有香港、深圳两个基地；销售方面北京联想拥有国内销售网，香港联想拥有国际销售网的布局。然而当时海外销售额占整体业务收入不超过 5%。

联想始终想摆脱“只是做 PC”的宿命，而其强劲对手戴尔却并不介意自己“只是做 PC”的形象，依靠直销和成本管理优势继续蚕食国内市场。廉价 PC 和无人匹敌的分销网络曾经让 legend（传奇）成为 reality（现实），但当联想转向多元化时，其市场份额在逐渐缩小，对手却在以远高于联想的毛利率和惊人的增长速度抢夺市场空间。联想是因为不屑于做 PC 还是对 PC 的未来缺乏信心而转向？也许两个因素都有。当对市场和自身判断失误的联想，在绕了一个大圈子后又回到原点时，对手已经跑得更远了。

重新专注于 PC 的联想决定将创新元素注入新品牌，以一个技术领先型的企业形象去拓展国际市场。联想将重点突破的目标市场首先定位在北美、欧洲和日本这三个全球最大的 PC 消费区域，其次才是亚洲和北非市场。同时向世人公布了一个可以量化考核的目标——在三五年内，联想要将海外销售额从现在的 5%提高到 25%～30%。联想换标后曾尝试使用自己的品牌 Lenovo 自建销售渠道来打开欧美市场，发现成本极高，渠道组建几乎是无法完成的任务。令人奇怪的是，这次没有让联想管理层意识到有可能需要重新定位主攻市场，而是触发了一个更勇敢的行动——去收购负债累累的 IBM 的 PC 事业部。这是一条短期达到目标的捷径还是饮鸩止渴的慢性毒药？尚难判断。但这符合联想对国际化的愿景，并购 IBM 的 PC 事业部一扫多元化失败的晦气，联想为民族、为国家争了气。聚光灯的光环之下没有阴影。并购带来的销售规模让联想一下从国内企业变成一家国际企业，甚至被夸大为“具备了全球 500 强的实力”。

也许逐个国家地去开拓速度太慢，也不一定就走得通，并购作为跨越式发展的手段本身无可非议。问题不在于并购本身，而是能否驾驭并购所带来的一系列结果。联想让我们看到了一个难以置信的奇迹，在海外市场年销售额只有被收购企业销售额零头的、以中国式管理为特色的联想，正在试图控制一个有自身独特文化深刻烙印的国际企业。也许这就是一家对手在广告上尖刻挖苦的“联想——连想都不要想”所传达的典型看法。

联想的并购并非其设想的战略行动的一部分。联想曾表示，“换标是为联想未来扩大海外市场、实现品牌国际化做的准备之一，不意味着明天就要大举进军海外市场。‘国际化’是联想的愿景之一，我们一直在进行周密的战略部署和积累，但目前业务还是主要专注在国内”。说此话时是 2003 年 4 月，而一年半后联想就宣布并购 IBM 的 PC 事业部，这说明联想还没有充分地准备就仓促决定加速国际化进程。另一个迹象是，联想国际化目标中提到要将公司的管理水准提升到国际一流公司，具有国际化发展的视野和与之相对应的人才及文化。这说明联想当时并没有并购的主观准备。并购让联想成为名义上的全球性公司，按照 1+1=2 的算法，联想具备了大型跨国公司的规模，引入了外籍高管，把总部设在了国外，CEO 的薪酬也实现了与国际接轨。然而，形似不等于神似，联想连续两年的净利润都出现大幅下滑，要实现赢利健康增长还需要 3～5 年。联想十多年来建立的适合中国市场的业务模式和管理文化能否具备国际竞争力，殊难预料。

三、如履薄冰的并购整合

2005年5月，联想从形式上正式完成了对IBM的PC事业部收购。并购之后，虽然IBM品牌还在，为高端商务客户提供的仍是IBM以前的产品，但是背后运作的是一家在国际市场上名不见经传的企业Lenovo。联想虽然在中国非常知名，而在欧美市场，很多消费者还没有听说过Lenovo这个品牌。IBM欧美市场上原有的客户能否信任这个知名度不高的公司呢？联想如何兼容IBM原有的渠道？联想驾控这艘蓝色巨舰的感觉“就好像一个不会游泳的人一下子跳入大海，不过我们没淹死，活下来了”（联想集团董事长杨元庆语）。

然而，跳下海游泳和驾驶这样一艘艨艟巨舰是完全不同的。联想的聪明之处是首先稳住原IBM的核心管理层、研发和市场团队，杨元庆本人也将办公室搬到了美国，实现了开局稳定。之后联想在品牌和营销模式上进行了重新梳理和探索，并不断引进国际化的高层经营管理人才，补充这条远洋大船上的各个重要岗位，重塑一种既不是单纯的联想也不是纯粹的IBM的企业文化。

在海外市场，Lenovo仅作为公司商标，而不作为产品的品牌使用，Think将作为产品覆盖海外几乎全部的商用电脑，新推出的Idea则用于覆盖普通消费电脑。联想和IBM的PC业务有很大互补性：具有全球规模的IBM的PC业务主要专注于商用大客户，在中小企业中所占份额很低，消费类市场更是没有涉足；而立足于中国的联想则在中小企业特别是消费类市场拥有强大实力，对大客户市场则需要进一步加强。

联想需要做的是，巩固原IBM的PC业务在商务市场的份额，同时将在中国大获成功的针对消费市场的“交易型模式”推广到全球。2005年年底，联想的“交易型模式”开始在印度推广，短期内收效明显。考虑到印度市场和中国市场的相似性，为了检验这一模式在欧洲市场的适用性，2006年5月，联想将此模式在德国进行推广，当年在德国的业绩取得了86%的增长。2007年4月开始，联想在全球推广该模式。在大力推动海外交易型业务的同时，联想还尝试借助IBM的经验，完善其针对大客户的“关系型模式”：将Idea子品牌推向全球个人电脑消费市场。Idea系列包括IdeaPad笔记本和IdeaCentre台式电脑，它们与从IBM收购的ThinkPad笔记本和ThinkCentre台式电脑形成补充。

联想在整合过程中对于人力资源和企业文化的处理方式颇具特色，大致可以分为三个阶段。第一个阶段周期大约一年，目标是维持员工队伍高度稳定。第一年，联想为保留住原IBM的PC业务的客户与员工，不惜牺牲以前的发展速度、效率、降低成本的速度，在IBM的ThinkPad笔记本营销上，延续了品牌、业务流程，并最大限度地使用原销售人马。这种牺牲直接导致联想净利润率快速下降为1%～2%，比收购前下降了3%。这样低的净利润率如果保持太长时间，就只能证明联想的这次并购整合是失败的。联想对这一状况的认识是清晰的，杨元庆认为“我们不可能永远稳定，否则就没了动力”。在第二个阶段即第二年，整合目标定为最大力度地调整与变革。联想实施了重组与裁员，大幅缩减了成本。这是真正融合的开始，围绕着组织、流程变革，文化取舍和冲突的矛盾突显出来，并一直延续至今。IBM历史悠久，制度与流程成熟，但决策缓慢。而PC产业却“像卖新鲜水果的行业，必须根据市场变化，快速调整销售与产品”。联想通过建立独立的全球消费类部门，加速了它不断淡化IBM文化的速度。同时，为了避免IBM文化淡化而联想本土文化尚不能被欧美雇员接受而造成真空，联想巧妙地想到了利用其竞争对手戴尔的力量，大批引进戴尔的管理人员，他们带来了与欧美同源但比联想本身期望的更灵活、快捷的经营风格。这就进入了整合的第三个阶段，也就是文化融合阶段。到目前为止，这些措施效果较好，由杨元庆本人直接负责的全球消费类事业部也顺利地交给了其副手，而 IBM 原留任总裁转任顾问，高管层实现权力平稳移交。

四、航海日志：整合驶入深水区

尽管联想的国际化历史不算悠久，但在实施整合的过程中，还是借鉴了国外的经验教训，对待整合的态度是非常谨慎的。在并购后的第一年，截至 2006 年 9 月底的半年业绩，营业额 71.76 亿美元，而上一年同期为 61.68 亿美元；赢利 4 309 万美元，比上一年同期倒退 52.7%；每股赢利 0.5 美分。面对赢利大幅下降的局面，联想解释为："我们在美洲和欧洲市场面临着营业额和利润的双重挑战，这对集团整体经营业绩，尤其是利润造成了一定的影响。"已渡过并购脆弱期的联想不得不表态，"整个国际业务将动大手术，从经营理念的转变开始入手，在组织结构、人员、业务方面做出彻底的变革"。

经过 3 年的全面整合之后，2007—2008 年财报显示，联想全年销售额上升 17%，净利润较上一财年增长 201%。联想还在 2008 年以 167.8 亿美元的规模首次挤入《财富》杂志全球 500 强企业榜单，成为中国上榜企业中唯一一家民营企业。毛利率已由 2007 年的 13.5%增加到 2008 年的 15%，利润总额是联想并购 IBM 之前最好年份的 3 倍，并连续 8 个季度保持增长。这是一起看似非常成功的并购案，几乎完成了并购时设定的所有财务目标。但是应该注意到，2007—2008 财年利润大幅增长的主要原因还是依靠削减成本，而联想全球的大部分利润增长仍然来源于中国市场。作为关键指标，2007—2008 财年 3%的利润率未达到并购前的预期，这就意味着联想必须非常小心，一旦控制不好，就有可能陷入亏损的窘境。截至 2008 年 9 月的半年财报显示，联想笔记本电脑销量同比增长 26%，低于市场平均增速。而 IDC 的数据显示，2009 年第一财季因为 IdeaPad 供应链缓慢，联想消费类笔记本出货量下降了 30%。在全球笔记本厂商中出货量排第五名，占 7.2%的市场份额。在大中华区，联想的个人电脑销量增长 12%，带动第二季度综合销售额上升 11%，达 19 亿美元。尽管受到年初发生的自然灾害及消费需求放缓的影响，联想凭借各产品系列的销售实力，继续在中国市场稳占领导地位，占据 29.2%市场份额。这说明，联想国际化的重头产品 Idea Pad，打入国际低端笔记本电脑市场的进程并不顺利。联想已经出港，正在深水区行进，没有后退的余地，继续往前走将面临更艰巨的挑战。

五、点评

联想也许是因为恐惧依赖单一产品打向国际市场的风险太大，而选择了先多元化并试水国际化的路径。而选择转向 IT 服务，从一家产品制造型公司蜕变为一家以服务带动产品销售的公司，这是从产业链的低端向高端转移的涅槃再生式的嬗变，联想选择了一条风险虽然可控但成功机会渺茫的路。联想在重归 PC 时将自己贴上"技术领先"的标签，选择了最难突破的欧美日作为重点突破目标，以及几乎不可能在短期实现的海外销售指标，令其国际化战略再一次充满了传奇色彩。对高增长和多元化的过分追求与有限的能力和资源不匹配为联想多元化狂想加上了一个问号，但并购 IBM 的 PC 事业部和几乎不可能通过自生达到海外市场销售指标的高增长，是否和联想现有的能力和资源相匹配呢？是理性的跨越还是"青春期的错觉"？也许还需要一段时间才能见分晓。事实上，初战告捷的联想正在面临着新一轮挑战：由东方较弱品牌并购西方强品牌的文化矛盾将越来越多地展现。

联想“揉沙子”式的“以洋制洋”的文化再造之路能否走得通？能否在一个不再是丰厚赢利的产业里成为最成功的前三名？这些问题尚不会有最终答案，但是，联想的一些做法确实值得我国企业借鉴。

讨论题：

1. 分析联想跨国经营经历的阶段，并分析其国际化的核心思想、目标及对策。
2. 联想的跨国经营之路对我国其他企业有什么启示？

思考题

1. 什么是跨国经营？跨国经营具有哪些特点？
2. 跨国公司在战略管理、组织结构管理及人力资源管理方面与国内企业相比有何不同？
3. 概述跨国经营的方式。
4. 跨国经营主要存在哪些风险？如何防范这些风险？

第十章

文化与制度管理

【引例】

苹果的文化

苹果公司在高科技企业中以创新而闻名，充满创新个性的苹果，在其进军的科技领域都创造了经典：电脑可以没有鼠标和键盘；手机外观可以很个性化。而且，苹果研发的所有电子产品都没有复杂的操作程序，只要一个按钮就可以运行。

2010 年 5 月 26 日，苹果公司以 2 213.6 亿美元的市值一举超越微软公司，成为全球最具价值的科技公司。2011 年 2 月，苹果公司打破诺基亚连续 15 年销售量第一地位，成为全球第一大手机生产商。2011 年 8 月 10 日苹果公司市值超过埃克森美孚，成为全球市值最高的上市公司。

苹果公司之所以有今天的成就，与其独特的企业文化是分不开的。在苹果公司的企业文化中，“人才”被提高到了极其重要的战略高度。“人才第一”，乔布斯曾当众表示。在他看来，要制造与众不同的产品，首先要有与众不同的团队。为此，他不吝重金聘请人才，甚至亲自参与招聘工作，寻找他耳闻过的最优秀的人员和他认为对于公司各个职位最适合的人选。于是，苹果公司留下了国际一流的人才。

苹果公司强调工程师主导，强调激情与开放。此外，这些优秀人才来到苹果公司后，都会拥有大额的股票期权，同时会被充分给予发挥自己创造力的自由，不被官僚气氛妨碍。乔布斯虽然对苹果的诸多业务亲力亲为，他喜欢用争论和辩论的方式，在团体工作环

境中开拓创造性思维。尤其让人感慨的是，当受到微软、IBM的强烈冲击后，苹果公司并没有因为不景气而裁员，而是更加注重员工的价值，将员工利益与公司利益捆绑到一起，从而使其研发趋于稳定，并保持快速发展。苹果公司有很好的医疗保险计划，有慷慨的假期安排。员工们工作都很卖力，而工作之外可以毫无压力地享受自己的生活，这是苹果公司一直宣扬的理念。

应该说，是亲和的文化氛围、健康向上的企业文化吸引了高智慧并且高满意度的员工，造就了苹果公司的团队精神和核心力量，成就了苹果公司的辉煌。

本章要点

◇ 文化与企业文化、制度与企业制度的内涵

◇ 企业文化与企业制度的功能

◇ 企业文化建设的必要性、原则和思路

◇ 企业制度建设的原则和内容

◇ 企业文化变革与企业制度创新的关系、动因、原则和过程

第一节　文化与制度概述

一、文化与企业文化

（一）文化

“文化”一词源自拉丁语 cultus，是动词“colere”的派生词①，原意为耕种、栽培、饲养等行为过程，后来逐渐演变为修养、教化、陶冶等精神方面的内容。到了近代，英国“人类学之父”爱德华·泰勒（Edward Burnett Tylor）于1871年在《原始文化》一书中给文化下了经典性的定义：文化，就其在民族志中的广义而言，是个复合的整体，它包含知识、信仰、艺术、道德、法律、习俗和个人作为社会成员所必需的其他能力及习惯，是一个群体或社会共同具有的价值观，它包括这些价值观和意义在物质形态上的具体化，人们通过观察和接受其他成员的教育而学到。

此后，文化的定义层出不穷，并向广义的文化与狭义的文化两个方向发展。克莱德·克拉克洪曾在20世纪50年代末期搜集了100多个文化的定义。综合来看，广义的文化是指人类在社会历史发展过程中所创造的物质财富和精神财富的总和，此时的“文化”和“文明”概念类似，常有学者将两者通用。广义的文化，着眼于人类与一般动物、人类社会与自然界的本质区别，着眼于人类在自然界中独特的生存方式，涵盖人类创造的物质与精神成果。而狭义的文化，指意识形态所创造的精神财富，包括宗教、信仰、风俗习惯、道德情操、学术思想、文学艺术、科学技术、各种制度等。狭义的文化，排除人类社会历史生活中关于物质创造活动及其结果的部分，专注于精神创造活动及其结果，主要是心态文化。

① 吴声怡，谢向英．企业文化新教程．上海：上海大学出版社，2012：3.

（二）企业文化

企业文化理论的产生是对传统管理思想的革命。作为一种理论提出，是20世纪70年代末80年代初的事情。第二次世界大战后，日本经济迅速崛起，令世人刮目相看。于是一些管理学家对日本企业的管理进行了研究，发现日本的管理重视做人的工作，重视对价值观的研究。通过进一步考察，发现这样的管理方法背后存在着一个深厚的文化底蕴。于是，企业文化被明确地提了出来，并越来越受到世界管理界的重视。

对于企业文化的定义，企业界和学术界至今尚未形成一个完全统一的看法。各种定义千差万别，可归纳为从广义和狭义的视角对其进行定义。

从广义的视角来看，企业文化是指企业在创业和发展过程中所形成的物质成果和精神成果的总和，包括企业管理中的硬件与软件、外显文化与内隐文化（表层文化与深层文化）两部分。这种观点的理由是企业文化同企业物质生产过程和物质成果联系在一起，企业文化包括物质文化和非物质文化。

从狭义的视角来看，企业文化属于意识范畴，仅仅包括企业的思想、意识、习惯、感情等领域。这一种观点的代表人物是美国学者迪尔和肯尼迪。他们认为，企业文化应该有别于企业制度，企业文化有自己的一套要素、结构和运行方式，应包括四个要素，即价值观、英雄人物、典礼及仪式、文化网络。其中，价值观是企业文化的核心，英雄人物是企业文化的具体体现者，典礼及仪式是传输和强化企业文化的重要形式，文化网络是传播企业文化的通道。

综合国内外的研究，我们认为，企业文化是企业在经营实践过程中，由企业管理者倡导的，在大部分员工中逐渐形成的共同的价值观念、行为模式、感觉氛围及企业形象的总和。

（三）企业文化的功能①

企业文化是营造员工忠诚度，构成企业凝聚力、亲和力，支持企业长远发展的重要力量，能够通过企业内共同价值观的整合、塑造，来凝聚、引导、约束、激励企业员工的思维和行为，使企业形成文化力，进而带动员工的行动力，最终提升企业的竞争力。企业文化具有如下功能。

1. 导向功能

导向功能是指企业文化对企业和职工的价值观及行为取向的引导作用，包括价值观导向和行为导向。企业文化反映的是企业整体的共同价值观、追求和利益，企业文化导向功能作为企业的一种有力工具，能够把员工引导到企业所确定的目标方向上来，能够使员工个体的思想、观念、追求和目标与企业所要求的目标相一致，使人们为实现企业特定目标去努力奋斗。

---

① 陈文武．文化营销论．武汉：湖北教育出版社，2012：128.

2. 凝聚功能

凝聚功能是指企业文化能把全体员工聚合在一起，形成强大的整体力量的能力。企业的根本目标是企业员工凝聚力的基础，根本目标选择正确，就能够把企业的利益和绝大多数员工的利益统一起来，就是一个集体与个人双赢的目标。在此基础上企业就能够形成强大的凝聚力，反之形成企业凝聚力只能是一种空想。

3. 激励功能

激励功能是指企业文化所具有的振奋员工精神，增强员工信心，为实现企业目标保持饱满精神的作用。企业文化所形成的内部文化氛围和价值导向能够调动和激发职工的积极性、主动性和创造性，把人的潜在智慧诱发出来，使员工的能力得到充分发挥，提高各部门和员工自主管理能力和自主经营能力。

4. 规范功能

规范功能是指企业文化能够起到控制、约束、规范企业和员工行为的作用。企业文化通过一系列有形的、正式的、成文的、强制性的规章制度和无形的、非正式的、不成文的、非强制性的行为准则，不断强化员工的道德观念、整体观念、纪律观念，自觉地规范和约束组织和个人的行为。

5. 辐射功能

辐射功能是指企业文化向外扩散和传播的能力。企业文化的开放性特征决定了它的全方位辐射功能，不仅在企业内部的部门之间、单位之间有感染辐射作用，而且可以辐射到其他企业和其他社会群体。企业文化的辐射功能促进了信息的交流，起到了互相影响、互相学习和互相借鉴的作用，从而推动企业文化的发展和建设。

6. 互动功能

企业文化的互动功能表现为对外互动和对内互动两个方面。企业文化不仅对外协调着企业与社会的关系，使企业的发展目标、方向与社会的发展方向和要求相一致，尽可能从社会中获得企业发展所需要的各种资源，为企业的建设和发展服务，而且承担着对外树立企业形象的使命。企业文化对内协调着各分支机构、各部门及员工之间的关系，与企业内部的物质资源、时间资源、精神资源等互动，使各种资源得到最有效的配置。

二、制度与企业制度

（一）制度

关于制度的定义和说法可谓众说纷纭。A. 英格尔斯认为：“正像社会行为可以聚集为习俗一样，一组组这样的行为也可以被聚集为角色，围绕着某个中心活动或社会需要而组成更为复杂的角色结构，也可以被聚集为制度。”亨廷顿认为：“制度就是稳定的、受珍重的和周期性发生的行为模式。”①

有人说，制度指人际交往中的规则及社会组织的结构和机制。《现代汉语词典》的解释是，制度就是要求大家共同遵守的办事规程或行动准则。在许多情况下，制度也是某一领域的制度体系，如政治制度、经济制度、法律制度和文化制度等。也有人说，制度是社会的游戏规则，是人们创造的、用以限制人们交流行为的框架，它要求决策和管理都要制度化，个人的作用必须在这个框架里发挥而不能越过这个框架。新制度经济学对制度的解释是：制度是一系列正式约束和非正式约束组成的规则网络，它约束着人们的行为，减少专业化和分工发展带来的交易费用的增加，解决了人类所面临的合作问题，是组织有效运行的条件②。

制度的定义很多，概括而言，本书认为，制度是人们的社会关系和行为方式的规范体系，是人们的社会活动赖以进行的依托和相对稳定的秩序和规范的框架。制度要求成员共同遵守、按一定程序办事，具有强制性、工具性和时效性。

（二）企业制度

根据以上对制度的分析，企业制度是制度理论在企业管理领域里的应用。它指的是企业在生产经营活动中所形成的带有强制性的用来规范和调整企业中全体成员之间社会关系和行为方式的规范体系，是实现企业目标的有力措施和手段，是保证生产劳动、行政管理、市场营销等活动正常运行的必要措施。

（三）企业制度的功能③

在现代社会，经济活动通常是以“企业”为单位展开的，企业是现代微观经济的主要组织形式。企业的主要功能是组织经济活动创造物质财富，而要有效实现物质财富的可持续创造，企业必须进行良好的经营和管理，以使企业保持良好的绩效。要使企业维持良好的经营绩效，企业必须做到：选择正确的经营方向、内容和规模，使企业产品符合社会需要，以保证产品价值的实现；充分利用能够筹集到的各种资源，使有限的投入获得尽可能多的有效产出；引导参与者的行为选择，诱发他们提供企业所需要的贡献，形成实现企业目标所需要的合力。上述目标的实现，离不开企业制度的力量。具体说来，企业制度具有如下功能。

1. 约束功能

从社会学的角度看，制度最直接的功能是形成和建构社会秩序。企业制度作为企业中人们之间行为的规范体系，它不仅仅是人们行为的“游戏规则”，更为重要的是，企业制度对于在企业中工作的人们来说，其具有公认的形式上的合理性与合法性，因而对于生活在该规范体系适应范围内的任何员工及各级管理者来说，是一种必须遵守的秩序和规范，是一种外在的强制力量，任何人都不得违反，否则就得付出代价。在企业管理实践中，由

---

① 鑫缪尔·P. 亨运顿．变化性会中的政治秩序．王冠华，等译．上海：三联书店，1989：12.

② 李拓．制度领导．北京：国家行政学院出版社，2012：50.

③ 郭东海．企业可持续发展论．济南：山东科学技术出版社，2002：201.

于员工、管理者的多样性，每个人的行事风格、兴趣爱好等多种多样，人们的行为追求就会多种多样，只有通过企业制度的规范和约束，企业中全体人员才能在符合企业经营管理要求的“游戏规则”下有序高效地开展工作，减少人们之间的行为冲突，提高人们合作的效率。

2. 导向和激励功能

企业制度作为企业全体成员活动和行为合法性的规范体系，规定着成员的行为方式与选择空间，规范着人们应当做什么、不应当做什么。同时，由于企业制度充当企业报酬、奖励的合理性和合法性分配者，实际上它就成了人们活动和行为方式的激励者，并具有导向的功能。例如，在企业选人用人制度方面，如果企业制度选出的人是那些整天不思进取和不致力于提高业绩的人，或者是企业领导的“熟人”与“关系户”，那么，很明显，这就给热衷于拉关系的人一种积极的“暗示”、一种无声的激励。这个制度告诉你，只有这样才能升迁，否则就别想。这对那些整天忙于钻研业务、没时间去拉关系的人是一个无声的惩戒。这样的制度就产生了一种鼓励人们去拉关系，而不是致力于业务的导向，这对企业的发展将后患无穷。

3. 协调功能

企业制度对于企业中各种不同的成员利益关系具有协调性和整合性功能。生活在一定社会关系中的人们为了各自的利益追求，必然会在社会交往中形成不同的利益关系，结成不同的利益集团。企业作为一个以创造财富为目的的组织，全体成员之间构成了一种特定的社会关系，在企业生产经营及日常交往中，成员之间必定会产生不同的利益关系，并形成不同的利益集团。例如，企业中的研发部门、生产部门、销售部门等由不同的人组成，其利益诉求各有不同，假如企业没有有效的制度将各个不同部门的利益进行合理整合、协调，就会极大地提高企业的管理成本，造成企业资源的极大浪费。企业制度作为一种规范体系，能够对企业中的人、财、物等资源进行合理的配置，因而它能够在一定程度上协调和平衡人们之间的各种利益关系，把人们的利益矛盾和冲突控制在一定范围内，并能够整合因利益分化而出现的各种利益集团，防止和减少各种个人、团体、部门之间的冲突和内耗，形成促进企业发展的“合力”。

三、企业文化与企业制度的关系

企业文化与企业制度之间既有异质性，又有同一性，体现为企业文化与企业制度之间既有显著区别又紧密联系。企业作为经济组织，其生产经营活动不仅仅是一种经济活动，也是一种文化活动。企业文化和企业制度都属于企业管理的范畴，二者之间的内涵具有显著的区别。例如，制度是以规章、条例等有形形式存在的，文化则是抽象的、无形存在于人的头脑和周围的氛围里；制度管理侧重于外在的、硬性的调节，而文化管理强调心理认同和自主自律。同时，二者又是紧密联系的，企业文化与企业制度相互渗透、相互依存，有形的制度中渗透着文化精神，而无形的文化通过有形的制度载体得以表现和发挥作用。

（一）企业文化与企业制度的异质性

1. 概念不同

当制度内涵未被员工认同时，制度只是管理者的“文化”，至多只反映管理规律和管理规范，对员工只是外在的约束；当制度内涵已被员工接受并自觉遵守时，制度就变成了一种文化①。比如，企业要鼓励员工提合理化建议，先定一项制度，时间长了，员工接受了这一制度内涵，制度变成空壳，留下的是参与文化。

2. 表现形态不同

企业文化是无形的，存在于特定的组织环境之中，是一种独特的可以感知的精神氛围和做事方式，对置身其中的企业员工的言谈举止和企业行为产生感化作用，并以某种内在的柔性力量和精神气质将企业员工缔结成特定的事业共同体；而企业制度是有形的，往往以契约、责任制、规章、条例、标准、纪律、指标等形式表现出来，通过刚性的约束将企业员工转化成利益共同体。企业文化与企业制度是一体两面，有形的制度中渗透着无形的文化，无形的文化通过有形的制度载体得以表现和张扬。

3. 稳定性不同

一般来说，企业文化一经形成便具有相对的稳定性，并且对企业的发展将产生稳固而持久的影响，也就是说企业文化具有较强的韧性，要对企业文化进行变革难度很大，而且它还具有很强的持续性，会在企业发展过程中逐渐强化；而企业制度作为企业实现其经营战略目标的必要手段，尽管也具有相对稳定性，但可以根据企业经营环境的变化和经营战略的需要而改变。因此，企业在其漫长的发展历程中，应始终信守其确立的核心价值观，不断探索实现和表达这些核心价值观的新方式，同时根据企业经营环境的变化不断调整企业的经营发展战略，大胆地进行各种可行的企业制度创新，使企业保持永续的经营活力和发展动力。

4. 作用方式不同

企业文化主要通过内在的价值观念与柔性的行为取向来引导、激励、约束和规范员工的行为，强调员工的心理“认同”和承诺，重视员工的自主意识和主动性，一般通过特定的环境氛围和传统启发企业员工的自觉意识以实现员工对自己经营活动行为的自控和自律；而企业制度则强调企业生产程序、标准、机制、规章、层级等外在的、硬性的强制、奖励和约束。尽管企业文化可能会内化为企业经营管理活动的特殊氛围、企业员工的行为习惯，并使违背这些习惯的人经受舆论谴责和制度惩罚，但总体来讲，企业文化对企业经营管理活动的作用和影响具有非强制性。

---

① 杨月坤．企业文化．北京：清华大学出版社，2011：279.

（二）企业文化与企业制度的同一性

1. 企业文化和企业制度相互融合

企业文化是指导和约束企业整体行为以及员工行为的价值理念，同时也指导着管理制度的制定和执行。企业文化和企业制度虽然形式上不同，但目的是相同的，都是为了激发员工工作和创造的积极性，从而推动企业的发展。在过去的企业管理实践中，人们往往注重制度的建立，一系列的管理制度、法规以及细则纷纷出台，员工受到制度的严格约束，整个企业缺乏创新，直接影响到其稳定健康的发展，于是企业家们逐渐摸索出一条“以人为本”的道路，即坚持企业制度与企业文化相结合。近年来，人们越来越清楚地认识到企业制度和企业文化是紧密融合的，从而产生了“制度文化”。企业文化的广义范畴包括质量文化、管理文化、环境文化、商标文化及制度文化等。企业的发展不仅需要有一系列管理制度约束员工的行为，还要有企业文化在潜移默化中影响员工的行为。企业文化和企业制度是激励员工的两种有力工具，两者紧密融合，缺一不可。

2. 企业文化和企业制度相互促进

企业制度能够促进企业文化的不断强化。如何让员工认同公司的文化，并转化为自己的工作行为，是企业文化建设中的关键。体现企业核心理念的企业制度可以强化企业文化，经过长期反复的实践与完善，最终使企业文化扎根于企业，成为员工共同认可的思想。相反，不适宜的管理制度则会使企业偏离其核心，与企业文化建设方向背道而驰。例如，惠普公司提倡员工人人平等与相互尊重，希望通过消除等级差别让每位员工感到满足。另外，惠普公司为了贯彻充分信任和依赖员工的理念，还制定了一些制度，比如实验室备品库中的电器和机械零件允许工程师们随意使用。正是这些制度使惠普员工真正感觉到被尊重与信任，从而与公司同呼吸共命运，形成了极具凝聚力的惠普文化。企业文化促进企业制度的有效实施与不断创新。企业文化形成之前，制度的执行只能靠外在的监督进行约束，一旦监督不力，员工就极有可能不按要求做事，因此管理成本很高。企业文化一旦形成，员工的行动就会变成一种自愿的行为，无须加强监管。可见，企业文化可以激发员工的自律意识，从而降低管理成本。当一些有形的制度真正变成员工的自觉行动时，那么它的使命就完成了。然而，企业所处的环境是不断变化的，这样或那样的新问题会陆续出现，接下来的工作就是要根据新环境创造出更好的维持企业核心理念的管理制度。

3. 企业文化和企业制度相互交替

国外一些知名的企业管理学家认为，企业文化是先于企业制度出现的，先有企业家的精神和价值观，后有企业和企业制度。在企业发展的初期，企业文化的调节作用占据主导地位，甚至可以说，刚开始出现的管理制度几乎就是企业文化规范的衍生。但随着企业规模的不断扩大及管理制度体系的建设和完善，企业制度在企业控制体系中的作用越来越突出，逐渐占据了主导地位。同时，符合企业文化内涵的管理制度也在不断促进企业文化的发展和贯彻。随着企业的进一步发展，对企业综合水平的要求越来越高，企业文化再次发挥了其重要作用，成为主导力量。当然，这并不意味着企业制度的作用比以前弱了，而是说虽然管理制度的力量在不断上升，但相对于企业文化作用的提高，其暂时处于次要地位。在企业发展的历史过程中，这种交替反复出现，最终实现企业文化与制度的协同发展，推动企业整体实力的不断提升。

第二节　文化建设策略

尽管市场风云突变，但总有一些优秀企业可以巍然屹立。深入挖掘这些企业取得成功的关键，都不难发现，作为内部“软实力”的企业文化发挥了不可替代的作用。诸多企业的成功案例告诉我们，这种“软实力”一定是经过长期积淀的，而且是特有的、难以效法和模仿的。比如，IBM公司的企业文化是：充分考虑每个雇员的个性，花大量的时间令顾客满意；尽最大的努力把事情做对，谋求在所从事的各个领域取得领先地位。而韦尔奇为通用电气企业文化引入的“群策群力、沟通无界限”，奠定了他成为世界头号CEO的基础，也成就了通用电气多年来的辉煌业绩。管理者对企业内部文化和制度的管理，重在“行”而不在“知”。所以，接下来的两节，将分别重点阐释文化建设和制度建设策略。

一、企业文化建设的必要性①

（一）企业文化是企业的灵魂

随着科学技术的发展，全球化经济体制的逐渐形成，企业的竞争与发展所面临的环境条件比以往发生了很大变化。对于当今企业而言，企业经营与发展所需的信息、知识、原材料和技术在很大程度上是开放与共享的，各企业与其竞争者所做的80%的工作都是相同的，竞争正出现在工作中另外的20%上面。这20%也就是品牌、文化、思想等软性因素。因此，在新时期的市场竞争中，使得企业区别于对手与同行的重要因素就是企业文化。可以说，企业文化是一个企业的灵魂，只有塑造与完善灵魂，才能保证企业在严酷的生存环境中获得存续和发展。

（二）企业文化建设是企业发展的永恒主题

企业文化作为社会文化的一个子系统，客观地存在于每一个企业之中，对于企业的生存、发展发挥着重要作用。良好适合的企业文化能在战略制定等多个方面对企业产生促进和完善作用，使企业在竞争中取得巨大优势。反之，不适合或不健康的企业文化则会带来很大的负面影响。建设和完善企业文化，使之健康、良性成长并适应企业现状，是帮助企业获得核心竞争力的重要手段。另外，企业文化的形成是一个渐进的过程，企业文化一旦形成，并在企业成员之中深入人心，它就具有了一定的稳定性。相对于企业中的产品、组织制度和经营战略的变化，企业文化并不会立即做出相应改变。这样的情况往往造成企业文化的滞后，使得原有企业文化不能与企业的发展状况相协调，导致产生企业文化对企业

① 刘洪德．企业文化方略：中航工业集团文化纵论．北京：航空工业出版社，2011：10.

发展的阻抑作用。这就是说，企业文化即使已经形成，仍然需要不断地进行调整与修正，使之与企业发展过程中的新形势、新需要相适应。正是由于这样的原因，企业文化建设在企业发展的各种环境下、各个阶段中都是十分必要的。因此，企业文化建设是企业发展的永恒主题。

（三）企业文化建设是知识经济时代的必然选择

知识经济是 21 世纪的主导经济形态。这种经济形态的基础是知识和信息的生产、分配和使用。与工业经济中对于稀缺自然资源的依赖相比，知识经济的发展则依赖于智力资源潜能的发挥。而智力资源又与传统资源有很大的不同，智力资源是深藏在人们头脑中的资源。因此，智力资源的贡献和使用都是无法掌控的，难以监督和管理。这就使得充分调动员工主观能动性，促使员工自愿合作，贡献出智慧和知识成为知识经济时代企业管理的必然要求。企业文化通过打造企业成员普遍认同的使命、愿景、价值观、行为准则和道德规范等，营造员工积极向上的思想观念及行为准则，从而形成强烈的使命感和持久的驱动力，使得员工可以充分发挥自己的聪明才智，有效挖掘智力资源潜能。

二、企业文化建设的原则

（一）继承性原则

缺少了历史的积淀，企业文化必定是轻浮的、不能持久的。这里讲的历史积淀，不仅包括企业自身的发展历史，还应包括企业所处的社会文化历史背景。这就是说，由于文化渊源不同，中国企业文化必定和欧美企业文化存在较大差异。所以，企业文化的设计、完善过程就是不断对企业历史回顾的过程，同时也是将社会文化元素不断融入的过程。从企业的历史中寻找员工和企业的优秀精神，并在新的环境下予以继承和发扬，形成企业特有的、醇厚的文化底蕴。每一个企业都有其特定的发展经历，会形成企业自身的许多优良传统，这些无形的理念已经在员工的心目中沉淀下来，影响着平时的各项工作。应该看到，一些优秀文化传统对企业现在和未来发展都具有积极的作用。因此，组织在提炼企业文化时必须尊重其历史传统，并融入社会历史文化背景中的有益元素。

（二）个性化原则

企业文化贵在有个性，失去特色的企业文化只能是人云亦云，不可能从根本上获得员工的认同，也不可能在公司内部形成团结一致的凝聚力和向心力。日本松下公司用“自来水”经营理念来阐释其独特的企业文化，这一理念一直在引导着松下员工向“规模经营，降低成本”的方向努力。而有一些企业也一直在强调企业文化建设，其行动却是喊口号，跟风随大流。比如，我们常常见到的“保证质量、客户第一”“以厂为家”等，这些肤浅的、雷同的口号只能让员工产生心理疲劳。但是，我们也应当看到，任何成功企业个性化的企业文化都是根植于其内部实际情况的，无论是微软还是 IBM，它们企业文化的特色之所以被人们津津乐道，正是因为它们的文化适合于企业，推动了企业的发展，并且造就了非凡的商业成就。所以，在企业文化建设过程中，既要借鉴、吸收其他企业文化的优良传统，又要有所突破。对于企业管理者而言，需要做的就是从解决企业的实际问题来考虑文化建设，为企业的长远发展规划文化建设并付诸实践。

（三）一致性原则

企业文化的一致性，是指企业决策层对整个企业的设计、构思所能传达到企业基层的深度和广度，也可以指企业文化的渗透性及管理思想在企业的传播程度。事实上，企业文化建设是一项长期的系统工程，这需要企业文化在企业目标、经营理念、管理制度和行为规范上做到高度的一致性。文化的统一是企业灵魂的统一，是企业成为一个整体的根本。离开了一致性，企业文化便会成为一盘散沙，其凝聚力和向心力也就无从谈起。

（四）可操作性原则

企业的任何一项决策行动，都必须和企业内外部的实际情况紧密地结合起来。建设企业文化的过程，就是企业发现自身问题并解决问题的过程，企业文化建设形成的成果应能改善企业的经营效率、提高员工的凝聚力。不具有可操作性的企业文化只能是镜中花、水中月。因此，在提炼企业文化的过程中，必须强调文化的实用性和可操作性。从企业内部的实际情况出发，不仅是针对企业现存的管理问题，更要对企业未来各项工作和业务具有实际的指导和规范作用。

三、企业文化建设的思路

企业文化建设并非意识的经验总结，而是必须经过长期的实践提炼而成。要建设卓有成效的企业文化，可以遵循以下思路。

（一）全员参与，提高对企业文化的认同感

目前存在一种片面的认识，即认为企业文化是高层文化。其实企业文化并非只是高层的一己之见，它必须要得到企业全体成员的认同。因此，企业管理者要创造各种机会让全体员工参与进来，共同探讨企业文化的发展思路，广泛在各层面提高员工对企业文化的认识，征求各方意见，然后进行提炼并加以宣传学习，让全体员工认识到企业文化是大家共同创造的，是来自员工群体的，从而使企业文化的实施更容易得到全体员工的欢迎和接纳。只有得人心的企业文化才会具有很强的生命力。

（二）建立规范性和创新性的企业管理制度

正如前文所言，企业文化需要有良好的企业制度作为支撑，成功的企业文化背后一定是有规范性和创新性的制度。为使企业文化能跟上时代的要求、适应市场经济的变化和企业的发展，企业制度的创新要破除旧有观念，树立适应市场经济的新观念，转换企业经营管理机制，形成既能适应市场经济要求，又能充分调动广大员工积极性和创造性的现代企业制度。企业制度的规范性和创新性之间是一种互为基础作用、互相影响的关系。良性的循环关系是两者保持统一、和谐、互相促进的关系；非良性的循环关系则是两者割裂，甚至是矛盾的关系。对企业而言，应努力使企业制度的规范性与创新性因素之间呈良性关系。

（三）造就企业典型和榜样

优秀的企业文化一般都较为注意发现和推崇典型、树立榜样。这样做可以集中体现企业文化的魅力，使企业文化人格化，并且可以让榜样来引导其他员工，使其他员工能以榜样为标准要求自己，在企业内部形成人人争做先进、上下相互竞争、你追我赶的积极状态和竞争机制。

（四）领导要身体力行，带头发挥示范作用

领导示范就是企业领导要言传身教，身体力行。要让员工知道，领导不仅是企业文化的提出者，更是企业文化的杰出体现者。领导示范在企业文化的传播和强化中起着至关重要的作用。在企业文化建设中，首先，领导要能结合企业实际，提出企业文化建设的具体目标，同时要依据目标要求制订年度计划，突出重点；其次，领导自己要相信企业文化的作用，把建设优秀的企业文化作为信念，从一言一行做起，追求、推崇、传播和捍卫企业文化，以影响并带动企业文化在全体员工的思想意识中生根发芽、茁壮成长。

（五）建立完善的网络和必不可少的激励机制

文化网络是企业进行文化宣传教育、沟通联络的一定的组织机构和宣传方式，也体现在企业各种行为的成效中。此外，文化网络还必须在制度建设、产品设计、厂区规划、标志、商标、广告等方面体现企业文化精神。企业文化是企业管理的一项根本措施，企业文化的推行结果，能够为企业员工和社会带来物质利益和精神利益，这是检验其成败的标准。为此，企业文化在实施中必须建立激励机制和约束机制。通过激励调动建设企业文化的积极性、互动性，使企业文化发展得生动活泼，并取得实效。

（六）加强理论学习和思想转变相结合

人的行为意识的改变与自己的文化积累及周围环境的改变息息相关，要想从根本上改变自我，只有不断地学习，在学习中改变自我、完善自我。因此，思想的转变应该是从学习中来、到学习中去。只有这样，才能使自己的言行朝着自己人生辉煌的目标前进。此外，企业文化建设并不是始终不变的，它要与企业的发展状况、外部环境联系起来，与时俱进，不断地建设和改进。只有这样，才能充分发挥企业文化在企业发展进程中的积极作用。当然，建设适应时代和企业自身发展的富有特色的、个性鲜明的优秀企业文化，是一项长期的、艰苦细致的工作，要及时地予以发展和完善，摒弃旧的企业文化，创造新的企业文化。只有这样，才能促进企业的不断发展进步，才能在激烈的市场竞争中永远立于不败之地。

第三节　制度建设策略

企业文化只有付诸管理实践才能充分发挥其凝聚和激励作用。要实现这一目标，除了领导层的示范和员工的一致努力外，还离不开制度约束和规范。因此，系统建设企业的文

化制度，使之形成科学的、完善的企业制度体系，也是企业文化管理的一项重要工作。本节重点介绍企业制度建设的原则和内容。

一、制度建设的原则

（一）合法、务实原则

众所周知，在市场经济条件下，企业存在的目标是获取利润，但实现这一目标的前提是，企业的各项规章制度必须遵守国家和政府的各项法律法规。所以，企业在进行文化制度建设的过程中，也务必保证制度建设不与市场经济的法律法规相抵触。此外，制度建设必须立足于企业的实际需要，根据企业的性质、发展目标和员工的具体情况来制定切实可行的各项制度，并把企业实践作为检验制度有效性的标准。

（二）社会性原则

从企业发展的角度和企业文化的内在要求来说，主要是在安全的前提下，重视企业的经济效益和保持技术的领先优势。但是，企业是生存在社会这个大环境中的，两者间应是鱼和水的关系。企业的经营活动要体现服务社会的理念，树立良好的公众形象，顺应时代潮流。这就要求制度安排要遵循社会性原则，既要注重安全性、经济性、先进性，还要肩负起社会和谐、国家发展这个崇高使命，这样对企业生存和发展都是有利的。只有将社会性原则放入制度建设之中，并和企业自身的实际需要很好地结合，才能充分体现企业存在的社会价值与企业对社会责任的认识和使命感。企业在制定企业规章制度时，除了根据公司的指导思想、方针和发展战略来安排外，还要注重与社会、公众的关系，树立绿色环保的企业形象。

（三）创新性原则

企业文化价值体系不是一成不变的，它将随着企业的发展、随着企业不同时期的不同战略而不断充实和发展。因此其制度体系也要不断调整以适应文化发展的要求，即要实现制度创新，它是实现不同时期不同战略目的的基础和保证。不断完善制度，以便更全面地实现和充实企业文化，从组织与制度上确保企业战略目标的顺利实现。企业制度是企业文化的制度化和外化，是企业文化的重要内在构成要素，它的不断完善能充实和丰富企业文化的内容，更加全面地表现企业文化。因而制度创新本质上就是企业文化内容的创新。

（四）权威性原则

制度建设对企业而言，就好比法律之于国家，只有遵循“法律面前，人人平等”，才能树立起各项制度的权威，才能将制度设计和安排作为指导各项工作的核心。企业制度是企业文化的重要保障，企业根据上述原则建立的各种制度就构成了一个严密的管理机制，这个管理机制集中体现了企业文化的理念，它与精神层的和谐统一就成为企业成功的有力保障。企业的一切制度建设都是围绕企业的核心价值观进行的，因此制度一经制定就要充分落实。制度的规范对象，不仅包括普通员工，还应当包括企业的中高层管理人员。只有这样，才能保证制度的有效性，以切实落实企业的价值观理念。

（五）系统性原则

作为企业文化得以贯彻执行的保证，制度建设应当是全面的、系统的、具体的。文化是“柔性管理”，在某些具体方面可以掺杂一些主观的情感因素，而制度是“硬管理”，必须具有相当的权威性。这就要求制度建设必须是严谨的、全面的。首先，应当做到主次分明，结构清晰。一套系统性的企业制度应当凸显企业经营的宗旨、核心理念，这是制度建设的主旨，所有的规章制度必须以此为中心。其次，应当做到相互兼顾，整体协调。充分体现唯一性、一致性、顺向性和封闭性。其中，唯一性是指每一件事情只能由一项制度来规范；一致性是指所有的制度应当保持一致，相互之间不能产生冲突；顺向性是指次要制度要服从主要制度；而封闭性则是指所有制度要尽量形成闭合，力求使每项工作都能得到约束。

（六）简洁性原则

尽管可列入规范的要求很多，但不可能面面俱到，应选择最主要的、最有针对性的内容，做到权责明晰、文字简洁，不能一味追求“大而全”、连篇累牍、洋洋洒洒。简洁明了才更便于员工学习、理解和遵照执行。

二、制度建设的内容

企业制度建设的内容包括企业制度体系、企业风俗和员工行为规范三个部分。

（一）企业制度体系

1. 企业制度体系的范围

企业制度体系可以分解为工作制度、责任制度和特殊制度三个部分。

（1）工作制度。

工作制度是指企业对各项工作运行程序的管理规定，是保证企业各项工作正常有序开展的必要保证。具体而言，工作制度包括法人治理制度、设备管理制度、劳动管理制度、物资供应制度、服务管理制度、技术工作及技术管理制度、内部员工管理制度、产品销售管理制度、财务管理制度及员工生活福利制度等。

（2）责任制度。

责任制度实质上是将公司整体经营目标的压力在每一位员工身上均衡分配，使员工明确自己的工作职责和努力目标。著名的管理学家德鲁克在 1954 年就提出了目标管理理论。现今，它已经成为世界范围内广为流传的管理方法。责任制度的具体做法是按照责权利相结合的原则，将企业目标自上而下层层分解，自下而上层层保证，使得“人人头上有指标”，从而保证企业整体目标的实现。

（3）特殊制度。

特殊制度是企业文化建设发展到一定程度的反映，也是企业文化个性特色的体现。与工作制度和责任制度相比，特殊制度更能体现企业文化的人文精神。不同企业在实践中会形成不同的特殊制度，比如，日本有的企业为缓解员工的不良情绪，设有心理解压室；有些企业的“五必访”制度，规定企业领导和各级管理人员在员工生日、结婚、生子、生病和死亡时必须访问员工家庭。

2. 企业制度体系的四个要素

企业管理的精髓在于权、责、利对等，但对于制度管理而言，还应当融入“核”的要素。

（1）权。

权力是企业赋予企业中每个人的一种基本的工作权。只要是企业中的一员，就要拥有一定的权力。权力一般也分为两个层次：首先是基本权力，如人身权、平等权等。只有尊重每个人的人格和基本权力，企业中的人才能凝聚起来，充分发挥自己的作用。其次是指不同的人拥有不同的权力，这种权力是工作中的权力。例如，经理具有在职权范围内管理企业运行的权力；操作员具有操作机器的权力等。

（2）责。

责任是对人追求权力和利益时的约束准则。任何一个经济组织，它具备什么样的责任，才能拥有什么样的权力和利益。对人也是一样，责任是约束人的权力和利益的最主要标准。如果在责、权、利的关系中，人只有权力和利益，而没有责任，那么人对权力和利益的追求就会失去限制，管理将会失控；如果只有责任，而没有对等的权力和利益，那么员工将会失去激情和活力。

（3）利。

利益是企业中每个人通过自己的努力而应获得的回报。这种回报包括物质上和精神上的两个方面。物质上的如工资、奖金、补贴及各种福利；精神上的如口头奖励、表扬、先进称号等。人的利益是一个综合表现：有的人可能会偏好于精神上的满足，而不在乎物质上的差异；有的人则会对物质上的收益斤斤计较。管理中最基本的一条就是要尽量满足每个人对利益的合理要求，因为如果企业不能满足员工合理的利益要求，那么人才就会有流失的可能。

（4）核。

考核是对企业内部每个部门、每个岗位及每位员工的工作业绩的核查，以便将其工作绩效与奖惩挂钩。考核是企业制度体系的关键要素，离开了严格的考核制度，权、责、利都将成为一纸空文。

3. 企业制度体系设计的要求

（1）营造管理制度化的文化氛围。

制度建设不仅仅包括具体的制度建设，还包括制度体现的理念培育。后者是企业文化建设的关键。营造管理制度化的企业文化氛围，有利于提高企业整体管理水平。完善合理的制度像一把利剑，可以为管理者斩断一切纷扰。作为管理者，不应畏惧出现问题，因为世界上没有一劳永逸的方法，只有不断更新制度才能为管理者解除后顾之忧。在市场经济社会中，凡事须有章可循，市场才能有效运作。

（2）建立强调执行力的制度体系。

执行力就是战斗力，没有执行力，再好的战略意图都是纸上谈兵。企业制度和战略的形成，都是无数商战实践和管理者智慧、经验的结晶，却常常因为员工不服从而宣告失败。因此，企业应严格规定，一旦制度和战略形成了，任何人都必须百分之百地支持和无

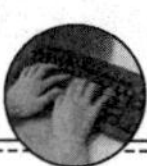

条件地服从，管理者也不得寻找任何借口开脱。强调执行力的文化就是强调服从的文化。服从是一种行动、一种意识，更是一种品质。首先，服从没有面子可言；其次，服从还应直截了当，没有“顾及”、没有“协调”、无须“磨合”；最后，服从就是全力而迅速地执行任务，如果一个企业的每一个环节都即令即动，就能保证高效并出色地完成任务，使企业成长为“坚不可摧”的组织。

（3）注意发挥各级干部与员工的创造性和积极性。

制度决定态度，态度决定高度。制度建设不是要约束员工的创造性，相反，制度应保护员工的创造性。企业制度建设的根本在于将目标、任务、指标公平公正、科学合理地分配到每个单位、部门、岗位和员工。只有这样，才能发挥员工贯彻执行制度的主动性和积极性。

（4）正确处理权、责、利、核的关系。

权、责、利、核是企业制度建设中不可或缺的重要环节，“责”是核心和目的，“权”是确保尽责的条件，“利”是权、责的经济保障，而“核”是对前三者的最后考评。员工的责、权、利应明确规定，并要有制度保证；同时配以严格公正的考核和及时兑现奖惩，才能发挥制度管理的约束和鞭策作用。在不少企业的实践中，往往会有员工以“利”为中心、“利大大干、利小小干、无利不干”的问题。这种价值导向不但不利于企业整体目标的实现，还会导致企业内部缺乏协同和配合，致使军心涣散。

（二）企业风俗

1. 企业风俗的特点

企业风俗是企业长期相沿、约定俗成的典礼、仪式、习惯行为、节日、活动等。① 它们对组织行为具有较强的约束和引导作用，因此也被称为“不成文的制度”。企业风俗也是企业制度建设的一个重要组成部分，它具有以下几个特点：

（1）非强制性。

正如前文所言，相对于文化的“柔性管理”而言，制度是“硬管理”，它具有一定的强制性。每名员工都应无条件地遵照执行，如果违反这些规章制度，将会受到相应的惩处。企业风俗在表现形式上虽然是制度的一部分，但在实质上是和文化同属一个范畴。对应于企业规章制度，企业风俗属于“民间规则”，是否遵守主要取决于员工的兴趣和爱好，违反企业风俗也不会受到任何正式的惩处。所以说，企业风俗的形成与维持，完全依赖于员工群体的习惯和偏好。

（2）可塑性。

在这里，可塑性包含两层含义：一是指可以经过主观地策划和设计企业活动并使之付诸实施，通过长期的运行逐渐演化为企业风俗；二是指对业已形成的企业风俗，可以按照企业的要求进行内容和形式的改造，使之朝着企业期望的方向发展。也正是由于企业风俗的可塑性，才使得企业可以主动地设计和形成某种良好的风俗，并改造和消除不良的习俗。

（3）包容性。

企业风俗对人的思想观念和言行的影响和作用，主要是通过人们的舆论来实现的。由

① 张德．企业文化建设．北京：清华大学出版社，2003：135.

于文化背景、思想认识、思维习惯的不同，这使得他们对待企业风俗的态度存在一定的差别，从而决定人们对舆论往往并无刚性的明确尺度，而是有一定可以自由发挥和认知的空间。因此，企业风俗对人们的行为具有较强的包容性。

（4）程式性。

企业风俗一般都有一些固定的规矩或惯例，比如，固定的时间和地点、固定的参与者和仪式程序，以及习惯的着装等。这些固化的程式在企业内形成一种特殊环境下的心理定式，从而使参与者在潜移默化中产生心理上的认同感。

2. 企业风俗的作用

良好的企业风俗有助于企业发展，也有助于企业文化建设和企业形象的塑造。具体而言，有以下几个方面的作用：

（1）引导作用。

良好的企业风俗是企业理念的重要载体。在风俗习惯营造的氛围中参加丰富多彩的风俗活动，员工可以加深对企业理念的理解和认同，并自觉地按照企业的预期做出努力。

（2）凝聚作用。

企业风俗的形成需要一段很长的时期，一旦形成便会被多数员工所认同，这种认同感无疑是企业凝聚力和向心力的源泉。设计和建设企业风俗，对增强员工对企业的归属感、向心力和凝聚力有着非常积极的作用。

（3）约束作用。

企业风俗鼓励和强化与预期相适应的行为习惯，排斥和抵制与之不相适应的行为习惯，因此对员工的意识、言行等起着无形的约束作用。在企业风俗的外在形式背后，深层次的内在力量是员工的群体意识和共同价值观，它们对员工的思想、意识、观念具有超越企业风俗外在形式的巨大影响。

（4）辐射作用。

企业风俗虽然只是企业内部的行为识别活动，却常常通过各种传播媒介传播出去，其外在形式与作为支撑的内在观念意识必然会给其他企业和社会组织带来或多或少的影响，而这种影响也正是企业风俗辐射作用的直接反映。

3. 企业风俗的培育和创新

企业风俗的培育和创新包括两个方面的内容：一是设计和培育企业风俗；二是对现有风俗的改造和创新。一般而言，企业风俗的培育和创新应当遵循以下几个原则：

（1）循序渐进原则。

在根据精心设计出的目标模式培育企业风俗的过程中，企业通过各种渠道可以对企业风俗的形成产生外加的巨大牵引和推动，但这种作用必须是在尊重企业风俗形成的内在规律的前提下发挥出来的。倘若拔苗助长，可能出现欲速则不达的效果，甚至给企业带来不必要的损失。

（2）方向性原则。

企业风俗的形成需要一个较长的过程，需要时间的积累，而在这个发育形成过程中，企业风俗不断受到来自企业内外各种积极和消极因素的影响。这一特点决定了企业应该在

风俗形成过程中加以监督和引导，使之沿着企业预期的目标方向发展。

（3）间接原则。

企业风俗的形成，主要靠人们的习惯和偏好维持，因此，企业管理者和管理部门在培育企业风俗的过程中要注意发挥非正式组织的作用，对其进行宏观引导而非直接干预。

（4）适度原则。

企业风俗固然对塑造企业形象和改变员工思想、观念、行为及习惯等方面具有积极的作用，但这并不意味着企业风俗可以替代企业的规范管理和制度建设，更不是越多越好，而是必须把握好一个度。如果企业风俗太多，反而容易使员工把注意力集中到企业风俗的外在形式，而非企业风俗的深层次内涵上。

（三）员工行为规范

1. 员工行为规范的内容

在一个优秀企业中，所有的员工从上到下都应具有一些共同的行为特点和工作习惯。这种共同的行为习惯源自两个方面：一是广大员工在长期共同工作的过程中自发形成的行为模式；二是企业理念、企业制度和风俗长期作用的结果。这种共性的行为习惯越多，内部的沟通和协调就越容易实现，对于增强企业内部的凝聚力、提高团队的工作效率都会产生非常积极的影响。一些重视内部管理的企业看到了共性行为习惯的重要性，有意识地提出了员工在共同工作中行为和习惯的标准，即员工行为规范。这种行为规范的强制性虽然不如企业制度，但带有明显的导向性和约束性。通过在企业中的倡导和推行，容易在员工群体中达成共识和自觉意识，从而促使员工的言行举止和工作习惯向企业期望的方向和标准转化。

根据企业内部组织管理理论，并参照一些成功企业的行为规范或员工手册，我们认为几个方面的行为规范是必不可少的，具体内容见表10-1。

表10-1 员工行为规范的内容

行为规范	主要内容
仪容仪表	员工个人和群体外在的形象，具体包括：服装、发型、化妆、配饰等
岗位制度	工作必须遵循的共性要求，包括作息制度、请假制度、保密制度、工作态度、特殊纪律等
工作程序	员工与他人协调工作时程序性的行为规定，包括与上级、同事、下属的协同和配合
待人接物	包括礼貌用语、基本礼节、电话礼仪、接待客人、登门拜访等
环境与安全	保护环境，以营造良好的工作氛围；注重员工工作安全，以满足他们的最基本需要
素质与修养	通过短期培训、进修、讲座等形式提高员工的技术水平、工作能力和其他业务素质

2. 员工行为规范的设计原则

（1）合乎法理性原则。

这一原则强调，员工行为规范的每一条款都必须符合国家法律、社会公德的要求，即其存在要合法合理。研究一些企业的员工行为规范，常常可以看到个别条款或要求显得非常牵强，很难想象员工是怎么会用这样的条款来约束自己的。坚持合乎法理性原则，就是要对规范的内容进行认真审核，尽量避免那些看起来很重要但不合法理的要求。

（2）一致性原则。

一致性是指员工行为规范必须与企业理念要素保持高度一致并充分反映企业理念，成为企业理念的有机载体；行为规范要与企业已有的各项规章制度保持一致，对员工行为的具体要求不得与企业制度相抵触；行为规范自身的各项要求应该和谐一致，不可出现自相矛盾之处。坚持一致性原则，是员工行为规范存在价值的根本体现，在这一原则指导下制定的规范性要求容易被员工认同和自觉遵守，有利于形成企业文化的合力。

（3）针对性原则。

这是指员工行为规范的各项内容及其要求的程度，必须从企业实际、特别是员工的行为实际出发，以便能够对良好的行为习惯产生激励和正强化作用，对不良的行为习惯产生约束作用和进行负强化，使得实施员工行为规范的结果能够达到企业预期的强化或改造员工行为习惯的目的。没有针对性、放之四海而皆准的员工行为规范，即使能够对员工的行为产生一定的约束作用，也必然是十分空泛无力的。

（4）普遍性原则。

上至总经理，下至一线普通工人，无一例外都是企业的员工。因此，员工行为规范的适用对象不但包括普通员工，而且包括企业各级管理人员，当然也包括企业最高领导，其适用范围应具有普遍性。设计员工行为规范时，坚持这一原则主要体现在两个方面：一是规范中最好不要有只针对少数员工的条款；二是规范要求人人遵守，其内容必须是企业领导和各级管理人员也应该做到的。管理人员由于工作需要或客观原因很难做到的条款，应尽量避免写入规范之中。

（5）可操作性原则。

行为规范要便于全体员工遵守和对照执行，其规定应力求详细具体，这就是所谓的可操作性原则。如果不注意坚持这一原则，规范中夹杂空洞的、泛泛的口号，不仅使员工无法遵照执行或者在执行过程中走样，而且也会影响整个规范的严肃性，最终导致整个规范成为一纸空文。

（6）简洁性原则。

对员工行为习惯的要求很多，可以列入规范的内容也很多，每一个企业在制定员工行为规范时都无须面面俱到，而是要选择最主要的、最具针对性的内容，做到整个规范特点鲜明、文字简洁，便于员工学习、理解和对照执行。

第四节　文化变革与制度创新

前面我们提到，企业文化和制度建设都需要经过很长一段时间的沉淀和积累，因此，要发挥其作用，必须具有一定的稳定性。但是在市场经济环境下，企业的内外环境并不一定是恒久不变的，当企业内部条件和外部环境发生了变化，原有的企业文化和制度已经不能继续发挥其功能时，文化变革和制度创新便成为每一位企业管理者必须思考的问题。

一、企业文化变革与企业制度创新的关系

企业文化变革根源于企业经营环境的变化与企业经营战略的调整，而企业制度创新是

实现企业经营战略调整的重要手段，因此，企业文化变革与企业制度创新具有内在的一致性。这种内在一致性，首先表现在两者都注重通过对企业员工的约束和激励来促成企业战略目标实现的一致性，同时又表现在两者在具体的经营管理过程中存在的相互依存性和相互补充性。

（一）目标一致性

企业文化与企业制度是实现同一企业战略目标的两种不同方式和手段。企业文化作为企业经营管理活动中人性化的层面，更强调从情感激励、道德感化、人际互动和舆论监督等方面去规范和约束员工的行为；而企业制度作为经营管理活动中强制性层面，侧重于从制度约束、程序控制和奖惩机制等方面去规范和约束企业员工的行为。此外，在具体的经营管理活动中，企业文化变革与企业制度创新两者相辅相成，共同强化企业的经营理念，激励着企业员工的创业主动性，进而共同推动企业战略目标的实现。

（二）相互依存性

首先，企业文化变革是企业制度创新的基础。企业制度创新属于企业经营管理中用于约束和激励员工的正式规范、规则和程序等的变革，它注定要建立在明确的经营理念和管理思想之上，并且必然会招致既得利益者的抵制和反对。这就需要通过相应的企业文化变革来解释企业制度创新的意义和目标，争取员工对企业制度创新的支持和认同。同时，企业制度创新的实质是规范和约束企业员工的行为，激发企业员工的责任心和积极性。如果企业制度创新不能赢得企业员工在文化价值观上的认同，那么，不管它设计得多么精妙，都可能只是一些烦琐复杂的奖惩条例，而不可能产生预期的积极效果。因此，企业制度创新必须建立在先进的企业文化理念和有效的企业文化变革之上。

其次，企业制度创新是企业文化变革的保障。企业文化变革一旦进行，必然会要求相应的企业制度创新，以保证其核心理念的驱动作用得到最大的发挥，离开具有强制力的制度保障，企业文化变革很容易夭折。为了充分发挥核心理念和追求进步的巨大驱动作用，出类拔萃的企业都会将企业的核心理念和员工追求进步的努力融入企业的组织结构和制度设计之中，使其定格化为企业制度。

（三）相互补充性

企业文化变革是企业制度创新设计和实施的思想基础，企业制度创新又是企业文化变革得以有效进行的重要支撑，两者具有相互补充性。

首先，企业文化变革不可能凭空发生，其实施必然与企业制度、规章、指令的操作相关联。企业在实施企业文化变革时，必须通过制度的设计来强化企业员工的行为，以贯彻其先进的企业文化理念。特定企业制度的建立，必然影响企业员工价值观念和行为活动，是形成先进的企业文化理念传播和实施的制度条件。从一定意义上讲，没有严格的岗位责任制和科学操作规程等一系列企业制度的约束，任何企业文化理念都很难得到贯彻和落实，也很难对企业员工的行为发生实质性影响。其次，企业制度创新是精神文化的基础和载体，对企业文化变革具有正向的强化作用。优秀的企业制度创新能很好地传播和再现企业文化的丰富内涵，推动企业文化的健康发展；相反，扭曲的制度创新可能会使员工误解企业文化精神，影响企业的可持续发展。因此，企业制度创新是企业文化变革的外化和制度化，是影响企业经营管理活动的重要手段，对企业文化价值观的传承和落实具有极大的制衡作用。

二、企业文化变革与企业制度创新的动因

不管是文化变革还是制度创新，就其动因而言，都是内因和外因共同作用的结果。

（一）内因是促使变革和创新的根本

企业的经营危机往往是使企业进行文化变革和制度创新的原动力。当企业陷入重大危机时，除个别不可抗力或偶然的重大决策失误所导致以外，多半都是因为企业内部管理中存在根深蒂固的问题。将这种根源和企业的旧文化、旧制度结合起来，管理者便会很容易得出这样一个结论：内部的文化冲突和制度僵化是导致企业经营危机的根源所在。文化冲突包含两个方面：一是主文化与亚文化的冲突。所谓主文化是指居于企业核心地位的文化、正宗的文化及整体的文化；而亚文化则是指处于非核心的、非正统的局部文化。在一个良好的企业文化体系中，主文化与亚文化的关系应当是相互促进的；如果企业目前的主文化是落后的、病态的，那么适应内外环境的亚文化在发展过程中就会受到主文化的打压和限制。二是群体文化与个体文化的冲突。企业文化虽然是企业成员共同遵守的价值观和行为规范，企业文化作为群体文化，并不是个体文化的简单叠加，因此个体文化与群体文化发生冲突是普遍存在的。在同一个组织内，不同的利益要求或者不同的观念认知，会带来个体文化与企业文化之间的冲突，最极端的情况是，个体对企业的不满与反感所引起的个体文化与企业文化之间的强烈冲突。上述两种冲突发展到一定程度，加上旧制度的不适应，便会促使企业进行文化变革和制度创新，它们构成了企业变革和创新的内因。

（二）外因是促使变革和创新的条件

除了上述内因以外，企业为了适应外部环境的变化，也会主动采取应对变革的措施。当今企业所面临的经营环境是瞬息万变的，企业取得成功的关键在于以变应变，只有伴随着行业的变化适时调整企业制度和内部文化理念，才能在激烈的竞争中立于不败之地。此外，还有一个重要的外因是企业高层管理者的更迭。众所周知，企业文化和制度与高层管理者有着极为密切的联系。因此，企业高层管理人员的更迭是可能引起企业文化变革和制度创新的又一诱因。

三、企业文化变革与企业制度创新的过程

从企业文化变革和制度创新的原因和内容来看，文化变革和制度创新就是要打破原有文化和制度并建立起新的文化和制度，这应当是一个动态的、系统的过程。具体而言可以分为三个步骤：破除、涵化与定格。

（一）破除

破除就意味着审视并反思现有企业文化的符号和意义，挖掘出深层次的问题，并结合

目前的内外部环境，对那些不适应企业发展的内容予以剔除。在这一阶段，特别需要注意的是要建立起员工对变革必要性的统一认识。①

（二）涵化

涵化是按照企业发展的要求，创立新的文化制度内容，确定新的企业文化符号和意义。这一步是极其复杂而困难的，也是进行文化变革和制度创新的核心步骤。在这一过程中，管理者一定要注意坚持“合适才是最好的”。千万不要脱离企业发展的实际阶段和员工的成熟度而设计企业文化和制度，以免事倍功半。另外，在涵化阶段，管理者需要提出符合企业个性的文化和制度内容。所以，涵化阶段是结合企业实际和内外环境，对新的企业文化和制度进行再造的过程。

（三）定格

定格阶段是将涵化的结果固定下来，它通过企业大量宣传和员工之间广泛沟通和学习，使新的企业文化和制度能为企业成员所认可和接受，真正成为成员共享的价值观念和行为准则。在这一阶段，企业成员的认知和行为方式发生改变，从而形成一种稳定的企业文化。

四、企业文化变革与企业制度创新应注意的问题

（一）让一线员工积极参与

一般而言，在企业文化和制度变革中，普通员工对企业文化的理解与管理者的理解是不同的，尤其是对核心价值观的理解。企业文化变革和制度创新往往是由高层管理者推动的，而一线员工却扮演着双重角色：他们既是企业文化制度建设的主体，是推动者和参与者，也是企业文化制度建设的客体，是接受者和被改造者。离开了一线员工，企业文化制度建设便失去其原本的意义。

（二）注重领导者的示范和表率作用

领导者在企业文化建设中的作用举足轻重，不仅在发起和设计时起领导作用，而且在实施过程中还负责组织和推动。领导者对企业文化和制度建设重要性的足够认识，是企业文化和制度建设得以顺利开展的前提。有能力的领导者不仅善于选择认同企业文化的人作为自己的员工，更善于使那些不认同企业文化制度的员工改变初衷，转而与企业文化相协调。因此，充分发挥企业高层管理人员的带动和示范作用，对企业文化与制度建设而言至关重要。

（三）对未来的发展有足够的预见

一个企业的文化与制度建设过程是一个长期、渐进、艰苦的过程，一套优秀的企业文化制度体系的形成往往需要几年，甚至几十年的积累和沉淀，这可能需要公司前后几代人

---

① 张德．企业文化建设．北京：清华大学出版社，2003：256.

的共同努力。因此，企业在进行文化与制度建设时，必须对企业未来的发展有足够的预见，方能保证其相对的持久性和稳定性。

（四）注意制度与文化的匹配性

一种新的文化价值理念被接受，不能简单地通过对旧价值观的批判来实现，必须借助于制度化的力量引导员工逐步接受新的价值观。制度化是为了让员工更好地理解和落实企业价值观，是固化企业文化的过程。所以在制定和执行规章制度时，必须要掌控好企业文化与制度的匹配性，防止“知行不一”现象的发生。即凡是企业文化理念提倡的，必须在制度中有解码、有体现；凡是与文化理念相悖的内容，必须修正或废弃，防止现有的刚性制度对文化理念的抵触和侵蚀。

本章小结

文化作为企业“软实力”的核心，已经越来越受到企业的重视。企业文化的最高境界是让企业的核心价值观变为员工的自觉行为。从文化理念到自觉行动从来就不是一蹴而就的。企业需要通过制度约束使价值观贯彻到员工行为中去，从而形成习惯，再从习惯变为员工的自觉行为。因此，制度是价值观贯彻落实的重要保障。加强制度文化建设，对于保障企业正常经营、协调各方面关系、保证团结协作、调动各方面积极性和创造性、制约各种消极因素和越轨行为等方面具有重要的意义。

本章通过广义和狭义两种观点的综合比较，认为企业文化是企业在经营实践过程中，由企业管理者倡导的，在大部分员工中逐渐形成的共同价值观念、行为模式、感觉氛围及企业形象的总和。企业文化的功能有导向功能、凝聚功能、激励功能、规范功能、辐射功能及互动功能。

企业制度指的是企业在生产经营活动中所形成的带有强制性的用来规范和调整企业中全体成员之间社会关系和行为方式的规范体系，是实现企业目标的有力措施和手段，是保证生产劳动、行政管理、市场营销等活动正常运行的必要措施。企业制度的功能有约束功能、导向和激励功能及协调功能。

企业文化与企业制度之间既有异质性，又有同一性，体现为企业文化与企业制度之间既有显著区别又紧密联系。

对企业可持续发展而言，企业文化建设的必要性在于：企业文化是企业的灵魂，企业文化作为一种“软实力”，在提升企业核心竞争力方面发挥着不可替代的作用，是企业发展的永恒主题，因此，企业文化建设是知识经济时代的必然选择。

作为柔性管理的一种有效方式，文化建设应当遵循继承性、个性化、一致性和可操作性原则。企业文化要发挥其凝聚和激励作用，还离不开制度的规范和约束作用。企业文化制度建设的内容包括企业制度体系、企业风俗和员工行为规范三个方面。企业制度建设应当遵循合法务实、社会性、权威性、创新性、系统性和简洁性等原则。

在市场经济条件下，企业内外部环境时刻发生着变化，这就要求企业文化和制度也必须适时做出必要的变革和创新。企业文化变革和制度创新过程可以分为破除、涵化和定格等步骤。

【案例讨论】

林肯电气公司的管理系统①

林肯电气公司在焊接产品、焊接设备和电机等领域名列前茅。每年的销售额高达10亿美元，在全世界有超过6 000名员工。公司产品广泛用于切割、制造和加工金属制品。虽然它是一家公开上市公司，但是林肯家族成员依然拥有其60%多的股份。

在控制制度方面，林肯电气公司采用了丰富多样的控制方法，任务被严格地加以规定，每个员工都必须不折不扣地达到考核标准。但是林肯管理系统之所以成功，更大程度上要归功于公司文化，其文化建立在公开、信任、共同管理和平等精神等基础上。虽然公司管理人员和员工界限分明，但管理者尊重生产工人的专业技能，高度评价他们对企业多方面的贡献。公司对所有的高层领导、中层经理和普通工人都一律采取开放政策，倡导进行面对面沟通。如果员工认为领导的做法和报酬不公平，可以向上级提出意见。大多数员工都是直接从高中生中招聘来的，然后进行培训和跨工种培训，使他们能够胜任不同的岗位。有些员工最终会被提拔到经理位置上，因为林肯电气公司更相信从内部选拔出来的人才。

林肯电气公司的一个创办人认为，公司应当以一定的价值观作为基础，包括诚实、信任、公开、自我管理、忠诚、可以信赖和合作精神等。这些价值观一直是林肯电气公司文化的核心要素，管理层总是对那些表现出这些精神的员工予以奖励。由于林肯电气公司有效地将员工团结在了一起，因此员工在工作中表现出了高度的自觉性。对生产工人采用计件工资制，另外再根据绩效发放奖金。此外，员工还能根据公司年度效益得到数额不等的年终奖。同时，他们也参加公司员工持股计划。年终奖根据一些指标进行发放，这些指标包括生产率、质量、可信任程度，以及合作精神等方面。但是还有其他一些非实物的奖励，如为自己的手艺感到自豪，创新、贡献所带来的成就感，以及团队精神等，都在林肯电气公司里十分盛行。被授权的跨部门团队具有充分的决策权，负责产品的计划、开发和营销活动。有关公司的经营和财务业绩等信息，向全公司的所有员工公开和分享。

林肯电气公司非常重视预测和解决顾客方面的问题。对销售代表进行统一培训，以便了解顾客的需要，并帮助顾客学习如何使用林肯电气公司的产品和解决使用过程中的问题。对顾客的关心还体现在生产过程中使用严格的责任制度，并对所有员工的生产率、质量和创新活动进行规范考核。

林肯管理体系在美国运行得如此出色，以至于公司领导层决定将这套管理方法推广到海外去。公司在日本、南美洲和欧洲建立和购买了多家工厂，并派出熟练掌握了这套管理控制体系的美国专家去经营这些工厂。

高管层认为，通过实施这种管理和激励制度，可以使其全世界的工厂都降低成本和提高生产效率，从而有机会击败美国本土的那些竞争对手。但结果表明，那些在国际工厂工

---

① 理查德·L. 达夫特. 管理学：第9版. 范海滨，译. 北京：清华大学出版社，2012.

作的经理们没能每年都实现他们的生产和财务目标。为了得到更多的资源，他们夸大了发回公司总部的业绩目标，特别是当欧洲和南美洲陷入经济衰退时。许多海外经理没有发自内心地设法去增加销售；欧洲的劳动文化还厌恶计件工资制和奖金管理制度。高管层开始感到茫然。问题到底出在哪里？是将林肯管理制度推向海外这个工作没有做到家，还是这个制度根本就不适合外国的文化？

讨论题：

1. 请从企业文化和企业制度两方面分析林肯电气公司在美国成功的原因。

2. 林肯电气公司在将其管理体系输送到其他国家时，遇到了哪些文化问题？要想使其管理体系在海外获得成功，你对该公司的管理者有哪些建议？

思考题

1. 企业文化的内涵是什么？
2. 企业制度的功能是什么？
3. 企业文化和制度建设有什么联系和区别？
4. 企业为什么要进行企业文化建设？
5. 企业文化建设的思路是什么？
6. 企业文化和企业制度的关系是什么？
7. 企业制度建设应遵循哪些原则？
8. 企业制度建设包括哪些内容？
9. 企业文化变革和企业制度创新应当注意哪些问题？

参考文献

1. 周三多，陈传明，刘子馨，等．管理学：原理与方法．7 版．上海：复旦大学出版社，2018.

2. 杨文士，焦叔斌．管理学．5 版．北京：中国人民大学出版社，2019.

3. 彼得·德鲁克．管理：任务、责任和实践：第 1 部．余向华，陈雪娟，张正平，译．2 版．北京：华夏出版社，2012.

4. 彼得·德鲁克．管理：任务、责任和实践：第 2 部．陈小白，译．2 版．北京：华夏出版社，2012.

5. 彼得·德鲁克．管理：任务、责任和实践：第 3 部．刘勃，译．2 版．北京：华夏出版社，2012.

6. 张中华．管理学通论．2 版．北京：北京大学出版社，2008.

7. 吴亚平．管理学原理教程．3 版．武汉：华中科技大学出版社，2012.

8. 余秀江，张光辉．管理学原理．北京：中国人民大学出版社，2004.

9. 杨孝伟，赵应文．管理学：原理、方法与案例．武汉：武汉大学出版社，2005.

10. 单宝，周立公．管理学：理论·过程·方法．上海：立信会计出版社，2005.

11. 吴翔华，钟萍萍，蒋黎晅，等．管理学概论．2 版．北京：化学工业出版社，2010.

12. 斯蒂芬·P. 罗宾斯，玛丽·库尔特．管理学：第 13 版．刘刚，等译．北京：中国人民大学出版社，2017.

13. 崔生祥，等．管理学．武汉：武汉理工大学出版社，2005.

14. 郭咸纲．西方管理思想史．4版．北京：北京联合出版公司，2014.
15. 郭跃进．管理学．4版．北京：经济管理出版社，2016.
16. 杜栋．管理控制学．北京：清华大学出版社，2006.
17. 周鸿．管理学：原理与方法．北京：机械工业出版社，2007.
18. 罗珉．现代管理学．4版．成都：西南财经大学出版社，2018.
19. 厉以宁．走向繁荣的战略选择．北京：经济日报出版社，2015.
20. 潘家轺．现代生产管理学．4版．北京：清华大学出版社，2018.
21. 迈克尔·波特．竞争战略．2版．郭武军，刘亮，译．北京：华夏出版社，2012.
22. 刘冀生．企业战略管理：不确定性环境下的战略选择及实施．3版．北京：清华大学出版社，2016.
23. 王迎军，柳茂平．战略管理．2版．天津：南开大学出版社，2013.
24. 金占明．战略管理：超竞争环境下的选择．4版．北京：清华大学出版社，2016.
25. 陈继祥，黄丹．战略管理．上海：上海人民出版社，2004.
26. 郭成．企业战略管理．郑州：郑州大学出版社，2004.
27. 董大海．战略管理．2版．大连：大连理工大学出版社，2016.
28. 理查德·L. 达夫特．组织理论与设计：第12版．王凤彬，等译．北京：清华大学出版社，2017.
29. 陈树文．组织管理学．大连：大连理工大学出版社，2005.
30. 托马斯·卡明斯，克里斯托弗·沃里．组织发展与变革：第7版．李剑锋，译．北京：清华大学出版社，2003.
31. 曲慧梅．古典组织理论与现代组织理论评述．哈尔滨商业大学学报，2008（4）.
32. 陈小华．组织理论的发展及其比较分析．甘肃农业，2006（9）.
33. 张文泉，李泓泽．组织理论的演进与发展．工业工程与管理，2000（5）.
34. 吴丽娟．组织理论的发展、转向及现实价值．党政干部学刊，2006（9）.
35. 吴春．组织理论的发展概述．新疆大学学报，2002（1）.
36. 吴丽民，袁山林，张襄英．组织理论演进评述．西北农林科技大学学报，2001（5）.
37. 任凤玲，彭启山，曾俊．关于组织理论的系统研究．商业时代，2005（12）.
38. 孙佳敏．组织理论研究的范式演变及其理论见解．科技咨询导报，2007（16）.
39. 余超，郭雪姣，周雅俊．组织结构模式的比较分析．华商，2008（20）.
40. 杨春华，徐江荣．知识经济时代企业组织结构变革展望．商业研究，2001（11）.
41. 刘昱，刘石兰．信息技术对企业组织变革影响的研究述评．科学学与科学技术管理，2007（11）.
42. 徐世伟．论信息时代的企业组织变革．财经科学，2007（10）.
43. 童敏．基于知识的组织变革和企业竞争力提升．商场现代化，2008（1）.
44. 徐佳．试论我国中小企业的组织变革．中小企业管理与科技，2008（1）.
45. 李作战．组织变革理论研究与评述．现代管理科学，2007（4）.
46. 段立新．营造企业组织变革中的执行力文化．冶金企业文化，2007（6）.
47. 朱传杰．环境变化与当代企业的组织变革．市场周刊，2007（2）.

48. 林昭文，陈樟楠．组织变革与观念重组．经营与管理，2007（5）．

49. 金延平．人力资源管理．大连：东北财经大学出版社，2004.

50. 劳伦斯·S. 克雷曼．人力资源管理：获取竞争优势的工具：第4版．吴培冠，译．北京：机械工业出版社，2009.

51. 李燕萍，李锡元．人力资源管理．2版．武汉：武汉大学出版社，2012.

52. 孙健．海尔的人力资源管理．北京：企业管理出版社，2002.

53. 夏光．人力资源管理教程．北京：机械工业出版社，2004.

54. 姚裕群，杨俊青．人力资源管理．6版．北京：中国人民大学出版社，2018.

55. 菲利普·科特勒，凯文·莱恩·凯勒．营销管理精要：英文版·第6版．北京：中国人民大学出版社，2018.

56. 万后芬，杜鹏，樊帅．市场营销教程．4版．北京：高等教育出版社，2018.

57. 赵黎明．现代企业管理学．天津：天津大学出版社，2002.

58. 胥悦红．企业管理学．2版．北京：经济管理出版社，2013.

59. 理查德·B. 蔡斯，等．运营管理．任建标，等译．北京：机械工业出版社，2003.

60. 威廉·J. 史蒂文森．运营管理：中国版·第13版．张群，等译．北京：机械工业出版社，2019.

61. RAVI ANUPINDI. 企业流程管理．梅绍祖，蒋梨利，译．北京：清华大学出版社，2003.

62. 杰拉德·卡桑，克里斯蒂安·特维施．运营管理：供需匹配的视角．任建标，译．北京：中国人民大学出版社，2013.

63. 苏尼尔·乔普拉，彼得·迈因德尔．供应链管理：第6版．陈荣秋，等译．北京：中国人民大学出版社，2017.

64. 王先庆．现代资本经营．2版．北京：经济管理出版社，2012.

65. 罗珉．资本运作模式案例与分析．成都：西南财经大学出版社，2001.

66. 慕刘伟．资本运作．成都：西南财经大学出版社，2005.

67. 何广涛，等．解读资本运营：企业资本运营模式精要·实证分析．北京：机械工业出版社，2003.

68. MBA核心课程编译组．资本运作．北京：九州出版社，2002.

69. 张新国．企业战略管理．3版．北京：高等教育出版社，2015.

70. 陈燕．公司组织与管理．2版．北京：首都经济贸易大学出版社，2013.

71. 彼得·德鲁克．卓有成效的管理者．许是祥，译．北京：机械工业出版社，2019.

72. 刘常勇．科技创新与竞争力：建构自主创新能力．北京：科学出版社，2006.

73. 伊志宏．中国企业创新能力研究．北京：中国人民大学出版社，2008.

74. V.K. 纳雷安安．技术战略与创新：竞争优势的源泉．程源，等译．北京：电子工业出版社，2002.

75. 崔援民，等．电子商务：理论·技术·实务．北京：经济管理出版社，2002.

76. 王学东．电子商务管理．3版．重庆：重庆大学出版社，2017.

77. 李琪．电子商务概论．2版．北京：高等教育出版社，2017.

78. 李跃贞，黄建莲．电子商务概论．3 版．北京：机械工业出版社，2019.
79. 祁明．电子商务实用教程．2 版．北京：高等教育出版社，2006.
80. 乔石林．电子商务概论．广州：中山大学出版社，2003.
81. 司志刚，濮小金．电子商务导论．北京：中国水利水电出版社，2005.
82. 徐华飞，周晓军．电子商务管理与应用．北京：机械工业出版社，2005.
83. 郑霞忠，张海霞．电子商务原理与应用．北京：中国电力出版社，2004.
84. 周伟，刘红丽．电子商务：理论与实践．2 版．北京：化学工业出版社，2013.
85. 梁春晓，安徽．电子商务：从理念到行动．北京：清华大学出版社，2001.
86. 余明阳．公关经理教程．上海：复旦大学出版社，2005.
87. 戴元光，金冠军．传播学通论．2 版．上海：上海交通大学出版社，2007.
88. 樊泳雪．公共关系学概论．成都：四川大学出版社，2006.
89. 龙志鹤，张岩松．现代公共关系学．北京：经济管理出版社，2006.
90. 段文杰．公共关系实例与运作．2 版．北京：高等教育出版社，2008.
91. 姚建平，胡立和．实用公共关系．重庆：重庆大学出版社，2002.
92. 张岩松．公关交际艺术．北京：经济管理出版社，2004.
93. 熊源伟．公共关系案例．2 版．合肥：安徽人民出版社，2001.
94. 郭惠民．中国优秀公关案例选评（四）．上海：复旦大学出版社，2001.
95. JAMES E. GRUNING，TODD T. HUNT：Managing public relations. New York：Holt，Rinehart and Winston，1984.
96. 张玉波．危机管理智囊．北京：机械工业出版社，2003.
97. 鲍勇剑，陈百助．危机管理：当最坏的情况发生时．上海：复旦大学出版社，2003.
98. 代敏，熊志华．企业必修：危机管理．管理与财富，2002（2）．
99. 方先明．预警管理系统剖析．经济管理，2003（3）．
100. 杭建平．现代企业危机管理．北京工商大学学报，2002（1）．
101. 黄如金．危机事件与危机管理．经济管理，2003（12）．
102. 罗伯特·希斯．危机管理．王成，等译．2 版．北京：中信出版社，2004.
103. 刘刚．危机管理．北京：中国经济出版社，2004.
104. 盘和林．哈佛危机管理决策分析及经典案例．北京：人民出版社，2006.
105. 代卫．光明乳业股份有限公司危机管理案例分析．郑州：郑州大学，2006.
106. 王林生，范黎波．跨国经营理论与战略．北京：对外经济贸易大学出版社，2003.
107. 范晓屏．国际经营与管理．北京：科学出版社，2002.
108. 王志乐．走向世界的中国跨国公司．北京：中国商业出版社，2004.
109. 刘研．跨国公司与中国企业国际化．北京：中信出版社，1992.
110. 秦辉．跨国经营与跨国公司．杭州：浙江人民出版社，2005.
111. 刘明霞．国际企业管理．北京：中国金融出版社，2007.
112. 杨先明．发展阶段与国际直接投资．北京：商务印书馆，2000.
113. 李东阳．国际直接投资与经济发展．北京：经济科学出版社，2002.

114. 张纪康．跨国公司与直接投资．上海：复旦大学出版社，2004.

115. 马春光．国际企业经营与管理．北京：中国对外经济贸易出版社，2002.

116. 谭力文，吴先明．国际企业管理．3 版．武汉：武汉大学出版社，2009.

117. 万晓兰，汪威毅．跨国公司新论．北京：经济科学出版社，2003.

118. 杨德新．跨国经营与跨国公司．北京：中国统计出版社，2000.

119. 原毅军．跨国公司管理．5 版．大连：大连理工大学出版社，2010.

120. 吴声功．跨国公司经营管理．上海：上海人民出版社，2003.

121. 金润圭．国际企业管理．3 版．北京：中国人民大学出版社，2015.

122. 秦斌．一体化国际经营：关于跨国公司行为的分析．北京：中国发展出版社，1999.

123. 杜文中．论跨国投资：新经济结构中的国家和企业．北京：中国财政经济出版社，2005.

124. 王璞，武凌．企业文化咨询实务．北京：中信出版社，2003.

125. 孙明强．制度胜于一切．北京：新华出版社，2007.

126. 张德，潘文君．企业文化．3 版．北京：清华大学出版社，2019.

127. 陈春花．企业文化管理．广州：华南理工大学出版社，2002.

128. 刘志迎．企业文化通论．合肥：合肥工业大学出版社，2004.

图书在版编目（CIP）数据

管理学/张新国，程志辉主编．--2版．--北京：中国人民大学出版社，2019.10
21世纪高等继续教育精品教材．经济管理类通用系列
ISBN 978-7-300-25101-1

Ⅰ.①管…　Ⅱ.①张…　②程…　Ⅲ.①管理学　Ⅳ.①C93

中国版本图书馆CIP数据核字（2017）第265621号

21世纪高等继续教育精品教材·经济管理类通用系列
管理学（第二版）
主　编　张新国　程志辉
Guanlixue

出版发行	中国人民大学出版社		
社　　址	北京中关村大街31号	**邮政编码**	100080
电　　话	010－62511242（总编室）		010－62511770（质管部）
	010－82501766（邮购部）		010－62514148（门市部）
	010－62515195（发行公司）		010－62515275（盗版举报）
网　　址	http://www.crup.com.cn		
经　　销	新华书店		
印　　刷	北京市鑫霸印务有限公司	**版　　次**	2010年7月第1版
规　　格	185 mm×260 mm　16开本		2019年10月第2版
印　　张	18.75	**印　　次**	2019年10月第1次印刷
字　　数	448 000	**定　　价**	39.00元